KB120413

사물의 성향

중국인의 사유 방식

프랑수아 줄리앙 지음 ― 박희영 옮김

한울
아카데미

이 도서의 국립중앙도서관 출판시도서목록(CIP)은 e-CIP홈페이지(http://www.nl.go.kr/ecip)에서
이용하실 수 있습니다. (CIP제어번호: CIP2009001748)

François Jullien

La propension
des choses

Pour une histoire
de l'efficacité en Chine

Éditions du Seuil

옮긴이 서문
새로운 사유 방식을 찾아

인류의 역사 속에서 다른 나라의 문물이나 풍습에 대한 앎은 처음에는 단순한 여행, 경제적 교역 또는 군사적 침략과 같은 행위들의 부차적 산물로서 발생하였다. 그러나 우리 인간은 '이야기 지어내기Mythopoiesis'의 본능에 의해 그러한 일차적 차원의 사실적 앎을 자신의 사유 방식과 가치관에 의해 재구성된 이차적 차원의 논리적 이야기로 변환시켜 전달해왔다. 엘리아데M. Eliade가 주장하였듯이, 대부분의 사람은 자신이 목도한 사실을 신문 기사처럼 육하원칙에 따라 직설법적으로 전달하는 일차적 이야기보다 이렇게 변환된 이차적 이야기를 더 선호한다. 그 이유는 우선 문학적 관점에서 보면, 그러한 이야기들이 이국적인 것 또는 신기한 것에 대해 우리가 지닌 호기심이나 상상을 만족시켜주기 때문이다. 그러나 철학적 또는 심층 심리학적 관점에서 보면, 그러한 이야기들이 비록 현재의 여건에서는 이루지 못하였지만 언젠가는 이루고 싶은 소원에 대한 이상적 원형을 제시해주고 있기 때문이다. 이러한 이상적 원형은 일단 그것이 개인이나 집단 무의식의 심층에 뿌리내리기만 하면 언젠가는 의식의 표면 위로 떠올라 정치적·사회적 체제 내지 가치 및 신념 체계를 근본적으로 바꿈으로써 인류의 문명을 발전시키게 되기 때문에, 문화적·철학적 관점에서 매우 중요한 역할을 하게 된다.

사실적 앎의 축적과 이상적 원형에 대한 추구 그리고 문명의 발전 사이에 존재하는 이러한 본질적 관계를 염두에 두어야만 우리는 비로소 예전 시대의 사람들이 왜 그렇게 이국적 문물에 대한 앎을 귀하게 여겼는지 이해할 수 있다. 바로 그러한 이유에서 고대 로마인들은 그리스에 '문물 관찰사Theoros'를 파견하였고, 14세기의 서양인들은 마르코 폴로의 『동방견문록』에 그토록 열광하였던 것이다. 오늘날의 우리가 어린 시절 그리스의 『오디세이아』, 바빌론의 『천일야화』, 중국의 『서유기』, 프랑스의 『80일 간의 세계일주』 등을 통해 새로운 앎과 이국 문물에 대한 꿈과 상상력을 키울 수 있었던 것도 마찬가지 문맥에서 설명될 수 있다.

물론 이국적인 것·새로운 것에 대한 지적 탐구와 상상력을 문명의 발전과 연관시키는 것은 오늘날의 지성인들이 관념적 차원에서 펼치는 지나치게 소박한 지적 유희일 수도 있다. 그것은 모든 문명 교류가 역사 속에서 실제로는 제국주의적 침략(고대 그리스·로마부터 19세기 서구 열강에 이르기까지)을 통해 일방적 방향으로만 진행되었기 때문이다. 물론 그러한 침략 내지 식민화가 문명 전파의 역할을 한 측면도 있다. 그러나 적어도 산업 혁명 이후부터 서구 열강들 사이에서 경쟁적으로 진행된 식민화 작업은 순전히 정치적·경제적 이해관계에서 이루어진 것이기 때문에 타 문화에 대한 진정한 이해와는 거리가 멀었다. 그것은 무엇보다도 타 문화를 자신의 문화보다 열등하다고 간주하는 입장에서 출발하는 모든 식민화라는 것이 태생적으로 타 문화에 대한 왜곡된 이해를 생산해내는 구조를 지녔기 때문이다.

　게다가 서구 문명권에서 펼쳐진 '이성은 진보한다'는 헤겔류 역사 철학관의 확산, 간접적 데이터를 근거로 단순 비교와 추론만을 통한 일반화에 열중했던 '제국주의 학문' 또는 '안락의자 학문Armchair Science'이라는 꼬리표가 붙은 초기 인류학에 대한 심취는 그러한 왜곡을 점점 더 확대 재생산했다. 물론 자기 나라의 문화만을 숭상하고 다른 나라의 문화에 대해서 무조건적으로 폄하하는 성향은 동서고금의 모든 나라 사람들에게 공통적으로 나타나는 현상일 수도 있다. 그렇더라도 19세기 이후 서구에서 서구 이외의 타 문화에 대한 왜곡된 이해가 특히 심화된 이유는, 문명과 야만이라는 이분법적 이데올로기로 채색된 서구 문화 우월주의의 선입견이 서구인들에게 깊게 뿌리박혀 있었기 때문이다.

　그런데 이성과 진보라는 절대주의적 가치에 대한 확신 위에서 펼쳐졌던 서구 우월주의는, 역설적으로 20세기에 들어와 그 절대적 가치 자체에 대한 서구 철학자들의 회의에 의해 무너지게 되었다. 서구적 가치들의 절대성에 대한 회의나 반성은 비서구적 문명권의 가치들에 대해 다시 생각해보도록 만들었고, 그러한 성찰은 각국의 제도 및 사상·사회적 관습과 종교의 특성에 대한 객관적 인식을 토대로 타 문화에 대한 진정한 이해의 방법을 탐색하게 만들었다. 그러한 방법에 대한 탐색은 문명과 야만의 차이는 도대체 무엇이며, 다양한 이질적 문화들 간의 소통이란 것은 과연 어떠한 조건 속에서 가능한지를 묻는 작업을 통해 이루어질 수밖에 없다. 물론 이국적 문물에 대한 객관적 인식은 오늘날 기술문명의 발달에 의해 이루어진 정보 수집 능력의 향상과 편리해진 교통수단을 통한 직접적 체험의 확대 덕분에 과거 그 어느 때보다도 활발하게 이루어지고 있다. 그러나 이국적 문물에 대한 객관적 지식과 피상적 체험의 양적 축적이 너무나도 고유한 이질성의 층위들로 주름진 문화적인 것에 대한 주관적 차원의 질적 이해를 보장해주는 것은 결코 아니다. 그 이유는 어디에 있는가?

타 문화에 대한 이해는 나의 것과 다른 것을 나의 것만큼 진정으로 인정하고 이해하려는 태도를 지녔을 때에만 가능하게 된다. 그러나 이타성을 인정한다는 것은 '남의 것이 나의 것과 다를 수 있음'을 받아들이기만 하면 되는 매우 단순하고 쉬운 행위 같아 보이지만, 각국의 종교나 가치관 또는 사유 방식의 이질성이 부딪치는 문화적 차원에서는 거의 불가능해 보일 만큼 어려운 행위이다. 그것은 다양성을 본질적 특성으로 가지고 있는 문화가 학문적 지식이나 경제적 자본 또는 기술과는 근본적으로 다르게 단일성으로 통합되기 어렵기 때문이다. 문명화 과정의 끝자락에서 최근에 유행하고 있는 문명의 세계화에 대한 논의는 엘리아스N. Elias가 말하듯이, 여러 민족 간의 차이점보다 모든 인간에게 공통적인 것을 강조하는 문명의 영역에서만 가능하고, 한 민족의 자아의식을 반영하는 문화의 영역에서는 불가능할지도 모른다. 그럼에도 불구하고 만약에 우리가 다양한 문화들이 지닌 개별적 특수성을 그것을 잉태시킨 사유 방식의 보편적 구조 내지 심층을 찾아내어 우리의 사유 방식과 비교함을 통해 이해하려는 태도를 지닌다면, 타 문화에 대한 진정한 이해도 가능하게 될 것이다.

타 문화를 진정으로 이해하는 데 가장 중요한 작업은 무엇보다도 먼저 그 문화권 사람들의 사유 방식을 이해하는 것이다. 그런데 사유 방식은 한편으로 각각의 개인들에 고유한 것이면서 동시에 다른 한편으로 한 집단에 속한 구성원들 전체에 공통적인 보편적인 것이기 때문에, 문화적 하부 구조와 상부 구조 총체를 관통하면서 지배한다. 따라서 사유 방식에 대한 연구는 빈델반트W. Windelband의 용어를 원용하자면, 한편으로 '각 개인에 고유한 것을 기술해야Ideographisch' 하는 동시에 다른 한편으로는 '모든 사람들에 공통적인 것을 법칙으로서 정립할Nomothetisch' 수 있어야 한다. 그래야만 비로소 우리는 특정 문화권의 사유 방식의 일반적 구조와 그 발생조건들을 '설명할erklarung' 뿐만 아니라, 그 고유한 특성들도 '이해할verstehen' 수 있게 된다. 물론 이때의 설명은 자연과학적 진리에 대한 설명처럼 설명자의 관점과 상관없이 언제나 보편타당한 절대적 설명이 아니라, 설명자의 관점에 따라 다를 수 있는 해석과 같은 상대적 설명일 수밖에 없지만 말이다. 이러한 어려움을 염두에 두어야만, 우리는 중국인의 사유 방식을 주로 그리스인의 사유 방식과 비교하면서 설명하고 있는 프랑수아 줄리앙Francois Jullien의 이 작품이 어떠한 의미에서 타 문화를 이해하는 하나의 모범적인 예가 되는지를 이해할 수 있다. 그러나 이 작품에서 대비되고 있는 동서양의 '세계에 대한 철학적 설명 방식'은 내용 자체가 어려울 뿐만 아니라 그 설명이 주로 거시적 관점에서의 일반적 규정의 차원에서 이루어지고 있기 때문에, 자칫하면 지나치게 독단적인 것으로 오해받을 여지가 있다. 그 때문에 독자의 이해를 돕기 위해 두 가지, 즉 이 작품의 저자가 속해 있는 프랑스 인문학의 연구 시각의 특성과 그리스 철학 사상의 특성에 대해 간략하게나마 소개하고자 한다.

1950년대부터 유럽에서 각광을 받기 시작한 인간의 '사유 방식Mentalité'에 대한 연구의 씨앗은 이미 20세기 초에 나타난 프레이저J. Frazer의 『황금가지』, 해리슨J. E. Harrison의 『그리스 종교 입문』, 카시러E. Cassirer

의 『인간이란 무엇인가?』, 스넬B. Snell의 『정신의 발견』, 레비브륄L. Lévy-Bruhl 의 『하등사회에 있어서의 정신적 기능』, 쿨랑주F. D. Coulanges의 『고대도 시』 등에 잉태되어 있었다. 그러나 이 주제에 대한 본격적인 연구는 고 유한 학문적 전통을 지닌 프랑스 인문학자들의 작업 속에서 꽃피게 된 다. 그 이유는 프랑스의 학자들이 자신의 전공 학문에서 얻어지는 사유 의 시각을 인접 학문들(역사학·철학·사회학·언어학·종교학·심리학·인류학· 정치학·경제학·문학·예술사·과학 등)에서 얻어지는 사유의 시각과 통섭적 차원에서 종합하여 사유하는 특성을 지니고 있기 때문이다. 물론 '사유 방식'에 대한 연구는 방법론적으로 역사학의 한 분과인 문화사와 가장 직접적으로 연관되어 있기 때문에, 적어도 프랑스에서는 아날Annales 학 파의 여러 탐구 대상들 중의 하나로서 출발하였다. 그러나 이러한 종류 의 연구는 내용상으로 철학·인류학을 비롯한 모든 인문·사회과학과 밀 접하게 연관되어 있기 때문에, 일찍부터 역사학 고유의 경계를 넘어 통 섭 학문의 대상이 되었다.

사유 방식에 대한 연구는 개인적·집단적 경험을 구조화시키는 지각· 개념·표현·행위 범주들의 총체를 대상으로 하되, 단기간에 특정의 소집 단에 국한되어 나타나는 범주들이 아니라, 장기간에 여러 집단에 공통적 으로 나타나는 범주들의 특성을 드러냄을 목표로 한다. 사유 방식에 대 한 연구가 지닌 이러한 특성은 아날 학파의 방법론적 특성을 알아야만 이해가 가능하다. 사실 아날 학파는 일어난 사건들의 총체로서의 역사를 한 순간보다는 오랜 기간의 관점에서 통시적으로 바라보며 그 속에서 변 환의 원인 내지 법칙을 찾아내고자 하기 때문에, '전체·의미·중심' 위주 의 '거시적 역사Macrostoria'를 중시한다. 바로 그 같은 이유에서 이 학파는 왕조나 국가의 정치 체제가 변하게 된 구조를 드러내는 정치사, 생산 구조의 변화 요인을 밝히는 경제사, 특정 시대의 사상적 대전환의 원인을 추적하는 사상사에 대한 연구에 집중한다. 이 같은 학문적 전통을 염두에 두어야만 우리는 비로소 사유 방식에 대한 레비스트로스C. Lévi-Strauss의 인류학적 연구가 왜 개인보다는 집단, 개인의 행위 자체보다는 그러한 행위를 지배하는 정신적 구조Structure 내지 체계 자체를 드러내고, 이 구조를 이루는 기호 항들의 상호 교환체계를 법칙으로 정립시키는 작업을 최우선시하는지를 이해할 수 있다.

그러나 사유 방식은 이러한 객관적 구조의 상호 관계 법칙만 갖고서는 그 개별적 특수성이 다 설명되지 않는다. 바로 그러한 이유에서 줄리앙은 역사 심리학적 연구 방법과 미시사적 연구 방법을 보완하게 된다. 1950년대 이후 독일의 일상생활사Alltagsgeschichte 학파에 의해 태동된 미시사적 연구는 아날 학파의 거시적 역사관에 정면으로 대립되는 미시적 역사관Microstoria에서 출발한다. 이 학파는 그동안 전통적 연구에서 '무의미하고 주변적이며 부분적'이라는 이유로 연구의 대상에서 제외되어온 모든 것들 ─ 각 개인이나 소수 집단의 일상생활, 가치 체계, 생활양식 등 ─ 의 의미를 찾아내고자 한다. 물론 이러한 연구가 최근에 문화사에 대한 일반인의 관심을 불러일으키는 데 기폭제 역할을 한 것은 1970년대부터 이탈리아의 미시사가들 ─『치즈와 구더기』의 저자 긴즈부르그C. Ginzburg를 대표로 하는 ─ 의 작품이 소외받아온 자들의 사유와 행동 방식 속에 함축되어 있는 의미를 밝혀내는 '가능성으로서의 이야기'를 통해 일반인들의 공감을 불러일으켰기 때문이다. 그러나 다른 한편으로 그것은 이러한 연구들이 '이성·본질·체계' 중심의 전통 철학을 해체하려는 데리다J. Derrida나 개별자의 가치를 살리려는 들뢰즈G. Deleuze, 또는 포스트모더니즘의 철학과 그 기본 목표를 공유하고 있기 때문이기도 하다.

어쨌든 피상적 관점에서 보면 이러한 미시사적 연구는 그 밝혀내고자 하는 대상과 가치 부여의 차이점 때문에 거시사적 연구와 모순되어 보인다. 그러나 한 차원 더 깊은 관점에서 살펴보면, 양자는 상보적 관계를 지니고 있다. 그러한 상보관계는 '사유 방식'에 대한 탐구 속에서 가장 극명하게 드러난다. 왜냐하면 지금까지 전통적 역사나 철학에서 '비본질적이고 무의미하며 개별적인 것'으로 규정되어 소외되어왔던 미시적 세계의 문화적 특성들 — 특정의 생활 습관, 종교 의식 및 생활양식 등 — 도 궁극적으로는 사유 방식의 기저를 이루고 있다는 점에서, 거시적 관점의 연구가 밝히고자 하는 보편적 특성들의 구체적인 특수한 예로서 해석될 수 있기 때문이다. 예를 들어 『치즈와 구더기』의 이야기는 미시사적으로는 16세기 유럽 사회의 평범한 방앗간 주인이 우연히 지녔을 자연 발생적 우주관을 표명하고 있는 것으로 해석될 수도 있지만, 거시사적으로는 중세의 창조론적 우주관이 자연과학적 우주관으로 서서히 대체되는 근세 여명기의 시대적 에피스테메Episteme가 구체적으로 나타난 한 예로 해석될 수도 있다. 사실 미시사적 접근은 사건의 구조 자체보다는 그러한 사건의 주체인 개인의 심리나 개인들 간의 관계에 초점을 맞추고 있어서, 특정 시대 특정 사회에 속한 사람들의 사유 방식을 구체적으로 이해하는 데 많은 도움을 줄 수 있다. 바로 그러한 이유에서, 적어도 문화 소통과 관련되는 관점에서의 사유 방식에 대한 연구는 다른 어느 분야보다도 특히 미시사적 시각과 거시사적 시각을 상호 보완시킬 필연성을 지닌다.

사유 방식의 연구가 지녀야만 할 이러한 필연성을 염두에 두어야만,

비로소 우리는 줄리앙의 이 작품『사물의 성향』이 지니는 의의를 정확하게 인식할 수 있다. 이 작품은 언뜻 보면 단순히 중국인의 사유 방식을 서양적 시각에서 이해하고 설명하려는 작품으로만 오해될 수도 있다. 그러나 이 작품은 두 문화권의 사유 방식을 각각의 고유한 입장에서 인식하고 그러한 인식을 바탕으로 하여 양자를 객관적으로 비교할 뿐만 아니라, 그러한 비교를 넘어 오늘날의 우리가 탐구해야만 할 제3의 새로운 사유 방식을 모색하고 있다. 중국적 사유에 대한 그의 설명은 하나의 건축물을 닮아 있다. 즉, 중국의 정치사상·문학 및 역사 그리고 철학사상·전술·서예술·회화술·바둑의 기술·풍수지리설·무술, 심지어 방중술에 이르기까지 각 세부 영역에 고유한 미시적 관점에서의 분석들은 건축물의 자재들과 같다. 반면에 이 모든 각각의 세부 영역들에 공통적으로 흐르고 있는 사유 방식 ― 거시적 관점에 의해 도출된 ― 자체는 그 자재들을 엮어서 건물로 만들어주는 기둥과도 같다. 바로 이러한 점에서 이 작품은 미시적 관점의 연구 방법과 거시적 관점의 연구 방법을 종합하고 있다.

이러한 두 종류의 연구 방법을 종합해야 하는 이유는 철학적 세계관 내지 자연관에 대한 분석과 같은 거시적 관점에서의 고찰이 거대 담론의 특정 입장에서 일반적 결론을 내리는 ― 중국 문화에 대한 헤겔의 비평 속에서 그 단적인 예를 찾아볼 수 있듯이 ― 경향을 지니고 있어서, 자칫 잘못하면 미시적 관점에서 나타나는 특성을 사상捨象해버리는 오류에 빠지기가 쉽기 때문이다. 그런데 미시적 관점에서 타당한 것으로 받아들여졌던 소결론들이 하나의 거시적 관점에서 얻어진 일반적 결론 속에서 타당하지 않은 것으로 부정되어버리면, 그 소결론을 내린 사람은 자신의 입장에서 역으로 일반적 결론 또한 부당주연不當周延의 오류를 범한 것으로 부정해버리기가 쉽다. 아무리 그 결론이 거시적 관점에서는 타당하더라도 말이다. 바로 이러한 이유에서 대부분의 사람들은 대결론과 소결론의 차이가 이러한 관점의 차이에서 오는 것임을 고려하지 않고, 자신이 속해 있는 문화의 특성이 거시적 관점에서 다른 문화의 특성에 비해 더 열등한 것으로 규정되는 순간 감정적으로 무조건 그러한 규정 자체도 배척해버리는 행동을 취하게 된다. 그러한 행동은 다른 나라에 대해 비난을 할 때에 특히 더 잘 나타난다. 예를 들어, 우리가 수많은 침략을 강행하였던 강대국(많은 나라를 식민지화시킨 몇몇 유럽 국가들, 한국을 침략했던 일본, 티베트를 점령한 중국 등)의 국민들에 대해 그들의 제국주의적 야만을 비난한다고 가정해 보자. 그러면 그들은 자신들 개개인은 그러한 야만적 본성을 지니지 않았다고 강변하며, 자신들을 비난하는 우리를 오히려 비난할 것이다. 하물며 그러한 강대국 국민들이 감정적 민족주의 또는 자국 중심주의에 빠진 경우라면, 그 강변이나 반응 행동이 얼마나 비논리적이고 무례할 정도일지는 미루어 짐작할 필요도 없게 된다. 우리가 다른 문화에 대해 진정으로 이해하고자 할 때, 적어도 이러한 종류의 오류를 범하지 않도록 서로 주의를 기울여야 하는 이유가 여기에 있다.

이 작품은 서양인의 특정 이데올로기나 문화 우월주의 입장에서 중국인의 사유를 재단하고 평가하는 것이 아니라, 중국인의 사유가 어떠한 점에서 서양인의 사유와 다른지를 밝혀내되 그 다른 특성이 어떠한 특수한 정치적·사회적·역사적 조건 속에서 형성되었는지 그 형성 과정 자체를 밝히고 있다. 그러한 점에서 이 작품은 우리로 하여금 그러한 오류의 위험성에 빠지지 않도록 해줄 뿐만 아니라, 문화의 보편성과 특수성 그리고 특정 조건 속에서 이질화되는 사유 방식의 구조 자체 등에 대해서도 많은 것을 생각하도록 해준다. 따라서 독자는 이 작품을 통해 중국인의 사유 방식에 대한 이해뿐만 아니라 우리의 사유 방식이 전통적으로 중국인의 사유 방식과 어느 정도로 같고 다른지, 그리고 해방 이후 서양 문명을 무반성적으로 받아들였던 우리가 오늘날에는 과연 어떠한 사유 방식을 지니게 되었는지, 우리의 사유 방식 자체가 지닌 특성은 무엇으로부터 발생한 것인지에 대해서도 성찰해보고 싶은 자극을 받게 될 것이다. 물론 그 자극은 그러한 성찰을 하려는 의지와 노력을 지닌 일부 독자에게만 찾아올 것이지만 말이다.

줄리앙은 중국적 사유의 특징을 사물의 세勢에 대한 파악을 중심으로 하여 펼쳐지는 전략적 사유, 역동적 사유, 효율적 사유로 규정하고 있다. 우선 전략적 사유란 무엇인가? 이 사유의 본질은 '싸우지 않고서도 승리를 한다'는 『손자병법』의 언명에 가장 단적으로 표현되어 있다. 그러나 이 언명은 우리가 아무런 노력을 기울이지 않아도 적을 격퇴할 수 있음을 의미하는 것은 아니다. 그것은 오히려 아무런 준비도 없이 싸움을 시작하면 언제나 패배〔백전백패百戰百敗〕하고, 싸우기 전에 적의 장점과 단점, 아군의 장점과 단점을 정확히 알아서〔지피지기知彼知己〕 만사에 준비를 해야만 언제나 승리할 수 있음〔백전백승百戰百勝〕을 의미한다. 달리 말해 그것은 아군과 적군의 주관적 상태(사기가 충천되어 있는지 또는 땅에 떨어져 있는지) 및 능력(식량 보급의 충분함이나 무기의 우월성과 같은 물리적 전투력이 강한지 또는 약한지)과 싸움터 지형지물의 유·불리와 같은 객관적 상태를 항상 정확히 파악하고, 그러한 파악을 위해 부단한 노력을 경주해야 함을 의미한다. 이러한 관점에서 보면 전략적 사유란 일반인들이 오해하기 쉽듯이 수단과 방법을 가리지 않고 비열한 술수를 부려서라도 승리만 하면 된다는 전술적 차원의 구체적 행동 지침에 대해서가 아니라, 승리라는 궁극적 목표를 수행하기 위해 가능한 모든 종류의 수단과 방법을 전략적 차원에서 모색하려는 인식론적 노력 및 사유 방식 또는 일반적 행위의 규범 자체에 대해 그 초점이 맞춰져 있다. 바로 그러한 이유에서 전략적 사유는 전쟁 수행의 영역에서뿐만 아니라 우리 일상생활의 모든 분야에서도 적용되는 것이다.

그런데 이러한 전략적 사유는 역동적 사유를 할 때에만 비로소 가능하다. 역동적 사유란 하나의 불변적 원칙이나 고정적 전술 또는 관점에 집착하는 사유가 아니라, 사태의 흐름이나 대상의 변화에 따라 얼마든지 자신의 원칙이나 전술 또는 관점을 유연하게 바꿀 수 있는 사유를 의미한다. 그러한 사유를 할 수 있기 위해서는 언제나 사물 및 사태의 흐름이 어떻게 흘러가고 그 흐름을 지배하는 세는 어디에 있는지를 정확히 파악해야만 한다. 예를 들어, 장수가 전투에 임하면서 아군은 1만 명이고 적군은 10만 명인 상황(수적 열세), 아군의 화력은 형편없고 적군의 화력은 막강한 상황(화력의 열세), 아군의 사기는 땅에 떨어져 있고 적군의 사기는 충천해 있는 상황(사기의 열세) 등을 모두 고려하여 전략을 상황에 따라 수정하는 유연성을 갖고 있지 못하다면 그 장수는 백전백패할 수밖에 없다. 그러한 상황에 처했을 때 훌륭한 장수는 훗날을 도모하기 위하여 전략적으로 후퇴하는 유연한 사유를 할 수 있어야 하는 것이다. 불리한 상황에도 불구하고 적과 아군의 세를 파악하지 못한 채 전투를 감행하는 장수가 있다면, 그는 자신의 고정된 사유를 변화시키지 못하는 아집 속에 갇혀 있기 때문이다.

중국인들의 이러한 전략적·역동적 사유는 모든 행위의 과정 자체보다 결과나 효율성을 중시하는 사유에 그 기원을 갖고 있다. 결과를 중시하지 않는 사람은 이 세상에 아무도 없을 것이다. 게다가 이러한 결과를 중시하는 사유는 전시나 정치적·경제적 어려움의 시기와 같은 특수한 상황을 헤쳐 나가야만 하는 경우에 그 난관을 극복해 나갈 수 있는 용기와 힘을 주는 역할을 한다. 바로 이러한 난관 극복의 결과에 대한 기대감이 없다면, 어떠한 어려움이라도 극복해내려는 의지나 욕망은 어디로부터 나올 수 있겠는가? 그런데 극한 상황에서 큰 효력을 발휘하는 이러한 사유도 그것이 우리들 삶의 본래 목적이 중시되는 평상시의 정상적 상황에서도 변하지 않고 똑같이 행해진다면 오히려 부정적인 결과를 초래한다. 즉, 결과만 중시하는 사유는 실생활 속에서 자칫 잘못하면 결과 획득에 유리한 수단만을 중시하고 인생 본래의 목적을 잊어버리게 만들기가 쉽다. 그것은 마치 우리가 인생의 목적인 가치 있는 삶에 대해서는 전혀 생각하지 않은 채, 살아가는 데 수단일 뿐인 돈 버는 행위 자체를 인생의 목적으로 혼동하며 삶을 영위하는 것과 같다. 만약에 이러한 삶만을 영위하는 국민이 대다수인 나라가 있다면, 그 나라는 아무리 정치적·경제적·군사적 강대국이라 할지라도 문화적으로는 후진국일 수밖에 없는 것이다.

오직 결과나 효율성만을 중시하는 실용주의적·현실주의적 사유는 다른 한편으로 원칙과 과정을 중시할 때에만 비로소 획득될 수 있는 소중한 가치들을 얻지 못하게 만드는 약점을 지닌다. 서양 문화권에 비해 동양 문화권에서 논리적 사유나 학문적 사유가 덜 발달되고, 나아가 사회의 질서 유지와 법치 사상, 타인의 권리에 대한 인정에 기초한 진정한 개인주의 정신, 그리고 다수에 의해 합의된 것을 존중하는 민주주의 정신이 상대적으로 덜 발달된 것도 바로 이러한 원칙 존중의 사유와 과정을 중시하는 사유가 상대적으로 등한시되었기 때문이라 할 수 있다. 인류 문명의 한 축으로서의 학문적 사유를 잉태시킬 수 있었던 그리스적 사유의 원동력은 한마디로 말해, 결과 외에 그 결과를 얻기까지의 과정도 마찬가지로 중시하는 사유의 태도 속에 들어 있다. 모든 주관의 편견을 제거한 순수한 상태에서 대상을 객관적으로 바라보려는 관조 정신Theoria 그리고 토론 및 증명Demonstratio을 중시하는 그리스인들의 정신은 '지혜를 사랑하는 학문'으로서의 철학Philosophia이 바로 그러한 현실적 이해관계만을 따지는 실용주의적 시각으로부터 벗어났을 때에 비로소 가능한 것임을 말해 준다. 바로 이러한 현실적 이해관계로부터 벗어남의 사유 태도를 지녔기에 그리스의 철학자들은 '전체로서의 자연Physis'을 탐구Zetesis하는 이론 탐구적 정신뿐만 아니라, 이상적인 사회 제도를 현실적 사회 제도Nomos 속에 구현시키려는 실천적 정신Praxis도 함께 발달시킬 수 있었던 것이다.

그리스 철학자들의 탐구가 자연 및 사회 현상에 대한 진리 탐구의 단계에서 학문적 이론 구축의 단계에까지 승화될 수 있었던 것은 그들이 개인적 차원에서 발견한 진리를 단순히 주관적 억견臆見, Doxa으로서 자신의 가슴속에만 품어두는 데 만족치 않고, 그것을 명제로 표현하는 작업을 거쳐 외화外化함으로써 사회적 토론의 장에서 공론화하는 단계에까지 나아갔기 때문이다. 바로 이러한 공론화의 문화 속에서 보편자to katholou 개념에 근거하여 사물의 본질을 규정하려는 소크라테스의 정의definitio 사상, 각 존재자의 본질에 대한 정의를 바탕으로 존재 전체에 대한 설명의 체계를 확립하려는 플라톤의 근거지음hypothesis 및 형이상학 사상, 매媒 개념을 바탕으로 대전제와 소전제들로부터 결론을 추론하는 삼단논법을 정립시키려는 아리스토텔레스의 논리학 사상도 발생할 수 있었던 것이다. 학문과 기술의 발전은 이러한 체계적 이론화 작업 ― 보편자 개념에 근거한 정의, 사태의 진상을 서술하는 명제, 명제들의 결합으로부터 도출되는 진리 판단으로서의 결론들, 결론들의 이론화 ― 에 의해 이루어질 수 있었기에, 그리스의 학문 사상은 오늘날 학문의 기본적 방법으로서 전 세계에 보편화될 수 있었다.

자유로운 토론의 장에서 펼쳐지는 공론화의 조건과 진리에 대한 체계적 이론화 사이에 존재하는 이러한 필연적 관계를 염두에 두어야만 비로소 그리스에서 왜 인류 문화사 최초로 실제적 행위 차원에서의 정치도 탄생하게 되었는지를 이해할 수 있다. 광장Agora에서 펼쳐지는 입법적·사법적·군사적 토론의 장場은 모든 사람들 ― 적어도 시민인 한에서 ― 이 동등한 권리를 가지고 자신의 견해를 밝힐 수 있고, 그 견해가 참이기만 하면 모두 받아들여질 수 있는 진리의 장이었다. 바로 이러한 진리의 장을 갖추고 있었기에 그리스는 정치적 진리의 객관성과 보편성을 확보할 수 있었고, 나아가 시민들의 정치 참여도 보편화할 수 있었다. 따라서 정치란 일부 권력가들이 밀실에서 마음대로 정하는 '사적인 일Res Privata'이 아니라, 전 시민의 합의하에 모든 사람이 알 수 있도록 공개적으로 처리하는 '공적인 일Res Publica'이라는 인식이 인류 문화사 최초로 대두하였다. 이러한 인식을 염두에 두어야만, 그리스가 어떻게 도시국가Polis의 산물인 민주주의라는 정치 제도를 생산해낼 수 있었는지를 이해할 수 있다. 결국 서양 철학의 학문적 설명 체계 ― 궁극적으로 부동不動의 원동자原

動者를 제1 원인으로 상정하고, 모든 현상을 원인들 간의 일련의 관계로서 인과율적으로 설명하는 형이상학적 체계 ─ 는 방법 내지 과정 그리고 그 과정에 대한 명확한 표현(언어와 명제를 통한)을 중시한 그리스인들의 사유 방식 속에서 발달하였다고 볼 수 있다.

반면에 중국인들은 추론의 엄밀한 규칙에 따라 결론을 내리는 과정이나 방법을 중시하는 논리적 사유보다는 그러한 과정들을 단숨에 건너뛰어 한순간에 결과를 얻는 또는 득도를 하는 초논리적 사유를 선호한다. 그들이 이러한 사유 방식을 선호하는 것은 피상적 관점에서 보면, 불립문자不立文字의 우위성을 강조하는 불교 사상 또는 '도가도道可道 비상도非常道'로 대표되는 도가 사상의 영향 때문일 수도 있다. 그러나 심층적 관점에서 보면, 결과와 효율성만을 중시하는 사유 방식이 그들의 무의식을 지배하고 있기 때문이다. 중국의 모든 문물이 현실에서 부딪치는 어려움들을 해결할 수 있는 실용적인 수단을 발견하는 데 가장 유리한 전략적 사유 또는 역동적 사유의 색채를 강하게 띠고 있는 것도 바로 그러한 이유에서이다. 이러한 특성을 염두에 두어야만 왜 법가 사상에서조차 국가의 정치 체제 자체에 대한 이론적 논의보다 절대 군주의 권력 유지에 대한 실제적 논의가 더 우세하고, 『수호지』와 같은 문학 작품 속에서 시민들 간의 공적 관계에 보편적으로 적용되는 객관적 정의나 법·질서보다 개인들 간의 사적 관계에 특수하게 적용되는 주관적 의리가 더 중시되고 있는지를 이해할 수 있다. 군주의 권력 유지와 직결된 자신의 이해관계로부터 독립된 사유를 한 번도 해보지 못한 사상가들이 어떻게 국가의 안녕과 질서를 확보해줄 수 있는 정치 체제에 대한 순수한 이론적 논의 자체를 펼칠 수 있었겠는가? 하물며 사자성어四字成語라는 축약식 표현 방법을 통해 진리를 오직 상징·비유·은유와 같이 함축적으로만 표현하기를 좋아할 뿐, 진리를 로고스 또는 담론을 통해 상술하는 것을 싫어하였던 그들은 어떻게 정치적 문제에 대한 사유를 정치적 대상에 대한 정확한 개념 규정, 사태에 대한 판단을 개념적 술어로 표현한 명제들, 이러한 명제들에 근거한 추론들을 통해 학문적 이론으로 정립시킬 수 있었겠는가?

　중국인들은 사물의 성향 속에 내재해 있는 자연적 흐름과 그 흐름을 지배하는 세를 파악함을 통해 현실적 문제들을 특수한 상황에 따라 유연하게 대처하면서 전략적이고 효율적으로 해결함을 중시한다. 반면에 서양인들은 사물의 성향을 파악하되 그 파악된 성향을 하나의 법칙으로서 객관화시킨 다음, 모든 현실 문제를 그 보편적 법칙이 적용되는 하나의 구체적인 특수한 예로서 인식하며, 그러한 인식에 근거하여 실천으로 옮기는 행위Praxis만을 중시한다. 줄리앙은 이러한 서양인들의 사유 방식에 중국인들의 사유 방식을 대비시키면서도, 그 둘 중 어느 하나의 우월성을 주장하지는 않는다. 그라네M. Granet의 표현을 빌리자면 '구체적·질적 사유'와 '추상적·양적 사유'로 대비될 수도 있는 이 두 사유 방식은 단지 지금까지의 인류 문화사 속에서 나타난 사물 및 세계에 대한 인식 방식과 문제 해결의 실천 방법에 대한 대표적 두 사유 양태로서 서술되고 있을 뿐이다. 그럼에도 불구하고 이 작품을 읽는 우리는 오늘날의 관점에서 이 두 사유 방식을 비교할 수밖에 없다. 그 이유는 그러한 비교만이 왜 한편에서는 인과율 — 아리스토텔레스의 '부동의 원동자' 또는 중세의 '신' 개념은 바로 이러한 인과율의 궁극 원인으로서 나타난다 — 을 바탕으로 우주 전체를 하나의 체계 속에서 설명하는 이론적 학문과 철학 그리고 보편적 원칙에 근거한 민주주의 제도 및 정치사상이 발달한 반면에, 다른 한편에서는 사물의 성향으로서의 세와 번갈아 나타남에 기초한 우주론적 설명과 직결된 도덕적 이데올로기 내지 처세술로서의 현세 중심적 사상들 또는 그것에 대한 극단적 반동으로서의 현실 도피적 내지 초현세적 사상들만 발달하게 되었는지 그 원인을 밝혀줄 것이기 때문이다.

동서양의 사유 방식의 차이에 대한 그러한 비교는 더 나아가 오늘날 한국 사회가 안고 있는 가장 심각한 문제들을 해결하기 위한 방법 자체에 대한 혜안을 열어주기도 할 것이다. 왜냐하면 문제들의 근본 원인은 결국 사유 방식 자체에 들어 있기 때문이다. 따라서 우리 사회가 오늘날 갖고 있는 모든 병폐들을 고치고자 한다면, 우리의 사유 방식의 구조 자체에 대하여 근본적인 성찰을 할 필요가 있다. 그러한 성찰은 이 작품을 읽는 독자들의 몫인바, 그것은 서양인과 동양인의 두 사유 방식에 대한 비교를 넘어 제3의 사유 방식을 다루고 있는 이 작품 속에 그러한 차원의 인식으로 인도해 줄 많은 단서들이 내재해 있기 때문이다. 이 작품의 진정한 의의는 우리가 단순히 타 문화를 제대로 이해하는 방법을 터득하는 데 있다기보다, 현재를 사는 우리의 사회의식 및 정치의식을 지배하고 있는 사유의 원형은 과연 무엇이고, 또한 우리는 앞으로 어떻게 그 원형을 새롭게 창조해내야만 할 것인가에 대해 성찰할 때에만 비로소 나타날 수 있다. 바로 그러한 성찰의 노력을 통해서만, 우리는 아직 우리의 것으로 완전히 소화하지 못한 여러 가치들 ─ 민주주의·법치주의·정의·자유·평등·권리(국가 주권과 개인 주권) 등 ─ 을 진정으로 우리의 것으로 새롭게 꽃피울 수 있을 것이다.

끝으로 너무나 늦어진 일정을 인내해준 도서출판 한울과 한국어 표현법에 대하여 특히 세심한 배려를 해준 편집진, 그리고 워드 및 교정 작업에 도움을 준 한국외국어대의 신지영, 강상림 양에게 감사를 드린다. 또한 간자체 중국어 해독에 너무나 많은 시간을 할애해 주었던 중국 유학생 고희숙 양과 베이징대학 문학부 차근산車槿山 교수에게 감사를 드린다. 문화대혁명의 소용돌이 속에서 지식인으로서 어떻게 살아남을 수 있었는지를, 그 과정에 대한 설명이 아니라 사유와 행동의 모습 자체를 통해 직접 느낄 수 있도록 해주신 차 교수에게 특히 감사드린다. 20년이 지난 지금에도 프롤레타리아 계급에 알맞을 화법·복장·행동 방식을 무의식적으로 보여주는 그의 하비투스Habitus 속에서, 옮긴이는 교수에게 기대되는 화려한 수사학과 진리 탐구의 당당함을 지닌 이상적 모습보다는 생존을 위한 자연인의 모습을 보게 되는 역사의 처연함을 느낄 수밖에 없기에 말이다.

2009년 5월, 慕賢의 竹燻之堂에서
박희영

나의 어머니에게
늦여름 길레스트르에서, 1990.

서문

정靜과 동動 사이에서

우리는 사물을 대할 때 한편으로는 사물의 배열disposition ― 조건, 외형, 구조 ― 을, 다른 한편으로는 힘과 운동을 생각한다. 한편은 정적인 것이고 다른 한편은 동적인 것이다. 그러나 이러한 이분법은 모든 이분법이 그렇듯 추상적이다. 사실 이분법은 실재를 표상하기 위한 정신의 편리한 수단이자 일시적인 방편일 뿐이다. 그런데 이분법은 실재를 명확하게 밝혀주는 동시에 단순하게 만들어버리기도 한다. 그래서 우리는 이 이분법적 양극항 사이에 놓여 있고, 이론적으로 근거가 없다고 비난 받으며 대개 사유의 대상으로 삼지 않게 되는 부분은 무엇인지에 대해 질문하지 않을 수 없다. 사실 우리는 실제로 유일하게 존재하는 것이야말로 바로 이러한 영역에서 작동하고 있는 것임을 알고 있다.

그러나 곧 이어서 우리의 논리적 사유 체계에 들어맞지 않는 다음과 같은 질문이 떠오른다. 우리는 어떻게 동적인 것을 정적인 사물의 배열을 통해 사유할 수 있는가? 또한 우리는 어떻게 모든 상황을 '동시에' 동적인 사물의 흐름으로서 지각할 수 있는가?

세勢의 애매모호성

한자 '세勢'*는 우리가 행할 고찰에서 안내자 역할을 할 것이다. 물론 이러한 고찰에서 세는 철학적이고 일반적인 함의를 전혀 지니지 않는 일상용어로서 다루어질 것이다. 그러나 이 단어는 그 자체상 난처함의 근원이 되는데, 이 책은 바로 이러한 난처함에서 비롯되었다.

이 용어는 사전에서 때로는 '힘pouvoir' 또는 '잠재력potentiel'으로, 때로는 '위치position'나 '상황circonstances'으로 규정된다. 정치학과 같은 특정 영역을 제외하고 대부분의 번역가나 주석가는 흔히 이 단어의 부정확성을 보충해주기 위해 이 단어의 특별한 의미는 강조하지 않은 채 단지 그 사전적 규정의 다의성만을 원고 하단에 주석으로 인용하는 정도에 그친다. 사실 이 단어도 중국인의 사유를 나타내는 수많은 부정확한(충분하게 엄밀하지 못하다는 의미에서) 용어들 중의 하나이기 때문에, 우리는 그러한

---

* 중국어 로마자 표기법인 '한어병음漢語拼音'으로는 '시shi'이다. 본문에서는 '세che'로 사용할 것인데, 이것이 프랑스어 발음에 더 잘 들어맞기 때문이다. 반면에 한어병음은 주와 참고 문헌 그리고 어휘집에서 일률적으로 사용할 것이다.
　이 '세勢'라는 용어는 권력의 상징인 '무엇인가를 들고 있는 손'을 나타내는 '예埶'와 같이 쓰이는데, 나중에 힘을 뜻하는 부수[力]가 추가되었다. 허신許愼에 따르면 손이 잡고 있는 무엇은 흙덩어리인데, 이 흙덩어리는 부지敷地나 '지위'를 상징한다. 또 '세'라는 용어는 시간적 차원에서 기회나 호기를 뜻하는 용어 '시時'에 공간적 차원에서 대응하는 말이기도 하다. 따라서 '시'가 '세'를 대신해 쓰일 수도 있다.

식의 표현을 어쩔 수 없이 받아들이면서 익숙해질 수밖에 없다. 보통 그것은 병법과 정치적 필요에 따라 만들어진 실제적 차원의 단순한 용어로서 상투적 표현에 가장 빈번하게 사용되며, 거의 반복되는 특정 이미지를 통해서 설명될 뿐이다. 사실 이러한 표현과 이미지에는 기술적記述的이고 객관적인 목적에 진정으로 알맞을 관념의 확실성— 그리스 철학이 우리에게 요구하는 것과 같은 확실성 — 을 보장할 수 있는 것이 아무것도 없다.

그런데 나의 관심을 끌었던 것은 정확히 바로 이 용어의 **양면성**이다. 왜냐하면 이러한 양면성은 사물에 대한 서구적 표상방식이 근거하고 있는 대립 명제antithèses를 은연중에 혼란스럽게 만들기 때문이다. 사실 이 용어는 표면적으로는 정적 관점과 동적 관점 사이를 왔다 갔다 하는 것처럼 보이지만, 실제로는 우리의 사유를 차원들의 대립 — 실재에 대한 우리의 분석은 이러한 대립 속에 갇혀 있다 — 너머로 이끌어주는 실타래의 역할을 한다. 게다가 우리는 또한 이 용어의 위상 자체도 깊이 성찰해볼 만하다. 왜냐하면 우리는 다양한 문맥 속에서 나타나는 이 단어에 대해 일의적인 해석을 내릴 수가 없고, 따라서 그 의미가 완벽하게 규정되지 못한 채 남아 있다는 사실을 확인하게 되지만, 동시에 다른 한편으로 이 단어가 중국적 사유의 유기적 결합에서 결정적 역할을 수행하고 있음을 감지할 수 있기 때문이다. 이러한 사유의 유기적 결합은 흔히 눈에 띄지 않고 좀처럼 체계화되지 않으며 거의 언급되지 않는 어려운 기능이지만, 그러한 기능은 중국적인 사고에서 가장 중요한 부분의 기초가 되고 '이성적' 근거를 제시해준다고 할 수 있다. 이런 이유에서 나는 이 용어가 지닌 고유의 '편의성'에 대해서도 고찰해볼 것이다.

이리하여 이 책은 다음과 같은 첫 번째 시도에 의해 시작된다. 즉, 우리의 시도는 비록 이 단어가 지나치게 대립적으로 보이는 관점들로 나누어져 있기 때문에 우리를 어리둥절하게 만들지만, 그럼에도 불구하고 그것이 지닌 일관성을 도출해낼 수 있는 단어임을 밝히는 것이다. 그보다 더 좋은 점은 이 용어의 논리가 우리에게 많은 것을 가르쳐준다는 사실이다. 이 용어의 논리는 단순히 중국적 사유를 가장 넓은 스펙트럼 속에서 밝혀주는 것만은 아니다. 이 용어의 논리는 애초부터 중국인이 실재세계를 변화의 과정으로 인식하는 데 영향을 끼쳤다. 또한 세의 논리는 서로 다른 문화들이 지닌 고유한 시각들의 차이를 뛰어넘어 담론에서는 포착하기 어려운 점도 밝혀주게 된다. 이러한 효율성은 인간의 창의성에 그 기원이 있는 것이 아니라 사물의 배열로부터 나오는 것이다. 언제나 실재의 세계에서만 의미를 찾아내려 열망하기보다 이러한 내재성에 눈을 떴을 때 비로소 우리는 그 힘을 파악하는 법을 배우게 된다.

영역 사이의 수렴
: 외형 안에서 작동하는 잠재성, 기능적 양극성, 번갈아 나타나는 경향

따라서 이 단어가 비록 탐구의 도구로서 총체적이고 확정적인 관념에 부합되지는 않지만(이 관념의 범위는 이미 어느 정도 제시되었고, 그 기능도 앞에서 부각된 바 있다), 나는 이 단어의 이러한 측면을 오히려 이용하기로 마음먹었다. 그것은 우리의 사고가 언제나 빠져들 위험이 있는 범주 체

계로부터 벗어날 기회를 제공해주기 때문이다. 그러나 이러한 계기에는 또 다른 이면이 잠재해 있다. 이 용어가 중국인들에게조차 결코 개념의 일반적이고 통일적인 방식으로 전체를 조감할 수 있도록 해주지는 못했고 [이러한 방향으로 가장 멀리 갔던 17세기의 왕부지王夫之의 경우에도 이는 마찬가지다], 중국적 개념들을 주제화하는 데 쓰였던 이른바 위대한 관념들 [방법을 의미하는 '도道'와 조직화의 원리인 '리理' 등]에도 속하지 않기 때문에, 우리는 이 용어의 타당성을 파악하기 위해 다음과 같은 작업을 거칠 수밖에 없다. 즉, 한 영역에서 다른 영역으로 넘어가면서 이 용어의 관련성을 추적할 필요가 있다. 예를 들어 전쟁의 영역에서 정치의 영역으로, 서예와 그림의 미학에서 문학 이론으로, 역사에 관한 성찰에서 '제1철학'으로 넘어가면서 고찰할 필요가 있다. 이러한 방식으로 실재를 구조화하는 여러 가지 방식을 연속적으로 그리고 가장 다양한 방향에서 고찰하고자 한다. 따라서 우선 (병법에서) '배열에서 발생하는 잠재력'과 (정치에서) 위계적 '지위'가 지닌 결정의 특성을, 그 다음으로 붓글씨의 형태를 통해 나타나는 작품의 힘과 회화에서 사물의 배열로부터 뿜어져 나오는 긴장감을, 그리고 문학 텍스트의 장치로부터 뿜어져 나오는 효과를, 마지막으로 역사 속에서 특수한 상황으로부터 유래하는 경향과 자연의 위대한 운행運行을 지배하는 성향propension을 살펴볼 것이다.

이 용어를 도구로서 사용함을 통해 이러한 길을 개척해가면서 문제 삼게 될 영역은 광범위한 중국적 사유 전체이다. 따라서 이러한 고찰은 보다 일반적인 문제를 제기한다. 예를 들어, 고대 중국의 병법에서는 정치적 사유에서와 마찬가지로 정해진 목적에 도달하기 위해 왜 개인적 덕목 (전사들의 용기나 통치자의 덕성)이 개입되는 것을 금지했는가? 또 중국인의 눈에 서예의 한 획이 지니는 아름다움은 무엇과 관련되어 있으며, 그림을 두루마리로 표장表裝하는 이유는 무엇이고, 시적 공간은 어디에서 생겨나는가? 마지막으로 중국인은 역사의 '의미'를 어떻게 해석하며, 왜 실재 세계를 정당화하기 위해 신의 존재를 가정할 필요가 없었는가?

무엇보다도 이 용어는 우리가 한 영역에서 다른 영역으로 넘어갈 때, 우리로 하여금 의미의 공통점을 잘 추려내도록 해준다. 이를 통해 최초의 분산으로부터 일련의 수렴이 가능해진다. 그리하여 '외형 안에서 작동하는 잠재력(전장에서 군대 배열의 문제, 서예와 풍경화에 나타나는 배열의 문제, 문학에서 기호가 설정해주는 배열의 문제 등)', '기능의 양극성(정치에서 주군과 신하, 미학적 표상에서 위와 아래, 우주적 원리로서의 '하늘'과 '땅' 사이의 문제 등)', 단순한 '상호작용'에 의해 '저절로' 파생되고 '번갈아 나타나며' 발달하는 '경향성'(전쟁의 흐름, 작품의 전개, 역사적 상황 또는 실재의 진행 과정 문제) 등과 같은 공통적 주제가 필연적으로 주어진다.

이 모든 주제들은 서로를 확증해줌으로써 중국의 전통을 명백하게 드러낸다. 그러나 푸코 이후부터 중요하게 된 인문학적 사조가 그러한 표상에 대해 의문을 품고 있는 상황에서, 우리가 '전통'에 대해 그렇게 순진하게 말할 수 있는가? 우리는 과거에 너무나 집착하고 전통의 계승에 매달리는 중국 문명에 지나치게 끌려다니는 것은 아닐까? 중국 문화는 다른 문화들보다 훨씬 더 단일하고 연속적이었다고 말할 수 있을까? (그러나 우리는 중국 문화가 '보수적'이라는 인상이 일종의 환상에 지나지 않는다는 사실도 잘 알고 있다. 왜냐하면 그러한 인상도 매우 크게 변화해왔기 때문이다.) 아니면 오히려 중국 문화에 대해 우리가 지니고 있는 '외재성外在性의 관점' ― 푸코가 『말과 사물』 서문에서 분명하게 환기하고 있는 '이지성異地性,

hétérotopie'의 관점 — 이야말로 끊임없이 서로 대체되는 '담론적 입장'을 내부에서 고찰하는 사람의 눈에는 분명하게 나타나지 않는 지속성과 동질성의 방식들을 우리로 하여금 비교를 통해 알아차릴 수 있도록 해주는 것은 아닐까?

여기서 이 책의 두 번째 의도가 나타난다. '세'라는 용어는 중국사상사의 관점에서 볼 때 다소 실망스러운 점이 있지만, 중국 사상을 '해명'하기 위한 연구에서는 매우 귀중하다. 왜냐하면 다양한 영역들이 교차하는 지점에서 우리는 수세기 동안 자명한 것으로 당연시되어왔던 동일한 근원적 직관을 예측할 수 있기 때문이다. 예를 들어, 모든 종류의 실재에 대한 직관은 하나의 장치로서 간주되는데, 우리는 그러한 직관을 위해 바로 이 장치에 근거해야만 하고 그것을 작동시켜야만 한다. 중국인이 생각하는 기술이나 지혜는 곧 이 장치로부터 나오는 '성향propension'을 최대한 얻기 위해 전략적으로 개발하는 것이다.

문화를 보여주는 언어

효율성efficacité에 대한 이와 같은 직관은 중국에서 추상적 사유 방법을 발달시키지 못할 정도로 지나치게 일반적으로 퍼져 있고, 그것이 각각의 구체적 사례에서 어떻게 작용되는지 알아차리지 못할 정도로 지나치게 분산되어 있다. 이러한 직관은 언어 속에 깊이 뿌리박혀 있기 때문에 내부에서 언급할 필요가 없을 정도로 견고한 '합의의 기초'를 이루고 있다. 이러한 직관은 언제나 언어의 명백한 설명 배후에 존재하기 때문에 어떠한 특정한 용어로도 완벽하게 드러나지 않지만, 세勢라는 단어의 의미를 어렴풋이 짐작하게 해준다. 그것은 매번 이 세라는 단어를 고유한 영역에 근거해 특정한 예로서 반영해주는 것이 바로 이러한 직관이기 때문이다. 물론 이 단어는 그 혼자만으로는 그러한 직관의 특정한 예를 표현해주지 못한다. 그러나 이 단어는 우리로 하여금 그 직관의 나타남을 탐지해내고 그 논리를 찾아낼 수 있도록 해준다.

그러므로 이 세로부터 출발하여, 이 세를 통해 과거로 거슬러 올라가 ─ 그러한 일이 나의 작업이 될 것이다 ─ 이러한 직관을 표상해내고 침묵으로부터 그것을 끄집어내어 이론화하는 일이 우리의 몫이다. 확실히 우리는 우리가 갖고 있는 어떠한 관념으로도 중국인의 담론에서 당연시되는 것을 충분히 파악할 수는 없을 것이다. 이는 중국인들에게는 당연한 것으로 여겨지는 사유의 합의가 우리에게 없어서가 아니라, 이러한 효율성에 대한 직관이야말로 개념적 차원들에 대한 분리 ─ 서양인은 이러한 분리 작업에 익숙해 있는데, 그것은 이러한 차원들을 분리하거나 대립시키는 것이 서양인의 사유를 구조화시켜주기 때문이다 ─ 를 통해서는 이해되지 않는 것이기 때문이다(사실 정적 관점과 동적 관점 사이에서 세가 차원에 따라 회절 回折함은 이 단어가 프랑스어로 번역되는 순간부터 하나의 특징적 징후가 될 뿐이다). 그러므로 대화를 시작하기 위해서 우리는 시각을 바꾸고 문제를 간접적으로 해결하며, 개념화 작업에 호소하는 방법밖에 없다. 지금까지 부차적인 것으로 머물러왔던 개념화 작업은 개괄적 윤곽을 그려주기 때문에, 대화를 가능하게 하는 새로운 출발점을 제공해줄 것이다. '장치dispositif'와 '성향propension'이라는 용어는 서로 결합하면서 연결되는 새로운 관계를 통해, 여기서 정확하게 그러한 출발점 역할을 하게 될 것이다.

이는 서구 철학 고유의 언어에서는 주변적인 것일지 모르지만, 우리가 중국 문화와 서구 문화의 차이에 익숙해지도록 해줄 개념적 틀을 구축해 줄 것이다.

서양의 철학적 선입견에 대한 대안

세 관념은 중국인에게는 자명해 보이지만 서양인에게는 결코 그렇지 않다. 모든 문화에 공통적인 모델은 서로 다른 문화들을 대조해 볼 때 나타난다. 이 모델은 대립과 상호관계를 통해 작용하고, 기능의 시스템으로 쓰이는 배열의 모델이다. 여기서 우리는 서양 철학 고유의 사유 — 특히 수단과 목적 또는 원인과 결과에 대한 사유 — 를 구상하는 데 초석이 되었던 범주를 다시 문제 삼게 되는데, 이는 그러한 개념이 중국적 사유를 이해하는 데 더 이상 적절하지 않기 때문이다. 서양 철학의 선입견과 그 선입견이 지닌 '전통'적 특성은 외부적 관점에서 파악되는 순간부터 중국적 사유의 대척점에 있다는 사실이 더욱 자명해진다. 사실 서양 철학의 선입견은 자동성보다는 가설과 확률성에 근거해 있고, 상호의존성과 상호관계성보다는 단일하고 '초월적인' 양극화를 선호하며, 궁극적으로 자발성보다는 자유에 가치를 부여하고 있다.

서구적 사유의 발달과 비교해볼 때, 중국인의 독창성은 그들이 어떠한 목적telos — 만물이 도달하게 되는 종착지로서의 목적 — 관념에 대해서도 관심을 갖지 않았고, 진행 중인 과정에 내재하는 유일한 논리의 관점에서 실재를 실재 자체로부터 독특하게 해석하고자 했던 점에 있다. 그러므로 이는 우리로 하여금 헤겔적 편견을 단호하게 뛰어넘도록 해준다. 사실 헤겔은 중국적 사유가 고대의 모든 문명에 보편적이었던 우주론적 관점에서 출발해 '존재론' 또는 '신학'을 표상해내는 단계, 즉 보다 더 '반성적'이고 따라서 더 우월한 발달 단계에까지는 나아가지 못했기 때문에 '유아적 상태'에 머물러 있다고 간주한다. 우리는 헤겔과 반대로 중국인의 이러한 사유 방식 — 비록 이러한 사유 방식은 개념을 형성하는 데는 전혀 이점이 없지만 — 에 깔려 있는 극단적인 정합성의 가치를 인식하고 잘 활용해 서양 고유의 지성사를 외부적 관점에서 해독해낸다면, 서양의 정신에서 '선험적'인 것을 더 잘 포착해낼 수 있을 것이다. 사실 우리가 서양 고유의 지성사에만 친밀해 있는 한, 우리는 서구 철학의 선험적 전제들마저도 정확하게 읽어내지 못할 것이기 때문이다.

새로운 탐색의 길

확실히 서양 철학 — 이 철학은 언제나 보다 더 해방된 사유를 탐구하기 위해 시작되었다 — 은 처음부터 자유로운 문제 제기를 철학적 활동의 원리로 삼는 일에 전념했다. 그러나 우리는 스스로가 제기하거나 제기할 수 있는 물음 곁에 그러한 물음의 '출발점이 되는 것', 즉 우리가 더 이상 물을 수 없는 것도 또한 존재한다는 사실을 알고 있다. 이러한 서양적 사유의 기초는 인도유럽어로 조직되었고, 사변적 이성의 암묵적 재단裁斷에 의해 형성되었으며, '진리'에 대한 특별한 열망으로 향하고 있다.

여기서 우리가 제안하는 중국 문화를 둘러보는 소풍은 그렇게 결정되어 있는 서구인의 사유의 틀을 보다 더 상세하게 평가하기 위한 것이다. 물론 이러한 소풍은 이국적인 것에 매료된 순진한 욕망을 충족하기 위해 어디론가 도피하거나 문화적 상대주의(자문화 중심주의의 이면)라는 새로운 도그마와 같은 서양인의 꺼림칙한 마음을 바로잡는 논증의 구실을 하기 위해서가 아니라, 단지 이러한 '우회'를 통해 사물에 대한 우리의 이해력을 더 높게 고양하기 위해서일 뿐이다. 이러한 시도는 우리의 물음을 쇄신하고, 성찰에 대한 강렬하고 즐거운 충동을 재발견하도록 해줄 것이다.

일러두기

이 책은 직접적으로 나의 전작 『운행과 창조』(Procés ou Création, Seuil, coll. 'Des Travaux', 1989; 유병태 옮김, 케이시, 2003), 그 중에서도 특히 마지막 장(ⅩⅦ : 총론, 동일한 인식 방식)의 후속편이라 할 수 있다. 그러나 접근 관점은 거의 정반대이다. 전작에서 나는 왕부지王夫之, 1619~1692라는 작가 한 사람의 사유에서 출발해 그의 사상이 지닌 일관성을 분석했던 반면에, 이 책에서는 고대부터 17세기까지 50여 명에 달하는 작가들을 통해 다양한 영역을 넘나들면서 중국인이 사용하는 용어를 고찰해볼 것이다. 그렇지만 내 연구의 기본 정신은 동일하다. 왜냐하면 단 한 사람의 작품에 관한 것이든 '세'라는 단어에 관한 것이든, 언제나 전 중국 문화의 심층에 응축되어 있는 논리적 윤곽선을 재발견해내는 것이 나의 기본 정신이기 때문이다. 바로 이러한 이유 때문에 이 책에서도 왕부지의 사유는 또다시 나의 관심 대상이 된다.

나의 의도도 마찬가지로 변하지 않은 채로 남아 있다. 전문적인 중국학 연구라는 암초 — 이는 중국학 연구를 그 안에 가두어 더 이상 사유할 필요가 없게 만들며, 이는 아무런 성과도 얻을 수 없게 한다 — 와 그러한 전문적 연구의 이면인 대중적 탐구라는 암초 — 이러한 대중적 탐구는 독자에게 접근 가능하게 만든다는 구실로, 중국학 연구를 대상의 본질에서 벗어나도록 만들고 일관성 없게 만든다 — 사이에서 이론을 정립하는 좁은 길만이 유일하게 가능한 길이다. 문헌학자와 철학자의 요구사항은 결합되어야만 한다. 즉, 작품을 직접 가까이에서(각각의 텍스트와 그 텍스트에 대한 주석 속으로 파고들어가면서) 읽어야 할 뿐만 아니라 멀리 떨어져서(차이성의 기반 위에서 그리고 전체를 조망하면서) 읽을 필요도 있는 것이다. 그것은 또한 매우 비슷한 두 가지 형태의 환상 — 모든 것이 한 문화에서 다른 문화로 직접 치환될 수 있다는 소박한 동일시와 마치 문제시되고 있는 이타성을 이해할 수 있는 틀을 선험적으로 소유하고 있는 것처럼 가정하는 너무나 단순한 비교주의 — 을 넘어서기 위해서도 필요하다. 이 책의 탐구 방식은 보다 더 신중하게 점진적인 해석을 통해 문제를 제기하는 방식을 취할 것이다.

이 책에서 개념을 지배하고 있는 몇몇 방법론적 선택은 바로 그러한 의도에서 이루어졌다. 중국 문화의 각 영역들을 소개할 때는 항상 역사적인 맥락을 존중할 것이고, 그 맥락을 분석의 근거로 활용할 것이다. 그러나 역사적 맥락은 단순히 역사적 사실만을 위해 전개되지는 않을 것이다. 그렇게 하는 이유는 논리적 연결을 최대한 부각시키는 동시에 중국학에 관한 지나치게 전문적인 논의는 최소화시킴으로써(참고 문헌은 '주와 참고문헌'에 있다), 비전문가도 논의를 보다 쉽게 읽을 수 있도록 하기 위한 것이다. 같은 이유에서 여러 분야에 대한 비교들도 한꺼번에 병행하지 않고, 단지 찾아내고자 하는 차이점을 나타내는 척도와 징표로서, 즉 오직 결론의 전제로서만 사용할 것이다. 중국적인 입장은 비록 두 전통 사이에서 취해진 부분이 똑같지는 않더라도, 비교에서 더 의미 있는 것이 된다. 왜냐하면 중국에 대한 참조는 원리상 발견해내야만 할 것이지만, 서양 철학에 대한 참조는 이미 우리에게 친숙해 있기 때문에 암시적으로만 언급할 것이기 때문이다.

이 책의 중간 부분에 실려 있는 판화들은 중국학에 아직 입문하지 못한 독자에게 세(勢)의 미학적 차원을 느낄 수 있도록 해주기 위해 넣은 것이다. 본문의 괄호를 통해 인용된 한자는 중국학에 조예가 깊은 독자에게 정확한 중국어 원문을 확인할 수 있도록 하기 위한 것이다.

색인은 의도적으로 생략했다.

사실 내가 최우선적으로 겨냥하고 있는 것은 독자들이 이 책에서 논의되고 있는 '사유의 흐름을 따라가는' 즐거움을 느끼도록 하는 것이다.

○ 본문 속에 나오는 숫자들은 주와 참고 문헌을 가리킨다. 이는 책 뒤에 실려 있다.

차례

2부 역동적 사유

3부 효율적 사유

1부 전략적 사유

1. 배열에서 발생하는 잠재력

병법에서

고대 말기(기원전 5~3세기 춘추전국 시대) 중국에서 번성했던 병법에 대한 성찰은 원래의 목적을 훨씬 뛰어넘어 심도 있게 펼쳐졌다. 사실 병법을 특징짓는 특수한 체계화는 문명 일반사의 관점에서 볼 때 괄목할 만한 혁신을 보여주고 있을 뿐만 아니라 그것이 야기한 특정한 해석 방식은 전체로서의 실재에 대한 합리화 형식을 반영하고 있다. 전쟁은 흔히 예측 불가능한 우연(또는 운명)이 지배하는 영역으로 보인다. 그런데 일찍이 중국의 사상가들은 그와 반대로 전쟁이 순전히 내적 필연성에 따라 전개되기 때문에 이를 논리적으로 예측하거나 완전히 관리할 수 있다고 생각했다. 그러한 생각은 매우 근본적이었기 때문에 중국에서는 전쟁에 관한 정교한 이론이 일찍부터 발달할 수 있었다. 그러한 이론들 덕분에, 병법에 대한 사유는 실재 세계가 어떻게 결정되는지를 전형적인 방식으로 보여주고 효율성에 대한 일반 이론을 제공해준다.

승리는 교전 이전에 결정된다

과정에 대한 직관이 우리 논의의 출발점이 된다. 사실 과정은 오직 작용하는 힘의 인과관계에 따라서만 진행된다. 훌륭한 병법가는 연관된 모든 요인들을 미리 정확하게 계산하여 그 요인들이 계속해서 아군에게 유리한 상황을 만들도록 전황을 이끌 줄 아는 사람이다. 따라서 그에게 승리란 힘의 불균형 상태로부터 도출되는 필연적 결과 — 그리고 예측 가능한 결말 — 일 뿐이다. 적절한 조치를 취하면 반드시 유리한 결과가 나오게 마련이며, 그러한 결과가 '예상을 벗어나게 되는 일'은 있을 수 없다 [其戰勝不忒].[1] 그러므로 병법가의 기술은 적과 실제로 맞서 싸우기 전에 미리 모든 상황을 유리한 방향으로 이끄는 것이 전부다. 다시 말해 전쟁의 최초 시작 단계부터 미리 상황의 모든 전조를 충분히 알아차리고, 그 상황이 특정 형태로 실현되기 전에 적절한 조치를 취해서 유리한 결과를 이끌어내는 것이 병법가의 기술이다. 왜냐하면 이러한 유리한 방향으로의 조치가 빠르면 빠를수록 그 조취를 쉽게 취할 수 있고 그 목표도 그만큼 더 쉽게 실현될 수 있기 때문이다. 가장 이상적인 병법가의 '행위'란 병법 자체를 노출하지 않는 것이다. 즉, 승리로 나아가는 과정은 그 승리가 결코 계산이나 조작의 결과가 아니라 저절로 이루어진 것으로 보일 만큼 (그리고 과정의 전개도 너무나 체계적이고 점진적이어서) 결정적이다. 그러므로 "진정한 병법가는 '쉬운' 승리만을 쟁취한다[勝于易勝者也]"[2]는 공식은 겉으로 보기에는 역설적이지만 다음과 같이 이해할 수 있다. 즉, 승리가 그토록 손쉬워 보이는 이유는 승리가 이루어지는 순간조차도 그러한 승리가 더 이상 전략적 쾌거나 인간의 엄청난 노력을 필요로 하지 않은 것처럼 보일 만큼, 사전에 철저히 준비되어 있기 때문이다. 가치 있는 병법은 남들이 알아차리지 못할 정도로 은밀히 진행되는 병법이다. 따라서 가장 훌륭한 장수는 일반인들의 찬양을 받지 않는 장수이다. 즉, 가장 훌륭한 장수의 '용맹'이나 '통찰력'조차도 일반인의 눈에는 '찬양할' 만한 대상이 되지 못한다.

병법에서 이러한 사유가 지니는 강점은 무장한 군대의 투입을 최소한으로 줄일 수 있다는 점이다. 그래서 다음과 같은 극단적 표현이 나온다. "승승장구하는 군대(승리할 군대)는 이미 승리한 후에 실제 전투에 임하는 반면, 패배하는 군대(패배할 군대)는 전투가 시작되었을 때에야 비로소 승리하려고 노력한다."[3] 사전 계획도 없이 무장 전투가 일어나는 마지막 순간에 가서야 승리를 차지하려고 하는 사람은 아무리 전투에 천부적 자질을 지니고 있다 할지라도 언제나 패배할 위험이 있다. 따라서 모든 것은 사건이 결정되기 전 단계에서 미리 조율되어야 한다. 다시 말해 유일하게 주도권을 쥐고 있는 배열과 책략이 자동적으로 적용되고, 논리적으로 서로 얽혀 상호작용하도록 하면 언제나 효과가 있다(과정의 '자발성 또는 '논리성'이라는 두 용어는 뒤에 자세히 나타나듯, 동일한 대상을 두 개의 다른 관점에서 표현한 말이다). 바로 이것이 사건의 궁극적 흐름을 효율적으로 지배하게 되어 전투를 실제로 수행할 필요조차 없게 한다.[4] 그래서 손자는 '훌륭한 병법가는 호전적이지 않다'고 말하고 있는 것이다. 그러나 여기서 우리는 이런 말에 현혹되어서는 안 된다. 이러한 '싸우지 않음'의 이상은 도덕적 인격 함양에 전념해서 얻어진 결과가 아니다. 그것은 단지 철저한 사전 준비로 승리를 절대적으로 확실하게 만듦의 결과일 뿐이다. 그것은 또한 추상적 개념에 의존하는 것도 아니다. 왜냐하면 그와 반대로 우리는 가장 사소하지만 가장 결정적 단계에서 원하는 방향으로 가장 정확하게 일을 진행할 수 있는 방법에 주의를 기울여야 하기 때문이다. 사실 가장 멀리 떨어진 이상향의 단계에서는 주어진 모든 상황을 특징짓는 결과를 '단순히' 그 이상의 방향으로 나아가도록 만드는 일만이 문제가 된다.[*]

배열에서 발생하는 잠재력의 개념

이러한 관점에 따라 배열에서 발생하는 잠재력 개념이 처음으로 의미 있게 등장한다. 병법에서는 일반적으로 세勢라는 용어[5]가 이 개념을 나타낸다. 모든 병법의 기술은 이 개념을 통해서 더 정확하게 다시 표현될 수 있다. 능란한 전술은 '배열에서 발생하는 잠재력에 근거해 있다'〔其巧在于勢〕[6]는 말은 병법가가 직면한 상황을 아군에게 유리하도록 이용해 최대의 효과를 얻는 것을 목표로 삼아야 한다는 것을 의미한다. 사물의 외형으로부터 흘러나오고 우리가 이용해야만 할 이러한 역동성의 이상적 이미지는, 물의 흐름이 주는 이미지에 의해 잘 표현된다. 즉, 만약에 높은 곳에 가득 고여 있는 물 밑에 골을 만들면, 이 물은 아래로 흐를 수밖에 없다.[7] 그리고 이 물은 격렬하게 돌진하면서 물 밑에 깔려 있는

---

* 이것은 고대 중국에서는 보편화된 개념과 관련되어 있다. 도교 전통의 기본서인 『도덕경』은 특히 '상황의 징후가 아직 분명하게 나타나지 않을 때, 일을 도모하기 쉽다'는 관념을 공유하고 있다(도덕경, § 64). 또 '싸움에 능한 사람은 성내지 않는다'와 '잘 이기는 사람은 맞붙어 싸우지 않는다'는 원리도 주장하고 있다(도덕경, § 68).

자갈까지 휩쓸어가게 된다.[8] 이 예로부터 우리는 세가 가진 두 가지 특성을 알 수 있다. 즉, 한편으로 세는 객관적 필연성에 따른 결과로만 나타나며, 다른 한편으로는 그 강도가 저항할 수 없을 정도로 강하다는 것이다.

그렇다면 병법의 관점에서 이러한 잠재력을 만들어내는 '배열'에는 구체적으로 어떤 것이 있을까? 이러한 질문을 하는 이유는 이 '배열'을 앞에서 비교한 것처럼 단순히 기복이 있는 외형 — 비록 이 외형 또한 작전 지역과 같은 결정적 요인으로서 개입된다 할지라도 — 과의 연관 속에서만 해석할 수는 없기 때문이다. 병법가는 작전 지역의 특성, 즉 그 지역이 멀리 떨어져 있는지 가까이에 있는지, 낮은 지역인지 높은 지역인지, 접근하기 쉬운 지역인지 기복이 심해 접근하기 어려운 지역인지, 노출된 벌판인지 사방이 막힌 지역인지를 고려하면서 그 특성을 최대한 이용해야만 한다.[9] 또한 병법가는 싸우는 군사들의 사기가 충천해 있는지 의기소침해 있는지도 역시 계산에 넣어야만 한다. 다른 모든 '상황적' 요인, 즉 기후 조건은 유리한지 불리한지, 군사들이 질서정연하게 정렬해 있는지 무질서하게 산개散開해 있는지, 그들의 원기가 충천해 있는지 완전히 기진맥진해 있는지와 같은 요인[氣勢, 地勢, 因勢]도 마찬가지로 계산에 넣어야 한다.[10] 병법가는 관련된 국면이 어떠한 것이든 전황을 두 방향으로 이끌 수 있고, 또 이끌어야만 한다. 즉, 그 하나는 전력을 다하여 공세를 취하도록 아군을 적극적으로 이끄는 것이고[勢者, 所以令士必抖也],[11] 또 다른 하나는 적군으로부터 주도권을 빼앗아 적군을 수세에 몰리도록 소극적으로 만드는 것이다. 그렇게 되면 비록 적군의 숫자가 아무리 많다 하더라도, 그들은 이미 세가 꺾여 더 이상 저항할 수 없게 될 것이다〔人雖衆多 勢莫敢格〕.[12] 단순한 수적 강세는 더 고차원적이고 더 결정적인 조건 앞에서 무너지게 된다.

기원전 400년 경 중국인이 개발한 쇠뇌는 탄도를 정확하게 직선으로 유지하고 화살의 충격력을 강화함으로써 전투를 수행하는 데 혁명적인 변화를 가져왔다. 이 무기의 '메커니즘'에 따른 '작동'은 매우 자연스럽게 군대가 지닌 힘의 급격한 분출을 상징하는 데 사용되었다.[13] 세는 최대한으로 팽팽하게 당겨진 쇠뇌와 같다〔勢如彍弩〕.[14] 모티브에 적절한 이미지(활을 당기는 이미지는 잠재력을 나타낸다) 말고도, 기술적 차원에서 쇠뇌가 이루어낸 혁신은 확실히 병법의 차원에서 세를 정확하게 활용하는 능력만큼이나 결정적인 진보를 의미한다. 사실 이미지는 다음과 같이 훨씬 더 정확한 방식으로 나타날 수도 있다. 쇠뇌 특유의 이점은 발사지점이 '나의 어깨와 가슴 사이이지만, 나로부터 100보 이상 떨어져 있는 적군을 화살이 어디에서 날아왔는지도 모르게 사살할 수 있다'는 사실과 관련되어 있다.[15] 그런데 이러한 점은 훌륭한 병법가의 경우도 마찬가지다. 즉, 훌륭한 병법가는 세를 사용함으로써 최소한의 노력을 기울이면서도 최대한의 효과를 획득한다. 그는 비록 멀리 떨어져(시간상으로나 공간상으로) 있어도 단순히 여러 가지 요소들을 잘 활용함으로써 최대의 효과를 얻는데, 일반인은 이러한 결과가 어디에서 기인하는지도 알아차리지 못한 채 그 결과를 병법가의 공으로 돌리게 된다.

이와 같은 세의 다양한 측면들을 결정적으로 확정 짓고, 그 세에 특권적 모티브를 제공하는 마지막 이미지는 다음과 같다. 장작이나 돌은 평평한 땅 위에서는 움직이지 않고 안정적으로 남아 있지만, 경사진 땅에서는 움직이게 된다. 장작이나 돌은 각진 경우에는 멈추어 있지만, 둥글 경우에는 굴러 내려가게 된다. '자기의 군졸을 훌륭하게 지휘하는 대가大家에게 배열에서 나오는 잠재력은 높은 정상에서 둥근 돌을 굴러 내려가게 하는 것과 같다.'[16] 대상의 고유한 외형(원형이거나 사각형)뿐만 아니라 그 대상이 처해 있는 상황(평평한 땅이나 경사진 땅)도 대상의 배열이라는 자격으로서 중요하다. 이 경우 잠재력의 최대치는 두 지점 사이에 존재하는 높이의 차이에 의해 결정된다.

인간의 덕성이나 초자연적 결정에 대한 제거보다 우선시되는 힘의 관계

이러한 비교를 통해 우리는 다음과 같은 점에 대해서도 알 수 있다. 즉, 높이 경사진 곳에서 힘차게 굴러떨어질 준비가 되어 있는 둥근 돌은 가장 잘 움직이는 군대의 이미지 역할을 한다. 이는 중요한 것이 전사의 개인적 자질보다는 각자가 자기 역할을 잘 수행할 수 있도록 유도해 주는 배열임을 보여준다. 가장 오래된 병법서는 이와 같은 사실을 명백하게 밝혀주고 있다. 이에 따르면, 훌륭한 병법가는 '군사 배열에서 나오는 전력에서 승리를 찾지, 자기 부하에게서 승리를 찾지 않는다[求之于勢, 不責于人].'[17] 결정적인 역할을 하는 것은 제대로 배열된 상황으로부터 논리적으로 흘러나오는 객관적 성향이지, 군사 개인의 훌륭한 의지가 아니다. 보다 더 명확하게 말하자면, '용기와 비겁은 세와 관련된다[勇怯, 勢也].'고 할 수 있다. '만약에 군대가 기세를 얻는다면(즉, 배열에서 나오는 잠재력을 활용할 수 있다면) 비겁한 자도 용맹하게 될 수 있다. 그리고 만약에 군대가 세를 잃는다면, 용맹한 자도 비겁하게 될 수밖에 없다.' 따라서 '용기와 비겁은 세가 때와 장소에 따라 다르게 나타나는 모습일 뿐이다'.[18] 이러한 간결한 표현들은 중국인들에게 단지 실제적 지침으로 사용될 뿐이지만, 서양인에게 그 철학적 파급 효과는 주목할 만한 것이다. 그러한 표현은 다음과 같은 관념을 강하게 함축하고 있다. 즉, 인간의 덕성은 내적으로 소유하는 것이 아니라(왜냐하면 인간은 그 덕성에 대한 결정권도 없고, 통제력도 갖고 있지 못하기 때문에), 전적으로 조종 가능한 외적 결정의 '산물'(유물론적 의미에서)이라는 것이다.

그러한 관점이 확립될 수 있었던 것은 가장 엄밀한 필요성, 즉 실용적 효율성의 필요성에 의해 인도된 합리화의 노력을 치르고 나서이다. '전국시대'(기원전 5~3세기)는 서로 주도권을 잡으려는 적대적 주요 국가 사이에서 전쟁이 전례 없이 고조된 시대이다. 따라서 이러한 국가들이 전개했던 사생결단의 전투 — 이러한 전투는 '최후 결전'의 원리와 완벽하게 일치하는데, 근대의 서구 이론가는 이 원리를 전면전을 설명하기 위해 사용했다 — 에서는 단순한 믿음, 즉 최소한의 '이상적' 입장도 전혀 허용될 수 없었다. 적어도 전쟁이라는 특별한 영역 안에서는 그랬다. 그러나 정확히 말하자면, 전쟁은 점점 더 한계를 넘어 중요한 위치를 차지하면서(적어도 2세기 동안에는) 모든 것에 침투해 유일한 쟁점이 된 나머지, '특수한' 영역으로 간주될 수 없는 경향을 띠게 되었다. 이러한 상황에서 병법에 관한 성찰이 보다 더 보편적인 사유의 발전을 촉진한 것은 당연하다. 그리고 가능한 모든 환상을 넘어 결정적인 요인들의 실재적 본성을 꿰뚫어 보려 했던 병법적 사유가 이러한 극한점에 이르러, 배열에서 발생하는 잠재력이라는 세勢의 개념을 이론의 핵심으로 삼은 것도 필연적이다.

물론 전국시대 바로 이전 시대(기원전 500년경)만 해도 전쟁은 아직 명예심이라는 규범에 의해 전적으로 지배되었고, 밭농사에 방해가 되지 않도록 농사철이 아닐 때만 밭에서 작전을 펴는 마치 하나의 의례적 행사와 같은 것으로서 여겨졌다. 또한 그 시대에는 신관神官이 전쟁에 대해 내린 점괘가 상서로운 것인지 아니면 불길한 것인지 그 결과를 들어보지 않고는 그 누구도 전쟁을 일으킬 엄두를 내지 못했다. 그런데 전국시대에 들어오면, '세가 사람보다 우세하고〔勢勝人〕'[19] 병법에 따른 배열이 군사의 사기보다 더 중요하게 되었을 뿐 아니라, 모든 초월적이거나 초자연적인 결정도 오직 병법적 주도권을 위해서만 사용되었다. 고려해야 할 모든 요인 중에서 세만이 진정으로 결정적 요인이 된 것이다.[20] 즉, 나무를 자르기 위해 도끼를 든 사람이 나무를 자르기에 그날의 일진이 좋은지 나쁜지를 알려고 할 필요가 없게 된 것이다. 그것은 만약에 어떤 사람이 자기의 힘을 전달할 수 있는 도끼를 손에 갖고 있지 않다면, 나무를 자르기에 아무리 일진이 좋다 해도 그는 아무런 결과도 얻지 못하게 되기 때문이다.[21] 이 예는 세만이 실질적으로 실재의 과정에 대한 장악력을 제공해줄 수 있다는 사실을 보여주는 것이다. 마찬가지로 하나의 화살을 만들기 위해 매우 값진 나무를 고르거나 그 화살을 예술적으로 장식하는 것도 엄밀하게 말하면 이 화살의 사정거리에 아무런 영향을 주지 못한다. 단지 쇠뇌를 팽팽하게 당길 수 있는 것만이 중요하다. 우리는 세로부터만 진정한 효과를 기대할 수 있다.

상황의 가변성과 전략적 메커니즘의 쇄신

이제 이러한 효율성이 어떻게 전개되는지를 보다 더 구체적으로 명시하는 일만이 남았다. 일반적으로 병법은 다양한 요인에 따라 힘의 관계를 측정하고 작전을 미리 구상할 수 있도록 해줄 원칙을 확정하고자 한다. 그러나 우리는 또한 상호성이 지배하는 행위인 전쟁이 본질적으로 예측 불가능하고 변화하는 영역이기 때문에 언제나 이론적 예견과 비교적 무관하다는 사실도 알고 있다. 따라서 우리는 일반적이고 단순한 상식만 갖고도 모든 병법의 실제 한계를 알 수 있다. 그런데 중국의 전쟁 이론가들은 세 개념에 근거해 있는 한 이러한 모순을 해결해야 하는 난점에 대해 전혀 걱정할 필요가 없다고 생각했던 것 같다. 그래서 다음과 같은 공식이 나온다. 즉, '우리에게 유리한 원칙이 일단 정해지면, (이러한 원칙에) 무관한 것으로 나타나는 것도 (작전의 순간에) 도움이 되도록 만듦으로써 그 원칙에 대해 유리한 배열(효력, 즉 세)을 만들어낼 필요가 있다〔計利以聽, 乃爲之勢, 以佐其外〕'.[22] 이러한 사실로부터 중국 전통의 다른 영역에도 적용할 수 있는 다음과 같은 정의, 즉 '세(구체적 배열)는 상황을 유리한 쪽으로 통제하는 것〔勢者, 因利而制權〕'이라는 정의가 도출된다. 중국의 가장 오래된 병법서의 도입부의 핵심 부분에서 이러한 표현은 추상적이고 불변적인 요소('다섯 가지 근본 문제'와 '일곱 가지 기본 조건')에 대한 머리말 격의 규정과 그 다음 부분의 책략에 대한 기술記述을 연결해주는 역할을 한다. 속임수에 근거를 두고 있는 이 책략의 효율성은 전개되는 상황의 변화를 완벽하게 받아들이고, 책략을 꾸준히 적의 상황에 맞추어 성공적으로 적용함으로써 적을 굴복시킬 수 있느냐의 여부에 달려 있다. 주어진 여건상 최초의 술책으로 해결이 안 될 것처럼 보이던 것도 세를 통해 매우 자연스럽게 다시 해결될 수 있는 것이다.

그러나 중국인의 훌륭한 병법적 직관도 변하지 않는 것과 변하는 것(이론과 실천, 원칙과 상황)을 보다 더 잘 결합할 수 있는 매개 개념을 제공해주지는 못한다. 즉, 모든 전쟁의 진행과 불가분의 관계에 있는 상황의 전개가 전략적 배열의 잠재력, 다시 말해 그 효력을 갱신해줄 수 있는 가장 으뜸가는 책략을 어떻게 구성하게 되는지를 적절하게 보여주지는 못하는 것이다. 전쟁 지휘관의 기술은 적이 상대적으로 고정된 배열을 채택하도록 유도해 적의 위치를 알아낸 후 적을 제압할 뿐만 아니라 조직적으로 적을 패주시키는 방식 — 항상 변화를 일으킴으로써 적의 허를 찌르는 방식 — 으로 끊임없이 자기 자신의 전략적 배열을 갱신하고, 이를 통해 적에게서 모든 주도권을 빼앗을 수 있어야 한다.[23] 그리하여 이러한 기술은 무한성[道] 속에서 전개되는 세계 그 자체의 위대한 운행처럼 그 깊이를 헤아릴 수 없는 것이 된다. 그 이유는 세계란 것이 결코 특정한 배열 속에서 부동의 상태로 있지 않으며, 일반적으로 자신의 실재에 대한 어떠한 징표도 제공하지 않는 유일한 것이기 때문이다〔所以無朕者, 以其無常形勢也〕.[24] 그러므로 여기서 물의 이미지로 되돌아가보자. 그러나 이번에는 수평으로 잔잔하게 흐르는 물에서 고찰되는 이미지를 살펴보자. '물의 배열이 모든 돌출부를 피해 낮은 곳으로 향하도록 되어 있는 것과 마찬가지로, (지휘를 잘 받고 있는) 군대의 배열은 적의 강한 지점을 피해서 적의 약한 지점을 공격하게 되어 있다. 물이 지형에 따라 그 흐름을 결정하는 것과 마찬가지로, 군대는 적에 따라서 승리를 결정한다.'[25]

경직성에 대립되는 모티브로서의 물은 (물이 지닌 최대한의 유연성에 따른) 여기에서 극단적 가변성으로 인해 역으로 가장 침투성이 강하고 가장 단호한 힘의 상징이 된다.

그러므로 물의 배열이 물의 효율성을 산출해내고 문제를 해결하는 장치로서 쓰일 수 있는 것은 물이 끊임없이 새로워지기 때문이다. 병법 장치로서의 세는 흐르는 물만큼 유동적이어야 하며〔兵無常勢, 水無常形〕 '적에 따라 자유자재로 변화해야 승리를 얻게 된다'[26]고 말하는 것은 단순한 상식, 즉 상황에 대처할 수 있는 지식의 필요성 이상의 것을 의미한다. 보다 더 심오하게 통찰해 보면, 잠재성은 고정된 배열 속에서는 고갈됨을 알 수 있다. 그런데 모든 병법의 근본적인 목표는 정확하게 역동성을 연속적으로 (적에게서 주도권을 빼앗고, 적을 마비상태로 몰아넣어서) 자기에게 유리하도록 확보하는 것이 아닌가? 그리고 배열에 내재해 있는 역동성을 다시 활동하게 만들기 위해서는 이 배열을 바꾸어서 그것에 가역성可逆性을 부여하는 방법 외에 다른 어떤 것이 있겠는가? 여기서 병법 이론은 중국문화의 가장 중심 개념, 즉 끊임없이 새로워지는 자연의 운행이 지닌 효율성에 정초하고 있는 개념과 다시 결합하는데, 이는 낮과 밤의 연속과 계절의 주기 속에 잘 나타나 있다. 최상의 경지에 가면 효율성의 개념이 어떠한 특정 배열 속에서도 부동인 채로 머물러 있지 않기 때문에, 도道가 구성하는 절대적 효율성은 결코 정체되지도 고갈되지도 않는다.

중국인의 주요한 독창성: 대립의 해결

배열로부터 나오는 잠재력의 개념은 고대 중국의 병법적 사유의 중심에 자리 잡고 있기 때문에 보편적으로 널리 이용되었고,* 따라서 후대의 모든 전통도 이 관점에서 절대로 벗어나지 않게 되었다.[27] 20세기에 마오쩌둥毛澤東도 일본에 대항하는 지구전에서 가장 적절한 전략을 구사하기 위해 그러한 관점을 이용하고 있다〔審時度時〕.[28] 이 병법은 언제나 '경계 상태'를 유지하고, 주어진 상황이나 기회에 즉각적으로 반응하여, 정해진 배열 속에서 꼼짝 못하게 되거나 '봉쇄당하는' 일이 결코 일어나지 않도록 하는 효율적인 전략이다.[29]

그러므로 여기에서 사용되는 관점은 과정을 바라보는 관점이다. 이 관점은 우리에게 유리한 방향으로 전개될 수 있도록 과정의 성향을 시의적절하게 이용하는 관점이다. 병법을 다루고 있는 고대 중국의 문학 작품을 읽어보면, 병법에 대한 표상이 그리스의 영웅적이고 비극적인 시각과 얼마나 대조적인지(그리고 고대 중국이 왜 그렇게 그리스적인 시각에는 전혀 관심이 없었는지) 알 수 있다. 그리스적 시각의 핵심은 활로가 없는 극한적 상황에 도달하기까지 진행되는 적과의 대결이다. 그러나 배열에서 나오는 잠재력을 전략적으로 이용할 줄 아는 중국인에게 대립은 완벽하게 제어할 수 있는 내적 논리에 따라 저절로 해결된다. 그리스 비극에서는 비극적 인간이 운명의 힘에 맞서 그 힘에 굴복eikein(소포클레스 비극의

---

* 바둑에 관한 문헌은 바둑판 위에서 한쪽 대마大馬가 다른 쪽 대마와 맺게 되는 힘의 관계가 끊임없이 변화하는 것을 설명하기 위해 이 개념을 사용하고 있다. 여기서 바둑은 중국의 병법이 가진 근본 원리가 놀이의 방식으로 나타난 예증일 뿐이다.

중심 단어)하지 않기 위해 저항하는 반면에, 중국의 병법가는 작용하는 요인의 논리를 따르고 그것에 적응할 줄 알기 때문에 모든 요인을 다스릴 수 있다고 자부한다. 그리스인은 자신에게 닥친 운명을 불행하게도 너무 늦게 발견하는 반면에, 중국인은 작용하고 있는 성향을 미리 밝혀내어 그 운명을 처리할 줄 안다.

보다 더 엄격한 군사적 관점에서 볼 때, 세에 근거한 중국인의 이론화 작업과 그리스인이 우리에게 전수해 준 '서구적 전쟁 모델' 사이의 대립도 마찬가지로 절대적이다(키간J. Keegan과 핸슨V. D. Hanson은 최근에 이 모델에 관해 새로운 점을 밝혀주었다). 중국인에게 병법의 목표는 실제 전투가 시작되기 전에, 그리고 실제 전투에서 패배할 수도 있는 (언제나 위험한) 사태를 피하기 위해, 힘의 관계에서 나오는 경향을 모든 수단을 동원해 자신에게 유리하도록 바꾸는 것에 있다. 반면에 그리스인의 이상은 호메로스가 묘사한 소규모 전투나 일대일로 맞싸우는 결투의 시대가 지난 후에도 '완전한 승리 또는 완전한 패배'로 결말이 나는 정규전이었다. 기원전 5세기의 그리스인들은 경무장 보병이나 기병으로 구성된 형태보다 중무장 보병 형태에 우선권을 부여하고, 유격전이나 작전상 후퇴, 온갖 종류의 소모전보다는 전장에서 전투 대형을 정렬하여 적과 정면으로 맞닥뜨리는 전투를 더 중시함으로써, 이들의 전쟁 개념에서는 양 진영 중무장 보병들의 정면 공격 ─ 양 진영에서 모두 신중하게 준비하고 기다렸던 공격 ─ 이 결정적 요소가 되었다. 퀸투스 퀴르쿠스Quintus Curcus의 전거에 의하면, 알렉산더 대왕이 적에게 들키지 않고 공격할 수 있기만을 바라는 '산적이나 도둑이 사용하는 교활한 수법으로' 승리하는 것을 거부했던 것은 바로 이러한 전투, 즉 공명정대한 육박전만을 정정당당한 것으로 여겼기 때문이었다. 이러한 전투는 파괴적인 전면전 방식으로 이루어져서, 패주 또는 죽음 이외의 다른 활로가 없기 때문에 비교적 단기간에 끝난다. "핸슨에 따르면, 싸움이 시작되기도 전에 이미 싸움을 이기는 것은 전투에서 보여줄 군인의 용맹과는 다른 수단에 의해 승리하는 것으로, '사기를 치는 것'이다."[30] 창은 이러한 영웅적 대결의 도구이자 상징이다. 반면에 장거리 발사 무기는 고대 그리스에서는 일반적으로 경멸의 대상이 되었는데, 이는 그러한 무기가 전사의 개인적 능력과 상관없이 멀리서 전사를 죽일 수 있기 때문이었다. 그리스인의 사고로는 가장 완벽한 장거리 발사무기인 쇠뇌가 그 이미지로 표상되는 세를 중시하는 생각과는 가장 동떨어져 있었던 것이다.

적과 직접 대면해 벌이는 결전은 유럽의 근대적 전쟁 개념에서도 — 특히 클라우제비츠Clausewitz에서 — 찾아볼 수 있다. 클라우제비츠는 전쟁의 실상에 대해 최초로 이론적 차원에서 전반적인 설명을 시도한 것으로 유명한 서양 사상가이다. 그는 병기 문제와 보급 문제와 같은 실제적 문제에만 근거해 군사 지식을 축적했던 현학자들과 전쟁을 각도에 대한 계산과 불변의 원리에 근거한 정확한 학문으로서 간주했던 학자들(그 시대에 가장 유명한 사람은 뷜로우Von Bülow와 조미니de Jomini이다)에 반대했을 뿐만 아니라, 극단적으로 전혀 다른 입장에서 전쟁이란 단순히 인간적 기능으로서 완벽하게 '자연적'인 기능이기 때문에 이론의 대상이 될 수 없다고 주장하는 학자들에 대해서도 반대했다. 그는 전쟁을 현실적 관점에서 '고찰하기' 위해서는 전쟁 행위를 기술의 입장에서 고찰하는 것 외에 다른 가능성이 없다고 생각했다. 이러한 입장에서 그는 전쟁을 아리스토텔레스적인 관계에 따라 논리적으로 표상한다. 여기서 아리스토텔레스적인 관계는 서양 철학에서 전통이 되어버린 관계로, 수단과 목적 또는 목표 — 목적Zweck은 궁극적인 도달점을, 목표Ziel는 중간 단계의 도달점을 의미한다 — 와의 관계를 의미한다. 미리 정해 놓은 목적에 도달하기 위해 가장 적합한 수단을 사용함으로써, 목표 자체는 보다 더 일반적인 목적 — 궁극적 단계에서는 정치적 차원에 속하는 — 에 도달하기 위한 중간 단계로 이용된다. 이러한 규칙은 그가 젊은 시절부터 칸트적인 규범 형식 — '당신은 당신이 도달할 수 있다고 느끼는 가장 중요하고 가장 결정적인 목표를 지향하게 될 것이다. 당신은 이러한 목표에 도달하기 위해 당신이 따라갈 수 있다고 느끼는 가장 짧은 길을 선택하게 될 것이다' — 을 빌려 언급하고 있는 것이다.[31] 하지만 앞에서 언급했듯이 고대 중국의 병법적 사유에서는 이러한 수단과 목적의 관계가 나타나지 않는다. 여기서 그러한 관계를 대신하는 것이 바로 배열장치와 효율성이라는 관념이다〔勢 利〕.

클라우제비츠는 전쟁을 목적론적 시각에서 고찰하고 있기 때문에, 목표로 설정된 직접적인 대결을 가장 중요하게 생각했을 뿐 아니라, 용기나 결의와 같은 정량화할 수 없는 도덕적 요인의 내재적 중요성을 무시하고 전쟁을 확률성의 관점에서 생각할 수밖에 없었다(원하는 결과를 얻을 가능성이 가장 높은 수단만 이용되어야 한다). 하지만 중국의 전쟁이론가들은 성향과 결과의 결정력의 시각에서 전쟁을 바라보고 있었기 때문에 이와 전혀 다른 결론을 내린다. 즉, 그들은 클라우제비츠가 '단순한 간접적 파괴' — 사전 준비를 통해 적을 마비시키고 전복하여 진행되는 전투 — 라고 경멸하는 것을 오히려 중시한다(따라서 클라우제비츠가 본질적이라고 생각하는 전투 대형을 짜서 맞붙는 대회전大會戰, die Schlacht도 그들 눈에는 단지 전투의 결말로 생각될 뿐이다). 그들은 또한 전투에 본질적인 군사들의 사기와 관련된 자질을 단지 상황에 내포되어 있는 것으로 볼 뿐, 클라우제비츠처럼 고유한 요인으로 보지 않는다. 그러한 이유에서 그들은 전쟁 과정을 더 이상 확률성의 관점이 아니라 '불가피성inéluctable'과 '자동성automaticité'의 관점에서 바라보게 될 수밖에 없었다.

우리는 결국 우리의 병법적 사유를 끊임없이 따라다녔던 단절 — 즉, 미리 입안된 이상적 계획과 그 계획에 대한 실천을 분리시키는(그 계획을 불확실하게 만드는) 단절 — 을 설명하기 위해 시도된 클라우제비츠의 알력 이론이 그의 사상에서 수행하고 있는 역할을 알게 된다. 그런데 세라는 개념은 우리가 분리했던 '실천'과 '이론' 사이에 끼어들어 두 용어의 대립을 전적으로 용해시키면서 목표 실행의 개념을 작용 중인 성향에 따라 홀로 그리고 저절로sponte sua 작용하는 것, 즉 불확실함과 쇠퇴의 가능성이 전혀 없고, '알력'이나 쇠약해짐도 없이 작용하는 것이란 의미를 확정짓게 된다.

중국인은 세를, 클라우제비츠는 '수단'과 '목적'을 중시한다. 이러한 범주들 안에 함축되어 있는 편차로부터 전체적인 차이가 나오며, 우리는 그 차이를 구조화할 수 있다. 특히 이러한 병법적 개념의 대비는 양 진영 모두의 정치 영역 안에 그대로 투사된다. 중무장 보병들이 정면 충돌하는 전투 형태에 대한 선택은 대의원을 통하지 않고 한 점의 애매함도 남기지 않는 방식으로 민회에서 직접 투표를 통해 의사결정을 하는 그리스인의 또 다른 정치적 제도와 밀접하게 관련된다. 마찬가지로 배열로부터 나오는 효율성의 방식으로서의 성향에 주의를 기울임은 중국인의 권위 개념 속에서 훨씬 더 명백하게 나타난다.

2. 정치에서 결정적 요인인 지위

효율성은 인성에 의존하지 않는다

병법과 정치는 모두 '우리가 세계를 원하는 방향으로 지배할 수 있도록 만들어줄 효율성은 어디로부터 나오는가'라는 근본적인 문제를 다룬다. 그러한 효율성은 개인적 능력의 작용으로부터 나오는가, 아니면 힘의 관계로부터 나오는가? 주관적(도덕적·지적) 노력으로부터 나오는가, 아니면 상황 속에 객관적으로 함축되어 있는 경향으로부터 나오는가? 고대 말(기원전 4~3세기) 중국인의 사유는 우리로 하여금 이러한 두 가지 선택 사항을 서로 대립된 것으로 간주하게 만든다. 그것은 중국인의 사유가 그 선택지를 이론적으로 극단화시켜 — 그중에서도 특히 두 번째 항인 개인의 인성 바깥에 있는 사물의 흐름을 결정짓는 선택지로 극단화시켜 — 서로가 서로를 배제하는 것으로 만들었기 때문이다.

이 두 번째 선택지에서는 무엇다도 지혜智에 의해서 개척된 가장 일반적인 방식인 길道(도교의 용어로)이 문제가 된다. 그것은 사물의 성향이 사물의 고유한 배열에 따라 저절로 작용하도록 방임하는 것, 사물에 어떠한 인간적 가치나 욕망도 투사하지 않고 끊임없이 그 사물의 전개가 지닌 필연성에 자신을 일치시키는 것을 의미한다. 사실 결코 주저하지도 않고 빗나가지도 않는, 그리고 '선택해야만' 하는 것도 아니고 '가르쳐 주어야만'[1] 하는 것도 아닌 방향 정립은 사물의 배열 자체로부터 나오는 것이기 때문에, 사물은 결코 '힘들여 고생하는 일' 없이 스스로의 힘에 의해 확실하게 특정 방향으로 나아가는 경향을 지닌다〔趣物而不兩〕. 사물이 지닌 이러한 경향성과 비교해 보면, 모든 주관적 개입은 계산하고 꼼꼼히 따지는 작업을 수반하기 때문에 언제나 이러한 경향성의 완전무결함을 방해하는 간섭이 될 수밖에 없다. 주관적 개입과 사물의 경향성은 이렇게 상호 간의 양립 불가능성을 통해, 서로가 서로의 본성을 밝혀 준다. 예를 들어 체계 안에서의 단순 반작용으로서 즉각적으로 일어나는 자연적 자발성은 의식의 활동과 대면했을 때 그 특징이 더 명백하게 나타난다. 그러므로 주도권은 전적으로 세계에 속한다. 그것은 마치 서양인이 신 앞에서 완전히 수동적이 되어 신에게 자기 자신을 맡기는 것과 같다. 따라서 우리는 자신의 행위로 세계를 강압적으로 지배하고자 하는 대신에, 사물의 흐름에 따라 처신하게 된다. 그리고 우리가 원하는 것을 세계에 부과하고자 하는 대신에 사물의 저항을 최소한으로 받아들이면서 그 사물의 흐름에 따라 행동하게 된다. '세계는 미는 힘을 받을 경우에만 앞으로 나아가고, 당기는 힘을 받을 경우에만 돌아오게 되어 있다.' 그것은 마치 '바람이 소용돌이치는 것'이나 '깃털이 돌면서 떨어지는 것' 또는 '맷돌이 빙글빙글 도는 것'과 같다.

우리가 실재를 그 기능적 연루 작용으로 환원하는 이러한 견해를 정치적 차원으로 전이해보면, 사물의 배열 — 이 배열로부터 세계의 흐름과 같은 경향이 나온다 — 은 사회체제 안에서 위계적 '지위'로서 나타남을 알 수 있다.[2] 여기서 세勢라는 용어는 병법의 배열과 유사하게 권력의 배열을 지칭하기 위해 새롭게 등장한다. 실재의 세계에 자리 잡고 있는 성향이 최대의 효과를 얻을 수 있도록 자동으로 작용하게 방임하는 이상적 경지를 지혜라고 하는 것과 마찬가지로, 정치 질서도 권위의 관계로부터 '필연적으로' — 순전히 객관적인 결정에 의해 — 도출되는 것이라고 논리적으로 생각할 수 있다.

위계적 지위로부터 발생하는 효력을 처음부터 특징짓는 것에는 두 면이 있다. 첫째, 위계적 지위는 개인적 가치, 그 중에서도 특히 도덕적 가치로부터 독립되어 있다. 둘째, 우리는 사회적 지위를 활용할 수도 있고 활용하지 않을 수도 있지만, 사회적 지위 없이는 결코 살 수가 없다. 그것은 순전히 도구적인 받침대로서 개입하지만, 동시에 결정적인 효과를 발휘한다. 마차, 약재, 장신구와 같은 예들은 모두 본래 보조적으로 보이는 것들이 지닌 필수불가결한 특성을 나타낸다.[3] 예를 들어, 어떤 남자가 가장 아름다운 여인을 아내로 얻었다 할지라도, 그가 그 여인을 가장 아름다운 장신구로 치장하지 않는다면 그녀는 만인의 시선을 끌지 못할 것이다. 그가 아내에게서 이러한 치장을 벗겨내고 낡은 옷을 다시 입힌다면 사람들은 그녀를 외면할 것이다. 또 다른 예로 바람은 효과를 얻을 수 있는 이러한 받침대의 기능이 어떤 것인지를 잘 보여준다. 즉, 쇠뇌의 큰 화살은 바람을 타야만 하늘 높이 날아갈 수 있다. 그리고 깃털 달린 풀의 새싹도 바람에 날려야만 비로소 먼 거리까지 날아갈 수 있다. 동일한 소재를 신화적으로 전이해보면, 용은 구름을 타야만 위풍당당하게 하늘로 날아갈 수 있다. 만약에 이 구름이 흩어지면 용은 땅에 붙어 있는 지렁이로 보일 수밖에 없다. 그렇게 되면 용은 하늘로 솟아오를 때 버팀목으로 사용했던 세를 잃어버리는 것이 된다.

이제 이러한 이미지를 정치적 용어로 해석해보자. 아무리 지혜로운 사람이라도 지위[勢]라는 받침대를 이용하지 못한다면, 그는 타인에게 — 심지어 인척에게도 — 영향력을 행사할 수 없게 된다. 반대로 아무리 보잘것없는 사람이라도 그러한 받침대를 이용할 수 있다면, 그는 위대한 현자까지도 복종시킬 수 있게 된다[勢位足以屈賢]. 병법에서 중요한 것은 군사의 수가 아니라 군사의 배열에서 나오는 잠재력을 이용하는 데 있는 것과 마찬가지로, 정치에서 통치자가 '기대는' 버팀목은 자신의 '힘'이 아니라 자신의 '지위'이다[不恃其强而恃其勢].[4] 우리가 일반적으로 서로 연결되어 있다고 생각하는 이 힘과 지위의 대립은 의미심장한 것이다. 물론 힘의 관념은 모든 인간의 타고난 능력으로부터 완전히 벗어나지 못하는 개인적인 노력의 결정체라는 부정적인 의미를 함축하고 있다. 반면에 지위 개념은 특정 상황에서의 결정적인 요인이 지닌 외적 특성을 자연스럽게 설명해줄 수 있다.

중국에서 철학적 논증은 고대 그리스보다 발달하지 못했기 때문에, 우리는 고대 중국에서는 그러한 논증이 발전할 여지가 없었다고 — 부당하게 — 단정 지어 버릴지도 모른다. 하지만 그러한 논증을 펼칠 때 다양한 사례들을 통한 예증과는 별도로 효력을 지닌 받침대로서의 이러한 정치적 개념은 서로 대립되는 명제를 통해 이론적 논쟁의 대상이 되었다.[5] 최초의 명제에 대한 논파, 즉 지위가 결정적 요인이라는 명제에 대한 반증은 다음과 같이 점진적인 단계를 거쳐 진행되었다. 첫째, 만약 지위가 하나의 요인으로서 개입한다 해도 그것은 단지 충분조건일 뿐이기 때문에, 개인적 가치도 지위와 마찬가지로 중요하다. 앞에서 인용한 예를 뒤집어보면, 구름이 아무리 짙게 깔렸어도 지렁이는 용과는 달리 구름에서 승천하기 위한 버팀목을 찾을 수 없을 것이다. 둘째, 이러한 지위라는 요인은 부정적으로 작용할 수도 있고 긍정적으로 작용할 수도 있기 때문에 중립적이고 공평한 것으로 판명된다. 따라서 이 요인은 훌륭한 통치자가 선정을 베풀 수 있도록 해주기도 하지만, 다른 한편으로 폭군의 가장 형편없는 폭정을 허락하기도 한다. 셋째, 인간의 본성이 일반적으로 선하기보다는 악하다는 사실을 고려하면, 지위가 제공하는 비책은 결국 백성들에게 이롭기보다는 오히려 해가 될 수도 있다. 따라서 모든 것은 결국 개인의 능력에 좌우된다는 결론이 도출된다. 국가는 마차와 같고, '권위라는 지위'는 그 마차를 이끄는 한 쌍의 말과 같다.[6] 훌륭한 마부의 손에서 이 마차는 빠르고도 멀리 갈 수 있으나, 마부가 형편없는 경우에는 반대의 결과가 나올 수밖에 없다.

이러한 논증은 어떠한 특수한 문화적 편견으로부터도 자유로우며 상식적으로 보인다. 이러한 논증이 야기하는 체계적 비판은 논증을 독창적으로 만들어줌으로써, 여기에서 적극 권장되고 있는 세의 개념을 첨예하게 만들어준다.[7] 그러나 이러한 논증에 대한 또 다른 논증 자체는 무엇보다도 쟁점의 전환과 의미를 구별할 때라야 가능하다. 위의 논증이 겨냥하고 있는 정치적 질서는 모든 이상주의자들이 꿈꾸는 이상적인 도덕 질서가 아니라 시계태엽장치처럼 기능하는 국가 기계의 질서이다〔以勢爲足恃以治官〕. 게다가 우리는 이와는 다른 관점에서 자연적 배열에 해당하는 세와 권위의 '제도적' 관계에 해당하는 세를 구별할 필요가 있다[吾所爲言勢者, 言人之所設]. 왜냐하면 후자의 세는 전자의 세로 부터 도출될 때만이 진정으로 정치적인 틀을 창조해낼 수 있기 때문이다. 사실 역사에서 전자의 세(자연적 배열로서의 세)는 좋든 나쁘든 극단적이고 예외적인 상황(황금기나 재앙의 시대)에서만 작동할 뿐이다. 그러한 상황은 인간이 일상적 차원에서 문제를 해결하도록 하는 조작의 허용 범위를 벗어난다. 이러한 극단적인 상황에서조차 성인이나 폭군이 출현하는 것은 그들이 지닌 선하거나 악한 성질 때문이 아니라 필연성에 좌우되기 때문이다. 반면에 평상시에는 실제 권력 안에서 제도화된 위계적 지위가 모든 사람을 지배하는 질서를 유지하기에 충분한 결정적 요인으로 작동한다.

따라서 앞선 명제의 초반부에서처럼 개인적 능력이라는 요인이 지위라는 요인과 병행하여 공존한다고 주장하는 것은 가능하지 않게 된다. 이러한 두 가지 결정 요인은 중국의 '모순矛盾' 개념 — 이 개념은 '창'과 '방패'를 함께 팔면서 창矛은 모든 것을 뚫을 수 있고, 방패盾는 어떠한 것에 의해서도 뚫리지 않는다[矛盾]고 허풍을 떠는 상인의 이미지에서 나왔다 — 처럼 상호배타적이다. 그러므로 세상을 구제해줄 현자 — 그러한 현자의 통치는 만에 한 번 있을 뿐이다 — 를 기다리는 것은 무의미하다. 오히려 지금부터라도 국가가 잘 운영되도록 권위라는 지위를 최대의 효과가 발휘되도록 작동시켜야 한다. 위계적 관계는 그 존재만으로도 충분히 질서를 창출해낼 수 있다. 따라서 마차와 국가의 비교는 전도되어야만 한다. 사실 마차가 견고하고 마차를 이끄는 말들이 훌륭하다면(이 말들이 앞에서처럼 그 지위에 주어진 효력을 발휘하는 경우), 비범한 능력을 지닌 마부를 기다릴 필요 없이 아무리 평범한 마부라 할지라도 빠르게 잘 운전할 수 있도록 먼 거리를 규칙적으로 계주처럼 연결해주는 역마제를 만드는 것으로 충분하다. 이러한 역마제는 장소마다 말을 새로 교대해주기 때문에, 말의 능력을 최대한으로 유지할 수 있게 만들어준다. 이러한 역마제가 지닌 논리를 명확히 설명하자면, 통치자의 유일한 임무는 자신이 지닌 지배적 지위에서 출발해 그 권위로부터 흘러나오는 추진력을 보존해주기에 충분한 정치적 '역마제'를 운영하는 것이다.

정치적 지위는 권력 관계로서 작용한다

효율성이 개인의 도덕성에서 나온다고 주장하는 사상가들과 지위에서 나온다고 주장하는 사상가들 사이에서 펼쳐졌던 이러한 논쟁은 고대 말기(기원전 4~3세기) 중국에서 '유가儒家'와 '법가法家'의 대립으로 나타난다. 이들은 적어도 한 가지, 즉 절대군주제에 대해서는 의견의 일치를 보고 있다(중국에서는 어느 누구도 군주제 이외의 정치체제를 생각해본 적이 없었으며, 이는 서양과 본질적으로 다른 점이라 할 수 있다). 이들이 대립되는 지점은 단지 그러한 군주제를 이해하는 방식에 있을 뿐이다. 유가는 군주의 지배권을 본질적으로 도덕적인 지배력, 즉 성군聖君으로부터 나오는 모범적 영향력을 통해 실천되는 '하늘로부터 위임받은 권한'으로 생각한다. 그와 반대로 법가에게 군주의 지배권은 어떠한 상위 의지의 현현이 아니며, 군주의 지배력은 순수하게 절대군주의 지위만이 유일하게 행사할 수 있는 압력에 기인할 뿐이다[威無勢也 無所고].[8] 이러한 대립은 고대 중국에서는 사회적·문화적 환경의 차이, 사유 방식의 차이에서

기인하는 것이기 때문에 무엇보다도 이데올로기적일 수밖에 없다. 한쪽은 적어도 정신적으로 고대 왕실 집단에 속해 있는 사람들로서 의례와 전통의 가치에 집착하며, 군주 곁에서 '지식계급'으로 봉사한 이들이었다. 다른 한쪽은 기업과 상업 — 이는 그 당시 중국에서 비약적으로 발전했다 — 의 세계가 지닌 영향력에 관심을 가졌던 사람들로서 이들은 권력뿐만 아니라 사회체제 전체의 경영에 대하여 현실적이고도 공격적인 시각을 지니고 있었다. 하지만 이러한 차이는 '계급'적 차이는 아니었으며, 진보와 보수로 대립된 것도 아니었다. 사실 법가 사상가들은 근대적 정신을 지니고 있었지만, 새로운 권리를 요구하기보다는 실질적인 효력에만 관심을 기울였으며, 바로 이러한 관심이 그들을 전제군주제로 나아가도록 만들었다. 그들은 정확히 말하자면 '법가사상가들'(피상적으로 보이는 것에만 근거해 흔히 이렇게 번역되지만)이라기보다는 오히려 권위주의와 전체주의를 지지하는 이론가들이라 할 수 있다. 왜냐하면 중국의 정치이론이 전체적으로 권리나 법률이 아니라 권력을 고찰하고 있었고, 이러한 특별한 범주에 속한 사상가들은 그러한 이론을 수정하려 하기보다는 오히려 그것을 심화시킴으로써 이러한 방향으로 정치 이론을 정착시키는 데 기여했기 때문이다.

그러므로 가장 중요한 지위는 군주의 지위가 된다. 세도 가문이나 강력한 관리의 영향력 있는 지위[9]가 문제가 되는 경우에도, 중국의 정치사상이 세라는 용어를 통해 이론화하려는 대상은 왕권의 지위뿐이었다. 정확하게 말해 그 이론은 군주의 지위를 희생시키는 다른 모든 지위를 단호하게 제거해버린다. 중국의 권위주의 옹호론자들은 군주와 신하 사이의 관계를 엄격하게 대립적인 관계로 파악한다. 왜냐하면 군주권이 지위에 의해서만 존립하는 것이라면[凡人君之所以爲君者 勢也],[10] 이러한 군주권은 백성이 군주에 대해 품게 되는 사랑이나 봉사의 감정을 전혀 고려해서는 안 되기 — 이는 유가가 꿈꾸는 가족주의와는 분명히 대립되는 관점이다 — 때문이다. 군주의 지위를 매우 엄격하게 고찰해보면, 이 지위는 보상과 처벌을 할 수 있는 권력을 통해서만 성립할 수 있는데, 이러한 권력은 그 지위를 지니고 있는 사람 외의 다른 모든 개인들의 야망을 군주 한 사람[11]의 권위에 복종시키도록 해야만 한다. 이러한 환경에서 정치적 지위는 긍정적인 동시에 부정적으로 작용함으로써 백성들을 격려하는 동시에 억압하기 때문에, 충분하고도 완전한 장치로서 사용된다. 군주가 자신의 지위를 완전하게 '차지하고' 있어야 한다[處勢]는 사실은 무엇보다도 그가 이러한 공포심 유발과 신하에 대한 관심의 이중적 수단을 다른 어떠한 사람에게도 양도해서는 안 된다는 것을 의미한다. 만약에 군주가 다른 사람들에게 자신의 세를 빼앗기면, 그는 필연적으로 그들의 통제하에 놓이게 되고, 그들의 조종을 받게 된다[人君失勢 則臣制之]. 이는 결과적으로 단순히 왕위에서 물러나게 하는 것이 아니라 군주의 자리를 차지하기 위한 오랜 기간의 소요와 반란을 낳는다. 그리고 이러한 장치는 도덕적·개인적 덕, 그리고 그 장치를 손에 쥔 자와 상관없이 작용하며, 다른 사람의 손에 너무나 손쉽게 넘어갈 수 있는 만큼 매우 위험하다.

따라서 이러한 군주제에서 비록 전제군주와 다른 모든 사람들 — 귀족이나 행정관, 보좌관은 물론이고, 또한 군주의 아내, 어머니, 첩, 서자나 세자 — 의 대립으로 생기는 충돌은 대부분 잠재적이라 할지라도 지속적인 갈등의 대상임이 드러난다. 지위에 대한 이론은 '타인의 마음을 사로잡는' 정교한 심리술도 함께 전수해준다. 사실 군주는 그가 원하는 것에 과감히 맞서려고 하거나 언제나 군주의 의도를 탐색하고자 하는 모든 사람들의 의견을 불신하게 되는데, 이는 군주의 주변 사람들이 군주의 신뢰감을 얻게 되면 언젠가 군주를 마음대로 조종하게 될지도 모르기 때문이다〔得乘信幸之勢〕.[12] 반대로 군주의 영향력은 군주가 자신과 신하들 사이에 유지하는 거리에 비례하여 증가한다. 그것은 맹수가 숲 속 깊이 숨어 있을 때만 우리에게 맹수라는 느낌을 계속해서 줄 수 있는 것과 같다.[13] 지위의 특권은 희석되거나 공유되어서는 안 된다.[14] 군주의 총애를 받는 자나 군주와 친밀한 자는 군주에게 복종하지 않는 자보다 더 나쁘다. 군주의 지위는 전적으로 배타적이고 독점적이어야 하며, 어떠한 경쟁의 대상이 되어서는 안 된다.

이와 같은 논리는 봉건제의 틀 속에서도 동일하게 적용된다.[15] 즉, 봉건 영주와 가신들 사이에서 가신들을 자신의 권위에 쉽사리 복종시킬 수 있도록 최대한 약화시키는 것은 영주의 능력에 달려 있다. 가신들에게 많은 봉토를 나누어주는 것은 영주의 선심 때문이 아니라, 자신의 우위를 더 잘 지키기 위해서이다. 따라서 거리가 멀리 떨어져 있어 지배력이 약해지는 것을 보상하기 위해, 봉토는 왕궁과의 거리에 비례해 축소되어야만 한다. 일반적으로 권력은 지위의 불평등이 증가하면 증가할수록, 그리고 불평등성으로부터 나오는 불균형성이 커지면 커질수록 더 잘 작동한다〔多建封 所以便其勢也〕. 앞서 언급했던 병법가와 마찬가지로 영주가 이 힘의 관계를 자신에게 유리하게 작동하도록 만드는 것은 오직 다른 사람을 복종시키기 위해서일 뿐이다. 정치적 개념과 병법적 개념은 각 영역과 관련된 부분에서 서로 일치하게 된다.[16] 사실 외부의 적들에 대비할 수 있는 최상의 수단(병법적 세)은 왕국 내부에서 권위라는 지위

(정치적 세)가 자신의 신하들에 맞설 수 있도록 군주에게 제공해주는 받침대이다.

전체주의 도구로서의 군주의 지위

그러나 군주권을 위협하는 모든 사람들의 침해에 대항하려는 수비적 관점에서만 군주권의 지위를 고찰할 필요는 없다. 그것은 또한 정보의 차원에서도 매우 효율적인데, 이는 그 지위가 군주로 하여금 자신의 영토 안에서 획책되는 모든 것에 대한 정보를 얻을 수 있게 해주기 때문이다. 군주의 지위가 가진 (고대사회에서 흔한) 이러한 권위주의적 측면은 그 권위주의를 전체주의의 도구로서 사용하는 단계에까지 체계화시킨 서양의 권위주의를 연상시킨다.

하지만 고대 말부터 이미 중국의 전체주의 이론가들은 정치적 권력이 백성들에 대해서 얻어낼 수 있는 완전하고 엄격한 지식과 그 지식을 바탕으로 강제로 끄집어낸 백성들의 삶의 투명성, 두 가지에 근본적으로 의지하고 있음을 잘 알고 있었다. 이러한 점에서 그들은 자신들보다 앞서 이미 지식의 영역 안에서 유교적 전통이 양심이라는 도덕적 직관에 부여한 특권에 반대하면서 최초로 탐구와 경험 그리고 증명에 근거한 과학적 앎이 가능한 조건을 규정하고자 했던 사람들, 즉 묵가墨家주의자들로부터 영감을 받았다.[17] 중국적 사유에서는 서양 전통에 그토록 심오한 영향을 끼쳤던, 실재에 대립되는 가상假象에 대한 이러한 형이상학적 의심을 찾아볼 수 없다. 하지만 중국적 사유는 개인적 지식이 숙명적으로 파편적이고 불완전하며, 따라서 주관성으로 얼룩져 있다는 사실에 특히 관심을 갖고 있었다. 그러한 지식은 다른 사람의 도움을 필요로 하는데, 이는 어느 속담대로 '두 눈은 눈 하나보다 더 낫기' 때문이다. 객관성에 도달하기 위해서 지식은 모든 종류의 지식을 총망라해야 하며, 동시에 개별적 지식을 서로 대립시켜 어느 것이 참인지를 증명해야만 한다. 전체주의 이론가들이 볼 때 군주권의 지위는 더 이상 모든 사람들이 동의하는 방식이 아니라 강제적인 방식으로, 바로 이러한 객관적 지식을 얻는 데 이상적이었다.

이와 같은 인식론적 엄밀성은 백성들을 통제하기에 가장 적합한 도구로 탈바꿈하게 된다. 국가의 기능을 모든 것의 중심으로 확립함으로써 군주권은 모든 정보가 군주권의 지위로 수렴하도록 만든다. 게다가 군주권의 지위는 그 권력을 통해, 군주에 반란을 일으키는 자들의 정보를 얻어낼 수 있고 거짓 정보를 밝혀낼 수도 있다. 이를 위해 군주는 **분리**와 **연대**[參伍]라는 이중적 방법에 체계적으로 의존하기만 하면 된다. 각자의 견해를 '분리'함으로써, 군주는 그 각각의 견해가 누구로부터 나왔는지를 정확히 알고 그 견해를 서로 대립시키기 전에 하나하나 방법론적으로 고찰할 수 있으며, 그것을 주장한 이들을 지명해 책임을 물을 수 있다. 또 군주는 신하들에게 '연대' 책임을 물어 각 신하가 다른 신하와 구분되도록 만들고, 서로 고발하도록 장려할 수 있다. 이를 통해 군주는 관련된 견해들이 공동 의결을 가장해 익명으로 아무런 책임을 지지 않으면서 번성하게 되는 것을 막고, 그것들을 현황에 맞게 간파할 수 있다. 동시에 군주는 집단 처벌의 위협을 통해 모든 파당적 조직의 싹을 초반에 잘라버릴 수 있다.[18] 이 두 가지 방법은 대조적이고도 상호보완적인 방식으로 미묘하게 작용하면서 군주의 지위를 진정한 '알아차리는 기계'(인식기)로 만들어준다〔現聽之勢〕. 군주는 이렇게 모든 정보를 강제적으로 취합함으로써 주어진 것을 정교하게 탐색하면서 구중궁궐 속에서도 모든 것을 '보고' '들을' 수 있게 된다. 군주의 힘은 물리적인 것이 아니라 단지 다른 사람들이 군주를 위해 관찰하고 그 결과를 ─ 그의 모든 신하들 사이에서 필연적으로 발생하는 상호관찰 덕분에 ─ 군주에게 보여줄 수 있도록 만드는 능력일 뿐이다. 따라서 군주의 힘은 모든 모반의 징조를 적시에 밝혀내고 그러한 징조가 밝혀졌다는 사실만으로도 모반자를 직접 처벌하는 고생을 할 필요도 없이 모반을 그 배태적胚胎的 단계에서 제압할 수 있다. 바로 이러한 이유에서 군주의 힘은 그 자체만으로도 정치적으로 충분한 효력을 발휘한다. 백성들은 군주에게 인격적으로 도덕적인 군주가 되기를 요구하는 것이 아니라 자신의 지위에 맞는 '식견을 갖춘 군주〔明主〕'가 되기를 요구한다〔聰明之勢與〕.[19]

따라서 군주의 지위는 이중적인 토대에 근거한다. 하나는 모든 사람에게 부과된 법을 존경의 대상이 되도록 만드는 가시적인 토대이고, 다른 하나는 사회를 주도면밀하게 구획하는 은밀하게 감추어진 토대이다. 군주의 지위는 이렇게 중국의 전체주의를 확립하는 역할을 했던 두 기둥을 연결해주고 있다. 여기서 두 기둥이란 보상과 처벌을 확정해 만인에게 평등하고 아주 엄격하게 적용되는 공적公的 '규범'과 비밀리에 진행되는 조사, 함정수사에 의한 정보조작, 비판, 대질, 사실 확인들을 통해 진행되어 겉으로 드러나지 않는 정치적 '기술'을 지칭한다〔法術〕. 군주의 지위는 공개적으로는 명령을 가능하게 하는 동시에 비밀리에는 그것을 조종할 수 있도록 해준다.

우리는 이제 군주권의 지위 자체에 내재하고 있는 받침대 개념에 대해 보다 더 정확하고 적극적인 의미를 부여할 수 있다. 사실 군주의 기교는 모든 백성들로 하여금 자신의 지위를 유지하는 데 협력하도록 만드는 것일 뿐이다[以衆爲勢].[20] 그것은 군주 자신이 직접 문제를 해결하기 위해 노력하는 것이 아니라 신하들이 군주를 위해 노력하도록 만드는 것을 의미한다. 한 개인이 자기 자신의 감각만을 통해서는 사물에 대해 극히 미미한 것만을 지각하는 것과 마찬가지로, 군주도 자기 자신의 능력에만 의존할 경우에는 곧장 지쳐서 모든 사람을 통치할 수 없게 될 것이다. 따라서 군주가 지닌 능력의 단계들은 경제적 논리에 부합하게 된다. 즉, '하급의 군주는 자신의 능력을 철저하게 사용하고, 중급의 군주는 타인의 힘을 철저히 사용하며, 상급의 군주는 타인의 지능을 철저히 사용한다'.[21] 용이 하늘을 날 수 있도록 구름이 이용되는 것과 마찬가지로, 다른 모든 사람들은 군주의 지위를 높이는 데 봉사한다. 마치 배를 물이 옮기는 것처럼 군중은 군주를 옮긴다. 군주는 산꼭대기에서 계곡을 내려다보는 불쑥 솟아 있는 나무와 같다.[22] 여기서 나무 자체의 높이는 중요하지 않으며, 중요한 것은 나무가 군림하고 있는 산 전체의 높이이다.

통치의 기술에 관해 우리는 이론적 차원에서 다음과 같은 질문을 던질 수 있다. 만약에 군주가 바닷가에 은거하고 싶어서 수도를 떠난다면, 그는 잘못을 저지르는 것인가? 이 물음에 대해 전체주의를 주장하는 중국의 이론가들은 그렇지 않다고 답한다. 왜냐하면 그러한 군주도 실제로는 궁전에 있는 자리를 지키지 않으면서도[處勢而不能用其有] 궁전 안에 머물러 있을 때처럼 성실히 자신의 역할을 수행할 수 있기 때문이다.[23] 사실 군주는 멀리 떨어져 있어도 권력의 장치를 완전히 장악하고 모든 것을 지휘할 수 있다. 여기서 우리가 알 수 있는 것은 지휘란 것이 개인적 노력이 아니라 기술에 의해 소유된다는 사실이다. 군주의 지위는 제한된 범위에서 특정 지역에 물리적으로 현전하는 데서 나오는 것이 아니라 명령을 통제하는 차원에서 나온다. 바로 그러한 이유로 군주의 지위는 권력을 완전하게 그리고 총체적으로 행사할 수 있다.

권력 장치의 자동성

이러한 조건에서 군주권의 지위에 의해 구축된 장치는 다음과 같은 이중적인 특성을 갖는다. 즉, 한편으로 이 장치는 순수하게 인간이 만들어낸 산물로서 어떤 초월적 구상으로부터 나온 것이 아니라 인간에 의해 기술적으로 조립된 것이다. 다른 한편으로 이러한 권력 장치는 그 장치를 활용하는 사람의 자질과 상관없이 스스로 그리고 자동적으로 작동한다. 물론 그것은 그 장치가 방해를 받지 않고 완전하게 작동하는 경우에 한해서 그러하다. 이러한 장치를 정확하게 활용할 수 있는 능력은 이렇게 인위적인 동시에 자연스럽게 작동하는 두 측면의 결합에 달려 있다.

이러한 자연성은 그 자체로 이중적이다. 신하의 입장에서 보면, 군주가 '칼자루' 또는 '성대聖帶'처럼 손에 쥐고 있는 이 두 가지 명령〔執柄以處勢〕— 군주권의 지위를 구성하고 있는 — 은 신하들에게 내재해 있는 본능적이고 원초적인 두 감정을 양극성의 방식에 따라 유발한다. 즉, 보상은 유인誘因을 만들어내는 반면, 처벌은 자동적으로 반감을 불러일으킨다.[24] 군주는 단순히 명령을 내리는 지위를 차지하면서 그 지위가 작동하도록 만들기만 하면 된다. 그러므로 그는 지나치게 열성을 보일 필요도 없고 심지어는 노력을 기울일 필요도 없다. 왜냐하면 과일이 익을 때가 되면 우리가 노력을 기울이지 않더라도 자연스럽게 무르익는 것과 마찬가지로, '공덕功德'의 명성은 군주가 그 지위를 얻으면 '추진하지 않아도' 저절로 일어나기 때문이다〔得勢位則不進而名成〕.[25] 물이 한없이 흐르려는 경향을 지니고 있고 배가 물에 뜨려는 경향을 지닌 것과 마찬가지로, 명령이 일단 내려지면 계속해서 실행되려는 자연적 성향 — 따라서 그 자체로 '고갈될 수 없는' 성향 — 이 군주권의 지위로부터 흘러나오게 된다. 군주는 자신의 지위를 차지함으로써 마치 자기 자신이 '하늘(자연)'인 것처럼 사람들을 지배한다. 군주는 마치 보이지 않는 영역에 속해 있는 귀신처럼 사람들을 움직이게 만든다〔明主之行制也天 其用人也鬼〕.[26] 이는 단순히 군주의 지위가 구성하는 권력 장치를 작동하도록 방임함으로써 군주가 자신의 행위가 가진 규칙성(천체의 운행과 마찬가지로)으로부터 벗어날 수 없고, 그 결과 비판의 대상이 될 수도 없음을 의미한다.[27] 군주는 백성들의 세계를 암행 감찰할 때 (귀신의 이미지처럼 보이지 않는 방식으로) 전혀 '고생할' 필요가 없는데, 이는 그의 신하들이 스스로 외적 인과성이 아니라 자신들의 순수한 자발성에 따라서 결정이 이루어진다고 느끼기 때문이다.[28] 그들은 마치 자발적으로 행동하는 것처럼 행동하고, 군주의 조종 속에 그들 자신의 내재성이 표현되어 있는 것처럼 그 조종에 동의하는 것이다. 그러므로 아무리 명령이 엄하다 할지라도, '지위가 작용하고 있는 한' 그 지위 앞에는 어떠한 장애물도 있을 수가 없게 된다〔勢行教嚴(逆)而不違〕.[29]

고대 중국의 이론가들이 정교하게 분석했듯이, 전체주의적 권위주의의 모든 힘은 다음과 같은 객관적 사실 속에서 유지되는데, 이는 결코 역설적인 것이 아니다. 즉, 억압은 그 극한치에 도달해도 더 이상 억압으로서가 아니라 오히려 그 반대로 느껴지고 자명한 것으로 보이며 사물의 본성이 되어 더 이상 정당화될 필요도 없게 된다. 이는 실제로 행해지는 억압이 결국 그 억압을 감내해내는 개인에게 제2의 본성으로 구성되는 습관habitus을 만들어낼 뿐 아니라, 더 근본적으로는 인간의 법도가 비인간적으로 됨으로써 자연법적 특성을 지니게 되기 때문이다. 따라서 인간의 법도는 자연법처럼 각 개인의 특수한 사정에 좌우되지 않는 준엄한 것이 되는데, 이는 그 법도가 어디에나 존재하며 모든 사람에게 매순간 끊임없이 강제력을 행사할 수 있기 때문이다. '법가 사상가들'의 사유에서 그들이 제정한 법은 세계 운행〔道〕의 순수한 연장선상에 있고 사물의 이치와 완벽하게 일치되는 것으로 여겨진다. 인간의 법은 자연에 내재해 있는 질서를 사회적 모습으로 표현한 것에 지나지 않는다. 따라서 군주권의 지위는 본질적으로 생사를 결정하고 모든 신하들에 대해 끊임없이 발휘되어야 하는 엄격한 권력이 되고, 군주만이 유일하게 위에서 그 권력을 소지해야 하는 것으로 간주된다. 군주는 운명과도 같이 준엄하게 백성들에 대한 생사여탈권을 쥐고 있는 것이다. 군주는 자신의 지위로부터 자연적 기능의 조건과 같은 가능 조건을 재생산해내기 때문에, 그의 권위로부터 나오는 명령은 완벽하게 사회체를 관통해 스며들고, 이 명령은 그 순간부터 궤도를 벗어나거나 약화될 위험이 없게 된다. 군주의 지위는 균일하게 그리고 보편적으로 작용하기 때문에, 정치적 영역에서 군주를 실재를 규제하는 위대한 과정의 화신으로 만들어준다. 군주의 지위는 인간적 차원에서 유일하게 명확한 지점을 구성해주는데, 바로 이 지점을 통해 인간적 차원은 본래의 역동성을 갖게 된다(물론 우리는 여기서 '도가 철학'의 영향을 발견할 수 있다).[30] 바로 이러한 이유에서 군주는 자신의 지위를 차지함으로써 사물의 총체성과 동일한 효율성을 얻을 수 있으며, 그 지위가 지닌 조종의 원동력은 그가 조작할 필요도 없이 저절로 작동한다.

이를 통해 우리는 전체주의를 지지하는 이론가들과 유가의 도덕주의의 대립을 보다 잘 이해할 수 있다. 군주권의 지위로부터 권력을 작동하기만 하면 되는 극단적인 용이성은 전체주의 이론가들이 주장하는 정치의 우월성을 입증해준다. 사실 그와는 반대로 도덕의 이름으로 통치를 하는 사람은 결정적으로 성공하지도 못하고 언제나 고생만 하게 된다. 그러한 통치자는 가장 빠른 동물을 추적하기 위해 맨발로 뛰어가는 사냥꾼과 같다. 그렇게 뛰어가면 사냥꾼은 기진맥진하여 결국에는 아무런 성과도 얻지 못하면서 고생만 하게 될 것이다. 반면에 국가라는 마차를 타고 그 마차가 이끄는 대로 자신을 맡긴다면(이것이 지위의 효력에 대한 상징이다), 군주는 세상에서 가장 쉬운 방법으로 너무나 자연스럽게 의도한 결과를 얻게 된다〔皆舍勢之易也而道行之難〕.[31] 유학자들 자신의 말에 따르면, 모든 현인들 가운데 가장 위대했던 공자도 겨우 70여 명의 제자들밖에 — 그것도 매우 고생한 끝에 — 자기편으로 끌어들이지 못했다. 반면에 같은 시대에 살았던 봉건 군주 애공哀公은 형편없는 사람이었지만, 군주로서 공자를 포함해 모든 사람들을 아무런 어려움 없이 자신에게 복종하도록 만들 수 있었다〔非懷其義 服其勢也〕.[32] 유학자들의 첫 번째 과오는 지나치게 도덕을 신봉하고, 특히 신하들을 상대로 지녀야만 할 태도와 제자들을 상대로 지닐 수 있었던 태도를 혼동한 데 있었다.

그러나 이 첫 번째 과오는 훨씬 더 중대한 과오를 내포하고 있다. 즉, 유학자들은 군주에게 자비와 관용을 베풀라고 설교하고 권장함으로써, 군주의 지위가 함축하고 있는 정치적 장치의 작용을 혼란하게 만들고 그 작용을 정상적 궤도에서 이탈하게 만들었다. 왜냐하면 유학자들의 정치적 가족주의가 정초하고 있는 아버지와 자식 간의 사랑 자체도 예외 없는 사랑은 아니며 반항이 있을 수 있기 때문이다. 또한 자비라는 것은 그러한 자비를 받을 만한 자격이 없는 사람에게도 보상을 해주는 것이 아니면 그 무엇이겠는가? 관용도 또한 그것이 처벌을 받아야 마땅할 사람에게 처벌을 면제해주는 것이 아니면 무엇이겠는가? 이 두 덕 중의 하나 또는 다른 것을 베풀어주면, 군주는 분명히 너그러운 양심을 지닌 것처럼 자신을 과시할 수는 있겠지만 사회는 무질서에 빠지게 될 것이다.[33] 왜냐하면 이러한 일을 보면 신하들은 더 이상 군주에 봉사하기 위해 전심전력을 기울일 필요성을 못 느끼고, 곧장 자신들의 사리사욕을 채울 생각만 하게 될 것이기 때문이다. 또한 군주는 '인정'과 '연민'의 길로 접어드는 순간부터 순전히 인정에 이끌리는 방식 이상으로는 움직이지 못하게 되고, 그 결과 그의 영토에서 군주에게 도전하고자 하는 모든 사람들과 경쟁할 수밖에 없게 될 것이다. 그러면 그는 결국 자신의 지위를 잃게 될 것이다.

　　그러므로 도덕정치를 펴고자 하는 모든 시도는 해로운 결과 — 게다가 도덕을 설교하는 사람들은 역효과를 낼 뿐이다 — 를 낳는다. 왜냐하면 그러한 시도는 다른 방식을 취한다면 완벽하게 저절로 진행될 것에 일종의 도박을 끌어들이는 것이 되기 때문이다. 군주권의 지위를 구성하고 있는 장치를 사용하는 유일한 방법〔善持勢〕은 그 장치의 자동성을 존중해주는 것이다.[34] 따라서 그러한 장치를 제대로 사용하는 사람은 공자가 말하는 왕처럼 남에게 호의를 베풀어 자신의 존재를 나타내려 하지 않고, 권력의 기계를 통해 자신을 감추고 그 기계의 요소들과 하나가 되는 사람이다. 모든 것을 보는 그는 자신에 대해서는 아무것도 보이지 않도록 한다. 다른 사람은 투명성 아래 놓이는 반면에, 군주 자신은 불투명성에 의해 보호를 받게 된다.[35] 군주는 전능하지만 남들은 그러한 사실을 알아차리지 못한다(사람들은 군주의 지위를 그가 실제적으로 행사하는 영향력보다 훨씬 적은 것으로 인식한다). 사물의 위대한 운행을 나타내는 궁극적 용어인 도道와 마찬가지로, 우리는 단지 '군주가 존재한다'는 사실만을 알 뿐이다.

중국적 개념의 급진적 본성

하지만 권력의 탈인간화는 더 이상 진척될 수 없었다. 반데르메르슈 Vandermeersch가 훌륭하게 분석했듯이, 고대 중국 사상가들 중에서도 특히 전제주의 이론가들은 보다 더 추상적인 국가 관념 — 특히 순수 기능으로서 간주되며 예전의 귀족주의적 지배 형태로부터 완전히 벗어난 행정적 차원에서 고찰되는 국가 관념 — 에 도달함으로써 정치사상의 발전에 기여했다. 그러나 군주제적 원리가 절대적으로 지배하는 중국 정치체계의 한계 때문에, 그들은 비슷한 방식으로 국가를 군주로부터 철저하게 분리시키는 데는 성공할 수가 없었다. 그러한 이유에서 그들은 군주를 그 지위에만 국한시킴으로써 논리적으로 군주를 최대한 탈인간화시킬 수 있었다. 즉,

정치적 장치는 매우 엄격하게 작동하게 되었지만, 군주에 집중된 장치의 기능은 군주가 구현하고 있는 장치를 초월하는 어떠한 목적에도 도달할 수 없게 되어, 필연적으로 매우 기형적인 것이 될 수밖에 없었다.*

오늘날 이러한 중국 권위주의자들의 사유를 마키아벨리의 사유에 비교하는 것이 유행이 되었다. 사실 두 사상의 정치적 사유는 모두 군주에 대한 조언을 가장하여 제시되며, 군주의 권력을 강화시키는 것을 유일한 목적으로 하고 있었다. 마키아벨리의 『군주론』에서도 '핵심은 군주가 자신의 권위를 유지하는 데 있다'.[36] 양쪽의 정치적 사유는 모두 도덕과 목적론적 정당화로부터 벗어나, 권력을 마키아벨리가 '효과적 진리'라고 부르는 것 이상으로는 생각하지 않고 있다. 따라서 권력은 이제 순전히 인간이 만든 제도로부터만 나오고, 힘의 역학 관계가 지배하는 현실 속에서만 나타나게 되었다. 마키아벨리는 또한 정당한 권력과 정당하지 못한 권력의 구별을 의도적으로 삼가고 — 이러한 미구별은 서양의 정치적 사유 안에서 새롭게 나타난 것이다 — 『군주론』에서도 군주와 폭군을 의도

* 중국인은 군주제적 원리를 한 번도 문제 삼아 본 적이 없으면서도, 법가의 권력 독점 모델을 필연적 상호관계성의 명목으로 비판할 것이다. 그 상호관계성에 따르면, 정치적 장치는 그 기능이 한 방향으로만 — 법가사상가들이 너무나 원했듯이, 위에서 아래로 — 작동되어서는 안 되고, 위와 아래, 영주와 신하, 군주와 백성 사이에 존재하는 양극들의 상호작용에 열려 있어야만 한다. 우리가 앞으로 보게 될 것처럼, 이러한 심급의 이중성의 원리는 중국적 사유의 모든 측면에 퍼져 있으며, 결과적으로 제국주의적 이데올로기는 학식 있는 자들의 영향하에서 실제로 수정되었다고 할 수 있다. 따라서 법가적 개념인 세는 가장 오래 유지된 이론적 분석의 주제였던 만큼 우리의 탐구에서 중요하다. 그러나 동시에 이 개념은 이 용어가 적용되는 여러 사태에 공통적으로 표현된 효력에 대한 직관과 관련해서는 하나의 상실을 나타낸다. 왜냐하면 비록 법가사상가들이 세에 독특한 객관적 결정의 차원뿐만 아니라 그것이 지닌 자동성과 같은 특성도 훌륭하게 부각시켰다 해도, 다른 한편으로 세에 본질적인 가변성을 표현하는 데 실패하고 있기 때문이다. 사실 그들은 세의 개념을 이러한 식으로 경직시킴으로써 이 개념을 빈약하게 만들었다.

적으로 혼용하고 있다. 그러나 양자의 유사성은 여기서 그친다. 왜냐하면 마키아벨리는 군주를 군주의 지위에만 제한시키려는 의도가 전혀 없었기 때문이다. 그는 군주를 탈인간화시키기는커녕 오히려 르네상스 시대의 한 사람으로서 군주의 개인적 능력에 호소하고 있다. 물론 이 개인적 능력이란 그가 살던 시대의 모든 '군주의 거울들' 속에 비쳐진 도덕적 자질이 아니라 덕성virtu이 지닌 효율성을 의미한다. 마키아벨리에게 정치란 행운la fortuna과 실랑이를 벌이는 일종의 기술이지, 자동적으로 작동되어야 하는 권력 장치의 규칙적인 진행은 아니다. 그는 예리한 지성으로 권위주의의 비밀스런 원리를 꿰뚫어 보았지만, 전체주의적인 정치의 작동 방식에 대해서는 모르고 있었다.

서구적 사유에서 감시에 의한 절대적 통치에 대한 이상은 페스트 때문에 격리된 도시에 대해 미셸 푸코가 묘사한 이상적 통제에서 나타난다.[37] 푸코에 따르면, 모든 공간이 세밀하게 구획되어 경비되고 페스트 환자가 격리된 구역에 남아 있는지를 확인하기 위해 가장 세부적인 사항까지 매우 엄밀하게 꿰뚫어 보는 시행 세칙을 통해 끊임없이 추적되고 점검될 때, '권력은 세세한 수준까지 작동하게' 된다. 사실 지위의 특권이 만들어내는 이러한 완전한 장치는 벤담Bentham의 유명한 원형 감옥 Panopticon에 대한 묘사에 서구에서 최초로 등장한다.[38] 벤담의 묘사에 따르면, 원형으로 된 건축물의 바깥 부분은 독방으로 나누어져 있는데 각각의 방은 모두 이 두꺼운 건축물을 가로질러 있으며, 빛이 각 방을 관통해서 비칠 수 있도록 양쪽으로 창문이 나 있다. 이 건축물의 중심부에 있는 탑에도 마찬가지로 원형 건축물의 내부를 바라볼 수 있도록 창문이나 있다. 감방 안에서 감시를 당하는 죄수들은 자신들이 끊임없이 간수한테 감시받고 있다는 사실을 의식하고 있다. 탑 안에서 죄수들을 감시하는 간수는 죄수들을 계속해서 보지만 결코 죄수들에게는 보이지 않기 때문에, 간수가 그 탑을 떠나 있을 때조차도 감시의 효과는 여전히 지속된다. 중국의 정치체계에서든 벤담의 감시체계에서든, 한편의 사람들(국민이나 죄수들)에게 강요되고 있는 투명성과 다른 한편의 사람(군주나 간수)을 감추고 있는 불투명성 사이에 존재하는 기능적 비대칭성은 사실 동일하다. 여기서 우리는 중국인의 이론에서 군주가 자신의 궁전을 완전히 떠나 있으면서도 자신의 '지위'를 완벽하게 점유할 수 있었다는 점을 상기할 수 있다.

푸코에 따르면, '장치는 권력을 자동적으로 작동시키고 탈개인화시키기 때문에 중요하다'. 우리는 정치적 세에 대해 이보다 더 훌륭한 정의를 내릴 수는 없을 것이다. 왜냐하면 권력을 좀 더 신속하고, 민첩하며, 효과적으로 만들어 권력의 행사를 개선시키는 이러한 기능적 장치야말로 '권력의 기능을 권력자보다는 권력의 장치 ─ 이 장치의 내적 메커니즘은 개인들이 묶여 있는 관계를 만들어낸다 ─ 에서 더 많이 찾는' 원리를 내포하고 있기 때문이다. 원형 감옥의 가시성可視性의 장場에 복종하는 사람 ─ 군주의 지위에 의해 창출된 가시성의 장에 복종하는 사람도 마찬가지다 ─ 과 더 나아가 그 가시성의 장을 인식하고 있는 사람은 권력의 구속력을 스스로 짊어지며, '그 구속력이 저절로 자기 자신에게 작동하도록 만든다'. 그 결과 '그는 외부에서 오는 권력에 대해 물리적 중압감을 적게 느낄 수 있게 된다'. 그래서 '권력이 비물질적인 것으로 향할수록 그 권력의 효과는 보다 더 항구적이고 심오하게 되며, 일단 획득되기만 하면 끊임없이 지속된다'.

모든 것을 감시할 수 있는 이러한 도식의 창시자인 벤담은 '정부라는 위대하고 새로운 도구'에 대해 기뻐하였는데, 그 이유는 이 도구야말로 '여태까지 전례가 없을 정도로 무한한' 권력을 얻을 수 있는 방식이었기 때문이다. 다른 한편, 푸코는 이러한 고안물 속에서 근대에 본질적인 역사적 전환 — 규율적 사회가 도래했다는 의미에서 — 의 상징을 발견하고 있다. 그런데 중국에서는 그러한 고안물이 이미 고대 말에 세를 주장하는 이론가들에 의해, 단순히 죄수들을 규제하는 감옥과 같은 소심하고 온건한 차원이 아니라 모든 사람을 규제하는 군주권의 차원에서 매우 엄밀하게 정교화되었던 것이다.

결론 | 조작의 논리

병법과 정치적 장치의 유사성

전쟁을 지휘하는 것과 권력을 운용하는 것. 우리는 막연히 이 둘 사이에 어떤 유사성이 있다고 예측하면서도, 이 둘의 공통점이 무엇인지를 보다 더 정확하게 규정하는 것 — 즉, 정치적 전략과 같은 단순한 은유의 단계를 넘어서 둘을 각각 동일한 도식에 따라 해석하는 것 — 은 보통 망설이거나 꺼린다. 즉, '조작manipulation'은 일반적으로 자연과학의 전유물이기 때문에, 우리는 인간에 대한 조작 이론에 관해서는 생각하기를 주저하거나 거부한다.

그런데 중국의 고대 사상가들은 이를 전혀 주저하지 않았다. 고대 중국에서 의례적·도덕적 관점의 주장이 집요하면 집요할수록, 고대 말기의 극한적인 사회적·정치적 위기의 맥락에서 조작 개념이 야기한 반응은 그만큼 더 강렬하고 급진적이었다. 이미 살펴보았듯이, 그 당시의 세勢라는 공통적 '핵심'은 병법과 정치를 그 심층에서 결합시키고 있었다.

우선 양자의 목적은 동일하다. 중국의 '병법가들'(즉, 병법 이론가들)에게 적은 결코 섬멸의 대상이 아니라 — 적을 섬멸하는 것은 인적 손실을 가져오기 때문에, 전쟁은 인명을 살상해서는 안 된다 — 항복을 통해 그 힘을 가능한 한 잘 보존해 유익하게 활용해야 할 대상이다. 마찬가지로 정치에서도 전제주의를 주장하는 중국의 이론가들이 보기에 '타인을 자기에게 복종하게 만드는 것'이 유일한 목적이다. 이 이론가들은 또한 모든 신하를 언제나 잠재적인 적으로 간주해야 한다는 점도 강조하고 있다. 즉, 타인이 적이든 신하든 간에 그들의 고유한 계획이나 의지를 마비시키고, 그들 스스로가 군주가 부과하는 목표를 향해 전력을 다하도록 만들어야 한다. 양자 사이에는 또한 과정의 공통점이 존재한다. 병법과 정치 모두에서 군주는 상황에 포함되어 있는 힘의 관계를 최대한으로 자신에게 유리하도록 이용하는 일 외에는 다른 일을 할 필요가 없다. 군주는 이러한 강제력이 적나라하게 드러나는 것을 약화시키거나 애매하게 만들 수 있는 모든 것을 가능한 한 피해야만 한다. 이러한 강제의 효과를 도울 수 있는 모든 것 — 간교한 책략·함정·은폐 — 을 상대방이 알아차리지 못하도록 그리고 상대방의 뜻에 거역하면서 강화시켜야만 한다. 따라서 전쟁을 지휘하든 권력을 운용하든, 그러한 장치를 사용하는 것은 기본적으로 같다. 즉, 전쟁을 지휘할 때는 적을 파멸시키는 것이 아니라 단지 적이 지닌 저항 능력만을 파멸시켜야 하며, 권력을 운용할 때는 권력에 방해가 되는 신하면 그 누구라도 가차 없이 없애버릴 준비가 되어 있어야 한다.

게다가 전쟁에서든 정치에서든 실제로 작동되는 장치는 동일한 기능적 특성을 나타낸다. 우선 그것이 작동하는 과정은 완전히 자동적이다. 병법가가 자신이 장악하고 있는 장치를 작동시키는 방법을 알고 있다면, 그는 전투가 시작되기도 전에 이미 적에 대한 승리를 확신할 수 있으며, 이는 군주가 신하들을 강제로 복종시키지 않고도 확실히 복종하도록 만들 수 있는 것과 같다. 결과는 과정 자체로부터 — 저절로 — 단순한 효과로서 나타나게 된다. 그러한 장치는 '자연스럽게' 기능하기 때문에, 결코 소진될 수가 없다. 그러한 장치의 성향은 전쟁터에서 그 장치를 끊임없이 스스로 갱신되도록 만들어준다. 이와 마찬가지로 권력 장치 역시 명령을 끝없이 내리고 그 명령이 결코 약화되는 일이 없도록 만들어준다.

'조종하는 주체를 겉으로 드러나지 않게 하는 것'이 양자 사이에서 발견되는 또 다른 유사성이다. 훌륭한 장군은 두 가지 측면에서 남의 눈에 띄지 않는다. 한편으로 그는 순전히 전술적 관점에서 남의 눈에 띄지 않는데, 이는 그가 자신이 취한 조치를 겉으로 드러나지 않게 하는 반면에, 적이 취한 조치는 겉으로 드러나게 만들기 때문이다. 다른 한편으로 그는 전략적 관점에서도 남의 눈에 띄지 않는데, 왜냐하면 그는 결코 통찰력이나 용기를 과시하는 것이 아니라 — 그렇지만 그는 사실상 여러 사람으로부터 칭찬을 받을 만한 통찰력과 용기를 지니고 있다 — 승리가 상황으로부터 필연적으로 도출된 것처럼 만들기 때문이다. 그런데 이러한 사정은 지혜로운 군주의 경우에도 마찬가지다. 지혜로운 군주는 신하들의 속내는 완전히 드러나도록 만드는 반면, 신하들과 직접 대면할 때 자신의 속내는 전혀 드러내지 않도록 주의를 기울인다. 그리고 권력을 사용할 때는 관용과 자비를 드러내기를 삼가고 — 물론 이러한 관용과 자비는 일종의 '덕목'으로서 그를 백성들에게 좋은 사람으로 보이게 만들 수 있다 — 그의 공명정대한 분배에 의해 유지되는 사회체의 자기조절성을 조금이라도 깨뜨리지 않기 위해 극도로 주의를 기울인다. 그러므로 두 가지 차원에서 동일한 분석이 이루어질 수 있다. 실제적 차원에서 보면 자기 속내를 보이는 것은 타인에게 그를 지배할 수 있는 지휘봉을 내어주는 것이고, 이론적 차원에서 보면 진정한 조작자는 장치의 기능과 하나가 되어 그 장치 속에 용해되어야 한다. 따라서 도덕적 행동도 조작의 결과물일 뿐이다. 군인은 용감하고 신하는 충성스럽지만, 그것은 사람들이 그들에게 바라는 훌륭한 덕목 때문이 아니라 단순히 그들이 그렇게 될 수밖에 없기 때문이다. 효율성은 객관적인 결정으로부터 — 보다 더 정확히 표현하자면, 지위의 배열로부터 — 나오고, 그러한 객관적 결정으로부터만 성공이 신중한 방식으로 그래서 그만큼 더 실패하지 않고 도출된다.

도덕주의자 대 현실주의자

기능적 장치로서의 **세** 개념은 병법가들과 전제주의 이론가들에게는 중요하지만, 도덕주의자들의 사유에서는 그만큼 중요하게 여겨지지 않는다. 즉, 이 개념은 한쪽에서 긍정적인 역할을 차지하는 만큼 다른 한쪽에서는 부정적인 역할을 차지한다. 그것은 당연한 일이다. 왜냐하면 도덕이란 것 자체가 수시로 변화하는 상황보다는 가치를 항상 더 중시하고, 힘의 역학관계에 의해 발휘되는 압력보다는 주관적 요인을 더 중요한 결정 요소라고 주장하기 때문이다. 세를 지지하는 이론가들인 '현실주의자들'과 일명 유학자들로 불리는 도덕주의자들 사이의 논쟁은 고대 말에 중국적 사유가 '제자백가'의 번성으로 성숙하게 되었을 때 나타난 주요 논쟁들 가운데 하나이다.

그들의 논쟁을 우선 전쟁의 차원에서 고찰해보자. 도덕주의자들은 병법에 터럭만큼의 관심도 갖고 있지 않기 때문에, 세에도 전혀 관심이 없다. 그들에 따르면, 전쟁은 성군聖君으로부터 흘러나오는 도덕적 영향력 덕분에 저절로 해결될 수 있는 것이다. 그러므로 전쟁은 그 자체를 기술적으로 고찰해야 할 대상이 아니라 단순히 정치 — 이때 정치는 단순히 도덕의 결과로서 간주될 뿐이다 — 의 결과로서 고찰해야 할 대상인 것이다. 그러한 정치를 통해 군주가 자신의 양심 속에 실제로 내재해 있던 덕목을 발전시키게 되면, 그에게 가장 적대적이며 가장 멀리 떨어진 백성들마저도 '틀림없이' 스스로 그에게 마음의 문을 열고, 그의 선의善意에 이끌려 그의 통치에 의해 제공되는 수혜를 향유하기 위해 그에게로 오게 될 것이다.[1]

다른 한편으로 도덕주의자들은 사회적·정치적 영역 안에서 도덕적 가치의 우월성을 중시하기 때문에, 지위에 부과된 힘에 대한 완전한 무관심을 찬양한다(물론 유가는 그 무엇보다도 사회적 위계를 존중했기 때문에, 지위에 부과된 힘을 비판하려는 의도는 전혀 없다). 맹자에 의하면, '고대의 현왕들은 선을 사랑하여 그들의 지위와 관련된 힘勢은 전혀 염두에 두지 않았다〔好善而忘勢〕. 사정이 이럴진대, 현자들은 어떻게 현왕들을 따라 처신하지 않을 수 있었겠는가? 그것은 자신들이 걸어가야만 할 길인 대도大道에 매료되어서 그들 스스로가 타인의 지위에 결부된 힘에 대해서는 전혀 고려하지 않았기 때문이다'.[2] 그는 계속해서 말하길, '만약에 왕이나 제후가 현자에게 최상의 존경심을 표하지도 않고 극진한 예우를 해주지도 않을 경우, 그들은 현자를 수시로 방문할 수조차도 없었다. 그래서 현자들을 찾아가는 것이 군주들이었고, 하물며 수시로 방문할 수 있는 허락도 못 받은 상황에서 군주들은 어떻게 현자들을 신하로 부릴 수 있었겠는가'. 이 문장은 우선 첫 구절부터 이상화된 과거에 대한 투사 — 이는 '법가주의자들'을 특징짓는 현재에 대한 현실주의적 애착과는 완벽하게 대비된다 — 를 통해, 특히 맹목적 복종에 대한 거부(즉, 현자가 권력에 대해 복종하기를 거부하는 것) — 현자는 물론 이러한 권력에 무기력하지만 — 의 필연성을 강조하기 위해 사용된 수사학을 통해 우리에게 많은 시사점을 제공해준다. 사실 이 문장은 처음에는 겸손하게 학식 있는 자를 군주의 그늘 안으로 끌어들이는 일부터 시작하지만, 궁극적으로는 군주와 신하의 역할을 완벽하게 전복하는 단계까지 나아가야 함을 교묘한 방식으로 설파하고 있다. 이러한 단계로 나아가는 길을 개척함으로써 군주와 신하의 역할은 점진적으로 전도된다. 즉, 왕은 소박하게 선을 '사랑'하고, 학식 있는 자는 자신이 따라가야 할 대도大道 속에서 '자족'하게 된다. 그렇게 되면 학식 있는 자가 군주 곁에 가서 그의 총애를 얻으려고 애쓰는 것이 아니라, 군주가 학식 있는 자의 총애를 얻을 수 있을 만큼의 품위를 갖추려고 노력하게 될 것이다.

우리는 이러한 전복이 독특한 방식으로 이루어져서 세의 개념이 도덕주의자들의 편으로 일단 넘어간 후에는 세의 개념 속에서도 그러한 전복이 이루어짐을 발견하게 된다. 세의 개념은 통상적으로는 배열로부터 자연스럽게 흘러나오는 결과를 지칭하지만, 도덕주의자들은 공공연하게 그 반대의 뜻으로 세를 사용했다. 본래의 뜻이 더 훼손된 것은 그것이 물의 모티브 — 저절로 솟아나는 물의 이미지는 사물의 성향을 나타낸다 — 와 연관되어 사용되면서부터이다. 맹자는 물의 본성이 높은 곳에서 낮은 곳으로 흘러가는 데 있듯이, 인간의 본성은 선을 향하는 데 있다고 말한다. 그러나 물의 표면을 내려치면 이 물은 우리의 이마보다 더 높이 튀어오를 수 있다. 그리고 물의 통로를 막고 그 물이 가던 길을 되돌아가게 만들면 산꼭대기에서 흐르는 물도 막을 수 있다. 이것은 물의 고유한 '본성'의 결과가 아니라 세의 결과이다〔是其水之性哉 其勢則然也〕.[3] 여기서 세는 물의 본성이 아니라 물에 대해 인위적으로 가해진 폭력적인 압력으로서 이해해야만 한다. 이는 통상적 용법과는 반대되지만 도덕주의자들의 관점에서 보면 완벽히 논리적이다. 전제주의 이론의 관점에서는 지위로부터 자연스럽게 도출되는 효과로서 여겨지고 이용되는 것이, 그러한 지위에 종속되어 있는 학식 있는 자의 관점에서는 자의적으로 작용하는 강제력으로서 간주된다. 세라는 용어가 지닌 이러한 양면성 — 내적인 성향(권력의 장치로부터 흘러나오는) 또는 강제력과 같은 외적인 힘(우리 본성의 경향과 대립하는) — 은 관점의 대립을 나타내며, 그 의미론적 역설은 사회적 모순을 반영한다.

이론적 타협과 근원적 수렴

도덕주의자들은 병법가와 전제주의자의 이론이 번창하자 한편으로는 그러한 이론이 세勢 개념에 부여하고 있는 의미를 따르면서도, 다른 한편으로는 자신들 고유의 세 개념을 더욱 중시하게 된다. 그들은 이상향에 빠지지 않기 위해서라도 현실주의에 대응할 수밖에 없었다. 예를 들어 그들은 전쟁을 두 종류로 구분했는데, 그중 하나는 도덕적 신망 덕택에 일격을 가하지 않고도 전쟁을 수행할 수 있었던 고대 건국 시조들의 이상적 전쟁인 '대의명분에 따르는' 전쟁이고, 다른 하나는 군사력이 중시되고 병법이 필수적인 실제 주도권을 쟁탈하기 위한 전쟁이다. 그러나 이 두 번째 전쟁은 효율성의 관점에서조차도 예전의 왕들이 수행하였던 전투에 비해 확실히 열등하다. 왜냐하면 사악한 제후를 징벌하기 위한 파병은, 백성들의 이구동성의 지지를 얻는 경우이거나 왕에 반대했던 백성들이 군사들의 선행에 마음이 끌려 스스로 달려와 항복하는 경우이거나 간에, 단순한 행진 정도로 끝나는 경우가 많았기 때문이다.[4]

이러한 사정은 권위의 지위에 최소한의 위치 — 단순한 출발점으로서 — 가 부여되는 정치적 영역에서도 동일하다. 권위의 지위는 최초의 군주들이 아직 문명화되지 못해 도덕적 영향력에 무딘 자신의 백성들을 선善으로 나아가도록 강요할 수 있다는 의미에서 유용했다.[5] 또 그것은 봉토에 의해 확보된 지지 — 그것이 아무리 미미한 것일지라도 — 로부터 출발하여 고귀한 계획에 정진할 수 있었던 제국의 건국자에게도 유용했다.[6] 그리고 마지막으로 그것은 위계적 체계가 순조롭게 기능하도록 만들어주는 기본 조건이 됨으로써 사회 전체에도 유익한데, 이러한 기능이야말로 백성들의 유대와 안녕을 보장해주기 때문이다[勢齊則不一].[7] 그러나 도덕주의자들은 국가의 궁극적 운명을 결정짓는 진정한 해결책은 전적으로 도덕적인 것이라고 주장했다. 모든 실패한 군주들의 실례가 증명해주듯이, 군주의 지위가 아무리 강력하다 할지라도 군주가 부도덕하여 백성들을 만족시키지 못하는 경우, 그는 파멸로 치닫게 되고 가장 하찮은 자신의 신하보다도 훨씬 더 못한 상황에 처하게 된다.[8] 권력은 목

적 그 자체가 아니다. 지혜의 도道는 세勢보다 훨씬 우월하다.[9] 신하들의
감사와 선의에 기초를 둔 도덕적 지배력은 군주에게 '평화와 힘'을 부여
하는 반면에, 협박과 감시에 의해 강제로 얻은 — 이는 전제주의를 주장하
는 이론가들이 권장하는 방법이다 — 권력은 '허약함과 위험'만을 야기할
뿐이다.[10] 도덕주의자들의 눈에도 훌륭한 정치적 질서의 조건으로 여겨
지는 신하들의 군주에 대한 복종은 자발적일 경우에만 현실적인 것이다.
따라서 우리는 권위의 지위가 신하들이 군주에 복종하는 원인이 될 수
없고, 그와는 반대로 신하들의 복종에 따른 결과와 효과로서만 유지된다
고 결론 내릴 수 있다〔人服而勢從之 人不服而勢去之〕.[11]

　　그러나 병법가들 내지 전제주의 이론가들과 도덕주의자들은 세라는
용어의 용법에 관해서는 점점 더 명확하게 서로 대립하게 되지만, 그들
간의 경쟁적 논쟁의 기초가 되는 논리 속에서 서로 합쳐지게 된다. 왜냐
하면 이들 모두 성향을 통해 자발적으로 작동하는 경향의 우월성을 현실
을 결정하는 수단으로 인식하고 있기 때문이다. 그들 사이의 차이는 단
지 사실상 더 우세한 경향 — 장치로서 작용하는 힘의 역학 관계로부터 나오
는 성향이든지, 도덕적 조절로서 작용하는 귀감으로부터 나오는 성향이든지 간
에 — 의 본성(그 둘 중의 하나만이 배타적이 되는 시점에서조차도)과 관계가
있다. 병법가들과 전제주의 이론가들이 주장하는 객관적 '불가피성'에
지혜의 영향을 받은 주관적 자극의 '그렇게 반응하지 않을 수 없음〔必,
莫不〕'이 대응한다. 도덕심은 남을 이기려는 경쟁심에 의해서가 아니라
자발적 — 초개인적인 — 이끌림과 반응의 동질성에 의해서 저절로 촉발
되는 것이다. 그러므로 두 가지 선택은 모두 동일한 장점, 즉 저항감을
느끼지도 않고 그 선택이 끼칠 영향도 모른 채 완벽한 편안함 속에서 작

용하는 장점을 이용하게 된다. 그 선택이 상황의 경향적 특성으로부터 나오든지 덕의 격려하는 능력으로부터 나오든지, 과정에 내재해 있는 효율성은 그 자체의 힘과 논리로 — 그 효력이 충분히 작용해 절대적인 구속력을 지닐 수 있는 한에서 — 모든 긴장과 대립을 해소해준다. 도덕주의자들이 찬양하는 전쟁도 마찬가지로 대결이 일어나기 전에, 즉 전쟁 자체를 전혀 수행할 필요가 없을 만큼 필연적으로 승리하게 되어 있다. 따라서 만약에 우리가 적과 대등한 전투력과 전술적 능숙함 내지 술책을 사용한다면 전투의 결과는 더 이상 확실하지 않게 된다.[12] 또 다른 한편으로 훌륭한 군주는 자신에게 저항할 수도 있는 백성들을 공격할 생각조차 하지 않는다. 사실 백성들이 군주에게 저항할 수 있는 것은 그들이 특정의 도덕적 단결력을 소유하고 있기 때문인데, 군주는 백성들의 그러한 도덕적 단결력을 대견해 할 수밖에 없다. 마찬가지로 만약에 덕에 의한 통치가 훨씬 더 바람직한 것이라면, 그것은 도덕주의자들이 보기에 도덕적 모범만이 군주의 모든 수고와 곤경(전제군주들이 처하게 되는)을 면제해줄 수 있기 때문이다. 사실 덕에 의한 통치만이 백성들의 만장일치 찬성을 이끌어내고 적극적인 행동의 자발성 — 그것이 생득적인 것이든지 후천적으로 획득된 것이든지 간에 — 을 회복해줄 수 있다. 결국 의례 그 자체는 모든 중국 문화, 특히 유교적 도덕주의의 기저에서 하나의 순수한 장치로서 간주해야만 한다.

역사적 타협과 중국인들의 독창성

우리는 중국 역사가 그 후에 어떻게 진행되었는지를 알고 있다. 경쟁자를 하나씩 모두 정복하고 수세기 동안 지속되던 주도권 싸움에 종지부를 찍음으로써 중국 전체를 지배하게 된 군주는 도덕주의자의 전통에 대항하는 권위주의와 전제주의 이론을 엄격하게 적용해 이러한 결과를 얻을 수 있었다. 하지만 여전히 새로운 제국은 국가적 차원의 중앙집권적 기능 — 제국의 힘은 이러한 기능으로부터 나온다 — 을 확보하기 위해 발달된 관료제적 기반을 필요로 했다. 여기서 관료들은 유교적 전통을 물려받은 학식 있는 자들의 집단에서 채용될 수밖에 없었다. 결국 매우 일찍부터 두 경쟁적 선택 사이에서 이데올로기적 타협이 이루어지고, 이 타협은 그 후의 모든 전통의 기초가 된다.

우선, 전쟁의 영역에서는 대의명분의 입장에서 응징을 목적으로 하는 공명정대한 전쟁이 이해관계 때문에 발생하여 군대의 대결을 필요로 하는 정복을 목적으로 하는 전쟁보다 우월하다는 원리와, 군주와 신하 사이에서 요구되는 도덕적 혼연일체의 원리가 다시 도입되고 있다.[13] 동시에 이상적 전쟁의 틀이 조금씩 폐기되기 시작한 이후부터는, 배열로부터 발생하는 잠재력의 결정적인 중요성뿐만 아니라 병법적 사유가 다시 발달하게 되었다.[14] 반대로 정치에서는 권위주의적이고 전제주의적인 선택이 정치의 틀을 제공하고, 지위에 관한 이론이 제국주의적 체계의 주춧돌 역할을 하게 되었다. 이 체계에 따르면 군주는 모든 경쟁자를 물리치고 다른 모든 사람이 군주를 위해 분투할 수밖에 없도록 만들기 위해, 자신이 지닌 세로 다른 모든 사람을 지배해야만 한다. 군주의 지위는 군주를 세계의 중심으로, 그리고 모든 규제의 근원으로 확립시켰다.[15] 그러나 불평등한 힘의 역학 관계가 행사하는 강제력이 유지되었는데도, 군주와 신하를 결합해주는 관계는 더 이상 대립적인 것이 아니라 협력적이며 '인간적인 면'을 띠게 되었다. 국가를 마차에 비유하는 관례적 은유는 의미심장한 변화를 겪었다. 이제 국가가 마차에 비유되고 지위가 마차를 이끄는 말에 비유되는 것이 아니라, 지위가 마차이고 신하가 마차를 이끄는 말에 비유되게 된 것이다.[16] 훌륭한 마부는 말에게 압력을 가할 때 말의 반응을 정확히 감지하면서 고삐를 언제 당기고 언제 느슨하게 풀어주어야 하는지를 아는 사람이다. 이러한 방식으로 기능의 상호관련성과 조화라는 유교적 이상이 다시 도입되었다. 마찬가지로 모델의 역할과 그 모델이 수행해야 할 도덕적 사명도 다시 도입되었다. 법가 사상은 도덕이란 것이 지위의 기반 없이는 아무런 효과를 얻을 수 없고, 지위의 특권이란 것도 군주 스스로가 규범의 역할을 하고 그의 영향을 받아 백성들의 행동이 변화하게 될 때에만 의미가 있다고 주장하는데,[17] 바로 이러한 점에서 법가 사상과 도덕주의자들의 이상은 은밀하게 재결합하게 된다.

결국 효율성의 두 가지 유형은 서로 연결되고 결합되는 것처럼 보인다. 물론 이러한 타협은 일종의 속임수로 보일 수도 있다. 즉, 강요된 복종이 자발적인 지지로 변형되고, 독재는 만장일치라는 허울 좋은 겉모습으로 은폐될 수도 있는 것이다. 그러나 그러한 타협은 이러한 대립적 경향을 정립시킬 때 우리가 감지하였던 기이한 유사성을 확증시켜준다. 즉, 효율성이란 것이 도덕의 교정 효과로부터 나오든지 지위에 의해 확립된 힘의 역학 관계로부터 나오든지 간에, 사회적·정치적 현실은 언제나 조작되어야 할 특정 장치의 모델에 따라 생각될 수밖에 없다. 왜냐하면 양측이 공유하고 있는 '질서'라는 유일한 이상은 인간 세계의 비전을 제시해주는 것이고, 이 비전의 목표는 순전히 기능적인 것이기 때문이다. 그리고 자발적 규제의 장점은 모든 사람에 의해 궁극적 논증 — 서로 대립되는 정책을 방어하기 위한 — 으로 받아들여져서 어느 편으로부터도 결코 일말의 의심도 불러일으키지 않는다는 점에 있다. 그것이 지닌 예측 가능성 때문에 찬양 받는 사회적·정치적 '과정들'은 장애물을 만나거나 심지어 마찰을 빚어서도 안 된다. 그것은 또한 권리에 대한 주장이나 양심의 자유에 대한 인정, 심지어 '자유'에 의해서도 방해받아서는 안 된다.

사실 효율성이 도덕적 모범으로부터 나오든 권력관계에 의해 창출된 장치로부터 나오든, 효율성은 언제나 **간접적인 방식**으로 상황에 따라 작용하고 대립 — 무력의 대립이든지 견해의 대립이든지 간에 — 을 대신한다. 조작의 논리는 단순히 우리가 타인과 맺고 있는 관계에 대한 특별한 이데올로기적 비전을 칸트의 공리公理 — 타인을 '수단'이 아니라 '목적'으로 대하라 — 에 반대되는 암묵적 공리 — 타인을 '목적' 자체로 간주하는 대신에 타인의 양심을 최고로 존중하라 — 에 따라 설정하고 있는 것은 아니다. 그 논리는 또한 언어의 힘에 대한 깊은 불신 — 그리스 세계와는 반대로 고대 중국의 세계를 명확히 특징지어주는 불신 — 에 근거하여 설득의 노력에 대한 거부를 함축하고 있다. 물론 수사학 또한 일종의 조작 기술로서 간주될 수도 있다.[18] 하지만 우리는 최소한 타인에게 말을 걸며, 그의 확신을 얻으려고 노력한다. 우리는 또한 타인에게 대답하고, 자신을 방어하며, 반대 입장의 논거를 제시할 수 있는 기회를 준다. 논쟁은 진리를 언제나 밝혀주지는 못하지만, 적어도 의식을 가지고 반발할 수 있는 발판을 제공해줄 수는 있다. 갈등은 적어도 저항을 가능하게 해주기 때문에 하나의 기회라 할 수 있다. 우리가 중국 문명과의 대조를 통해 확증할 수 있는 것은 그리스 민주주의가 바로 이러한 상대방과의 직접적인 마주침, 즉 상대방과 경쟁agon할 때의 마주침과 광장agora에서 토론할 때의 마주침 — 이것은 전쟁터에서의 마주침과 대칭을 이룬다 — 으로부터 탄생했다는 사실이다.

조작의 기술

설득에 대비되는 조작. 바로 이러한 조작은 중국 전통의 특성을 잘 나타내준다. 타인에 대한 개인 또는 집단의 특정한 행동의 논리를 특징지어주는 이러한 특성은 정치나 병법 영역에만 국한된 것은 아니다. 우리는 이 기능이 정치와 병법의 특수한 예들이 보여주는 단계를 넘어 일반적으로, 일상생활의 차원에서 사회적·도덕적 현상으로서 어떻게 작동하고 있는지를 고찰할 것이다. 우리는 또한 그것을 일상적 삶의 차원에서 추적함으로써, 조작이 어떻게 일반적인 인간관계의 원리로서 받아들여질 수 있는지도 이해하려고 노력할 것이다. 즉, 우리는 이러한 간접적인 전략이 어떻게 전쟁뿐만 아니라 일상생활에서도 사용되고, 모든 것을 결정짓는 이러한 정치가 어떻게 권력 운용뿐만 아니라 가장 일반적인 행위에까지 관련되어 있는지를 이해하고자 한다. 그러나 이러한 논리는 중국 문명의 중심에서 너무나 당연한 것으로 받아들여지고 실생활 속에서 널리 활용되고 있어서 일반적 이론의 대상이 되지 못했다. 그러므로 외부인의 입장에서 보았을 때 우리에게는 너무나 중국 특유의 것으로 여겨지는 것이 궁극적으로 우리의 이해력을 벗어나 결코 완벽하게 설명되지 않은 채, 불분명한 것으로 남게 되는 것이다.

그러므로 우리는 분석에 필요한 다른 근거를 찾을 필요가 있다. 지금의 단계에서는 우리가 중국 사상가들에게서 이러한 설명을 기대할 수가 없기 때문에, 우리에게 남아 있는 유일한 방편, 즉 경험이라는 직접적 방편에 의존할 수밖에 없다. 이제 우리는 조작이 어떻게 이야기되고 있는지를 살펴보고, 소설에 나오는 증거에 귀 기울여보도록 하자.

단 하나의 일화만을 살펴보아도 충분할 것이다. 중국에서 고전에 속하는 소설 『수호전水滸傳』은 '미염공美髥公' 주동朱仝이라는 영웅이 부당하게 유죄 선고를 받은 동료 무관武官의 도망을 돕다가 외딴 요새지로 귀양 가게 되는 과정을 묘사하고 있다.[19] 미염공 주동은 착하고 너그러운 천성 때문에 그 귀양지를 다스리는 현령〔知府〕의 신임을 얻어, 그 아들의 신변을 경호하는 책임자가 되었다. 그는 축제 우란분 대재〔盂蘭盆 大齋〕가 치러지던 날 저녁에 현령의 아들을 데리고 거리로 나가게 되었다. 거리에서 그는 뜻밖에도 자기가 전에 목숨을 구해주었던 동료 무관 뇌횡雷橫 — 그는 다른 동료들과 동행하고 있었다 — 과 마주친다. 그들은 주동을 잠시 외진 곳으로 데리고 가서 그들과 함께 법에 구속받지 않고 행동하는 위대한 의인義人들의 무리에 가담하도록 권유한다. 우리의 주인공은 권력에 대한 충성심에서 그러한 권유를 거절한다. 그러나 그가 경호의 책임을 맡고 있었던 현령의 아들에게 되돌아오니, 아이는 이미 사라진 후였다. 동료들이 찾아와서 아이가 있는 마을 밖으로 그를 데려갔을 때, 그는 그들이 이미 아이를 고의로 살해했음을 알게 된다. 그는 분노하여 그들을 추적하기 시작했으나, 그들은 언제나 그보다 좀 더 멀리 도망가면서 마침내 그 자신이 그들 계략의 희생자가 되었음을 적나라하게 깨닫게 만든다. 사실 아이를 살해한 것을 포함한 일련의 모든 일이 그가 충정을 포기하고 그들의 진영으로 합류하도록 하기 위해 의도적으로 꾸며진 것이었다.

이 이야기의 문학적 특성에 민감한 비평가는 행간에 숨어 있는 뜻에 대해, '이 작품의 모든 필치가 인간을 움켜쥐고 있는 무시무시한 귀신들의 마수와도 같은 세를 창조해내고 있다'고 평하고 있다〔筆筆作奇鬼攫人之勢〕.[20] 이러한 평은 우리를 전율하게 만든다. 사실 모든 것은 우리의 주인공이 개입할 수도, 선택할 수도, 저항할 수도 없는 사이에 일어났다. 결국 그들이 미염공 주동의 무릎에 매달려 자신들의 행위를 용서해달라고 빌었을 때, 그는 ─ 그들이 처음부터 그를 교묘히 조종하면서 정해놓은 대로 ─ 그들의 진영에 가입할 수밖에 없게 된다. 그는 자신의 양심 속에서는 설복당하지 않았으나, 상황에 의해 그렇게 할 수밖에 없게 된 것이다. 게다가 이 모든 의인들 가운데에서 어느 한 사람도 은인이었던 친구를 속인 것에 대한 양심의 가책이나, 술책을 통해 무고한 아이를 살해한 것에 대한 의분을 느끼지 않고 있다. 조작은 하나의 기술이고, 이 영웅들은 이러한 기술의 대가들인 것이다.

이러한 장치의 모델은 인간관계의 운영에만 적용되는 것은 아니다. 즉, 그것은 예술의 효과에도 일치하고, 중국인들의 심미주의적 개념 속에서도 나타난다. 서예·회화·시에서 중요한 것은 배열의 효율성이다. 따라서 실재를 파악하는 이러한 방식이 얼마나 의미심장한 것인지를 이해하기 위해, 우리는 이러한 모델을 바로 서예·회화·시 차원에서도 마찬가지로 파악해볼 필요가 있다. 물론 우리는 서구인으로서 우리가 합리적으로 받아들일 수 없는 요인으로 간주되는 것, 즉 중국에서의 정치적 억압을 예술적으로 정당화 —이러한 정당화에는 실제적인 보상이 있을 수 있겠지만— 하려는 것은 아니다. 이는 우리가 각 영역 — 조작적 병법으로부터, 현실적 이해관계와 가장 거리가 먼 예술적 창작 과정에 이르기까지 — 을 모두 관통하여 추적함으로써, 문화적 일관성을 '총체적으로' 파악할 수 있기 때문이다.

2부 역동적 사유

3. 형상의 도약, 장르의 효과

미메시스의 부재
: 보편적 역동성의 실현으로 인식되는 예술

기원후 2세기 말 제국의 해체와 해체 이후 수세기 동안 지속된 중국의 분열은 그때까지 지배적이었던 단일한 우주론적·도덕적·정치적 사유 체계의 붕괴를 가속화하고, 그 반동으로 이전까지는 그러한 사유 체계 안에 내재되어 있었던 자율적인 심미주의적 의식을 등장시켰다. 마침내 독립적 성찰로서의 예술 비평을 가능하게 만드는 조건들이 나타나게 된 것이다.

그런데 이러한 예술 비평은 출현할 때부터 이미 서양인과 전혀 다른 관점에서 예술 활동을 바라보고 있었다. 서양인은 예술적 활동을 모방 mimèsis의 활동 — 자연보다 더 '이상적'이거나 더 '실재적'인 재생산 - 모방, 그리고 어느 수준에서는 자연보다 더 일반적이거나 특수한 재생산 - 모방 — 으로 보는 반면에,[*] 중국인은 그것을 실현의 과정, 즉 실재에 내재해 있는 역동성이 특수한 형상화에 도달하는 과정으로 본다. 이러한 역동성은 서예, 풍경화, 창작 텍스트 등을 통해 작용하고 나타난다. 매번 새로운 형태를 취하는 바로 이러한 각각의 배열로부터 잠재력이 나오는데, 이 잠재력은 보편적 역동성의 표현이고 최대한의 효력을 얻기 위해 개발해야만 하는 대상이다. 잠재력은 서예로 쓴 표의문자表意文字에 생기를 불어넣는 긴장이고, 그림 속에 나타나는 형상의 도약이자 운동이며, 문학 텍스트가 만들어내는 효과이다. 그러므로 예전의 병법적 모델은 심미주의적 성찰의 기초로 쓰이게 되고, 예술 또한 장치를 의미하는 세勢라는 용어를 통해 이해할 수 있다.

서예에서 나타나는 형상의 힘

군사 기술로부터 서예 기술로의 전이가 일어났음은 다음을 보면 명백해진다. "예전 사람들은 서예에 대해 이야기할 때 세를 가장 중시했다. 사실 서예는 표의문자를 형상화시킴에 바탕을 둔 공부라 할 수 있다. 그런데 형상화 작업이 이루어지는 순간부터, 이 형상으로부터 잠재력이 생겨난다〔蓋書, 形學也; 有形則有勢〕. 병법가들은 형상화(즉, 전쟁터에서 군사의 배열)와 잠재력(이러한 배열로부터 나오는)을 가장 중시했으며, 이러한 잠재력〔勢〕이 만들어내는 이점을 얻는 순간부터 성공에 도달할 수 있

---

* 이 주제에 관해서는 나의 연구 『암시적 가치: 중국 전통에서 시학적 해석의 근원적 범주들La Valeur allusive: Des catégories originales de l'interprétation poétique dans la tradition chinoise』(Paris: Ecole Française d'Extreme-Orient, 1985), 1장 참조.

는 비책을 손에 쥐게 된다고 생각했다〔得勢便, 則己操勝算〕."[1]

중국의 서예 기법이 형상화 작업의 한가운데에서 작동하는 역동성을 대표하는 예가 될 수 있는 것은 글씨 하나하나를 써내려가는 경우 글씨의 형태로 변환되는 특정의 붓글씨 동작뿐만 아니라, 이 붓글씨 동작으로 변환되는 특정의 글씨 형태도 문제가 되기 때문이다. 이러한 도식에 따르면, 붓글씨에 의해 표현되는 글씨 형태와 붓글씨의 운동 사이에는 등가성이 존재한다. 그래서 우리는 글자를 쓰는 붓의 세뿐만 아니라 붓으로 쓴 글자의 세에 대해서도 이야기하게 된다〔筆勢, 字勢〕. 동일한 약동력이 두 개의 다른 경지에서 — 또는 두 개의 다른 '상태'처럼 — 작용하고 파악된다. 여기서 세는 서예 글자의 형태를 관통하면서 이 형태에 심미주의적 활기를 불어넣어주는 힘이라 할 수 있다.[2] 서예를 다룬 최초의 이론서에서는 "세가 들어올 때, 그것을 가로막지 말지어다. 그러나 세가 떠난다고 해도, 그것을 떠나지 못하게 억지로 가로막지도 말지어다"라고 말하고 있다.[3] 한편에는 '외형'(붓글씨의 한 획 한 획을 구성하는 다양한 요소들)이, 다른 한편에는 '잠재력'이 존재한다. 그래서 우리는 한편으로 글자의 '형상'을 글자들이 지닌 유사성의 관점에서 '고찰'하고, 다른 한편으로는 글씨의 획을 바꿀 때 나타나는 세의 긴장효과를 음미함을 통해 그 획의 세를 '추적'하게 된다.[4] 글자 '체體'는 움직임 속에서 지각된다. "세가 조화롭다면, 글자체도 균형 잡힌 것으로 지각되는 것이다."[5] 동시에 서예의 세는 특정한 서체의 형태(전서·예서·해서·행서·초서 등)와는 구별된다. 즉, "사용된 서체(글자의 형태)가 무엇이든지 간에, 세는 동일할 수 있다〔異體同勢〕".[6] 그러므로 서예의 결정적인 요인인 세는 서체의 다양한 형태를 관통하여, 획에 단일성을 부여해주는 성질로 사용된다.

그러나 중국인의 심미주의적 사유가 이러한 용어들에 대한 구별 — 그리스적 전통, 특히 아리스토텔레스적 전통에 따른 정확한 개념화와 규정에 의존하여 — 을 통하여 발달했다고 믿는 것은 오류이다. 이들이 사용하는 용어들은 오히려 암시에 의해 끊임없이 서로가 서로를 함축함을 통해, 그리고 한정된 영역에 의해서보다는 서로 대비됨을 통해 유사성의 그물망 속에서 훨씬 더 잘 작동한다. 그 용어들의 진가는 미리 전제된 방법론적 구분 — 따라서 추상적이며 매우 편리한 구분 — 으로부터 발생하는 것이 아니라 대부분 특수한 활용의 결과로서 나타난다. 무한히 풍부한 연상 능력으로부터 출발하는 대응과 상호 연관은 바로 이러한 활용에 전념하고, 그렇게 함으로써 미적 현상을 관념들을 통해서보다는 양극성의 방식에 따라 표현하는 경향을 지닌다.[7] 따라서 서예의 세는 표의문자에 구조적 견실성을 부여해주는 내적 '골격'과 같으며, 이러한 의미에서 표의문자는 단순히 화려한 문양의 매혹적인 우아함과는 대조된다.[8] 세는 또한 서예의 글자에 본질적인 견고한 구조와도 대립되며, 바로 이러한 의미에서 초서체의 독특하고 날렵한 형태와 비교된다.[9] 세는 서예 활동에서 중시되는 매개적 — 전이적 — 역할을 하는 용어로, 때로는 서예 활동을 통해 작동하는 비가시적이고 주관적이며 우주적인 에너지와의 관련 속에서, 때로는 표의문자에 대한 상형화 작업 — 개별적 획을 결정짓는 단계에서 — 과의 관련 속에서 파악되고, 결국 형상화 작업과 융합되는 경향을 지니게 된다〔氣勢—形勢〕.

그러나 세가 단순히 쓰여진 글자의 고유한 외형에 의존하고 있다고 이해될 때조차도, 이러한 양극 사이를 오가는 세의 힘을 고려해볼 때 형상화 작업을 통해 표현되며 그러한 작업 속에서 서식하는 '기氣'를 연상케 한다. '전통적으로 전해오는 다른 용어가 없기 때문에'[10] 은유법을 통해 표현하자면, '목을 쭉 뻗고, 날개는 움츠리면서, 튀어 오르고, 도약하며, 비상하는 서예의 세는 — 예를 들어, 도장을 새길 때 주로 쓰이는 전서체篆書體와 초서체草書體처럼 — 구름에 도달하기를 꿈꾼다'고 말할 수 있다.[11] 일반적으로 가장 작은 점이나 획일지라도 그것에 '생명을 불어넣어주고[勢以生之]',[12] 그것을 영원히 움직이게 만드는 것 — 마치 서예가가 글씨를 쓰는 순간에 매번 다시 살아나듯이 — 은 바로 이러한 세이다.[13] 그러므로 세는 언제나 세가 없었더라면 평범한 형태밖에 지니지 못했을 글씨체의 가치를 높여주는데, 이는 이 세가 정적인 형태 내에서 끊임없이 치솟는 도약의 차원을 드러냄으로써 그 글씨 형태를 심오하게 만들어주고 그것의 현실적 한계를 넘어서게 하기 때문이다. 이러한 세는 형태를 만들어내는 내적 에너지일 뿐만 아니라 이러한 에너지가 만들어내는 긴장의 효과이기도 하다. '형상'은 그것이 지닌 '성향' 속에서 파악된다. 그러한 사실은 형상을 단순한 '형태'가 아니라 진행 중인 과정으로 보아야 함을 의미한다.

그러나 서예 글씨의 다양한 요소에 언제나 생기를 불어넣어주는 이러한 긴장의 효과는 구체적으로 어디서 오는가? 즉, 이 서예 글씨는 어떻게 하나의 장치처럼 효과적으로 작용할 수 있는가? '붓놀림의 첫 번째 규칙에 따르면, 세는 — 획의 차원뿐만 아니라 점의 차원에서도 — 위와 아래 사이의 긴장, 즉 붓을 위에서 아래로 내림과 위로 들어올림, 세의 흩어짐과 합쳐짐을 통해 성취되어야 한다[須求點畫上下偃仰離合之勢].'[14] 붓글씨를 쓸 때 작동되는 역동성의 논리는 대조와 상호 연관의 논리이다. 표의문자의 외형을 구성하는 각각의 요소는 서로를 끌어당기는 동시에 서로를 밀어내고, '서로 마주보기도 하지만, 등을 돌리기도 한다〔偃仰向背〕'. 아래로 구부러진 윗부분의 획에 위로 휘어 올라간 아랫부분의 획이 대응한다. 그래서 윗부분의 획은 그 끝점에서 이미 은연중에 아랫부분의 획의 전조와 시작을 함축한다. 마찬가지로 어떤 획은 붓을 한 자리에 머물게 하면서 눌러 돌려 씀으로써 두텁게 되는 반면에, 어떤 획은 가늘고 엷게 쓰인다. 먹물은 두텁게 쓸 때 더 농후하게 되고, 엷게 쓸 때 더 희박하게 된다. 글자 사이의 벌어짐은 근접함을, 대립은 균형을 야기한다. 양극성은 교환과 변환을 일으킨다. 이를 통해 획의 모든 요소들은 마치 공통의 맥박이 어느 한 곳에서도 막히는 일 없이 자유롭게 순환하는 것처럼, 이 획에서 저 획을 관통해 흐름으로써 서로가 서로를 마치 '상호 반영〔形勢遞相映帶〕'[15]하듯 돋보이게 해줄 수 있다. 그 결과 '남성처럼 활기차며 동시에 여성처럼 매력적인'[16] 표의문자의 세'가 만들어진다〔須求映帶, 字勢雄媚〕. 그러한 성질을 지닌 획의 모든 요소들은 글자의 외형을 최대의 강도를 지닌 동시에 완전한 조화를 이루는 자기장磁氣場 속에서 만들게 된다. 서예의 표의문자는 세계의 위대한 운행을 생생하게 상징하는데, 그 이유는 그것이 중심 — 충만함으로 가득 찬 근원 — 에서 한결같이 균형을 회복하고 자기 조절을 하면서 끊임없이 역동적으로 움직이기 때문이다.

그림의 형상 속에서 나타나는 긴장

이러한 공식은 붓을 사용하는 다른 기술에 대해서도 마찬가지로 유효하다. 따라서 서예가 문제가 되든지 회화가 문제가 되든지, 언제나 세를 '얻거나' 세를 '달성하는 것'이 바람직하다. 왜냐하면 이 세라는 것은 '얻지 못하거나' '잃어버릴 수' 있기 때문이다〔取勢, 得勢─失勢〕. 이러한 서예와 회화에 공통적인 표현은 이번에는 지위(사람이 차지하거나 물러나는 지위)의 효율성이라는 고대의 정치적 개념을 떠올리게 만든다. 지위의 효율성이 서예 비평의 연장선상에서 발달한 회화 비평 영역에 도입될 때, 세 개념은 인물 또는 말馬을 묘사하고 있는 그림 속에서 배열과 도약의 상호관계적 의미 사이를 오가게 된다.[17] 그러나 이 용어가 전적인 중요성을 얻게 되는 것은 풍경을 구성하는 요소에 적용될 때이다. 화가는 종교적 장면의 배경으로 사용되는 산(여기서 처음으로 자연적 배경이 인간 주체보다 더 중요해진다)을 그리면서, 바위 사이를 뱀처럼 꾸불꾸불 올라가면서 이루는 능선이 산출하는 효과에 민감하게 반응한다. 이 능선은 '용처럼 파도를 치면서 꾸불꾸불 올라가는'[18] 필치 덕분에 '역동적인 외형〔勢〕'을 창출해낸다. 첫 번째 정상 맞은편에는 온통 바위로만 가득 찬 또 다른 정상이 우뚝 솟아 있다. 이 산은 붉은빛을 띤 절벽으로 이루어져 있고, 이 절벽의 발치에서부터 협곡이 시작된다. 이 위험스러운 낭떠러지가 만들어내고 있는 역동적 외형을 강조하기 위해서는 이 절벽을 불타오르는 듯한 붉은빛으로 그려야만 한다〔畫險絕之勢〕.[19] 산꼭대기를 현기증이 날 정도로 높게 그림으로써 필치는 최대한의 긴장에 도달하고, 외형이 내포하는 잠재력은 그 극치에 다다른다. 마찬가지로 산꼭대기의 다른 쪽 끝으로 내려오는 선은 기슭의 가장자리에 정지함으로써 절벽이 지닌 긴박감의 효과를 완성한다.

산은 중국 풍경화의 미학에서 중심적 요소이며, 산의 외형 한가운데에서 가장 다양한 긴장을 함께 작용하도록 만들어주는 세의 특권적 장소이기도 하다. 화가는 산을 그릴 때 높이감과 거리감을 표현하는 수단을 활용할 수 있다. 빽빽하고 날카롭게 솟아 있는 수많은 산봉우리는 지평선에서 '코뿔소가 상감象嵌되어 있는 머리빗'[20]과 같은 효과(勢)를 산출해낸다. 산에 측정할 수 없을 만큼의 높음의 효과(勢)를 부여하기 위해서는 산등성이의 경사에 일련의 구름 내지 안개를 그려 넣는 것으로 충분하다(見得山勢高不可測).[21] 마찬가지로 산의 세가 멀리 떨어져 있음을 나타내기 위해서는 산을 그리는 선을 희미하게 하는 것으로 충분하다.[22] 화가는 또한 산들을 번갈아 나타내면서 서로 대비시키는 효과를 줄 수도 있다. 어떤 때는 오목하고 어떤 때는 볼록한 산의 구부러진 측면은 '열리고' '닫히며' 밖으로 펼쳐지고 안으로 접힌다. 이러한 것들은 '산세山勢'가 '소용돌이치고' 파도치도록 만들어준다(一收復一放, 山漸開而勢轉). 그리하여 산의 정상은 우뚝 솟았다가 경사를 따라 내려와 쭉 뻗어나가면서 '움직인다'.[23] 산도 표의문자의 획처럼 성향 속에서 파악된다. 양지바른 비탈과 그늘진 비탈 사이의 대립은 긴장을 더욱더 고조시키고, 마을의 활기는 넓게 펼쳐진 산의 고독과 대조를 이룬다.

이러한 대비는 풍경 전체에서도 발견되는데, 물과 산의 대비가 그 단적인 예이다. 물과 산은 비록 그 기본적 본성은 서로 대립되지만, 동시에 다른 한편으로 자신의 성질들을 은연중에 서로 교환한다. 산은 전적으로 안정적 요소를 표상하면서도 그것이 지닌 다양한 모습을 통해서 '활기를 띠고 움직이는 것'처럼 보이는 반면에, 물은 힘차게 흘러가면서도 어느 순간에는 그 물결의 덩어리를 통해 '한곳에 밀집하여 정지해 있는 것'처럼 보인다. 물의 세를 촉진하기 위해서는 물을 깊은 협곡 속에 가둔 채 앞으로 똑바로 몰아가거나 바위 주위에서 소용돌이치는 것으로 그리는 것이 바람직하다. 아주 조그마한 물방울도 움직이는 것처럼 그리면, 그것은 '살아 있는 물'처럼 느껴진다. 세를 잃게 하지 않기 위해서는 물을 지나치게 '물렁한 것'으로 그려서는 안 되고, 그렇다고 나무판자처럼 지나치게 '뻣뻣한 것'으로 그려서도 안 되며, 고목처럼 지나치게 '말라비틀어진 것처럼' 그려서도 안 된다.[24] 즉, 그 획에 각인된 성향의 힘은 '물이 벽을 튀어 오르고 싶어하는 것처럼〔其水勢欲濺壁〕'[25] 그려져야 한다.

형상화를 통해 긴장을 추구하는 것은 풍경화의 다른 요소에서도 발견된다. 특히 바위의 세는 산기슭에 놓여 있는 바위들이 지닌 '서로가 서로를 누르면서〔勢使相偎〕' — 쌓인 돌 더미 같이 — 덩어리가 되려는 경향을 강조함으로써 표현된다.[26] 그리고 나무에 대한 형상화 속에서는 소나무가 지닌, 정상 위로 우뚝 솟고자 하는 열망을 찾아볼 수 있다. 즉, 그림은 소나무를 산처럼 고독하게, 수많은 마디를 지닌 몸통은 산 능선의 구불거림처럼 '위험스럽게', 위쪽의 가지는 마치 '은하수에 닿을 것처럼' 뻗쳐 있는 것으로, 그리고 가장 낮은 가지는 정반대로 땅 아래까지 뻗어 있는 것으로 그리고 있다〔勢高而險〕.[27] 마찬가지로 아주 가볍고 나긋나긋한 버드나무의 경우에도, 버드나무에 세를 부여해주기 위해서는 그 가느다란 끝 부분들을 서로 떨어지게 그리는 것으로 충분하다.*[28]

* 형상화에서 긴장을 중시하는 것은 극동 지방의 전통적 건축의 특징인, 지붕의 만곡선(낮은 쪽 끝에서 약간 구부러지는)에도 반영되어 있으며, 이는 여전히 세라는 용어로 표현되고 있다. 여기서조차 미리 정해진 유일한 형태란 존재하지 않는다. 왜냐하면 이 선은 각각의 특수한 경우마다 이루어진 "각도" 계산에 달려 있기 때문이다. 그러한 계산은 건물의 유형, 각각의 교각 사이의 폭, 각각의 서까래의 수평도와 같은 변수들에 따라 달라진다. 이는 서로 다르게 경사진 서까래들을 접합시킴으로써 지붕 끝에 만곡선을 만들어준다.[43]

서예의 표의문자에서처럼 이러한 역동성의 논리는 대비와 상호관계성의 논리이다. 우리는 그러한 논리의 가장 훌륭한 예를 작은 숲의 모티브에서 발견할 수 있다.[29] 작은 숲에 세를 부여하기 위한 첫 번째 원리는 '불규칙성' — 한 곳에서는 세가 넘쳐나고, 다른 곳에서는 세가 뒤로 물러나 있도록 하는 — 이다[得參差之勢]. 이 원리에 따르면, 가지는 나무 몸통으로부터 규칙적이고 균형 잡힌 방식으로 뻗어 나오면 안 되고, 가지의 얽힘은 때로는 좀 더 느슨하고 — 하나의 죽은 가지만이 나무 몸통 사이에 걸쳐 있다 — 때로는 좀 더 촘촘하고 빽빽해야만 한다. '그러한 묘사가 성공적이려면, 세에 따라 측정해야만 한다[以勢度之, 方得其妙].'[30] 그러한 불규칙성은 역동적인데, 그 이유는 이 불규칙성이 직선과 곡선(만약에 끊임없이 곡선에만 특권을 부여하면, 일반적으로 그 곡선에만 열중하게 되어 싫증을 느끼게 된다), 더 다듬어진 것과 더 '조야하고' 다듬어지지 않은 것, 더 촘촘하게 가득 찬 것과 더 성글고 듬성듬성한 것 사이에서 번갈아 가며 나타나기 때문이다. 이러한 모든 대립은 공空과 충만充滿의 대립으로 환원되는데, 이 대립은 중국인의 심미주의에서 중심적일 뿐만 아니라 그들의 세계관에서도 본질적이다. 따라서 '세를 얻기 위해서는 이 공과 충만의 대립을 활용하는 것으로 충분하다[只須虛實取勢]'. 중국인은 소나무, 삼나무, 오래된 아카시아, 오래된 노간주나무 등을 세를 증진시키기 위해, 예를 들어 셋 또는 다섯으로 묶는다. '이 나무들은 어떤 것은 고개를 숙이고 어떤 것은 고개를 들어 올린 모습으로, 어떤 때는 뭉쳐 있고 어떤 때는 똑바로 고정되어 있는 모습으로 — 파도치면서도 균형을 이룬 모습으로 — 그려짐으로써 영웅이나 전사처럼 도약의 춤을 추는 모습을 나타낼 수 있게 된다.'[31] 앞서 말한 표의문자를 구성하는 획과 점 사이처럼 여기에서도 충돌, 긴장, 교환에 의해 조직되는 심미주의적 장치는 완전하게 작동한다.

미학적 장치

중국 미학의 역사는 그 전체적 흐름에서 보았을 때, 외적 유사성에 대한 일차적이고 초보적인 관심으로부터, 단순한 실재 세계의 '형식적' 재현을 뛰어넘어 실재와의 영적 일체감을 통해 실재에 활기를 불어넣어주는 '내면의 울림'을 얻기 위한 방향으로 진행되었다. 이러한 점진적 과정에서 세를 특징지어주는 긴장의 효과는 매개적 단계에 해당한다. 형식적인 외형 — '둥근, 평평한, 각진' — 은 붓을 통해 완전히 포착될 수 있지만, 외형을 통해 작용하는 세가 가진 긴장의 효과는 붓을 통해 — '붓을 비틀거나 꺾는 움직임을 통해 경향과 방향을 가리킴으로써' — 완벽하게 포착될 수 있는 것은 아니다. 왜냐하면 '세는 정신적 표상과 관련되어' 있으며, '세 안에는 필연적으로 붓을 교묘히 빠져나가는 그 무엇인가가 존재하기'[32] 때문이다. 미적 발전의 한가운데에서 형상적인 것으로부터 정신적인 것으로 나아가는 전이를 가능하게 해주는 것은 바로 이 세이다.

이러한 차이는 방법의 차원에서 먹과 붓의 이중성을 보여주는 중국의 회화 기법의 기초를 이루는 것으로 해석될 수도 있다. 먹은 '산과 강의 외형을 꽃피게 하지만', 붓은 '산과 강의 세가 번갈아 나타나도록 변화를 준다'. 풍경화에서 '먹으로 그려진 망망대해는 세를 감싸 안고 있지만', 붓으로 그려진 산은 '세를 이끌고 인도한다'.[33] 먹은 뻗어나가서 공간을 채워주는 반면에, 붓은 활력을 불어넣어준다. 상징적 차원에서 풍경화를 구성하는 요소 가운데 세가 부여하는 긴장은 바람과 유사하다. 세는 바람처럼 형태에 활력을 불어넣기도 하고, 형태 속으로 흩어지기도 한다. 세는 물리적 실체이지만 희미한 실체이며, 자신이 만들어내는 효과 속에서만 자신을 드러낸다.[34] 긴장은 그 긴장이 완전히 현실화되지 않을수록 그만큼 더 잘 느껴질 수 있다. 바로 이러한 사실로부터 동작의 개시를 나타내는 상태로 머물러 있기 때문에 더욱더 힘을 지니게 되는 획의 가치, 영원한 긴장감을 창출해내는 소묘의 가치가 나오게 된다.

물 한가운데 떠 있는 일엽편주―葉片舟를 그린 그림에 대해 살펴보도록 하자. 이 배는 멀리 떨어져 있기 때문에, 돛대를 펼치는 데 사용되는 밧줄은 보이지가 않는다. 그러나 '만약에 화가가 그 밧줄을 전혀 그리지 않았다면, 이 그림은 세가 없는 것으로 나타날 것이다'. 그러므로 거리 때문에 어부의 손이 밧줄을 쥐고 있는 정확한 지점은 볼 수가 없다고 할지라도, 세를 살리기 위해서는 그 밧줄의 아래 끝을 반드시 그려야만 한다.[35] 이렇듯 세는 보이는 세계와 보이지 않는 세계의 경계선에서 외형의 명백한 특성이 의미의 암묵적 풍요로움 속에서 심화되고 비어 있음空이 암시되며, 유한한 것과 무한한 것이 서로를 밝혀주고 결합될 때 긴장의 효과를 창출하게 된다〔有取勢虛引處〕.[36] 물론 처음에는 오직 기술적 과정만이 문제가 되지만, 그 다음 단계에서 이 과정은 감정을 불러일으킬 수 있게 된다. 즉, 효과적인 긴장감을 통해 이 기술적 과정은 즉각적으로 생동감을 발산하게 된다. 그것은 중요하고 결정적인 효과라 할 수 있다. 왜냐하면 구상 세계를 상상 세계로 열어주고, 재현된 대상 ― 이 대상이 무엇이 되었든지 간에 ― 을 통해 예술을 초월적으로 만드는 것이 바로 이 기술적 과정이기 때문이다. 이러한 과정 덕분에 감각적인 외형은 무한의 세계를 불러일으키는 장치로 사용된다. 즉, 표상 세계는 영혼의 차원에 도달하고, 보이는 세계의 극한은 모든 보이지 않는 세계에 신호를 보내게 된다.

문학적 외형과 효과의 성향

중국에서 서예와 회화를 연결시켜주는 공통점은 분명하다. 그러나 우리는 병법이 제공해주는 공통의 모델에 기초해, 서예와 좀 더 일반적인 문학예술 사이의 유사성도 마찬가지로 도출해낼 수 있다. 병사들이 '전장에서 항상 같은 전투대형으로 배열되지 않는 것'처럼, 서예의 표의문자도 '문자의 외형을 구현할 때 언제나 동일하고 유일한 방식을 취하는 것은 아니다〔兵無常陳, 字無常體〕'. 물 또는 불의 형상을 본떠서, 병사 또는 문자들의 배열勢로부터 나오는 잠재력은 다양하기 때문에, '한 번 정해졌다고 해서 결코 변하지 않는 것은 아니다'〔勢多不定〕.[37] 문학도 이와 비슷하게 가변성을 이용한다. 작품은 그것이 표현하고자 하는 다양한 내용에 따라 여러 가지 방식으로 구성된다. 즉, 그것은 매번 이러한 구성勢[38]으로부터 나오는 잠재성의 유형을 문학적 효과로서 산출하는데〔卽體成勢, 循體而成勢〕, 그 효과를 가장 효율적으로 '결정하고' 이용하는 것은 작가의 몫이다〔勢者, 乘利而爲制〕. 텍스트 또한 하나의 장치로 간주해야 하는데, 중국적 전통에 따른 문학적 성찰을 다룬 가장 훌륭한 작품(『문심조룡文心雕龍』)의 한 장 전체가 이러한 사실을 보여주고자 하는바, 중국의 전통적 문학적 성찰이 함축하고 있는 비범한 깊이는 천 년 이상 묻혀 있다가 오늘날에야 비로소 재발견된 것이다.

그러므로 우리는 텍스트를 문학적 외형으로서 특수하게 구현된 것으로, 그리고 세를 텍스트가 지닌 효과의 성향이라고 생각해보자. 병법적 사유로부터 나온 다양한 모티브는 그러한 성향의 '자연적' 특성[39]을 강조한다. 예를 들어, 쇠뇌로 쏜 큰 화살은 똑바로 나아가고자 하는 경향을, 꾸불꾸불한 계곡 밑의 물은 이리저리 에돌아 흐르는 경향을 자연스럽게 갖는다. 효과의 성향은 마치 둥근 물체가 구르고자 하는 경향을, 그리고 각진 물체가 멈추고자 하는 경향을 지니는 것과 마찬가지로, 텍스트의 구조로부터 나온다. 이러한 경향은 제대로 작용할 수도 있고 그렇지 못할 수도 있는데, 우리의 관점에서 보면 형식의 차원과 마찬가지로 내용의 차원에서도 같은 결과를 가져온다. 경향이 제대로 작용하면, 경서經書를 모델로 하여 글씨를 쓰는 경우 그 글씨체는 '저절로' 고전적 우아함을 지니게 된다. 마찬가지로 상상력이 풍부한 작품(『시경詩經』과는 반대되는 『이소離騷』)에서 영감을 받아 쓰인 시는 '필연적으로' 신비한 매력을 지니게 된다. 반대로 사유가 피상적으로 조합되거나 독자가 이해할 수 있는 범위를 벗어난다면, 텍스트는 '함축적 풍부함'을 결여하게 될 것이다. 그리고 만약에 사유의 표현이 지나치게 복잡하여 그 뜻을 알기 위해서는 많은 공을 들여야 하거나 또는 지나치게 간결하다면, 그것은 '수사학적 다채로움'을 결여하게 될 것이다. 이는 마치 격렬하게 휩쓸려가는 물에 잔물결이 없고, 죽은 나무가 그늘을 드리우지 못하는 것과 같다.

효과의 성향은 중국의 시 이론가 유협劉勰이 우리에게 증명해주듯이, 단순히 텍스트의 구조로부터 저절로 흘러나오는 것만은 아니다. 성향은 회화에 대한 유비類比가 잘 나타내주듯이 텍스트의 본질적 표현이기도 하다. 회화에서 색깔의 배합을 통해 특정한 형상(그것이 말의 모습을 표현하든 개의 모습을 표현하든)이 만들어지는 것과 마찬가지로, 문학에서는 표현되려는 모든 감정의 교차로부터 '서로 다른 효과(더 고상하거나 또는 더 통속적인)의 성향'이 만들어진다. 결과는 유형의 특수성을 참조하는 논리에 따라 달라진다. 그러므로 서로 대립되면서도 보완적인 두 원리가 작가로 하여금 이러한 효과의 성향을 전략적으로 운용하도록 인도해준다. 즉, 그는 경우에 따라 텍스트에 최대의 효력을 부여할 수 있도록 가장 다양한 가능성을 텍스트와 결합시켜야 하며[幷總群勢], 다른 한편으로 텍스트에 필수적인 동질성을 보장하기 위해 텍스트의 전체적인 통일성도 존중해야 한다[總一之勢]. 예를 들어, 작가는 '우아함'만을 살릴 목적으로 '화려함'을 배제하는 것이 아니라, 마치 정면 공격과 측면 공격을 교묘하게 섞어 활용하는 장수처럼 이 두 대립되는 성질을 표현하는 수단을 똑같이 활용해야만 한다. 동시에 각각의 텍스트는 특정 장르와 일치해야만 한다. 이는 작품의 목적에 따라서 체계적으로 서로 구별되는 고유한 의미의 문학 장르를 정의할 수 있게 해주는데, 그 목적은 '고전적 우아함'일 수도 있고, '감정의 투명함'일 수도 있으며, '표현의 정확성'일 수도 있다. 이러한 정의로부터 22개의 장르로 이루어진 전체 목록이 나오는데, 이 목록은 모든 작품에 공통적인 문학적 기준에 따라 네 개의 장르로 이루어진 다섯 항목과 두 개의 장르로 이루어진 하나의 항목으로 구성되어 총 여섯 항목으로 다시 정렬된다. 그러므로 텍스트에 대한 가장 적합한 예시는 화려한 비단 직물에서 찾아볼 수 있다. 그것은 이 비단 직물이 비록 다양한 색실로 직조되었지만, 매번 짜일 때마다 그 고유한

'기본 구조'를 간직하고 있기 때문이다.

　그러나 우리는 관점을 뒤집어, 유협이 제안하듯 텍스트가 지닌 이러한 효과의 성향을 더 이상 텍스트가 속해 있는 장르가 아니라 작가의 개성 — 언제나 편파적인 작가의 취향과 개인적 습관 — 과 관련지어 고찰해볼 수도 있다. 이러한 관점에서 볼 때, 그러한 성향은 텍스트를 "넘어서" 퍼져나갈 수 있는 잉여분의 에너지 내지 활기와 동일시될 수 있다. 그러나 이러한 동일시는 효과의 성향을 문학적 창작에 집중되는 에너지 — '기氣' — 와 연관해 지나치게 배타적으로 해석하는 것이 될 것이다. 왜냐하면 우리는 효과와 힘 — 양자 사이에는 흥미로운 차이점이 있다 — 을 혼동할 필요는 없기 때문이다. '텍스트를 뒷받침하는 효과의 성향〔文之任勢〕'은 부드러움뿐만 아니라 그 부드러움과 반대되는 것도 지향할 수 있다. 표현은 힘찰 필요도 없고, 표현에 세를 주기 위해 격렬함을 발산할 필요도 없다. 그런데도 효과의 성향이 힘과 구별될 수 있다면 — 물론 이러한 분석은 훨씬 더 세밀한 분석을 필요로 한다 — 그것은 효과의 성향이 긴장으로서 나타나기 때문이다. 사실 긴장이 지나치게 활발하고 적나라한 방식으로 작용하는 것은 적절하지 않을 것이다. 바로 이러한 사실로부터 이러한 긴장의 요인을 그것과 반대되는 요인인 침윤으로 보충할 필요성이 나타나는데, 골고루 퍼져 조화를 이루게 만드는 이 침윤은 이러한 효과의 성향에 스며들어 이완과 즐거움을 확보해주게 된다〔勢實須澤〕.

　문학적 효과가 성향으로부터 나오는 것이기 때문에 자연스러울 수밖에 없다면, 인위적이라고 판단되는 문학적 효과가 어떠할지를 상상하기는 어렵지 않다. 즉, 효과가 더 이상 텍스트에 적합한 체제와 텍스트의 특수한 장르로부터 나오지 않을 경우, 작가는 반대로 텍스트를 새롭게 심사숙고한 후 전체적 구상에 따라 창작하게 될 것이다. 유협은 효과가 독창성을 목표로 하지만 그 독창성이 상궤를 벗어난 기이성과 혼동될 정도가 되어서는 안 된다고 결론짓는다. 독창성은 작품에 내재한 잠재성을 성공적으로 활용함을 통해 나오는 반면에, 기이성은 규칙에 맞고 바람직한 것을 거의 기계적으로 뒤집고 파괴함을 통해 나온다〔原其爲體, 訛勢所變〕. 그것은 단지 효과가 전혀 없는 '독창성의 모양'만 줄 뿐이다. 그것은 텍스트적 장치가 작동하도록 그대로 놓아두는 대신, 조금 더 빨리 가기 위해 텍스트에 폭력을 가하는 것과 같다.

문체 관념의 차이

이미 살펴본 바와 같이 우리가 이 책을 시작할 때 출발점으로 삼았던 전략적 사유는 문학적 창작을 해석할 때에도 주요 모델로서 사용된다. 왜냐하면 문학적 창작도 마찬가지로 하나의 운용이고 자연적 성향(언제나 다양하게 변화하며, 우리가 작가로서 그 안에 개입하는 상황에 알맞은 텍스트의 유형으로부터 나오는)의 활용이며, 언제나 최대한의 (예술적) 효과를 얻는 것을 목적으로 하기 때문이다. 그러나 문학 고유의 관점에서 서구적인 표상으로부터 출발해, 그러한 인식이 실제 무엇에 상응할 수 있는지를 이해하는 문제는 여전히 남게 된다.

효과의 성향에 대한 이 이론이 문학의 영역에 적용되면 '문체'에 대한 서양의 관념을 다시 검증할 수밖에 없게 되는데, 이는 이 이론이 경향성에 대하여 표상할 때 서구 전통의 흐름 속에서 이어져온 두 개념을 결합시키고 있기 때문이다. 중국인들의 사유가 세를 장르와 연관시켜 고찰할 때, 이는 문체를 담론이 지닌 효율성의 문제로 간주하는 고전적 수사학의 '목적론적' 관점을 상기시킨다. 또 중국인들의 사유가 세를 저자가 지닌 개성과 연관해 고찰할 때 이 이론은 문체 기원론의 시각과 다시 결합하게 되는데, 낭만주의와 함께 필요불가결하게 나타나는 이 시각은 목적론적 해석을 원인론적 설명으로 대체하고 문체를 한 개인 또는 한 시대의 표현 — 바르트의 표현에 따르자면, '기질의 변환' — 으로 간주하고 있다. 서구적 개념의 영향으로 오늘날 중국의 문학비평가들은 세에 대한 이론화를 중국적인 '문체' 이론으로 이해하려는 경향이 있다. 왜냐하면 그들은 다른 중국의 고전과 마찬가지로 기원전 5세기에 이 문제를 다룬 개설서(『문심조룡文心雕龍』)에서 '문체' 개념이 여러 가지로 다르게 표상되고 있다는 사실에 당혹해 하면서도, 이를 전적으로 자각하고 있기 때문이다.[40] 여기서 단지 문제가 되는 것은 중국적 관념들의 애매함 또는 다의성에서 느끼게 되는 좌절감뿐인가? 문제는 오히려 문학 현상을 이해하는 방식에서 발생하는 일반적 관점의 차이가 그들의 관념과 우리의 관념이 조화될 수 없도록 만드는 사실에 있지 않을까?

사실 서양의 문체 개념은 형상의 철학(이것은 아리스토텔레스학파의 영향을 받은 증거이다)으로부터 나온 것이다. 문체 개념은 고대에는 '작품의 기능에 의해 조절되는 작품의 특수한 형식'(기로P. Guiraud)일 수도 있고, 근대에는 '특정의 목적을 갖지 않은 형상'(반면에 '글쓰기'는 롤랑 바르트R. Barthes에 따르면, '이러한 형상의 교훈'이 될 것이다)일 수도 있다.[41] 그것은 내용 - 질료의 관계에서 고찰될 때, 그 질료에 형상을 부여해주는 능동적 역할을 하는 형상인 것이다. 그런데 서예에서와 같이, 중국적 사유에서 문학의 세를 현실화시켜주는 '형상'은 효과를 창출하기 위해 그 자신이 장치로서 작동함을 통해 외형을 만들어내는 형상을 의미한다. 이러한 사실은 우리가 습관적으로 '형상'으로 번역하는 것이 중국의 문학 비평·텍스트 속에서는 '내용'에 대립되고, 그것과 상호 관련되는 용어가 아니라 실현의 과정이 도달하게 되는 것임을 의미한다. 결국 세란 매번 이러한 실현을 특징짓는 특수한 잠재성이 된다.

중국적 관점은 가시적인 영역과 비가시적인 영역 사이에서 일어나는 과정을 중시한다. 이러한 과정에서 작가는 최초의 감정적·정신적 상황에서 시작해 그것에 특수한 형식화로 나아갈 뿐만 아니라 텍스트의 단어에 내포되어 있는 긴장으로부터 독자들의 무한한 반응을 이끌어낸다. 그리고 이 과정이 더 많은 효과를 내고 최대한의 영향력을 발휘할 수 있도록, 이 과정의 성향을 결정하는 것은 일차적으로 작가의 책임이다. 이러한 결정은 필연적으로 포괄적이고 통일적인 동시에 끊임없이 가변적이며, 논리적 조건들의 지배를 받는다. 그런데 작가는 바로 이러한 논리적 조건들을 전략적으로 이용할 줄 알아야만 한다. 그림에서처럼 문학의 세는 한 부분에서 다른 부분으로 순환하는 결정적 요인이라 할 수 있는데, 그 이유는 이 세가 작품을 특정한 방식으로 이끌어가는 가운데 작품을 관통하면서 활기를 불어넣어주기 때문이다. 따라서 세는 그림에서와 마찬가지로 문학에서도 바람에 비유되고 연관될 수 있다〔遺勢鬱湮, 余風不暢; 圖風勢〕.[42]

세는 간단히 말해 도약력이자 효과라 할 수 있다. 따라서 세는 기호의 외형에 활기를 불어넣어주고, 마치 세가 풍경을 통해 작용하는 것처럼 외형이 자신의 역할을 수행할 수 있도록 만들어준다. 그러므로 이러한

효율성의 원천을 향해 더 높이 거슬러 올라가보자. 그리고 자연 속에서
그러한 효율성이 구체적으로 어떻게 나타나는지를 체험해보자.

4. 풍경화를 통해 나타나는 생명선

풍수지리설에서의 생명선

우선 '자연'에 대한 또 다른 시선을 가져보도록 하자. 즉, 더 이상 자연을 '원리', '원인', '원소'로 구별하면서 증명과 추론에 의해 파악되는 학문의 대상으로 삼지 말도록 하자. 사실 이러한 태도는 그리스적인 자연 파악 방법이 지배하게 된 이래로 우리가 습관적으로 취해온 태도인데, 이때 '우리', 즉 하이데거적으로 말하자면 '역사적' 인간은 '끊임없이 존재의 부름에 답해야 하는 운명을 지닌 인간'을 의미한다.[1] 그러므로 이제는 우리 몸의 내적 감각과 그것의 활동을 통해 자연을 직관적으로 파악해보자. 그리고 우리 내부와 외부에서 실재를 관통하여 작동하며 세계가 어떻게 움직이고 기능하는지를 설명해주는 단 하나의 공통된 원칙으로서의 자연을 인식해보자. 아리스토텔레스의 '자연학'을 다음과 같이 새롭게 생각해보자. 즉, 자연을 조작적 대립 항들 — 질료와 형상, 잠재태와 현세태, 본질과 우연 등 — 또는 아리스토텔레스 이후 관습적으로 표준화된 이 대립항들을 대체시킨 새로운 대립항들로부터 출발하는 추상적 인식(아리스토텔레스의 '자연학'은 서양 철학의 '기본서'이지만 '자연적 대상들 배후meta에 있는 형이상학적 대상들을 다루고 있는 책'이기 때문에, '결코 자연적 대상physica을 충분히 고찰한 철학이라 볼 수는 없다')[2]의 대상으로 삼지 말고, 자연을 모든 공간을 가로질러 흐르면서 끊임없이 존재자를 생성해내는 '본원적이고 언제나 순환하는' 유일한 기氣로서 느껴보도록 하자. 즉, '세계의 생성과 변화가 일어나는 위대한 운행 속에서 계속 펼쳐지고 만물을 관통해 나타나는'[3] 기로서 느껴보도록 하자.

그러므로 모든 실재의 기원에는 끊임없이 순환하고 집중되는 이 동일한 생명의 숨결, 즉 실재에 내재하며 활력을 만들어주는 에너지가 있다. 이 생명의 숨결〔氣〕은 순환하면서 존재에 도달하고, 집중되는 가운데 실재세계에 지속성을 부여해준다. 내가 직관적으로 느끼는 나의 고유한 존재와 마찬가지로, 나를 둘러싸고 있는 모든 풍경은 지속적으로 이러한 숨겨진 순환으로 그 기가 공급되고, 동시에 나의 존재 형태와 그 모든 개별적 양상은 이러한 생기의 끝없는 응축과 같은 것이 된다. 그러므로 가장 아름다운 경치는 활기찬 에너지가 가장 강력하게 집중되어 있고, 그 에너지의 축적이 가장 밀집된 곳이 될 것이다. 그곳은 기의 순환이 보다 더 강렬하고 기의 교환이 보다 더 심오할 뿐만 아니라 모든 잠복되어 있는 에너지가 풍부하고 다양한 형태로 만발하는 곳이자, 원소들 간의 조화로운 긴장의 극치를 통해 보이지 않는 조절력이 드러나는 곳이다. '영성靈性'은 바로 그곳에서 보다 더 '예민해지고', 가득 차게 되며, 날카로워진다.

이러한 다른 종류의 자연학은 실제적 용도도 지니고 있어서, 행복을 얻기 위해 활용 — 직접적이고 비기술적인 활용을 통한 — 될 수도 있다.[4] 예를 들어, 자신의 부모를 명당에 매장함으로써 후손들은 매우 논리적으로 부모의 유해가 그들을 보호할 수 있는 고도의 능력을 지니도록 할 수 있으며, 조상을 통해 — 가계의 후손 전체에 영향을 미치는 이 유해가 지닌 생명력을 자극함으로써 — 이로운 혜택을 누릴 수 있다. 그것은 마치 나무의 뿌리가 흙으로 잘 덮이면 나무의 가지 끝도 생명력을 누릴 수 있는 것과 같다. 마찬가지로 자신의 거주지를 아무런 장소가 아니라 바로 이러한 명당에 정하는 것은 자기 자신을 세계의 생명력에 뿌리박도록 하는 것이고 만물의 에너지를 보다 더 직접적으로 붙잡는 것이며, 그 결과 자기 자신뿐만 아니라 자신의 후손도 모두 부귀영화를 누릴 수 있게 된다.

인간 신체의 내부에서처럼 이 생명의 기는 대지의 특별한 선을 따라 누비고 다닌다. 기원후 1세기 초에 형성되기 시작한 풍수지리 전문가들의 언어에서 세勢라는 용어는 대지의 외형과 관련된 '생명선'을 가리킨다.[5] '생명의 기는 대지의 생명선[勢]을 따라 순환하고, 그 선들이 머무는 곳에 집중된다[其行也, 因地之勢; 其聚也, 因勢之止].'[6] 생명의 기는 그 자체가 비가시적이기 때문에, 우리는 대지의 굴곡선을 따라 이 선들이 갈라지는 분기점을 주의 깊게 관찰함으로써 그 통로가 어디를 통해서 지나가는지를 밝혀내고 그 통로가 도달하는 지점, 즉 생명력이 집중되고 약동력이 응축되어 있는 명당을 찾아낼 수 있다. 풍수지리가의 기술은 그러므로 관상가의 기술과 유사하다.[7] 대지 또는 돌을 번갈아 가로지르고 웅덩이 내지 언덕과 연속적으로 결합하는 생명선은 기의 순환이 이루어지는 '핏줄'이자, 동시에 굴곡에 그 견고함을 부여해주는 '뼈대'이다[地勢原脈, 山勢原骨]. 또한 생명선은 올라가고 내려가며, 고정된 궤적이나 미리 정해진 길이 아니라 곡선과 우회로를 따라 움직임을 통해 — 움직이는 물의 흐름에 비유되는 병법에서의 세를 상기해보라 — 끊임없이 변신하면서 지평선의 한 끝에서 다른 끝까지 뱀과 같이 꾸불꾸불 기어가는 '척추'이기도 하다. 바로 이러한 이유 때문에 생명선은 모든 공간을 팽팽하게 끌어당기고, 공간에 그 역동적 힘을 부여할 수 있게 된다. 우리는 이 생명선을 — 가까이 가야 비로소 알아차릴 수 있는 개별적 장소와는 반대로 — 그것으로부터 멀리 떨어져 뒤로 물러나 있을 때에만 파악할 수 있다. '생명선[勢]은 1,000보 떨어진 거리에서 그리고 땅의 외형은 100보 떨어진 거리에서 나타난다[千尺爲勢, 百尺爲形].' 세가 귀착되는 부지는 그 부지 자체의 힘에 의해 정적이고 경직된 외형을 형성하는 반면에, 생명선은 그 부지로 끊임없이 적극적인 방식으로 '다가가서' 가장 먼 곳으로부터 꾸준히 갱신되는 경향을 가진 운동을 통해 부지에 행운의 영액靈液을 가져다주는데, 이 영액은 바로 이 부지 속으로 스며들어 그것에 생명력을 불어넣어준다.

따라서 중국인은 공간과 그 공간으로부터 나오는 모든 풍경을 지속적인 장치로서 이해한다. 자연의 근원적 생명력은 바로 이러한 장치를 통해 작용한다. 토지의 가장 조그만 주름에 이르기까지 모든 것은 토지의 고유한 배열과 특수한 성향 그리고 동시에 꾸준히 갱신되는 성향에 따라 그 주름에 투여되기 때문에, 모든 것은 바로 이러한 성향에 '근거하여' 개발되는 것이 적합하다. 다른 외형, 즉 전쟁터에서 또는 정치적 지배 관계 속에서 실제로 나타나는 외형 — 서예의 표의문자 또는 문학의 기호가 만들어내는 외형과 마찬가지로 — 인 지형은 자기장(풍수지리가의 나침반은 바로 이 자기장을 탐사한다) 속에서 구성되는데, 규칙적이고 기능적인 힘으로 가득 찬 이 자기장은 지형을 힘의 그물망으로 조직하기 때문에 대지의 생산력은 바로 이 자기장을 통해 굽이치게 된다. 풍경에 대해 중국인이 지니고 있는 심미주의는 바로 이 생명선 — 이것은 또한 에너지의 선이기도 하다* — 을 물리적으로 직관함을 통해 표현된다. 이는 '산과 강의 모습'이 자연에서와 마찬가지로, 화가의 붓 끝에서 '생동적 기와 이 기에 의해 역동적이 된 외형 간의 상호작용으로부터 발생하기 때문이다〔山水之象, 氣勢相生〕'.[8] 중국에서 그림(산수화)을 그린다는 것은 풍경을 형상화함으로써 우주적 맥박의 기본적이고 연속된 줄기를 다시 발견해내는 것을 의미한다. 바로 이러한 사실로부터 우리는 중국인의 풍경화에 대한 심미주의가 세 개념을 통해 어느 방향으로 나아가는지를 알 수 있다. 그들의 풍경과 감상법은 무엇보다도 우선 철학적 차원에서 풍경을 제대로 파악하기 위해 한 걸음 뒤로 물러나 관조함뿐만 아니라, 풍경화의 선을 따라서 그 풍경에 생기를 넣어주는 비가시적 세계를 표현함도 중시하는 것이다. 기술적 차원에서 소묘선과 윤곽의 중요성뿐만 아니라, 그림의 전체적 구성의 움직임을 강조하는 것은 그 다음 단계의 감상법이다.

* 나는 세의 이러한 면을 설명하기 위해 '생명선'이라는 표현을 선택했다. 이는 그 표현이 이러한 면이 근거하고 있는 '생동적 기' 개념과 직접적으로 연관되어 있으며, 더 나아가 우리에게 풍수지리설의 자매라고 할 수 있는 수상술手相術을 상기시켜주기 때문이다. 게다가 나는 서양에서 현대의 몇몇 소묘·회화 학파(대표적으로 마르테노Martenot 학파)가 전통적인 학습 방법에 거리를 두면서 바로 이러한 표현에 의존하고 있다는 사실을 지적하고 싶다.

거리를 둠의 효과와 미학적 축소

생명선에 대한 고찰은 명증성으로부터 출발한다. 그러나 중국적 심미주의는 이러한 명증성을 신비적 직관으로 심화시킨다. 초기의 회화 개설서 중의 하나가 지적하듯이, 만약 우리가 풍경에 지나치게 가까이 붙어 있으면 우리는 더 이상 그 풍경의 윤곽을 파악할 수 없게 될 것이다. 반대로 우리가 풍경으로부터 멀리 떨어지면 떨어질수록, 그 풍경의 광대함은 동공의 좁은 틀 속으로 더욱 쉽게 들어오게 된다. 우리가 천연 비단을 펼쳐 거기에 풍경의 윤곽을 멀리서 비춰보이게 만들면, 가장 웅대한 산도 엄지손가락 크기의 비단 표면 위에 들어갈 만한 크기로 나타날 것이다.[9] 대나무 그림竹圖에서도 이는 마찬가지다. 만약에 우리가 달밤에 흰 벽에 비친 대나무 가지를 그리면, 우리는 이 대나무의 '진정한 형태'를 부각시킬 수 있다.[10] 따라서 화가의 표현은 풍수지리가의 표현과 자연스럽게 일치한다. 즉, 우리는 '풍경을 멀리 떨어져서 명상함으로써 풍경의 생명선[勢]을 파악하고, 그것을 가까이에서 고찰함으로써 그 실체를 파악할 수 있다[遠望之以取其勢]'. 사실 가까이에서 풍경의 세세한 것만을 즐긴다면, 우리가 어떻게 번갈아 나타나고 서로 대립하며 높아지기도 하고 정지하기도 하는 이 생명선의 모든 움직임이 지닌 생동적 긴장감을 발견해낼 수 있겠는가[近者玩習 不能究錯縱起止之勢]? 외형의 선이 역동성을 나타낼 수 있는 때는 멀리서 전체적으로 대비되면서 지각될 때뿐이다. 그러므로 거리는 단순히 보다 더 넓은 풍경을 바라보게 해줄 뿐만 아니라 그 경치를 명상적으로 바라볼 수 있도록 해준다. 왜냐하면 거리는 풍경에서 모든 비본질적인 둔중함을 걸러내고, 풍경을 유기적으로 연결해주고 존재하게 만들어주는 현저하게 단순한 움직임만을 드러내주기 때문이다.

우리가 거리를 두면 둘수록, 우리가 바라보는 풍경은 물론 그만큼 더 축소된다. 그러나 사물의 축소는 풍경의 유사성을 해치기는커녕, 그 반대로 사물의 본질을 밝혀주는 데 도움을 준다. 분재술에서부터 정원을 가꾸는 기술에 이르기까지 ― 롤프 슈타인Rolf A. Stein이 분석했던 것처럼 ― 축소물이 깨달음의 세계로 입문시켜준다는 생각은 극동에서는 일반적이다.[11] 우리는 여기에서 작음이 큼과 동일하고 인간이 관습적으로 사물 간의 비율을 정하는 것을 전적으로 허망하다고 보는 불교적 관점에 다다른다. 모든 소우주는 우주 속에서 가장 커다란 우주만큼 큰 것이 될 수 있다. '우리는 (상상 속에서) 세계를 호리병 속에 넣을 수 있고, 단 한 알의 먼지도 수메루Sumeru 산을 그 안에 품을 수 있다.' 그 당시에는 새로웠던 이러한 불교의 영향에 개방적이었던 초기의 풍경화 개설서는 회화가 이용하는 바로 이러한 등가 관계(작은 것과 큰 것의 등가 관계)의 실재성을 강조한다. '도면에 그려진 세 치 길이의 수직 획은 천 걸음 높이와 맞먹는다. 몇 피트 정도의 수평으로 퍼진 먹물은 백 마일의 거리를 나타낸다.'[12] 최소한의 공간도 모든 것을 감싸 안을 수 있다. 화가는 바로 이러한 마술적 축소법을 사용함으로써 단번에 사물의 모든 사실성을 뛰어넘을 수 있다. 그래서 화가는 우리에게 전적으로 신선하고 '찬란한' 세계를 재구성해줄 뿐만 아니라, 세계를 '정신적' 차원[13] ― 여기에서는 보다 더 특별히 불법佛法[14]이 구현하고 있는 ― 으로 통하도록 만들어준다. 이 차원의 모든 모습은 세계에 대한 생생한 반영으로서 '그 현묘한 맛을 음미할 수 있도록' 제시된다.

그러나 풍경화가 보여주는 이 축소된 세계와 지도에 그려져 있는 세계를 근본적으로 구분해주는 것은 무엇인가? 두 세계에 대한 혼동은 지도 제작술이 중국에서 기원후 1세기 초에 이미 고도로 발달했고, 중국어에서 그림을 그리는 행위를 지칭하는 용어의 어원이 본래 '도면으로 범위를 정하다'(붓을 사용해 그려진 밭의 4방 경계선을 나타내는 표의문자 '도圖')에서 유래했기 때문에, 쉽게 일어날 수밖에 없다.[15] '그러나 고대 중국인에게 그림을 그린다는 것은 도시나 국경의 도면을 그리거나, 지방과 도청 소재지를 구분하고 산과 모든 다른 지표의 높낮이를 나타내거나, 호수와 강의 능선을 추적하기 위한 것이 아니었다(과거에 대한 이러한 참조는 단지 중국인의 수사법에 따라 그 정통성을 강조하기 위한 것일 뿐이며, 여기에서 문제가 되는 것은 그 당시에 막 나타나기 시작한 풍경화에 관한 것임이 분명하다).'[16] 사실 지도는 자연적 거리와 크기를 측량에 따라 축소화시키는 실용적 목적을 실현하는 것인 반면에, 회화가 전념하는 축소의 과정은 상징적 중요성으로 가득 차 있다.

화가의 기술은 객관적 방법을 사용하는 지도 제작의 모델로부터 멀어지면서, 홀연히 표의문자의 표기법이 구성하는 지시 관계와 유사한 것으로 나타난다. 화가의 기술은 사용되는 재료적 수단과 그 도면을 구성하는 다양한 요소 — 선과 점 — 로 인해 서예 기법과 유사할 뿐만 아니라 이 기법의 기본 단계에 속하는 최초의 가장 신성한 주역의 괘卦 표기법과도 유사하다. 이 괘 표기법은 연속적인 선과 불연속적인 선의 단순한 번갈아 나타남에서 출발해, 생성의 모든 신비를 충분히 깨닫게 해준다. 왜냐하면 이러한 회화적 표기법(상형문자)은 의미심장할 뿐만 아니라 '위로 삐친 획을 가지고 화산華山을, 갈고리 모양의 짧은 획을 가지고 앞으로 툭 튀어나온 코를 표현할 수 있기 때문이다(이 두 가지 획, 박朴과 왕枉은 서예에서도 사용된다)'. 그러나 이 표기법은 더 나아가 이 획만 가지고서도 '태허太虛'를 구체화하고, 선의 끊임없는 갱신을 통해 사물의 무한한 변화를 환기시킬 수도 있다. 한 차원 높은 표기법은 진정으로 영적인 표기법이라 할 수 있는데, 그 이유는 이러한 표기법이야말로 다양한 형상을 통해 비가시적 세계를 표현할 수 있기 때문이다.

자신의 친구가 그린 그림을 찬양하기 위해, 시인 두보는 전체적으로 파악되는 풍경이 지닌 광대함을 필연적으로 강조하게 된다.

> 〔중국 남서부〕파릉巴陵의 동정호洞庭湖에서
>
> 일본의 동부까지,
>
> 적벽 사이를 흐르는 강물은 은하수와 통하네![17]

그리고 풍경화에 대한 찬사는 다음과 같은 분석적 명상을 하는 가운데 그 절정에 도달하게 된다.

> 멀리 떨어져 있는 세勢를 이렇듯 잘 나타내니
>
> 어느 누구도 그와 견주지 못하네〔尤工遠勢古莫比〕.
>
> 지척 사이로 만리의 풍경을 볼 수 있도록 하니 말일세!

이 시는 풍경화로부터 나오는 완벽한 진리의 느낌을 강조하면서 시작하고 끝을 맺는다(해학정신이 깃들어 있는 마지막 구절 — '잘 드는 가위 얻어 강의 반쪽을 잘라 가지고 싶다네!' — 은 훗날 선가禪家에서 주로 사용하게 될 문체로 쓰여 있다). 풍경을 무한을 향해 열려 있는 지평을 지닌 것으로 표상해야 실제적으로 '현실감'을 느끼게 할 수 있다. 왜냐하면 풍경을 하나의 가장자리에서 다른 가장자리 끝까지 뻗어나가게 하고, 그 중심에서 익숙한 운동 — 구름이 하늘에서 용트림을 하고, 낚시꾼들이 강기슭으로 되돌아오며, 나무가 광풍에 쓰러지는 것과 같은 운동 — 으로 풍경에 활기를 넣어주는 것은 바로 생명력의 순환이기 때문이다. 가장 먼 곳에서 불어오는 이 생명력은 가까이 오면 가장 세세한 것에까지 그 기를 불어넣어준다. 그래서 풍경화는 이러한 모든 힘의 선을 과감한 압축법으로 포착함으로써 그 힘을 완벽하게 표현할 수 있게 된다. 풍경화는 세의 잠재성을 통해 본질적인 세계를 축소해 표현하는데, 사람들이 이 축소화된 세계에 붙이는 이름이 무엇이든지 간에 — 중국의 문인들은 일반적으로 학설 내지 정론定論에 별로 신경을 쓰지 않는다 — 이 축소화된 세계는 그 약동력과 생명력을 갖추게 된다.

'한 치의 네모 안에 만리萬里에 뻗치는 세를 담으라'는 표현은 그 이후부터 중국 화가들의 불문율 같은 철칙이 되었다.[18] 사실 중국에서는 전체를 표현할 수 있는 그림만이 진정한 그림으로 받아들여졌다. 이제 이 원칙이 실제적 관점에서 중국 예술에 어떤 영향을 미쳤는지를 고찰해보자.

풍경의 전체적인 움직임

풍경의 생명선에 부여된 중요성은 화가의 작업 속에서 외형선의 우위로 표현된다. 이 외형선은 특히 명대와 청대에 특별한 관심의 대상이 되었다. 이 시기에 풍경화가들은 사소한 디테일로 가득 찬 단순히 설명적인 그림 — 이것은 그들 예술의 진정한 포부에 비하여 '퇴폐적인' 것으로 간주되었다 — 대신에 방대한 작품을 그리는 경향이 있었다.

기술적 차원 — 중국 회화에서는 무엇보다도 선으로 표시되는 차원 — 에서 세의 우위는 사물의 '기복起伏을 나타내는 선'에 대한 '윤곽선'의 우위에 상응한다. 윤곽선이 그림의 주된 구성 부분을 나누어 배열하고 그림의 일반적 뼈대를 형성해주는 반면에, 기복을 나타내는 선은 윤곽선 내부에 그려지거나 그 선 위에 기대서 사물들의 요철과 표면의 결 그리고 광도를 세밀하게 나타내면서 그 선을 분할한다. 일반적으로 해부학적인 중국적 용어로 다시 설명해보자면, 윤곽선은 풍경의 '뼈대'를, 기복선은 풍경의 '근육질'을 구성한다. 기복선이 윤곽선을 침식해 들어가 그 윤곽선을 거의 보이지 않을 정도로 만들 경우에도, 윤곽선은 — 마치 사물의 요철 같은 굴곡을 굽이쳐 흐르며 그것에 활력을 불어넣어주는 생명선과 같이 — 여전히 형태의 필수불가결한 뼈대를 구성한다.[19] 이렇게 산을 그릴 때에는 우선 그 산의 윤곽이 드러나게 만들고 그 윤곽을 실재와 대조하면서 그것이 지닌 '의미'의 차원을 구성하는 근원적 긴장을 고정한 다음에야 비로소 기복선을 그리는 것이 합당하다.[20] 일단 산이나 바위의 세가 결정되고 나면, '이 산이나 바위에 대한 미학적 표상은 이러한 두 종류의 선이 협력할 때에만 성공한다'.[21] 이와 반대되는 방식으로 그리는 것은, 공간의 한 귀퉁이에서부터 시작해 세밀하게 바위를 그려나감으로써 그 세밀함의 '축적'을 통해 입체감만 풍부하게 나타내는 결과를 낳기 때문에 비난을 받게 된다.[22] 그러므로 우리는 그리고자 하는 대상을 두세 가지의 획으로 단번에 생생하게 묘사할 줄 알았던 '옛 사람들'의 철칙 — '비록 그들의 위대한 그림에서도 세밀하게 작업을 한 부분이 매우 많지만, 지침이 되는 원칙은 세를 성취하는 것이었다〔要之取勢爲主〕'[23] — 으로 되돌아가야만 한다.

세를 성취하는 것은 매우 중요한 일이다. 왜냐하면 사물의 실재는 그것의 다양한 요소를 서로 연결해주는 성향의 힘을 통해 **총체적으로만** 존재하고 나타날 수 있기 때문이다. 사물의 전체적인 움직임〔勢〕을 파악해야만 높낮이가 다르고 꾸불꾸불한 입체감을 지닌 산을 '맥을 통해 기가 흘러가도록' 그려낼 수 있으며, 그 실루엣이 불규칙적이고 대조적일지라도 '각각의 고유한 생명성'을 지닌 나무를 표현할 수 있고, '기묘한 매력을 발산하면서도 기괴하지 않고, 특유의 단순한 감칠맛을 지니면서도 각각이 천편일률적으로 같지 않은' 바위를 그릴 수 있다. 또한 그래야만 사방팔방으로 교차하는 경사면조차도 무질서한 인상을 주지 않을 것이다.[24] 이 모든 것은 복잡하지만 결코 혼돈 상태에 빠지지는 않는데, 이는 전체적인 움직임이 실재의 내적 '일관성'과 일치하고, 그 실재의 고유한 '논리〔理勢〕'를 재생산해내기 때문이다. 개별적 요소들의 차원에서 참인 것이, 하물며 그러한 요소들의 상대적 배열의 차원에서 어떻게 참이 아니겠는가? 이러한 배열은 번갈아 나타나는 변화를 통해 작동하는 전체적인 논리에 의존하며, 그 결과 다양한 요소들이 상호적이고 지속적인 경향 속에서 서로를 돋보이게 만든다. 어떤 때는 분명하게 보이고 어떤 때는 숨겨져 있는 다리와 촌락, 망루와 정자, 배와 마차, 사람과 마을조차도 처음부터 이러한 일반적 구성의 절차에 따라 그려져야만 한다. 그렇게 그리지 않는 경우, 이러한 것들은 서로 흩어져 그 각각이 서로에게 낯선 것이 될 것이다. 세의 절대적 필요성은 그러므로 결국 그 역동적 기능 속에서 지각되는 작품의 통일성에 대한 절대적 필요성과 일치하게 된다. 구성의 통일성 없이는 '조각들의 단순한 짜깁기' 이상의 것이 나올 수가 없다. 구성의 통일성 덕분에 모든 회화는 단 한 번만 보아도 '하나의 유일한 열망이 깃들어 있는 것'으로 파악될 수 있다. 우리는 또한 그러한 통일성 덕분에 세세한 것들을 통해 눈에 보이지 않는 조화를 끊임없이 음미하면서 그림을 세심하고 여유 있게 감상할 수 있다.

풍경의 세, 즉 풍경의 외형에 특유한 긴장을 통해 구축된 전체적인 움직임을 파악하는 것은 이 풍경이 언제나 개별적이고 바라보는 각도에 따라 다르기 때문에 그만큼 더 어렵다. 인체와의 비교는 새로운 점을 보여준다. 왜냐하면 사람이 서 있든지 걷고 있든지 앉아 있든지 누워 있든지 간에, 인체의 모든 부분은 가장 사소한 관절에 이르기까지 그 사람의 자세와 일치할 것이기 때문이다. 이러한 유비 추리를 가능한 한 끝까지 밀고 들어가보면 ─ 중국의 비평가들이 좋아했던 것처럼 ─ 바위는 산의 '골격', 숲은 산의 '의상', 풀은 산의 '털'이자 '머릿결', 물길은 산의 '동맥'이자 '정맥', 구름은 산의 '표정', 다리와 정자는 산의 '보석'과 같은 것이 된다. 전체적 관점에서 보자면, 산의 정상에서부터 나누어진 줄기는 산의 '팔과 다리'라 할 수 있다. 그래서 산은 똑바로 서 있거나, 구부리고 있거나, 비스듬하게 기대 있는 것으로 느끼게 된다.[25] 사실 사람이 누워 있을 때 팔을 축 늘어뜨리면 더 길어 보이고, 팔을 접고 있으면 더 짧아 보인다. 그리고 사람이 아주 밝은 곳에 서 있을 때는 발 하나를 조금만 움직여도 그의 전체 실루엣뿐만 아니라 그의 그림자까지 함께 변화한다. 산의 전체적 운동도 이와 같아서 우리가 산을 가까이에서 보는지 멀리에서 보는지, 정면에서 보는지 측면에서 보는지에 따라 변화하게 된다. 즉,

정면에서 보이는 산의 모든 기복과 고저는 풍경을 통해 '서로 소통되기' 때문에, 정면에서 보이는 산의 외관과 일치하지 않을 수 없다. 대국적大局的 관점에서 볼 때, 모든 구성의 주도적 원리의 역할을 하는 것은 언제나 정상 — 뚜렷이 드러나고, 당당하며, 오만한 — 인 반면에, 다른 요소들은 마치 '그것에 아첨하는 것처럼' '존경하는 마음으로 머리를 조아린다'. 그러나 소국적小局的 관점에서 보면, 가장 보잘것없는 관목이나 풀잎에 이르기까지 '생명선이 관통하지 않는' 것은 아무것도 없다〔凡一草一木具有勢存乎其間〕. 화가는 영감을 받아 특수한 의식을 자유롭게 활용할 수 있어야만 충분히 내밀한 방법으로 이 풍경과 '정신 속에서 하나가 될 수' 있고, 스스로를 열어 그 풍경과 공감함으로써 단번에 이 모든 기능 — 강력하게 일반적인 동시에 정교하고 세밀한 — 을 파악하게 될 것이다. 화가의 재능이 이렇게 놀라울 정도로 비범하지 못하다면, 풍경의 '위대한 세'는 결여되고 그림은 생명력을 상실하게 될 것이다.

그러므로 풍경의 전체적 운동은 공들여 제작된 지도와 혼동되어서는 안 된다. 그 움직임은 보다 더 섬세하고, 따라서 보다 더 파악하기 어려운 창조의 전 단계에 속해 있다. 그러한 단계에서 풍경의 외형의 **용솟음침**은 풍경에 성향의 힘을 부여해주는데, 이 성향의 힘은 풍경을 존재하도록(즉, 풍경의 미학적 효과가 작용하도록) 이끌어준다. 화가가 풍경의 본체와 그 생명이 맥동하는 부분에 의해 자극되어 그것의 일반적인 움직임을 직관적으로 이해했을 때라야, 그림은 좀 더 지적이고 신중한 작업 속에서 구성될 수 있다. 그래서 다음과 같은 사실이 자명하게 된다. 즉, '전체적 움직임〔勢〕을 포착했을 때에만, 모든 것을 뜻하는 대로 조정할 수 있다. 그 결과 모든 구석구석이 훌륭해진다〔得勢則隨意經營, 一隅皆是〕.

반대로 그러한 움직임을 포착하지 못하는 경우에는, 아무리 세상에 질서를 부여하기 위해 온갖 고생을 기울이더라도 모든 것이 형편없어질 수밖에 없다'.[26] 작품에서 절대적으로 결정적인 요인인 세는 '불확실한 것과 미세한' 것의 단계에서 '추진되어'〔勢之推挽在于幾微〕, '관찰과 측정'의 단계에 이르러서야 비로소 구체화된다. 만약에 우리가 나중에 이 세의 적절성을 충분히 검증할 수 있게 된다면, 이 검증은 또한 우리로 하여금 모든 세 발생 초기의 불확실성까지 거슬러 올라가게 만들어줄 것이다. 이 세는 가시적인 것과 비가시적인 것이 만나는 데 있을 뿐만 아니라 성공과 실패가 결정되는 비밀스러운 분리점分離點에 자리 잡고 있다. 그래서 세는 진정으로, 또 다른 방식으로 모든 풍경화를 '생생하게 살려주는' 요인이 될 수 있다.

시적 공간에서의 원경遠景 효과

중국에는 풍경을 그리는 그림이 있듯이 풍경을 묘사하는 시도 있는데, 이 그림과 시는 동일한 정신의 지배를 받는다. 화가처럼 시인도 거리를 축소하고, 공간을 응축하며, 공간의 가장 심오한 윤곽만을 받아들인다. 예를 들어, 시인은 산꼭대기에서 정확하게 지각할 수 있는 것보다 훨씬 더 방대한 전경을 묘사하거나 여행 중에 실제로 도달할 수 있는 항구보다도 훨씬 더 멀리 있는 항구를 상정하기도 한다. 그렇다고 해서 그러한 묘사된 풍경이 허구라거나 시인이 그것을 진정으로 경험하지 못했다고 할 수는 없다. 그와 반대로 시인은 풍경과 내밀하게 공감하기 때문에 전체 풍경을 직관적으로 파악하고 그 풍경에서 멀리 떨어진 작은 갈래에까지 도달하며, 풍경에 생기를 주는 무한, 즉 활력을 넣어주는 기氣로 통하게 된다. 사실적 풍경을 넘어서는 이상화된 풍경을 노래하는 시인은 이렇게 지평을 엄청나게 확장하여 비현실적인 피안의 세계에 접근함으로써 '킬로미터'로 측정되는 평범하고 객관적이며 만인에게 공통적인 지각을 단숨에 초월하여, 눈에 보이는 세계 속에 들어 있는 보이지 않는 초월적 세계를 파악할 수 있게 된다.[27] 화가의 지리地理처럼 시인의 지리는 위상학적 진리를 먼 거리에서 관찰한다. 화가의 풍경처럼 시인의 풍경은 다음과 같이 상징적 긴장으로 가득 차 있다. '사람들이 전하는 바에 따르면, 왕유는 백설白雪 한가운데 서 있는 바나나 나무를 그린 바 있다. 그런데 이러한 사정은 그의 시에서도 마찬가지다.'[28] 비현실적인 것에 대한 지향은 일상적 시각을 초월로 인도하고, 꿈으로 나아가는 길을 열어준다. 동일한 비평가는 다음과 같은 예를 인용하고 있다.

> 구강九江에 있는 단풍나무, 몇 번이나 푸르러질 수 있을까?
> 양주楊洲에 있는 다섯 호수, 하나의 흰 점일 뿐이네!

비평가는 이에 대해 다음과 같이 논평한다. '시인은 난릉진蘭陵鎭, 부춘곽富春郭 근교, 석두성石頭城 같은 지명을 인용하고 있지만, 이 지역들은 실제로 서로 엄청난 거리를 두고 떨어져 있다. 일반적으로 과거 시대의 시인과 화가는 자신에게 떠오르는 감정을 통해 파악한 것, 그리고 사물의 물질성을 초월하는 것만을 간직하고 있을 뿐이다[只取興會神到(超妙)]. 따라서 대상을 정확하게 마음속에 각인시키는 것을 통해서만 그

대상을 파악하고자 하는 사람은 이러한 원리를 놓치게 된다.'[29]

우리는 세에서 출발해, 회화와 시에 대한 이러한 비교를 다음과 같이 보다 더 멀리 이끌고 갈 수 있다.

> 회화를 다루는 사람들에 따르면, '지척咫尺의 공간에 만리萬里의 세를 품고 있다'고 했는데, 우리는 이 세라는 용어에 주의를 기울일 필요가 있다. 왜 냐하면 문제를 세라는 용어를 통해 고찰하지 않는다면, 만리의 공간을 지 척의 공간으로 축소한 것은 지도책 첫 페이지에서 볼 수 있는 세계지도가 되어버릴 것이기 때문이다.[30]

사실 평면적인 비례에 따른 지도 제작상의 축소와 다르게 공간 — 그 것이 회화에 의해 표현되었든지 시적으로 표현되었든지 간에 — 에 대한 심미 주의적 지각은 공간을 생명선에 따른 응축으로 파악하는데, 이 공간을 구성하는 기호들은 그 기호에 예술적 효과를 부여해주는 일종의 배열에 따른 잠재성(이러한 맥락에서 정확히 세를 의미하는)을 지니고 있다. 그때부 터 문제가 되는 '공간'은 단순히 시가 전통적으로 언급하는 '풍경'의 공 간뿐만 아니라 시 고유의 차원에서 텍스트를 구성해내는 시적 공간과 관 련된다. 그러나 관념적 — 언어와 의식의 — 공간인 이 시적 공간은 전체 에 대한 열망이 관통하는 공간이자, 멀리 떨어진 것의 역동성에 의해 널 리 펼쳐지는 공간이기도 하다. 시적 글쓰기는 회화와 마찬가지로 상징적 집중과 축약을 통해 작동한다. 그래서 중국의 시 장르 중에서 가장 짧은 형태인 절구絶句. 4행시는 항상 주요한 예로 인용된다.

군주시여! 그대는 어디에 사시나요?

소인은 횡당橫塘에 산답니다.

배가 멈추니, 잠시 여쭙고 싶어지는군요.

혹시 이 배가 같은 고향에서 온 것이 아닌가 싶어서요.

이 시에서 철학자는 계속하여 다음과 같이 말하고 있다. '먹 기운이 사방으로 끝없이 흘러 퍼지니, 화선지의 여백 곳곳에 그 뜻이 담겨 있도 다.'[31] 이는 시라는 축소된 공간에서 시에 영감을 불어넣어주고 시를 관통하고 있는 '기氣' ─ 이 기가 모든 실재를 관통하여 흐르고 그것을 존재하게 만드는 것처럼 ─ 가 텍스트의 모든 단어에, 그 단어들(군주 ─ 나, 군주가 사는 곳 ─ 내가 사는 곳)이 지칭하는 대상을 서로 가장 멀리 떨어지게 전개함으로써 최대한의 (기호학적) 잠재성을 부여해주고 있음을 의미한다. 이 시는 모든 것을 분리하고 산개시키는 거리의 무한함과 불현듯 마음을 같이할 수 있는 그 어떤 사람을 만날지도 모른다는 덧없는 희망 ─ 강 위에 떠 있는 일엽편주에서 다른 일엽편주로 옮겨가며 ─ 을 표현하고 있다. 공간과 시간에 대한 단축법(4행의 5언 절구로 응축된 공간, 물음을 던지는 순간으로 응축된 시간)은 극대화되어 있고, 광경과 감정은 단지 그 윤곽만 나타나 있지만, 그만큼 훨씬 더 함축적이며, 시 또한 시의 '생명선'으로 축약되어 있다. 그러나 이러한 집중은 그렇기 때문에 더욱더 초월을 야기하고, 텍스트의 모든 '여백'에 의미를 부여하며, 이 언어를 무한의 세계로 열어줌에 적합하게 된다. 기호들 사이의 긴장은 극에 달하고, 의미의 성향도 절정에 도달하게 되면, 시적 장치도 최고조로 작동하게 된다.

이러한 효과적 배열의 기술은 중국 전통에서 중요한 위치를 차지하고

있다. 그래서 특히 이러한 기술은 가장 다양한 문화적 실제들에 관하여
자세한 목록을 작성하는 것을 대상으로 삼게 되었다.

5. 효율적 배열의 범주들

기법의 목록

세 중에는 손 또는 신체의 세, 굴곡선의 외형에 나타난 세, 시의 전개에서 나타나는 세와 같이 다양한 종류의 세가 존재하며, 이는 분야별로 목록화될 수 있다. 사실 기술이란 — 가장 일반적이고 가장 구체적인 방식으로 질문할 때 — 손놀림과 사물에 대한 배열을 통해 모든 가능한 효율성을 포착하고 작동시키도록 만드는 것이 아니고 무엇이겠는가? 그리고 그렇게 획득한 것을 정확히 평가하는 방법에는 각각의 경우를 하나하나 열거하여 살피면서 진행하는 방법 외에 어떠한 것이 있겠는가? 각각의 영역에서 가장 적합한 것으로 인정되어왔고, 스승으로부터 제자에게 대대로 전문지식의 비법으로서 전수되어온 특별한 처방전의 유형론을 정립하는 것이 바로 이러한 목록이 수행하는 역할이다. 오랜 경험의 성과이자 실용적 목적을 지닌 이 목록은 대부분 기법서技法書, 입문서, 처방록 등에 기록되어 있던 것들이다. 결론에서 본론의 요점을 정리하는 열거법이 자주 사용되던 시대는 중국인들이 더 이상 단순히 창조의 '정신' — 창조의 도덕적 또는 우주적 중요성 — 에 대해서뿐만 아니라 보다 더 정확한 방식으로 창조의 과정[1]을 최초로 고찰하기 시작한 시대인 당나라(7~10세기) 시대이다.

　이러한 목록들과 문학을 바꾸어 생각해보자. 사실 이와 같이 기법을 코드화하는 것은 그것이 아무리 기술의 숙달을 위해 중요한 것이라 할지라도, 그리고 중국 문화의 '정수'라 할 만큼 의미심장하다 할지라도, 별로 고찰의 대상이 되지는 못했다. 이 코드화가 익명으로 보편적인 앎을 요약하고 있거나 반대로 조심스럽게 지켜져온 비의적秘儀的 가르침을 우리에게 누설하고 있거나 간에, 그것의 저자인 학자들은 결코 이러한 텍스트에 자신의 서명을 남길 만큼 이를 충분히 높게 평가하지는 않았다. 바로 이러한 이유에서 코드화된 전집 중 어떤 것은 중국에서 유실되었고, 오늘날 보존되고 있는 것은 단지 중국에 파견되었던 최초의 일본 사절단 — 중국 문명은 전성기였고 일본은 신생국이었을 당시에 중국에 파견되었던 일본의 고명한 승려들과 유명한 한의사들 — 이 고국으로 되돌아가 자기 동포들이 이 기술을 습득할 수 있도록 편찬한 작품뿐이다.[2] 중국 내부에서는 고급 문학의 수준까지 올라가기에는 지나치게 초보적이거나 또는 지나치게 경험적이라고 판단되었던 앎의 대상이, 중국 외부의 초보자에게는 반대로 가장 유익하고 가장 확실한 지침서로서 사용되었던 것이다. 이러한 목록들은 처음에는 지겨울 만큼 사소한 것에 집착하는 것으로 보일 수 있지만, 오늘날에도 여전히 입문서로서의 가치를 풍부히 지니고 있다.

손과 몸의 효율적 배열

중국에서 가장 기초가 되는 기술은 무엇보다도 붓을 놀리는 기술이다. 이러한 영역에서 '효율적 배열'은 붓을 조정하는 손놀림과 관련된다. 이는 본래 서예의 지식이지만 회화에도 영향을 미쳤다. 가장 오래된 서예 이론서 중 하나인 『아홉 가지 세』에는 붓글씨를 쓸 때 나타날 수 있는 모든 상황에 활용될 수 있는, 붓끝을 사용하는 아홉 가지 기술이 언급되어 있다.[3] 붓끝을 놀리는 기술에는 다음과 같은 것들이 있다. ① 위 획과 아래 획이 서로 적절하게 어울리도록 함으로써 글자를 짜임새 있게 구축하는 것, ② 옆으로 삐져나오는 각이 생기지 않도록 붓끝을 둥글게 꺾어 돌리는 것, ③ 획의 처음이나 마지막을 '숨겨진 붓끝'의 기법에 따라, 즉 붓끝을 획 안에 감추는 방식으로 처음 뻗었던 획의 방향과 반대 방향으로 긋는 것〔藏鋒〕. 이것은 다음의 기법들과도 상응하게 된다. ④ 붓끝이 화선지와 접촉하는 순간에 항상 획의 중심에서 유지될 수 있도록 '획의 머리를 숨기는' 것〔藏頭〕, ⑤ 획을 끝낼 때는 힘을 들여 붓을 거둠으로써 '획의 꼬리를 보호하는' 것. 이러한 일반적 배열의 기술은 다른 특수한 필법에 의해 보완된다. ⑥ '찍는' 움직임('새가 부리로 찍듯이 강하게 점을 찍는 움직임'과 '사지를 찢듯이 획을 과감하게 옆으로 삐치는 움직임'), ⑦ 붓끝을 빠르고 힘 있게 '길게 삐치는' 움직임〔掠筆〕, ⑧ 저항을 굴복시켜야 할 때처럼 획에 격렬한 느낌을 주는 붓놀림, ⑨ 가로획은 '비늘 껍질과 같은' 밀도를 지속적으로 유지하면서 긋고, 세로획은 '고삐를 잡고 말을 탈 때'와 같이 긴장을 유지하면서 긋는 붓놀림〔橫鱗〕이 그것이다. 이러한 아홉 가지 유형의 기법을 배우면, 스승의 도움 없이도 '고대의 천재들과도 견줄 수 있을 만큼' 가장 능란한 완벽의 경지에 다다르는 것이 가능할 것이라고 이 책은 결론 내린다. 즉, 붓글씨 기술의 정수는 바로 이러한 몇 가지 과정의 기술 속에 집약되어 있다고 생각하는 것이다.

이러한 붓놀림 기법에 상응하는 것이 현악기의 운지법이다. 중국 문인들의 세계에서 비파는 서예만큼이나 중요하다. '손의 세'라는 관념은 적어도 7세기까지 거슬러 올라갈지 모르지만, 다양한 손자세를 설명하는 표가 입문서에 나타나는 것은 훨씬 후대(주로 명나라)에 이르러서이다.[4] 이러한 손자세는 두 손 각각에 16가지씩 있는데, 이는 손가락의 자세와 운지법을 세부적으로 보여주는 삽화를 통해 개별적으로 설명된다. 각각의 첫 번째 삽화 맞은편에는 운지법의 특수한 사례에 상응하는 동물의 자세나 자연적 풍경이 그려져 있다. 마지막으로 이 부차적인 삽화의 아래, 운지법에 대한 설명의 맞은편에 짧은 시가 있는데, 이는 우의적으로 묘사된 풍경이나 자세에 적합한 마음 상태를 묘사하고 있다. 이러한 자세나 풍경은 '소나무 그늘 아래서 노래하는 두루미', '형제들의 무리로 다시 합류하기 위해 고개를 돌리고 있는 외로운 오리', '구름을 발톱으로 움켜잡고 날아오르는 용', '매미를 덥석 잡아챈 굶주린 사마귀', 또는 '외딴 작은 계곡으로 끊임없이 흐르는 샘물', '가벼운 구름을 배웅해주는 바람'의 세와 같이, 독창적이고도 다채로운 세의 사례를 구성하고 있다. 각각의 이러한 자세들의 물리적·정신적 특성을 전달하기 위해 도표, 그림, 시와 같은 지적이고 시각적이며 감정적인 모든 방법이 도입되고, 분석적·직관적·조직적·암시적인 모든 접근방법이 사용된다.

전통적으로 '중국 무술'이라 알려져 있으며, 새벽에 공원에서 혼자 또는 두 명이 짝을 지어 연습하는 것을 흔히 볼 수 있는 태극권 또한 일련의 연속된 자세로 표현된다. 여기서는 단순히 손이나 손목이 아니라 몸 전체의 기를 가장 중시하는데, 이는 이 기가 세계 속에서 그러하듯 우리의 모든 존재에 조화로운 생명성을 확보해주기 때문이다. 이 태극권은 최근에 발달한 '기술'을 다루지만(우리가 활용할 수 있는 전거는 빨라도 19세기의 것이다), 서구의 전투 기술과 크게 대비되는 이 무술의 논리는 풍부한 문화적 전통을 보여주고 있다. 이 무술에서 가장 흔히 쓰이는 '몸동작을 느리게 움직이는' 권법은 일반적으로 '열세 가지 세'[5]에 근거를 두고 있다. 여기에는 한 편으로 여덟 가지 세 — 슬쩍 피하기, 뒤로 잡아당기기, 앞으로 누르기, 밀어내기, 비틀기, 아래로 비틀기, 팔꿈치로 가격하기, 어깨로 가격하기 — 와 다른 한편으로 다섯 가지 세 — 앞으로 전진하기, 뒤로 물러나기, 오른쪽으로 움직이기, 왼쪽으로 움직이기, 중심 지키기 — 가 있다. 첫 번째 계열의 세는 8괘와 관련되어 있다. 우주에 대한 중국인의 표상에 기초해 만들어진 고대 역술서인 『역경』에 따르면, 이러한 8괘는 연속선과 불연속선을 번갈아 나타내는 데 기초하여 체계적이고 완전한 형상의 한 세트를 구성하고 있다. 그리고 이를 통해 사람들은 자연의 생성 현상을 해석할 수 있다. 두 번째 계열의 세는 5행(물, 불, 나무, 쇠, 흙)과 관련되어 있는데, 중국의 전통 자연학에서 이들 요소의 결합과 번갈아 나타남은 만물의 근본적인 관계를 나타낸다.[6] 두 명이 짝을 지어 연습할 때('손을 맞대고 밀기'), 이 세는 특히 '내적인 힘'이 외화된 것으로서 간주되는데, 이러한 '내적인 힘'은 그 자체가 '진정한 기'의 역동적 현현이고, 이러한 현현을 사람들은 그 기를 사용할 때 마치 '비단실〔纏絲勁〕'과 같이 둥글게 감긴, 그리고 공간 속으로 나선형으로 상승할 준비가 되어 있는 것처럼 상상한다. 그리하여 중심적 기氣에서 출발해, 모든 연속 동작을 통해 펼쳐지는 자세들은 바로 이러한 세가 펼쳐짐의 구체적 형태들을 이루게 된다.

아주 오래 전부터 중국인에게는 모든 것이, 심지어 '방중술'에 이르기까지 세와 관련하여 상세히 체계화되었다. 성교의 체위에 관하여 당나라 시기에 쓰여진(그러나 확실히 더 오래된 자료를 재생산하고 있는) 한 문헌은 정확히 30가지 체위의 목록을 서술하면서, 이 30가지는 가능한 모든 사례를 열거한 것이라 적고 있다.[7] 이 '30가지 세'는 동물의 세계나 자연적 세계에서 빌려 온 상징적 명칭 — '비단실 감기'나 '똬리를 트는 용', '파닥거리며 날아다니는 나비들'이나 '거꾸로 날아가는 오리들', '가지로 뒤덮인 소나무'나 '제단을 마주보고 있는 대나무', '갈매기들의 비상'이나 '야생마들의 힘찬 도약' 또는 '질주하는 준마' 등등 — 에서 빌려 온 이미지들을 사용하여 묘사하고 있다. 움직임의 모습들을 명백하게 묘사하고 있는 이러한 모든 표현은 그 다양성에도 불구하고, 각각의 신체 자세에 잠재되어 있어 보이지 않는 에너지를 강조하고 있다. 세라는 용어는 또한 오래전부터 세와 에너지를 동일하게 간주하는 관념 속에서 특이하게 남자의 고환을 지칭하기도 했다. 바로 그러한 이유에서, 고대 중국에서 흔한 형벌이었던 범인에 대한 거세는 '그의 세를 자르는 것〔割其勢〕'이라고 표현되었다.

운동의 효율성을 극대화시키는 위치

문화적 관점에서 볼 때, 목록을 편찬하는 것은 가장 중립적인 행동 중 하나라고 할 수 있다. 목록 편찬자의 작업, 즉 모든 사례를 모으는 작업은 단순히 표를 작성하는 일의 하나이지만, 그것은 간략하면서도 신중한 작업이라고 할 수 있다. 그런데 우리는 이와 같은 목록을 접하면 일종의 낯섦을 경험하게 된다. 왜냐하면 어떤 것은 일률적이고 규칙적인 반면에, 어떤 것은 '합리적으로' 도저히 이해하기 어려울 정도로 매우 이질적이기 때문이다. 서예 기법에서 아홉 가지 세는 일반적인 사례와 특수한 사례를 무차별적으로 병렬시키고 있고, 심지어는 한 사례가 뒤에 오는 두 사례를 포함 — ③은 ④와 ⑤를 포함하고 있다 — 하기도 한다. 게다가 어떤 것은 그것만의 특수한 논리에 따라 분석되어 설명되고〔①, ②, … 참조〕, 어떤 것은 단 한 번 사용된 용법으로만 설명되고 있는가 하면〔⑥ 참조〕, 어떤 것은 단지 은유적으로만 표현되어 있다〔⑨ 참조〕. 이러한 상상력의 남용은 우리를 황홀하게 만들기도 하지만 다른 한편으로 난처하게 만들기도 한다. 우리는 이러한 비유적 표현들을 단순한 상징적 장식으로 보아야 하는가, 아니면 거기에서 실제적으로 이해를 돕는 의미를 읽어내야만 하는가? 가장 이상한 것은 이러한 목록들 중 몇몇은 비록 제목이 세勢이고 이 개념이 각각의 논리적 기초를 제공하고 있음에도 불구하고, 세 개념이 명시되거나 평가 또는 정당화되지도 않은 채 목록의 단순한 나열을 통해서 저절로 하나의 통일된 전체를 형성하고 있다는 점이다. 마치 그것을 사용하는 중국인들은 그러한 열거된 사례들로부터 더 추상적인 개념을 도출할 필요가 없는 것처럼 말이다. 사실 그들은 직관적이고 실증적으로 목록화된 사례들을 통해 세를 적절한 것으로 느끼는 것 외에 그것을 넘어서는 어떤 이론의 필요성도 느끼지 않는다. 그들에게 세는 '가장 실용적인' 용어이기 때문에 세를 세로서 받아들일 뿐이다. 명백한 것으로 인정되고 그들의 관심 영역 속에 녹아 있기 때문에,

중국인들은 그것을 실질적으로 노력하면서 스스로 습득하게 된다. 세 개념을 설명하는 문제는 그 세를 사용하는 사람에게는 불필요할 뿐만 아니라 해롭기까지 하므로, 자신만의 특수한 논리적 관점에서 단순히 텍스트를 읽는 중립적인 독자의 시선하에서만 발생하게 된다.

그러나 이러한 물음은 우리가 처음에 언급했듯이 ― 그리고 이 물음에서 우리의 성찰은 출발했었다 ― 프랑스어(인도유럽어에서 파생해 그리스어와 산스크리트어와 관련된, 중국인의 눈에는 하나의 특정 언어로 보이는 '서양의' 언어)에는 세에 해당하는 등가어가 없기 때문에, 프랑스인에게는 그만큼 더 절실해진다. 번역가들은 이 용어를 일률적으로 '자세'(위치) 또는 '운동'으로 번역한다. 그런데 정확하게 이 두 가지 번역어가 동시에 문제가 된다. 만약에 자세라는 관념이 불충분하다면 그것은 이 관념이 부동성의 관념을 함의하고 있기 때문인데, 이 부동성이 아무리 일시적이라 할지라도 이성은 자세의 실제 배열 상태를 돌처럼 고정된 것으로 만듦으로써만 분석할 수 있기 때문이다. 그러나 실제로 취하는 연속 동작 속에서 우리는 자의적으로 하나의 개별적 '위치'를 운동 ― 이 위치로부터 나오고 동시에 이 위치로 이끄는 운동 ― 과 구별할 수 없다. 따라서 서예에서 다양한 세는 표기법적 분해의 요소와는 별도의 특징을 갖는데, 이 요소(실제로 쓰인 획)는 눈으로 볼 수 있고 따라서 정적인 것이 되는 반면에, 세는 붓놀림을 통해 이 요소와 상응하게 된다〔勢法〕.[8] 똑같은 이유에서 비파 입문서는 상세하게 분류된 운지법에 대한 기술적 묘사(반 굴릭Van Gulik에 따르면, 관례적으로 200가지 운지법 중에서 150가지가 기록되어 있다)에 손가락뿐만 아니라 손 전체의 세를 이용하는 훨씬 더 축약된 기법을 덧붙이고 있는데〔手勢, 指法〕, 이 세의 기법은 실행해야 할 화음에 필요한 각 동작

뒤에 있는 열정과 논리를 개괄적으로 설명하고 있다. 이와 같이 중국의 음악이 오늘날 우리처럼 오선五線 위에 음량과 음높이 또는 음의 길이를 따로 표시해 음 자체를 표시하는 것이 아니라, 음을 낼 때 필요한 몸짓만을 표시하고 있다는 사실은 의미심장하다. 이러한 움직임의 자세들은 운동과 정지로 나누는 이분법적 사유를 포기하도록 만든다. 따라서 우리는 이러한 자세를 은유적으로만 이해할 수가 있다. 예를 들어, 그것은 영화적 기법에서처럼 이 일련의 세를 '이미지 위에 정지된 것'으로 간주하는 것과 같고, 또는 우리가 3차원적 대상을 2차원적 화면 위에 그리기 위해 대상의 윤곽을 오려내는 것처럼 회화적 표상을 이용하는 것과 같다. 사실 이러한 일련의 세는 운동의 연속성으로 실행되는 다양한 단면들로서 상상할 수 있다. 단면은 그 자체상 고정된 면을 구성하지만, 우리가 그 고정된 면에서 읽어내는 것(읽어낼 수 있는 것)은 투여된 모든 역동성에 고유한 '외형'이라 할 수 있다.

여기에서는 또 하나의 다른 (실제로 다른 것이 아니라, 동일한 논리의 두 측면을 동시에 파악하지 못하는 서양의 이론적 무능력 때문에 다르게 보이는) 차원이 개입한다. 왜냐하면 이러한 두 배열 상태는 역동적일 뿐만 아니라 전략적이기 때문이다. 사실 이러한 일련의 세는 운동을 통해 아무렇게나 행해지는 단절이 아니라 역동주의의 덕목을 더 잘 개발해내고 효력을 가장 많이 낼 수 있는 단절을 나타내고 있다. 배열은 그 특유의 잠세성을 가지고 있으며, 그것을 포착하는 것이 바로 기술의 임무이다. 따라서 세의 각각의 목록은, 말하자면 효율성이 작동하도록 유인하는 일련의 다양한 도식들을 구성한다. 바로 이러한 이유에서 이러한 도식들은 매우 이질적임에도 불구하고 9나 13과 같은 특수한 숫자에 의해 표시되는 완벽하고도 체계적인 전체로서 제시된다. 예를 들어, 중국 권법拳法에서 일련의 동작은 그 동작에서 셀 수 있는 세의 단계들보다도 훨씬 더 많은 움직임으로 쪼개질 수 있다. 따라서 그 권법에 입문하는 사람은 이러한 세와 전혀 상응하지 않는 움직임의 단편들을 연속적으로 습득하기도 한다. 그러므로 일련의 세들 — '피하기' 또는 '뒤로 물러나기' 또는 '앞으로 밀치기' — 은 그것들 사이에 나타나는 대립과 상호 보완을 더 직접적으로 작용하게 만들고 번갈아 나타나는 동작의 관계를 더 잘 활용하기 때문에, 이러한 역동주의의 다양한 국면들 — 세가 충만된 연속적인 양극, 세의 점진적이면서도 동시에 근본적인 단계들 — 을 나타내고 있다고 간주될 수 있다.

상징적 지칭은 이러한 면을 정확하게 나타내기 위해 사용된다. 만약에 중국 권법의 13가지 세가 8괘八卦(동서남북 방위기점 4개와 중간 방위점 4개)뿐만 아니라 5행과도 명백하게 연관된다면, 그것은 단순한 유추적 사유와 수사학적 전통에 대한 애착 때문이 아니라 이 세들이야말로 작동 중인 역동성을 정확하게 나타내는 도해 — 주역의 상像이 생성에 대해서, 또는 '5행'이 '자연학'에 대해서 도해의 역할을 하는 것과 똑같이 — 의 역할을 한다고 여겨지기 때문이다. 그리고 도식의 관념은 여기에서 '한편으로 지성적이고 다른 한편으로 감성적인' 두 측면을 지닌 매개자적 표상의 상태를 설명하기 위해, 칸트적 의미와 근접하는 방향으로 — 물론 전적으로 다른 용도에서 — 발달했음을 언급할 필요가 있다. 사실 중국 권법 수련의 본질적 목적은 움직임을 실현하는 몸짓과 수련자의 내적 사유의 움직임을 완벽하게 일치시키는 것이다. 따라서 이 일치는 수련자의 내부에서 새로운 상태를 '창조해내게' 된다. 동시에 64괘六十四卦와 5행 그리고 주요 방위에 대한 참조는 이러한 신체적인 운동에 우주적 차원을 부여해준다. 즉, 호흡에 맞춰 손을 앞으로 밀어낼 때, 내가 나와 함께 밀어내는 것은 비가시적인 것 전체이다.

다른 작품들 속에서 등장하는 야생동물의 예에서도 사정은 마찬가지다. 방중술에 관한 입문서 속에서 이 동물 비유의 가치는 비록 실제로 행하기는 어려운 매우 상상적인 것일 뿐이고,[9] 주로 자연스러우면서도 유혹적인 상징을 통해 애매모호한 쾌락을 제공하는 데 있지만, 이러한 상징은 손으로 비파를 타며 세를 실제적으로 습득하고자 하는 관점에서 보면 매우 중요한 것처럼 보인다. 우리가 풍경화에서 살펴보았던 것처럼, 각각의 장면에서 중요한 것은 전체적인 움직임에 대한 파악이다. 이러한 움직임은 다양한 각도에서 본 서로 다른 관점들을 혼합하는 접근방법을 통해서가 아니라, 직관적으로 그리고 총체적으로만 단번에 파악될 수 있다. 그런데 동물 모습 또는 풍경화로 전환하는 것은 우리의 동적動的 상상력이라는 간접적 수단에 의해 내재적인 통일성을 직접적 방식으로 느끼게 함으로써, 그 통일성을 훨씬 더 쉽게 이해할 수 있도록 만들어준다.[10] 예를 들어, '눈밭에서 먹이를 쪼는 굶주린 새'(동일한 현이 빠르게 연속되는 두 음을 내야만 할 때)의[11] 세를 상상해보자. 겨울 풍경 한가운데 벌거벗은 나무 위에서 먹을거리를 하나라도 발견하고 싶은 마음으로 눈밭을 쪼고 있는 몹시 수척한 까마귀가 나타내는 이미지는 마치 새가 부리로 쪼듯이 빠르고, 둔탁하며, 손끝에서만 행해지는 현의 놀림을 잘 표현하고 있다. 반대로 힘이 완전히 빠진 것처럼 꼬리 치는 잉어의 이미지(검지와 중지, 약지가 함께 두 개의 현을 처음에는 안쪽으로, 그리고 곧장 바깥쪽으로 퉁길 때)는 손이 율동적이면서도 폭넓게 비질을 하는 듯한 느낌을 준다. 마찬가지로 우리들의 내적 감각에서 출발해 물에서 솟아오르는 신성한 거북의 세(7가지 음이 두 줄 위에서 연주될 때: 검지와 중지를 번갈아가며 칠 때 처음에 두 음, 그 다음에 두 음, 그리고 빠른 두 음, 그 다음에 마지막 한 음이 두 현 위에서 연주될 때)를 상상해보자. 이러한 연주는 쉽고 짧지만 편안하고 규칙적인 리듬을 지닌 터치를 연상케 한다. 또한 '꽃 위에 닿을 듯이 날고 있는 흰 나비'의 세(현을 짓누르는 대신에 단지 현을 가볍게 스치는 왼손에 의해 만들어지는 조화의 효과)는 그 어떤 음표에 의한 해석보다도 더 잘 '날아다니는 듯한 음'을 표현할 것이다. 이에 상응하는 시는 다음과 같다.

> 꽃 위에 닿을 듯이 날고 있는 흰 나비,
> 경쾌한 날개, 부러질 듯 연약한 꽃.
> 나비는 떠나고 싶으면서도, 떠나지 않네!
> 나비는 떠나기를 주저하고 있지만, 머무르지도 않네.
> 나는 이 나비로부터 손가락의 가벼운
> 스침을 묘사할 수 있는 영감을 얻는다네!

이러한 야생동물의 예는 행해야 할 몸짓을 더 미묘하고 더 감성적인 방식으로 나타내줄 뿐만 아니라, 자연의 코드를 통해 모든 방법과 모든 수단을 다 동원한 습득의 단계를 넘어 그 절대적 완성의 경지에 존재하는 몸짓을 나타내준다. 효력이 완전하게 나타나는 이러한 완성의 경지야말로 숙련된 기술이 본능과 결합해 자발적으로 움직이는 이상적 단계라 할 수 있다.

시에서의 전략적 배열

그러나 우리는 어떤 몸짓상의 신체적 요소도 포함되어 있지 않으며, 오로지 의식 활동에만 의존하는 시 창작과 같은 예술적 창조 과정도 이와 마찬가지로 효율적 배열의 방식으로 설명할 수 있는가? 사실 시 창작의 다양한 기법에서도 정확히 동일한 방법이 사용된다. 그래서 시적 텍스트의 세 또한 가장 특이한 상상적 동물의 예를 통해 재현된다. 당대 말기의 승려 제기齊己는 시적 세를 열 종류의 동물을 예로 들어 목록화하고 있다.[12] 여기에는 '도약하기 위해 몸을 움츠리는 사자'의 세, '숲 속에 웅크리고 있는 호랑이'의 세, '부리에 진주를 물고 있는 주작'의 세, '꼬리를 응시하고 있는 독을 품은 용'의 세 등이 포함된다. 각각의 이러한 제목 다음에는 더 이상의 설명 없이 단 하나의 2행시만이 예로서 인용된다. 예를 들어, '망망대해를 삼키고 있는 고래'의 세인 마지막 세에 대해서는 다음과 같은 2행시가 이어지고 있다.

나의 소매 속에는 태양과 달이 숨겨져 있다네!

내 손바닥 안에 전 우주가 들어 있다네!

우리는 이것이 앞에서 언급되었던 불교적 주제 — 모든 광대함을 축소된 형태 속에 포함하는 것 — 와 관련될 수 있다는 점을 쉽게 알아차릴 수 있다. 그러나 그러한 유비의 기능을 좀더 '객관적으로' 명확하게 하고자 하는 것은 위험한 일이 될 것이다. 왜냐하면 단 하나의 은유적 의미에만 집착하기 위해 다른 의미의 가능성을 노골적으로 차단하는 이러한 '위험한' 선택 속에는 확실히 모든 논증적 분석과 관계를 끊으려는 의지, 그리고 침묵을 지키려는 내적 지성을 옹호하기 위해 한없이 계속되는 모든 담론과의 관계를 끊으려는 의지가 포함되어 있기 때문이다. 열 가지 경우 중에서 하나를 제외하고는 모두가 2행시에 의해서 예증되고 있다. (여기서 제외된 한 가지는 텍스트에서 단순히 누락되었거나 아니면 독자들을 조롱하기 위해 의도적으로 생략된 것일지도 모른다.) 이러한 폐쇄적 체계는 우리에게 깔끔하게 다듬어진 귀엽고 조그마한 10각형 장난감을 쥐어주는 것과 같다. 짓궂은 저자는 이 장난감과 씨름하는 독자들을 상상하면서 틀림없이 즐거워할 것이다. 다행스럽게도 100년도 더 전에 쓰인 『시에서의 전략적 배열들』에 나오는 또 다른 목록의 저자인 왕창령王昌齡은 비밀을 알고자 하는 우리의 욕망을 만족시켜줄 만한 설명을 어렵지 않게 하고 있다. 이러한 목록에서는 더 이상 동작이나 자세와 같이 외적으로 주어지는 것을 다룰 필요가 없다. 왜냐하면 텍스트 그 자체가 모든 것을 말해주고 우리는 단지 그것을 해석하기만 하면 되기 때문이다. 따라서 이 텍스트에 잠시 주의를 기울일 필요가 있다.[13] 이 텍스트에는 17가지 세, 즉 전략적 배열이 다음과 같이 열거되어 있다.

배열 1 : '직접적이고 단도직입적으로 주제로 들어가는 배열.' 시의 주제가 무엇이든지 간에 첫 번째 행부터 주제를 직접적으로 다룬다. 주어진 예는 멀리 있는 친구에게 보내는 시인데, 이 시는 다음과 같이 시작하고 있다. "내가 자네로부터 멀리 떨어져 있음을 우리는 잘 알고 있다네……."

배열 2 : '일반적 성찰을 수단으로 하여 시작하는 배열.' 이때 시의 첫 번째 행은 일반적 관점에서 '사물의 이치에 관해 토론을 하고', 그 다음 행(제3행·제4행·제5행)에서 비로소 주제의 핵심에 이른다. 이러한 예는 고위 관리인 자신의 숙부에게 보내는 시에서 찾아볼 수 있다. '위대한 현인들은 홀로 우뚝 설 수 있습니다. / 기회가 주어지면 그들은 자신의 계획을 세웁니다! / 숙부님께서는 하늘이 주신 재능을 가지셨습니다.'(처음의 두 행은 일반적인 고찰을 하고 있고, 주제는 세 번째 행에서 비로소 다루어진다.)

배열 3 : '주제와 상관없이 단도직입적으로 쓰인 첫 번째 행 다음의 두 번째 행에서 주제의 핵심으로 들어가는 배열.' 이 경우, 첫 번째 행은 시의 주제와 관련 없이 '직접'(곧바로) 풍경 또는 사건을 언급하고, 시의 주제는 그 다음 행에서 비로소 다루어진다. 이러한 경우의 예는 '성루에 올라 과거를 회상함'과 같은 유형의 시에서 발견된다. '무한히 펼쳐지는 숲과 차가운 늪지. / 나는 성루에 올라 과거에 대한 생각에 잠기네…….'

배열 4, 배열 5 : 앞의 경우와 같은 경우로서 최초의 모티브가 두 번째 또는 세 번째 행까지 전개되고, 단지 그 다음 행에서만 주제의 핵심으로 들어가는 배열. 만약에 최초의 모티브가 이러한 한계를 넘어 네 번째 행 또는 그 이상까지 전개되면, 시가 '해체되어 실패하게 되지 않을까' 하는 두려움이 나타나게 된다.

배열 6 : '이미지가 풍부한 모티브를 통해 간접적으로 시작하는 배열.' 이것은 시작하는 행이 시의 뒷부분의 전개와 은유적 관계를 유지하는 모티브를 '직접적으로' 언급하는 경우이다. 예를 들면, '창공에는 고독한 구름이 흘러가네! / 구름은 저녁이 되면 산으로 되돌아가면 좋으련만! / 고결한 군자는 선_墠에 기대어 있네! / 용안龍顔을 뵙기까지 얼마나 더 오래 있어야 하나?'(첫 번째 행의 고독한 구름은 제3행에 나오는 버림받은 군자를 상징한다. '용안'은 물론 황제를 지칭하는데, 시인은 황제가 자신의 운명에 관심을 갖기를 바라고 있다. 그러므로 이 경우는 최초의 모티브가 지니는 더욱 선명하게 부각된 이미지의 기능 때문에, 앞선 세 경우와 선명하게 구별된다.)

배열 7 : '수수께끼 같은 이미지를 이용하는 배열.' 이는 은유적인 연결고리에 대해 보충적 해석을 필요로 하는 경우이다. 이 예에 대해서는 시인 — 이 시인은 이 목록을 만든 사람이기도 하다 — 자신이 주석을 적어두고 있다. '떨어져 있는 — 진秦과 초楚의 분리처럼 — 고통은 깊기만 하네. / 강 한가운데서부터 가을의 구름이 솟아오르네.' 저자는 다음과 같이 덧붙인다. 떨어져 있는 고통은 진나라와 초나라가 서로 떨어진 만큼이나 그렇게 깊다. 그리고 서로 다시 볼 수 있는 가능성의 불확실함은 하늘에 떠 있으면서 바람 부는 대로 요동치는 구름에 비유할 수 있다.

배열 8 : '뒤에 나오는 행이 앞선 행을 받쳐주고 있을 때의 배열.' 한 행의 의미가 끝까지 분명하게 표현되지 않을 때, 우리는 이 의미를 그 다음 행의 시구를 이용해 '시의 동질적 의미가 계속해 잘 전달되도록 만든다'. 예를 들면, '구름이 물러가자, 가랑비도 물러가네. 산 옆구리에 떠 있던 안개도 흩어지네!'(서양인에게는 매우 상식적으로 보이는 이러한 문채 文彩가 나타나는 경우는 중국 시에서 매우 드물다. 왜냐하면 중국 시에서는 보통 하나의 시구가 자기 충족적이기 때문이다.)

배열 9 : '삼라만상과 감정의 영감을 받아 이루어지는 배열.' 이는 이 시구들이 의식의 감정 — 감각적인 방식으로 반응을 하는 — 과 감정의 유발에 투명하게 나타나는 자연적 실재 사이에서의 갑작스럽고 자발적인 만남에 의해 발생했음을 의미한다. 예를 들어, '7현금玄琴이 내 주위에서 선명하게 울리네! / 수많은 나무들이 7현금의 신비스러운 음을 정화해주네! / 바로 저 신비스러운 음 덕분에 달은 강물 위에서 더 하얗게 비추고 / 강물은 더 깊어 보이네'.(비파의 연주는 첫 번째 행에서 의식을 사로잡고, 그 사로잡힌 의식에서 출발해 풍경 전체로 퍼져나가는 감정을 불러일으키게 되어 있다. 반면에 그 다음의 행들은 어떻게 이 모든 풍경이 인간의 감정에 느껴지게 되고, 그 감정을 꿰뚫고 들어가서 전개되는지를 묘사하고 있다.)

배열 10 : '마지막 행의 풍부한 함축적 의미에 의한 배열.' 중국 시의 위대한 가르침 중 하나에 따르면, 의미는 '단어들과 함께 고갈되는 것이 아니라 단어를 넘어서 전개되어야만 한다'. 감정은 '함축적'이고 암시적인 방법으로 환기되어야만 한다. 특히 끝에서 두 번째 행이 시인의 감정을 제시한 후에, 마지막 행이 그러한 감정에 녹아든 풍경을 환기함으로써 시에 유종의 미를 더할 때 그래야만 한다. 예를 들면, '만취한 후에는 한마디면 충분하다네! / 온 세상에 보슬비가 내리는구나!'

배열 11 : '시구의 연결을 이용하는 배열.' 시에 의해 표현된 감정이 가장 생생한 방식으로 텍스트 전체를 관통해 부각되는 것은 매우 중요하다. 그러므로 만약에 하나의 시구가 완전한 표현에 도달하지 못하는 경우, 그 시구와 대비를 이루는 그 다음 시구를 이용해 그 표현을 뒷받침할 필요가 있다. 예를 들면, '구름은 바위투성이의 암벽들에게로 물러가서 …… 사라진다네! 달은 서리로 뒤덮인 숲을 투명하게 비춰준다네'.(뒤의 시구는 앞의 시구의 이면을 표현해줌으로써, 그 앞의 시구를 보완해준다. 한편에서는 나쁜 날씨가 사라지고, 다른 한편에서는 광채가 새롭게 나타나 활기를 띤다.)

배열 12 : '시구를 둘로 나눔에 의한 배열.' 예를 들면, '바다는 순수하고, 달은 참되도다'.(이는 앞선 경우와 정반대의 경우로, 앞의 경우에서는 하나의 의미를 순차적으로 표현하기 위해 두 개의 시구가 필요했던 반면에, 여기서는 하나의 시구가 서로 분리된 두 가지 의미를 연속적으로 표현하고 있다.)

배열 13 : '동일한 시구 안에서 직접적 유비 관계를 만드는 배열.' 예를 들면, '나는 그대를 생각한다오! — 강 물결이여!'(이 시구는 그리스 비극의 유명한 구절 — '안드로마코스여, 나는 그대를 생각한다오. 이 작은 강을 ……' — 과 신기하게도 비슷하다. 그러나 여기에서 강물의 흐름은 우리를 끊임없이 타자와 연결해주는 사유의 이미지로서 사용되고 있다.)

배열 14 : '사물의 주기적 순환을 이용하는 배열.' 이것은 '우리에게 비탄감을 불러일으킨 다음에, 운명을 환기시킴으로써 그 감정을 누그러뜨리는 경우', '우리가 명예와 인기에 대한 사람들의 열광을 묘사한 다음에, 허무의 논리를 끌어들여 이러한 열광을 숨죽이게 하는 경우'를 의미한다(두 번째 행은 첫 번째 행의 정반대를 취하면서 우리를 한 단계 더 높은 차원으로 고양시켜준다). 이것에 대한 예는 제시되지 않고 있다.

배열 15 : '추상적 의미가 풍경 한가운데를 관통하는 배열.' '시가 추상적 의미만을 연달아 표현할 수 없음은 자명하다.' '따라서 시에 풍미를 주기 위해서는 풍경을 연상시키는 한가운데 속으로 추상적 의미가 뚫고 들어가야 한다.' 이것은 모든 추상적 의미가 영혼의 상태를 고양시킨 다음에, 구체적으로 하나의 장소나 거주지와 조화롭게 하나가 되어야 함을 의미한다. 예를 들면, '나는 숲과 산에 도취되네. / 전원과 뽕나무밭 속에 심취해 있다네. / 회화나무 숲의 연무煙霧는 점차 어둠과 하나가 되네. / 탑 위에 걸려 있는 달은 한없이 깊어만 간다네'.('추상적 의미'를 나타내는 두 행 다음에는 그 추상적 의미에 상응하는 풍경을 연상하게 하는 두 행이 따라 나온다.)

배열 16 : '풍경이 추상적 의미를 관통하는 배열.' 이것은 앞선 경우와 반대가 되면서도 그것을 보완해주는 경우이다. 처음부터 끝까지 풍경만 묘사하고 있는 시는 '무미건조할 것이다'. 바로 그러한 이유에서 풍경을 불러일으킨 다음에는 느낀 감정을 표현하는 것 — 그 중 하나가 다른 것을 희생하면서 표현되는 일 없이 — 이 적합하다. 예를 들면, '뽕나무 잎이 촌락에 떨어지네! / 야생 기러기들은 섬에서 구슬피 울고. / 황혼이 완전히 깃들 때 / 그때 지고의supreme 도道에 나를 맡긴다네'.(여기에서는 앞의 경우와 반대로 풍경을 환기시키는 두 시구가 먼저 나오고, 감정을 불러일으키는 두 시구가 뒤따라 나온다.)

배열 17 : '마지막 시구가 어떤 기다림을 표현하는 배열.' 예를 들면, '초록빛 육계나무는 아직 꽃망울도 터뜨리지 못하고 있는데 / 나는 강 한가운데에서 홀로 비파를 뜯고 있다네'. 시인 자신이 다음과 같은 주해를 적어두고 있다. '꽃피는 계절이 오면, 우리는 서로 다시 만날 것이나, 꽃피는 계절이 아닌 요즈음 나는 혼자 기다리고 있다네.'

설명 방법상의 상대적 이질성, 즉 주해가 있는 경우와 그렇지 않은 경우, 시에 의해 예시된 경우와 그렇지 않은 경우 사이(배열 14에서 이러한 예를 발견할 수 있다)의 이질성에 신경을 쓸 필요는 없다. 여기에서 나열되고 있는 도입부의 다양한 측면 — 시 또는 시구 구성의 문제, 심상의 문제, 영감에 대한 고찰 — 을 구별해주는 것처럼 보이는 차이의 기준은 받아들이기가 쉽지 않다. 특히 오늘날의 독자는 이러한 열거 속에 나타나 있는 비일관성 때문에 놀라게 된다.[14] 1에서 6까지는 시의 첫 번째 행을 다루면서 시작하고 있고, 17은 마지막 행을 분석하고 있다. 그러나 마지막

행의 문제는 이미 10에서 다루어졌었다. 뒤의 시구가 앞의 시구를 '뒷받침해주는' 문제는 공공연하게 두 번(8과 11에서)에 걸쳐 다루어지고 있다. 이는 그러한 목록이 단순히 안이한 산만함의 결과에 지나지 않으며, 환상에 많은 몫을 부여하고 있음을 의미하는 것은 아닌가?

그럴 가능성은 무척 희박하다. 왜냐하면 보다 더 정교하게 읽어낼 경우, 이러한 외관상의 무질서 속에서도 미묘하고 조심스러운 연결 관계를 밝혀낼 수 있기 때문이다. 모든 시의 전개에서 연결되어 있는 본질적인 요소들의 전체적인 틀 내에서, 특히 시작과 끝의 연속성의 논리에 따라 한 사례와 그 다음 사례는 교묘하게 연결되어 있다. 6은 1에서 5까지의 경우보다 더 풍부한 이미지로 구성된 도입부를 다루고 있다. 7은 6보다도 덜 명료한 이미지의 방식을 다루고 있다. 8은 앞의 시구를 뒷받침해주는 시구의 시의적절함에 대해 다루는데, 그 이유는 8이 설명이 필요하다고 판단되는 7 다음에 오기 때문이다. 10은 이미 시를 완성시키는 방식에 대해 다루고 있는데, 그 이유는 10이 풍경과 감정의 일치의 관점에서 시를 표현하고 있기 때문이며, 이 일치는 이미 9에서 문제가 되었다. 마지막으로 11은 서로 상보적인 두 시구의 문제를 다시 취급하고 있지만, 그 문제를 약간 변형하고 있다. 이때부터는 대비에 의한 내적 관계의 측면이 중시되는데, 이 측면은 12, 13, 14에서 게다가 또 15와 16에서 다시 다루어진다.

이러한 신중한 분류 작업, 모든 인접 관계를 설정하는 암묵적 방식, 한 지점에서 다른 지점으로의 전이를 다루는 이러한 섬세한 기술을 더욱더 명확히 하기 위해 여유를 가질 필요가 있다. 그러나 적어도 이 목록을 통해 두 가지 형태의 논리에 근거한 결론을 내릴 수 있을 것이다(보르헤스

Borges의 방식으로 작성된 이상야릇한 '중국인의' 목록을 푸코의 『말과 사물』의 도입부에서 발견할 수 있다). 중국적 이성(왜냐하면 여기에서도 또한 '이성'이 존재하지, 비일관성이나 무질서가 존재하는 것은 아니기 때문에)은 '서구적 이성'(이 용어는 상징적 방식으로 이해해야만 한다)과는 다른 방식으로 진행되는 것처럼 보인다. 사실 서구적 이성은 조직화해야 할 모든 질료를 지배하는 '이론적' 관점으로서 건축물의 상부 돌출 부분과 같은 위치를 미리 채택하고자 노력한다. 이러한 관점은 이성에 추상화의 능력을 부여해주는데, 동질성의 분류 원리는 통상적으로 바로 이러한 관점으로부터 나온다. 중국적 이성은 한 경우에서 다른 경우로 여러 분기점들과 다리를 거쳐 수평으로 꾸불꾸불 나아가는데, 이때 각각의 경우는 그 다음 경우와 연결되고 그 다음 경우로 변환된다. 파노라마적인 서양적 논리와는 달리, 중국적 논리는 단계들의 연관에 의해 가능한 도정道程의 경로를 찾는 논리와 같다. 성찰의 공간은 선험적으로 확정되어 있지도 닫혀 있지도 않다. 그것은 단지 점진적으로 한 단계에서 다음 단계로 — 그리고 그 길을 따라서 풍부하게 — 전개될 뿐이다. 그러한 경로는 다른 길 — 그 경로를 일시적으로 따라가거나 그 경로와 교차하는 — 을 배제하지 않는다.[15] 여행의 막바지에서 경험이 남고, 하나의 풍경화가 그려진다. 이 풍경화에 나타나는 관점은 서양화에서처럼 전체적이고 일의적이지 않다. 그 관점은 차라리 두루마리 그림(중국의)의 점진적 펼쳐짐과 같다고 볼 수 있다. 이 두루마리 그림 속에서 입체적으로 그려진 산의 옆길(이 옆길은 이 입체화에 일관성을 부여해준다)은 한 곳에서 나타났다가 두루마리를 조금 더 펼치면 언덕 뒤편으로 사라지고, 보다 더 먼 곳에서 다시 나타난다.

따라서 세라는 용어는 공허한 일반적 규칙 이상의 것이라고 할 수 있다. 왜냐하면 이러한 세는 지나치게 다양한 것으로 보이는 현상들을 통합해주기 때문이다. 서양인이 그러한 사실을 잘 알아차리지 못하는 것은 아마도 서양인이 아직도 지나치게 서양에만 고유한 비판적 범주 속에 빠져, 창작 활동을 이러한 시각 — 정확히 말하자면, '배열'의 다양성에서 출발해 '성향'과 관련하여 바라보는 시각 — 에서 바라보는 습관을 지니지 못하고 있기 때문일 것이다.

담론의 장치와 시적 '깊이'

따라서 여기서 다시 한 번 시를 하나의 장치로서 간주해야 한다는 결론에 도달한다. 하지만 이러한 시는 축소된 풍경화처럼 상징적 응축에 따라 작동하는 기호학적 장치인 것만은 아니다. 이러한 17가지 세의 목록이 말해주는 일반적 메시지는 시적 텍스트를 공간적 차원이 아니라 시간적·선형적인 차원에서의 담론적 장치로 보아야만 한다는 사실이다. 시에서 사용된 다양한 전개 양식과 내적 연결 양식은 시에 생명력을 불어넣어주면서 역동적인 — 대조적인 동시에 조화로운 — 효과를 생산해낸다. 이리하여 우리는 이 목록의 저자나 그보다 조금 더 후대에 나타난 시이론가도 이러한 관점을 받쳐주고 있는 세를 매우 많이 참조하고 있음을 발견하게 된다. 우리가 필요하다고 판단하는 것보다 덜 명백하더라도, 중국의 작시법이 추상화 작업을 거부하고 암시적 가치를 중시하고 있다는 사실을 잊어서는 안 된다.

교연은 시작법의 세 가지 표절 방식을 다음과 같이 구분하고 있다.[16]

첫째, '단어 차원의' 표절로서 이것은 가장 많은 비판을 받을 수 있다(먼저 나온 시의 표현을 문자 그대로 반복할 때). 둘째, '의미 차원의' 표절(동일한 시적 모티브 — 예를 들어, 가을 풍경에 처음 접했을 때의 서늘함 — 를 사용하되 단어에는 변화를 줄 때). 셋째, 가장 세련된 표절인 '세 차원의' 모방(시의 내적 배열을 위해 시적 모티브를 모방하지만 그 의미는 수정할 때). 예를 들어, 유명한 2행시 '눈은 야생 기러기를 따르고, 손은 다섯 현을 뜯네!'에서 출발해, 시인은 '손은 잉어를 쥐고 있지만, 눈은 새를 따르고 있네!'라고 쓸 수 있었다. 여기서 모티브에 고유한 시적 배열(손과 눈, 접촉과 시각, 원근遠近의 대비)은 동일하지만 모티브에 의해 표현된 의미는 다르다(두 번째 시에서 포획된 잉어의 불행은 자유로운 새의 행복에 대립되는 반면에, 첫 번째 시에서 야생 기러기의 비행에 대한 명상과 비파 현을 뜯는 것은 시인에게 동일하게 깊은 만족감을 안겨준다). 중국의 가장 오래된 시선詩選, 『시경詩經』에 실려 있는 두 시의 도입부에서도 동일한 예를 볼 수 있다.[17]

> 도꼬마리 뜯고 또 뜯어도,
> 한 바구니도 못 채웠다네!

그리고

> 아침 내내 댑싸리를 땄지만,
> 한 움큼도 되지 않네!

이러한 2행시의 세는 동일한데, 그 이유는 두 행에서 잎사귀를 모으려는 부단한 노력과 그 노력의 하찮은 결과(제2행)를 대조하고 있기 때문이다. 그렇지만 비평가는 다음과 같이 판단한다. 그 두 시가 서로 다른 두 가지 감정적 상황을 지시하고 있는 한 그것이 불러일으키는 '영감'은 서로 다르다[興雖別而勢同].[18] 이는 미묘하지만 적절한 구별짓기라고 할 수 있다. 즉, 담론적 장치의 효과는 그것의 상징적 의미와 분리해서 생각해야 한다. 결과적으로 세는 시적 구조성의 독특한 요소로 구성된다는 결과가 나온다.*

그러나 우리는 또한 시의 본성이 지닌 이러한 특수한 개념을 좀 더 깊이 이해하기 위해 중국 시 특유의 독창성을 고려해야만 하는데, 그것은 이 독창적인 측면이 중국 시에 지대한 영향을 끼치고 있기 때문이다. 우선 단음절어인 동시에 고립어라는 두 가지 특성을 기본으로 지닌 중국어의 특이성을 살펴보도록 하자. 중국어에는 굴절이 없고(동사 변화나 격 변화가 없다) 파생어도 없기 때문에, 단어들은 건축용 석재나 장기의 말과 같이 서로 독립적이고 천편일률적이다. 그 결과 의미는 구문론에 의해서보다는 단어들의 병렬적 관계의 의해 결정되며, 요약해서 간략하게 표현하는 능력(칼그렌Karlgren의 표현을 빌리자면, 근대 서양의 전보문과 같이 간결한 문체)[19] 또한 두드러지게 나타난다. 우리는 또한 중국의 시적 전통이

---

* 세勢가 상황의 차이에도 불구하고 동일한 것으로 여겨지고, 따라서 특수한 요인으로서 가치를 지닌다는 사실은 각 분야의 다양성을 가로질러 나타나는 전형적 표현법을 구성하게 된다. 우리는 이미 서예에 관한 고찰에서 이러한 공식 —'서체의 형태가 무엇이든지 간에, 세는 동일할 수 있다'(p. 109) — 을 지적한 바 있다. 우리는 그 공식을 3세기 서예에 관한 책과 같은 시대에 속하는 수학적 텍스트에서 다시 발견하게 된다. '세는 비슷하지만, 세가 작용하는 상황은 다를 수 있다.' 이러한 표현은 여기에서 과정의 동일성을 지시하고 있다.[30] 그리고 두 예에서 세를 다루는 이러한 동일성은 작용 단계에서 심층적 분석을 통해 밝혀진다.

서사시로부터 발생하지 않았다는 특수성도 고려해야만 한다. 바로 그러한 이유에서 중국 시는 이야기 또는 서술 속에서 전개되지 않는다. 다시 말해 그것은 담론으로 구성되지 않는다. 그와는 반대로 중국 시는 총합문 또는 계속해서 확장되거나 연속되는 문장의 전개보다는 가능한 한 가장 짧은 단어들이 한곳에 집중되어 나타나는 효과를 선호한다(우리가 이미 살펴보았듯이, 중국 시의 행들은 일반적으로 완전한 표의문자와 같이 행을 끝맺는 단어들의 자기충족적인 집단을 형성한다). 이러한 중국어의 특징으로 인해 중국의 시작詩作에서 — 한 시구에서 다른 시구로, 하나의 2행시에서 다음의 2행시로, 또는 한 행 내에서조차 — 텍스트의 배열 기법, 즉 텍스트 사이에서 연속적으로 다양한 요소를 풍부한 긴장으로 연결해주는 기법이 필연적으로 중요해진다.

그러므로 우리는 이제 왕창령이 위대한 시인, 즉 '세를 창조'해낼 수 있는 시인이란 '시에 의해 표현된 감정에 하나의 새로운 출발점을 부여할 수 있는 능력〔高手作勢, 一句更別其意〕을 지닌 자'여야 한다고 주장하는 이유를 이해할 수 있게 된다. 그와 대조되는 무능한 시인의 특징은 그의 시구에 들어 있는 세가 위대한 시인의 시구에 들어 있는 세보다도 '훨씬 더 약하다'는 것이다.[20] 이에 관해서는 서예의 기술이 그 모델로 쓰일 수 있다. 서예의 가장 중요한 원리가 하나의 표의문자 속에 들어 있는 상보적인 두 요소 사이에 존재하는 끌어당기는 힘과 밀어내는 힘의 관계('서로를 마주보는 것'과 동시에 '서로 등을 돌리는 것')를 창조해내는 데 있는 것과 마찬가지로, 시인의 기술도 연속되는 두 시구 사이에 유사성과 대립 관계를 모두 도입하는 데 있다(이것은 결국 이 두 가지 시적 '요소'가 동등한 힘과 견실성을 지니고 있음을 의미한다〔下句弱于上句, 不看向背〕). 예

를 들어, 다음과 같은 유명한 율시律詩를 살펴보도록 하자.[21]

> 오래전부터 동정호에 관한 소문을 들어왔으나
> 오늘에서야 악양루岳陽樓에 오르네!

이 두 시구는 서로 대립되면서도(옛날/지금, 수평으로 멀리 뻗어 있는 호수/하늘로 솟아 있는 누각), 동시에 서로 협력하고 있다(악양루는 동정호 가장자리에 있다. 즉, 오늘 시인은 누각 꼭대기에서 오래전부터 그가 꿈꿔왔던 호수의 광대함에 대해 명상을 하고 있다). 풍경에 대한 이러한 직관을 좀 더 강렬히 표현하고 있는 뒤이은 시구 역시 사정은 마찬가지다.

> 오나라와 초나라는 동남으로 갈라지고,
> 하늘과 땅은 밤낮으로 떠 있구나!

대비는 이 두 시구와 요소들 — 수평적인 것과 수직적인 것, 공간과 시간, 분리와 재결합 — 사이에서 훨씬 더 풍부하게 된다. 동시에 이 요소들 사이의 연관관계는 보다 더 밀접하게 된다. 즉, 한편으로 동서남북의 방위 기점이, 다른 한편으로 높은 곳과 낮은 곳이 대비된다. 따라서 한편으로는 공간 안으로 퍼져나감이, 다른 한편으로는 공시성이 우주를 근본적 통일성 속에서 총괄적으로 규정한다. '풍경'에 대한 묘사에 이어 '감정' 묘사에 주력하는 다음의 두 시구[頸聯]조차도 동일한 효과의 지배를 받는다.

친척과 친구로부터는 한 장의 편지도 없네,

늙고 병든 이 몸은 일엽편주라네.

이 시에는 서로 멀리 떨어져 있음으로부터 오는 긴장: 타인과 나, 소유와 무소유; 대립적 긴장: 늙고 병든 몸과 일엽편주가 지닌 동일한 고독감이 잘 표현되어 있다. 우리는 여기에서 세에 의해 만들어진 긴장이 대구법의 효과와 일치함을 본다〔若語勢有對〕.[22] 그러나 이러한 대구법은 담론의 수사학적 장식품인 것만은 아니다. 중국 시에서 이는 시의 실제 창작 과정을 나타내준다.[23]

시적 시퀀스에서 인접한 요소들을 연결해주는 모순적 관계는 겁에 질려 후미로 도망가면서도 자신의 동료들 쪽으로 머리를 돌리는 야생 기러기의 이미지[24]를 통해서 잘 설명된다. 여기에는 연속성과 불연속성이 동시에 존재한다〔勢有通塞〕. 즉, '정확히 다음 세가 고조되는 그 순간에, 이전의 세는 중단된다〔後勢特起, 前勢似斷〕'. 중국인의 심미주의가 항상 그렇듯이, 그리고 중국에서 항상 그렇듯이, 그러한 장치의 기능을 지배하는 원리를 구성하는 것은 두 요소, 즉 대립과 상관관계의 번갈아 나타남이다. 전체 문맥에서 떼어내서 인용되는 다음의 시구들은 시적인 세 특유의 긴장을 보여주는 좋은 예이다.

떠다니든 가라앉든, 세는 서로 다르다.

우리의 재회는 도대체 언제나 이루어질까?

나는 남서풍에 의지하고 싶네!

멀리 떠나, 그대 품 안으로 들어가고 싶네!

다른 관점에서 보면, 시의 담론 장치는 또한 산 정상에 올라 명상하며 바라보는 풍경과도 같다.[25] 입체감을 나타내는 선들은 굴곡과 모퉁이를 그려내고, 서로 얽히면서 전개되며, 서로 연속되고 변화한다. 어떤 때는 연속된 산봉우리 저편에 산 정상이 홀로 힘차게 우뚝 솟아 있고, 어떤 때는 강이 수천 마일이나 평온하게 흐르다가도 가장 기복이 심한 굽이를 만나기도 한다. 꾸불꾸불함과 울퉁불퉁함의 이미지는 수많은 특수한 배열이 끊임없이 이어지고, 그 배열이 서로가 서로에게 반작용을 함(그 배열이 힘차게 반작용하면 할수록, 그만큼 더 그 배열은 그 다음의 것과 연속될 수 있다)을 나타낸다. 시적인 세는 그러한 배열을 통해 언제나 최대한의 약동력과 역동성으로 충전되어 텍스트의 흐름을 형성한다.

그러므로 시적 장치를 시 창작의 부차적 면으로 간주해서는 안 된다. 시의 장치는 내적 감정의 운동을 수반하고, 시인의 언어가 시인의 영감에 상응하는 것처럼 그 내적 감정에 상응한다〔語與興驅, 勢逐情起〕.[26] 그것은 비가시적 내면성이 감각적으로 나타남과 같은데, 이 감각적 현시는 텍스트적 연쇄를 통해 배열된다. 바로 그러한 이유에서 시는 텍스트적 연쇄로부터 일차적으로 시의 '깊이'를 얻을 수 있다. 즉, "시로부터 받는 인상이 수증기나 안개처럼 전체적으로 퍼져 어디에나 존재할 수 있는 것은 텍스트가 구조화되는 방식에서 나타나는 깊이 때문이다〔氣象氤氳, 由深于體勢〕".[27] 이 텍스트적 장치가 불러일으키는 역동성 덕분에, 의미의 범위는 그것의 모티브로부터 도출되어 마치 감각을 관통하면서도 동시에 감각으로 파악되지 않는 후광처럼 퍼져 나가게 된다. 즉, 그것은 연기 기둥처럼 한없이 높게 올라갈 수 있다.[28] 중국인이나 서양인 모두 시적 '분위기'라 부르는 것은 바로 이러한 세에 의해 창조된다.

시는 번갈아 나타남의 원리에 근거하고 있기 때문에, 결코 처음부터 끝까지 연속되어 있는 '실 꿰기'('꼬챙이에 꿰어진 물고기'와 같이, 시구 다음에 시구를 연결한)로서가 아니라 하나의 변주로서 간주되어야만 한다. '위대한 시인은 세를 끊임없이 변화시킬 줄 아는 사람이다〔高手有互變之勢〕.'[29] 왜냐하면 시가 연속성을 지니기 위해서는 다른 모든 것에서와 마찬가지로 내적 차이 때문에 일어나는 한 극에서 다른 극으로의 변화를 통해 역동성이 항상 갱신되어야만 하기 때문이다.

6. 역동성은 연속적이다

명증의 공통성

중국의 예술을 검토하면서 우리는 다음과 같이 질문한다. 중국의 '세 가지 보물', 즉 서예, 회화, 시는 실제로 얼마나 서로 다른가? 즉, 근본적인 원리의 측면에서 ― 사용되는 수단의 차이는 그 수단이 붓이라는 공통된 매개물을 사용하기 때문에 상대적일 뿐이다 ― 어느 정도로 구별되는가? 창조적으로 전개되는 이러한 예술을 정당화하고, 각각의 경우에서 나오는 효과를 가능하게 만들어주는 어느 정도 공통된 논리는 없는가? 세 가지 예술 모두 감각적 '외형'(획 또는 단어)을 '구현'함으로써 비가시적인(자기 안에 있으며, 동시에 자기 밖에 있는) 것의 심오한 생명력을 표현하려는 경향을 지니고 있다. 세 가지 모두 대비와 상호관계라는 동일한 원리에 따라 언어를 유기적으로 구성하고, 그 전개에서 번갈아 나타나는 변주의 결과인 역동성 ― 연속되어야만 하는 ― 을 바탕으로 하고 있다. 이는 단지 '문인' 계급 특유의 이념적 태도 때문인가? 그러나 가장 대중적인 계층에서 발생한 '중국 무술'도 신체의 언어 속에서 동일한 철학을 표현하고 있다. 즉, 중국 무술의 유일한 목적은 동작을 통해 비가시적인 기氣를 구체화하는 것이며, 동작의 연속을 서로 대비되는 움직임의 중단 없는 펼침 — '나선 모양의' — 으로 구성하고 있다. 이러한 원형적 연속성의 한가운데에서 나타나는 단 한 번의 틈도 적에게 공격의 실마리를 주게 될 것이며, 그 틈은 적에게 그를 제압할 수 있는 가능성을 주게 된다. 따라서 이러한 모든 실제 행위 속에서는 동일한 표상, 즉 근원적이자 보편적인 에너지에 대한 표상이 일어나고 있다고 할 수 있다. 이 표상은 이분법적(유명한 음과 양의 이분법)이고 중간 단계의 휴지休止가 없는 상호작용(우주의 위대한 운행 과정처럼)에 기초하고 있다. 이러한 사실로부터 미학적 용어로서 세의 궁극적 의미 — 이 에너지에 따라서[氣以成勢, 勢以御氣] 그리고 예술의 기호들을 통해[勢可見而氣不可見], 그러한 역동성의 연속을 증진시키고 느낄 수 있게 만들어주는 능력 — 가 논리적으로 도출된다.[1]

그러나 이 개념은 이미 우리가 맨 처음에 보았듯이 병법가들이 사용했던 개념이다.[2] 외부적 관점에서 볼 때 중국 문화는 그 수많은 역사적 변동에도 불구하고 일관성 — 내부적 관점에서는 '길道'로서 상징화되고 이상화된다 — 을 띠고 있다(사실 이러한 일관성의 편재를 자각할 수 있는 것은 우리가 외부자의 관점을 지니고 있기 때문인데, 물론 그 일관성을 생생하게 체험할 수 없어서 차선책으로 채택된 이 외부자의 관점은 한 걸음 물러남으로써 얻게 되는 시야와 문화적 차이의 효과 덕분에 성립할 수 있다). 중국 연구가들은 이러한 직관의 주위를 끊임없이 맴돌면서 그들이 자명하게 생각하고 있는 것을 지겹게 되풀이할 수밖에 없다(동시에 그들은 보다 더 단순하고 근본적인 뭔가를 항상 놓치고 있다는 느낌도 갖고 있다). 왜냐하면 이러한 자

명성 — 아무리 사소한 '이론적' 주석에 접근하더라도, 그것에 접근하는 순간 우리는 이러한 자명성에 의해 압도된다 — 은 지나치게 널리 흩어져 있고 함축적이어서 결코 완벽하게 설명될 수 없기 때문이다. 이러한 자명성은 우리에게 단지 문학 비평의 특수한 성찰들 속에서 간간이 나타났는데, 이러한 특수한 성찰들은 항상 보다 더 세밀한 분석으로 나누어지는 동시에 여러 분야 사이에서 서로 교차하고, 서로 다른 '기술들' 사이에서 서로를 반영하며, 서로가 서로를 참조하면서 뒷받침하고 있다. 그러므로 우리는 이러한 기술들을 마지막으로 다시 고찰할 필요가 있는데, 그것은 이 기술들 하나하나를 독립적으로 추적할 뿐만 아니라, 더 나아가 그것들을 서로 비교해가며 추적하기 위해서이다. 그러한 추적은 이러한 관점을 통해 얻어지는 효과의 도움으로 공통된 가정을 밝혀냄으로써 가능하게 될 것이다.

연결시키는 성향 — 서예에서

중국의 서예 기술은 상당히 일찍부터 이론적으로 성문화되었고, 특히 그 선형적 본성으로 인해 순간적 움직임(서예가는 결코 한 번 그어진 획을 다시 고치기 위해 뒤로 돌아갈 수 없다)을 직접적이고 즉각적으로 기록할 수밖에 없었기 때문에, 모든 작동 중인 역동성 — 생성으로서 — 의 특별한 예를 우리에게 제공해준다. 그 예는 이 기술의 이중적 차원 — 형태를 만들어내는 붓글씨 동작의 차원과 종이 위에 쓰여 읽히는 형태의 차원 — 에 따라 주어진다. 훌륭한 사수가 쏜 화살이 그 화살을 똑바른 방향으로 멀리 날아가게 만드는 잉여분의 세를 지니고 있는 것과 마찬가지로, 붓의 운동은 훌륭한 서예가의 손끝에서 붓을 언제나 가장 효과적인 방식으로 앞으로 나아가도록 만드는 잉여분의 '세'〔勢有餘〕를 작품의 잠재력으로 지닌다.[3] 전개된 약동력은 이 부분에서 저 부분으로, 아무런 장애물에 부딪침 없이 한곳에 정체되지 않으면서 파급된다〔無凝滯之勢〕.[4] 그리고 획이 일단 한 번 그어지면, 그 역동적 연속성은 그것을 보는 사람의 눈에 영원히 활동적인 것으로 남아 있다. 즉, 앞에 있는 요소는 뒤에 올 요소에 대한 기다림을 자신 안에 지니고, 뒤에 올 요소는 앞에 있는 요소에 대응하여 발생한다〔使其形勢遞相映帶, 無使勢背〕.[5] 중단되지 않음은 결코 의지에 의한 것이 아니라 저절로 그렇게 되는 것이다. 중국 무술에서는 몸의 무게가 두 발에 언제나 서로 다르게 배분되어야 몸이 저절로 그 움직임을 지속적으로 실행시킬 수 있다는 사실을 우리는 알고 있다.[6] 마찬가지로 우리는 서예의 표의문자에서도 획이 약간 불균형을 이루고 있음을 발견할 수 있다. 그래야만 획은 결코 완전하게 정지되지 않은 채, 즉 한순간도 뻣뻣하게 경직됨이 없이 연장될 수 있다. 수평으로 그어지는 가로획도 결코 전적으로 고정되는 법이 없는데, 특히 글씨를 끝내는 마지막 획이 아닐 때는 더욱 그렇다. 한 획을 가볍게 똑바로 펴서 쓰는 것과, 신중하게 천천히 쓰는 것은 이 획과 다음 획 사이의 연속적인 긴장을 드러내 준다.

한 획이 앞선 획의 약동력을 이어받도록 하고〔第二三字承上筆勢〕,[7] 붓이 그 힘에 이끌려서 앞으로 나아가도록 하며, 겉으로 보이는 획과 점의 불연속성 속에서 연속적인 발생 과정이 나타나도록 하는 것이야말로 붓으로 쓰인 표의문자의 장치를 통해 중요시되는 **성향**의 논리이자 서예의 기술이다. 이 성향의 논리를 보다 더 잘 이해하기 위해 이 서예 기술의 가장 근본적인 단계를 살펴보도록 하자. 여러 서체들 중에서도 가장 나중에 발생한 중국의 '초서체'는 다른 서체들보다 더 특별히 이 역동성의 경향을 구현하고 있고, 연속성을 강조하고 있다. 그러한 경향은 하나의 동일한 표의문자를 구성하는 요소 사이에서뿐만 아니라 연속된 문자 사이에서도 나타난다. 일반적으로 이 초서체에 대립되는 '해서체'가 주로 정지된 시간을 요구하는 단절된 획(한 획마다 중지한 다음에, 또박또박 써야 하므로)을 사용하는 반면에, 초서체는 곡선을 중시하고 중간에 정지하는 과정이 없이 한 획을 연속시켜 글자를 써 내려간다.[8] 붓은 화선지의 한 끝에서 다른 끝으로 각각의 글자를 타원형으로 다루고, 그 글자가 지닌 자율성을 최소한으로 축약시키면서 달려간다. 한 글자에서 다음 글자로 나아가기 위해 붓을 화선지에서 떼는 순간, 붓은 곧장 다음 글자의 획으로 이끌린다. 따라서 초서체는 서예에서 나타나는 세를 완벽하게 표현하게 된다. 정서체의 경우에는 '한 글자를 쓰면 그 글자에 활력을 불어넣는 의미도 완성된다'. 반면에 초서체의 경우에는 '글자의 전체 열이 완성됐을 때조차도 약동력[勢]은 그 글자를 넘어 계속된다[草則行盡勢未盡]'.[9] 이러한 필법으로부터 '한 일자一字를 쓰는 서예의 전통'이 나오는데, 세의 역량은 이러한 필법 속에서 가장 많이 '발달된다[飛動增勢]'. '이러한 필법에서는 획이 잠시 끊기는 경우에도 리듬을 타고 들어오는 세의 유입력流入力은 전혀 중단되지 않으며, 획이 멈추지 않는 곳에서는 세의 동일한 흡인력이 한 열에서 다음 열을 관통해서 흐른다.'[10] 그러므로 다음에 오는 글자의 첫 획은 앞선 글자의 아래 획을 직접적으로 연장시킨다. 우리는 성향의 의미와 기술을 이 이상으로 더 진척시킬 수는 없을 것이다.

그러나 이러한 연속성의 본성에 대해 조금이라도 잘못 생각해서는 안 된다. 단순히 눈에 띄게 강조된 방식으로만 전체가 연결되어 있는 일련의 수십 단어는 필연적으로 무미건조할 것이다. 왜냐하면 거기에는 힘이 고갈된 '줄무늬 같은 글자들'만 있을 것이기 때문이다.[11] 중요한 것은 획 그 자체의 연속성이라기보다는 획에 활력을 불어넣어주는 역동성의 연속성이다. 여기에 바로 생명성의 동인인 '번갈아 나타남'이 사용된다. 초서체의 약동력 속에 서로 얽혀 있는 표의문자는 서로 연속되는 가운데 서로 대립되는 특수한 태도들 — '이쪽에 앉아 있고 누워 있던 사람이 저쪽으로 자리를 옮기는 것처럼, 어떤 때는 물결을 따라 표류하도록 자신을 내맡기던 사람이 어떤 때는 말고삐를 움켜잡고 빨리 말을 타고 가는 것처럼, 어떤 때는 노랫소리에 맞춰 우아하게 춤을 추던 사람이 어떤 때는 가슴을 치며 고통스러운 몸짓을 하듯이'[12] — 을 상징화하고 있다. 손은 어떤 때는 속도를 늦추고 어떤 때는 속도를 내며, 붓끝은 어떤 때는 '날카롭고' 어떤 때는 '무디다'. 뒤에 오는 획이 실재적으로 앞선 획을 연장하고, 그 뒤에 오는 획이 다시 그 다음에 오는 다른 획을 효과적으로 이끌어올 수 있도록 만드는 것은 두 대립자 사이에 나타나는 바로 이러한 지속적인 변화인데, 이러한 변화는 대립자 중의 하나가 다른 하나에 의해 새롭게 되고, 그 하나가 자신을 보완하기 위해 다른 하나를 필연적으로 불러들임으로써 이루어진다. 서예 글자에서 점도 획도 존재하지 않는 두 글자의 접합부에서는 '선을 끌어당기는 힘〔其相連處, 特是引帶〕'(이 전문적 용어는 근대적 언어로 더 분명히 표현하자면 '변속 장치'를 지칭한다)만이 글자의 흘림체 부분에서 지각될 뿐이다. 그때 '가로획, 세로획, 삐친 획, 굽은 획은 그것들의 꾸불꾸불한 선과 우아한 곡선 속에서 언제나 도약력〔勢〕의 성향에 의해 결정된다〔橫斜曲直, 鈎環盤紆, 皆以勢爲主〕’.[13] 서예의 진정한 연속성은 한쪽 끝에서 다른 끝으로 왔다 갔다 하면서 끊임없이 변형되면서 갱신되는 획의 연속성이다.[14]

서예를 배울 때 명필가의 서체를 모델로 하여 베껴 쓰는 것은 서예 습득에 필수적인 훈련 과정의 일부이다. 이 단계에서 볼 수 있는 형편없는 베껴 쓰기의 경우를 살펴보면, 서예의 진정한 연속성의 의미를 쉽게 알 수 있다. 그것은 서체가 어떤 것이 되었든지 ─ 초서체든지 초서체가 아니든지 ─ 간에 마찬가지다. 사실 초보 단계의 학생은 자신의 기억을 불러 내어 글자의 외적 형태만을 재생산하고, 그 글자들 속에 함축되어 있는 ‘리듬을 타고 들어오는 유입력’은 재생산해내지 못한다.[15] 서예의 요소들을 관통해 흐르는 이러한 공동의 ‘맥박’은 마치 우리 신체의 핏줄을 관통해 필요한 신진대사를 가능하게 만드는 맥박처럼 획들을 연결시켜 준다. 따라서 초보자가 베낀 다양한 요소들은 분리되고 흩어지는데, 그 이유는 그것들을 내부에서 서로 다시 결합해줄 그 어떤 것도 갖고 있지 않기 때문이다. 거기에는 진정한 서예의 선형성線形性에 본질적인 상호 의존과 상호관계가 결여되어 있다. 그 이유는 서예가의 순간적 영감뿐만 아니라 서예 텍스트의 서조書調와도 관련되어 있는 특수한 도약력의 성향으로서의 세, 즉 명필가의 서예에 역동적 연속성과 갱신력을 부여해줄 수 있었던 바로 그 세라는 요인이 결여되어 있기 때문이다. 우리의 눈앞에서 우리들이 무한히 즐길 수 있도록 획들 각각을 모두 함께 화합시켜 진동하게 만들어주는 것은 바로 그러한 연속성과 갱신력이다.

연결시키는 성향 — 회화에서

우리는 중국의 회화에 대해서도 비슷한 분석을 할 수 있다. 우리는 서예의 으뜸가는 세들 중의 하나가 획에 더 많은 활기를 불어넣기 위해 쓰려는 방향과 반대 방향으로 붓을 나아가게(아래 방향으로 쓰고 싶을 때에는 붓끝을 위 방향으로 올리면서 시작하고, 왼쪽으로 획을 긋고 싶으면 오른쪽으로 올리면서 시작하는 것) 하는 데서 이루어진다는 것을 기억하고 있다. 그런데 이는 회화에서도 마찬가지다.[16] 만약에 화가가 그림을 그리기 위해 화폭에 붓을 대고자 할 경우, 그는 제일 먼저 '세를 창조해내는 작업' — 세를 내려오게 하거나 반대로 올라가게 하면서〔如筆將仰, 必先作俯勢〕— 부터 시작하는 것이 좋다. 마찬가지로 만약에 화가가 가느다란 획을 그리고자 할 경우, 그는 이 획을 두터운 획부터 (상호적으로) 시작하는 것이 좋다. 만약에 화가가 산의 옆모습이 정말로 파도치듯이 돌아가는 느낌을 주도록 그리기를 원한다면, 그는 우선 산의 움푹 들어간 부분과 솟아난 부분에서 '그 부분의 성향과 반대되는 방향으로〔逆其勢〕' 나아갈 것처럼 그려야 한다. 그러면 산은 마치 '돌아가는 것'처럼 보일 것이다.[17]* 이는

---

* 효과를 가져올 수 없는 긴장을 증가시키는 이러한 방법은 단순히 서예의 기술 또는 회화의 원리만은 아니다. 동일한 공식이 문학 작품의 구성에서도 유효한데, 그 이유는 문학 작품의 구성 또한 '세를 획득하는 데 우선권을 주고 있기'[60] 때문이다. 사실 초보자가 처음에 배울 때 하는 것처럼, 이야기를 작품의 주제에 맞추어 평탄하게 전개시키는 것보다, '자신의 텍스트에 기복을 주는 것이 훨씬 더 가치가 있다'. 이러한 기복은 중국인의 비유에 따르면, 솟아오르는 파도처럼, 그리고 우뚝 솟아 있는 산봉우리처럼, 붓을 반대 방향으로 놀림으로써 얻을 수 있다. 이것은 주제를 단도직입적으로 다루기 시작하는 대신에, 대비의 효과를 통해 접근함을 의미한다. 이러한 대비법은 주제를 미리 세운 계획에 따라 처리함으로써 그 주제를 보다 더 부각시킬 수 있게 해준다. 우리는 이러한 여러 형태의 기술들 사이에 존재하는 유사성을 '붓의 세'에 대한 이러한 공통적 논증하에서 이보다 더 깊은

또한 전체 구성에서도 마찬가지다. 즉, 산의 옆모습이 한 곳에서는 빽빽하고 음영이 짙게 그려져 있다면, 다른 곳에서는 느슨하고 흩어져 있게 그려져야만 한다. 그리고 산의 옆모습이 한 곳에서 평탄하고 평온하다면, 다른 곳에서는 가파르고 긴장해 있어야 한다. 또한 그것은 공백을 통해 충만함을, 충만함을 통해 공백을 예상할 수 있도록 해야만 한다.[18] 서예에서처럼 한 요소가 다른 요소를 준비할 수 있도록 두 요소의 대비를 강조할 필요가 있다. 한 요소를 잘 드러내야 할 뿐만 아니라 그 요소 다음에 다른 요소를 필연적으로 불러내 양자 사이의 상호 보완을 통해 균형을 이루고 조화로운 상태를 유지할 수 있도록 해야만 한다. 초서체의 완벽의 경지를 특징짓는 저 유명한 '한 일 자 쓰기'도 회화 속에서 다시 발견된다. 그것은 물론 문자 그대로 공간 전체를 단 한 획으로 뒤덮는다는 뜻이 아니라, 명필의 경우에서처럼 정신적으로 그리고 내면적으로 한 획을 긋는다는 뜻이다. 즉, 그것은 살아 있는 기氣로부터 흘러나오는 세가 한 부분에서 다른 부분까지 모든 형상을 나타내는 획 ─ 산, 강, 나무, 바위, 가옥 ─ 을 관통하고〔其勢貫串〕, 세의 영감적 분출 속에서 그것들에 생명력을 넣어준다는 의미이다.[19]

그러므로 회화 개설서들이 서예에서처럼 작품의 구성을 관통하는 공통적 '맥박'을 강조하는 것은 준비 단계 ─ 그림 그리기를 시작하기 전이나 붓글씨를 쓰기 시작하기 전의 준비 단계 ─ 에서 신체를 관통하는 기 순환의 중요성을 강조하는 것과 마찬가지로 정당하다. 중국의 자연학에 따르면, 풍경의 모든 요소 ─ 거대한 산의 능선에서부터 개개의 나무나 돌에 이르기까

수준까지 진척시킬 수는 없을 것이다.

지 ─ 가 우주적 에너지의 축적 덕분에 나타날 수 있고, 그 에너지에 의해 끊임없이 기를 부여받고 있다는 사실을 알 수 있다. 사실 풍경과 마찬가지로 그림의 한가운데에서 '기의 지배를 받고', 그 기를 통해 연결되어 있는 가장 다양한 모든 측면과 그 측면의 끊임없는 변화는 언제나 특수한 방식으로 '활기를 띠는 경향성'을 '표출하는데', 바로 그러한 것이 세이다[總之統乎氣以呈其活動之趣者, 是卽所謂勢也].[20] 회화의 기술은 '그 도약력을 붓에 부여해주는 내적 성향' 덕분에 '이러한 다른 차원의 성향'을 단적으로 묘사하는 가운데 성립한다. 우리는 바로 이러한 성향이 우리 외부에 있는 '사물들' 속에서 구현되고 있음을 볼 수 있다[以筆之氣勢貌物之體勢]. 관계란 상호적인 것이다. 즉, 세는 붓끝 아래에서 '비가시적 에너지에 휩싸이게' 되고, 이 비가시적 세계의 역동성은 '그 역동성을 안내하는 세 덕분에' 감각적 형상화를 통해 전파된다. 서예의 기술이 끊임없는 변형을 일으키는 기술인 것과 마찬가지로, 중국 회화의 기술도 실재를 그 실재의 끊임없이 변하는 과정 속에서 묘사하는 기술이라 할 수 있다.

두루마리 풍경화에 나오는 산은 그러한 점을 정확하게 보여준다. 두루마리는 실재 세계 전체의 순환적 생성을 본떠 '열리고', '닫힌다'(중국 무술의 수련자도 마찬가지로 최초의 자세로 되돌아옴으로써 이전 단계에서 '열려 있던' 일련의 연속 동작을 닫게 된다). 수직으로 펼쳐지는 두루마리 풍경화의 경우, '열림'은 아랫부분에서 시작되고 '닫힘'은 윗부분에서 이루어진다. 자연의 모티브와 사람이 사는 건축물들은 '고갈되지 않는 생명력의 느낌을 주면서' 두루마리 아랫부분에서 '열린다'. 산봉우리와 그 위에 걸쳐 있는 구름, 모래톱과 멀리 떨어진 섬 등은 '표상 전체를 상호

보완적인 완전성 — 삐죽 튀어나온 것이 하나도 없도록 — 으로 이끌면서'
두루마리 윗부분에서 '닫힌다'.[21] 흘러가는 한 해와 비교해보면, 두루마
리의 아랫부분이 '도약'의 시기인 봄에 상응하고, 중간 부분이 '충만'의
계절인 여름에 상응하며, 가장 윗부분이 '수확과 물러남'의 시기인 가을
과 겨울에 상응한다고 할 수 있다. 두루마리 그림은 전체적으로 보았을
때, 이렇게 한 해가 점진적으로 흘러가는 이미지를 따라 '자연스럽게'
펼쳐질 뿐만 아니라, 그림에서 변화하는 각각의 계절부터 형상화의 가장
세세한 부분에 이르기까지 이 그림에 생명적 리듬을 부여해주는 동일한
열림과 닫힘이 번갈아 나타남(계절들뿐만 아니라 보름달 및 점차로 작아지
는 반달과 초승달, 낮과 밤, 들숨과 날숨의 번갈아 나타남은 언제나 시간적 전개
의 본을 따르고 있다)을 다시 발견할 수 있다. 표상representation이 지닌 각각
의 특수한 면은 나타남과 사라짐의 일반적 논리 속에 각인되어, 생성을
드러나도록 만드는 일시적 국면의 역할을 하게 된다. 그러므로 두루마리
그림은 서예처럼 선형적 읽기에 적합하다. 즉, 모든 형상은 '앞선 것과 조
화를 이루고, 뒤에 오는 것에 여지를 남겨놓는다〔有所承接而來, 有所脫卸
而去〕'. 모든 것은 흐름 속에 있고, 갱신의 경향은 모든 부분을 관통한다.

   모든 회화의 기술은 바로 이로부터 연원하는데, 이 기술은 세라는 용
어로 새롭게 표현될 수 있다. 즉, 회화의 기술은 이제 도약과 '열림'의 매
순간마다 완성과 '닫힘'을 함께 고찰해야만 한다. 그렇게 해야만 그림으
로 나타냄은 모든 부분에서 '흩어지거나 남겨지는' 것 없이 훌륭하게 구
성될 수 있다. 이와 반대로 우리는 완성과 '닫힘'의 매 순간에 도약과
'열림'도 함께 생각해야만 한다. 그래야만 그림으로 나타냄은 '매 순간
을 의미와 생명력으로 충만시키고', 결국 '비가시적 세계의 역동성이 결

코 고갈되지 않도록' 만들어줄 것이다. 모든 시작은 결코 단순한 시작이 아니다. 그리고 모든 종말은 결코 완전한 끝이 아니다. 중국어에서는 '시작하고 끝내다'라고 하지 않고, '끝내고 시작한다'라고 표현한다.* 모든 것은 '열리는' 동시에 '닫힌다'. 모든 것은 '논리적으로' 접합되고, 역동적으로 변화한다. 그리하여 획의 성향은 저절로 실재의 내적 일관성에 부합하게 된다〔勢理〕.

연결시키는 성향 — 시에서

유협은 문학 텍스트에서 작동하고 있는 역동성의 연속성을 다음과 같은 훌륭한 이미지로 표현하고 있다. 즉, "우리가 한 단락의 끝에서 붓을 마무리하는 것은 배를 타고 노를 저을 때 노를 힘차게 들어 올리는 것과 같다".[23] 들어 올린 노를 저으며 배가 계속 전진하듯, 텍스트는 한 단락이 끝난 후에도 계속해서 이어진다. '여세餘勢'는 텍스트를 앞으로 나아가도록 밀어주고, 그 텍스트가 연속되도록 이끌어준다. 따라서 텍스트는

---

* 이 표현법은 단순히 '말하는 방법'(종시終始라는 표현은 역경易經[61]을 떠올리게 한다)만의 문제이지만, 매우 의미심장하다. 왜냐하면 이것은 특별히 어떠한 이유에서 중국 문화가 그리스적 비극(비극적 본질의 의미에서)에 대해 닫혀 있는지를 이해할 수 있게 해주기 때문이다. 사실 비극적 시선을 이해하기 위해서는 상상에 의해 드리워진 뛰어넘을 수 없는 장막과 같은 최후의 종말에 대한 믿음이 있어야만 한다. 이 표현법은 또한 불교가 도입되기 이전의 중국적 사유가 왜 '다른 세계' — 이 세계로부터 단절되어 있고, 이 세계를 보완해주는 — 를 생각할 필요가 없었는지를 이해할 수 있게 해준다. 그 이유는 이 세계란 언제나 이미 다른 세계로 바뀌고 있는 중이며, 죽음 그 자체도 삶의 변형에 지나지 않기 때문이다.

'질서'와 '일관성'으로서뿐만 아니라, 흐름과 전개로서도 존재하게 되는 것이다〔文勢, 文章〕.[24]

그러한 유동성은 우선 텍스트의 선율적이고 리듬적인 기법에 의해 보장된다. 이러한 측면은 특히 중국어에서 결정적인데, 왜냐하면 중국어가 사성四聲을 지니고 있고(음조상의 대위법은 운율법의 본질적 요소를 구성한다), 또한 리듬이 구문론의 역할을 수행하며 말을 직접적으로 이해할 수 있도록 해주기 때문이다. 여기서 우리는 세의 전략적 모티브로 되돌아온 셈이다. 즉, '사성 사이에서 잘 맞추어진 억양'은 구를 수 있도록 높은 경사면으로 끌어올려진 둥근 돌과 같다〔凡切韻之動, 勢若轉圜〕.[25] 상호적 배열(소리들 사이의 배열과 억양들 사이의 배열)에 대한 활용은 연속성으로 나아가려는 역동적 성향을 만들어낸다. 여기에서 이러한 잠재력을 이용할 수 있도록 해주는 것은 또다시 '번갈아 나타남'의 원리이다. 훌륭한 텍스트는 무엇보다도 텍스트가 낭송될 때, 그 선율적 상호의존성이 마치 샘에서 흘러나오는 것처럼 — 결코 단조로움과 불협화음이라는 장애에 부딪치지 않고 — 보이는 텍스트이다〔勢不相依, 則諷讀爲阻〕.[26] 그러한 사정은 산문의 리듬에서도 마찬가지다. 즉, 가장 긴 리듬은 가장 짧은 리듬과 마찬가지로 텍스트 안에 삽입되어 텍스트에 역동성을 불어넣어야만 한다.[27] 일반적으로 음 또는 억양의 수준에서든 리듬의 수준에서든 반복은 될 수 있으면 피해야 하는데, 이는 반복이 차이로부터 발생하는 모든 내적 긴장을 제거하고 활력을 고갈시켜버리기 때문이다. 반면에 변주는 양극('평성平聲'과 '사성斜聲', 장음과 단음 등)의 상호작용을 이용해 이 활력을 갱신해주며, 이 활력은 그 자체로 고갈되지 않는 성질을 지니고 있다. 이러한 변주 덕분에 텍스트는 그 다음 텍스트로 향하고 '굴러 내려가도록' 되어 있다.

경사면을 굴러 내려가도록 되어 있는 이 둥근 물체의 모티브는 문학 텍스트의 운율 화음적 기법뿐만 아니라 담론적인 기법에서도 다시 사용된다. 예를 들어 율시律詩의 경우, 최초의 모티브를 움직이게 하고 시가 전개되도록 이끌어주는 것은 정확히 두 번째 2행시〔頷聯〕의 소관이다.[28] 중간 단계의 시구는 한편으로 도입부의 시구〔首聯〕와 '어울리고', 다른 한편으로 그 다음에 오는 시구들이 이용하게 될 역동성을 충만한 상태에 도달하도록 해준다. 세 번째 2행시〔頸聯〕는 단지 '방향이 바뀌기만 하면 되고', 네 번째 2행시〔尾聯〕는 시 전체를 '닫아주면서' 완성된다. 따라서 시 전체에 하나의 축 역할을 하는 이 두 번째 2행시는 논리적으로 그 세의 능력에 따라 평가될 것이다〔承接二句尤貴得勢〕. 비평가는 하나의 전범으로서 이미 앞에서 인용했던 다음과 같은 유명한 시구를 언급한다.

> 예부터 동정호 소문 들었으나,
> 오늘에서야 악양루에 오르네.
> 오나라와 초나라는 동남으로 갈라지고,
> 하늘과 땅은 밤낮으로 떠 있구나!

우리는 이미 이 시구들을 읽으면서, 두 시구와 두 시구 사이에 존재하는 병행관계가 각각의 2행시 내부에서 불러일으키는 대비와 상호관계의 힘을 고찰한 바 있다. 이제 그 연속선상에서 어떻게 두 번째 2행시가 첫 번째 2행시로부터 시작된 긴장의 요소를 다시 취하면서 이 요소를 극적으로 묘사하고, 절정까지 이끌고 가는지를 다시 읽어보도록 하자. 호수의 수평성과 망루의 수직성 사이에 도입되고 있는 긴장은 하늘과 땅 사이에 존재하는 긴장 속에서 절정에 도달한다. 개인의 과거와 현재를 분리시켰던 긴장은 시간의 흐름이라는 일반적 차원으로 고양된다. 대비와 상호관계의 효과는 완전무결하게 전개된다. 광대무변한 동정호의 물은 분리되는 동시에 결합함을 통해 동쪽 지역에 한정됨을 넘어, 세계의 전체성을 비춰주는 거울의 역할을 한다. 시는 첫 번째 2행시에서 두 번째 2행시로 넘어가면서 첫 번째 주제를 다시 취해 그것을 초월함으로써 최대한의 도약력을 획득한다. 그리하여 시는 그러한 도약력으로부터 출발해 개인적 고독과 동시대인들이 겪는 불행의 주제를 다루기만 하면 된다. 시가 그러한 성향의 힘을 전개할 수 있는 것은 텍스트에 역동적 능력을 확보해줄 뿐만 아니라 시에 논리적으로 필요한 전체성과 진정한 일관성을 형성해준다는 점에서도 중요하다.

만약에 중국의 시인들이 화가나 서예가와 마찬가지로 시를 이렇게 전개할 수 있는 시학적 세의 능력을 내적 '기'의 생명성에 귀속시키는 것에 모두 찬성한다면, 우리는 또한 보다 더 정확히 그러한 요인이 어떻게 시의 의미와 서로 얽혀 그 의미를 확장할 수 있는지에 대해 자문할 수 있다. 만약에 시인의 의식이 진정으로 자신의 생각을 표현하는 것을 목표로 삼지 않고 단순히 이곳저곳에 단어를 '나열하기만' 한다면, 시의 본체는 '무거운 짐을 짊어져서 헐떡거리는 당나귀와 비슷하게 될 것'이다. 왜냐하면 무거운 짐을 짊어진 당나귀의 걸음걸이는 부자연스럽고, 앞으로 나아가는 데 필요한 세를 갖지 못할 것이기 때문이다〔無復有能行之勢〕.[29] 그렇게 되면 이 시인은 자신의 내적 감정을 진정으로 개입시키지 않은 채 인위적으로 정해진 주제만을 선택해 시를 수사학적인 장치로만

('비교, 인기 있는 표현, 역사적 암시'를 되풀이하면서) 치장하는 결과가 될 것이다. '그것은 무딘 도끼로 전나무의 몸통을 자르려는 것과 같다. 그렇게 하면 나무껍질의 파편이 사방으로 튈 뿐, 결코 나무 안에까지는 이르지 못할 것이다.'[30]

　그와 반대로 시학의 관점, 즉 진정으로 효력을 지닌 언어를 창출해내려는 관점에서 보면, 시는 내적 감정이 표현하고 싶어하는 것이 무엇이든지 간에 그 감정에 기초하고 있어야만 한다. 그래야만 그러한 감정을 지니고 있는 배열의 성향, 즉 시적 세는 표현되는 모든 곳에서 동적인 요인이 될 것이다. '감정적으로 말하고 싶은 것을 주된 요인으로 삼고, 세를 부수적 요인으로 삼아라'와 같은 경구는 그러한 점을 간결하게 표현하고 있다. 이러한 '배열의 성향'은 회화에 생명력을 부여해주는 '전체적 운동'의 이미지에 따라 시학적 지향성에 고유하며 무한히 현묘하고, 결코 전적으로는 이해될 수 없는 '내적 일관성'으로서 정의된다〔勢者, 意中之神理也〕. 또는 보다 더 정확히 표현하자면(그러나 지나치게 암시적인 이러한 유형의 경구에 비해, 주석은 매우 미묘하다), 이러한 내적 일관성은 시적 의미로서 나타나는 모든 것에 함축되어 있는 항상 미묘하고 특수한 논리, 즉 이러한 의미를 역동적으로 결합하는 데 기여하는 논리이다. 만약 시인이 이러한 성향에 의지하여 의미를 증진시킨다면, 의미를 향한 충동은 언어 속에서 전개되고 완벽하게 표현되는 힘을 획득할 수 있다. 바로 그러한 것이 우리가 이미 고찰했듯, 하나의 시구에서 다른 시구로, 하나의 2행시에서 다음의 2행시로 나아가면서 나타나는 시의 담론적 장치로서 작동하는 세이다. 시 전체에서 시에 필수적인 모든 언어를 '번갈아 나타남과 변주를 통해', '직접적 표현과 우회적 표현', '팽창과 수축의 운동'을 거쳐 '의미를 완벽하게 드러냄'에 이르기까지 최초의 감흥을 연속적으로 전개하면서 말할 수 있는 것은 바로 이러한 세이다〔爲能取勢, 宛轉屈伸以求盡其意〕. 직관(물론 서양인에게 매우 부족한 이 직관을 주요 관념으로 승격시키려면 이것에 대해 더 고찰할 필요가 있다)은 본질적으로 다산적인데, 그 이유는 직관이 내용과 형식의 모든 대립 — 추상적이고 불모적不毛的인 구분 — 을 뛰어넘고, 단일한 방식으로 시의 구체적 발생 과정을 설명해줄 수 있기 때문이다. 시학적 텍스트를 연결해주고 유기적으로 통합해주는 성향처럼, 각각의 새로운 전개는 그 역동성을 다시 활성화하게 되고, 모든 것은 그 흐름 속에서 실질적으로 전이의 역할을 한다.[31]

그러므로 우리는 왜 중국의 시학이 '아름다운 시구'를 예찬하는 것에 비판적인 태도를 보이는지를 이해하게 된다. 아름다운 시구는 마치 바둑 시합의 '묘수'와도 같다.[32] 묘수의 효과는 감탄할 만한 것으로 보일 수도 있지만, 진정한 고수는 묘수를 불신한다. 그는 국지전局地戰에서만 승리할 수 있는 묘수보다는 판 전체를 보면서 몇 십 수 앞을 미리 내다보고, 그렇게 미리 내다본 덕분에 그 판을 승리하게 되는 — 상대방은 그러한 사실을 알아차리지도 못한다 — 승부를 더 선호한다. 시에서도 마찬가지로 만약에 아름다운 시구가 텍스트 전체와 어울리고 텍스트의 연속성을 작동시키는 역할을 하는 것이 아니라 그 시구 자체에만 도움이 된다면, 그러한 시구는 시의 전체적 골조를 깨뜨릴 위험을 내포하게 된다. 바로 그러한 이유에서 시 이론가들은 텍스트를 점점 더 분리된 부분으로 나누는 교과서적 관습을 따르지 않는 편이 좋다고 판단했던 것이다. 왜냐하면 그러한 관습에 따르면 각운의 변화가 반드시 의미 차원에서의 새로운 전개를 가져오지도 못하고, 텍스트가 새로운 전환을 하는데도 주제의 변화를 가져오지 못하기 때문이다. 그와 반대로 고대 시인들의 기술은 '절대로 주제와 각운을 동시에 바꾸지 않는 것'이었고, 앞뒤의 연관도 가장 신중하고 가장 '자연스러운' 방식 — 그 연결고리를 만들 필요도 없을 정도로 — 으로 행하는 것이었다.[33] 서예와 회화처럼, 시는 시 자체의 내부에서 하나의 동일한 약동력을 전파해주는 총체적이자 동시에 단일화된 전체를 구성한다. 시는 '얇은 조각으로 나눌 수 있는 멜론'과 같은 것이 아니다.[34] 시의 연속성은 내재적인데, 그 연속성은 ('감정'과 '풍경' 사이, 단어와 의미 사이의) 상호작용이 잘 작동하고 있다는 사실의 증거이고, 운행이 효과적으로 진행 중이라는 증거이다. 즉, '중단되지 않는' — 엘뤼아르 Eluard의 표현을 빌리자면 — 시만이 진정한 시가 될 수 있다.

연결시키는 성향 — 소설에서

중국의 비평은 일반적으로 암시적이기 때문에 '인상주의적'이라고 표현할 수 있지만, 때로는 텍스트의 작동에 대한 매우 정교한 분석에 몰두하기도 한다. 중국의 비평은 특히 주석을 통해 문장 속에서 작동하고 있는 역동화 성향이 어디에서 연원하고 있는지를 정확한 방식으로 언급해준다. 가끔은 상상력을 풍부하게 지닌 첫 번째 시구 하나만으로도 충분히 시 전체에 약동력을 부여해줄 수 있다[遂宕成一篇之勢].[35] 만약에 하나의 절(節)이 다른 절을 되풀이한다면, 그것은 첫 번째 절이 그 다음 절의 역동성을 불러일으키고 그 절을 준비해주기 때문이다[前解實生起後解之勢].[36] 시의 제목과 제목 다음에 오는 텍스트의 단순한 비교만으로도 이

점을 알아차릴 수 있다.[37] 매우 긴 제목(긴 제목은 중국 시에 자주 등장한다)은 텍스트가 환기하고자 하는 상황을 정확하게 설명해준다. 태풍이 몰고 온 홍수 때문에 발생한 불행과 지방 관리들(그의 형제도 이 관리들 중 하나이다)이 겪었던 고통을 언급하고 있는, 방금 도착한 형제의 편지에 연민의 정을 담아 답하는 시인의 편지가 그 좋은 예이다. 그러나 시인이 이 주제들을 전개하는 순서는 제목과 다르다. 그는 우선 큰 비로 인한 범람을, 그 다음에는 관리들이 겪은 고통과 자신의 형제가 보낸 편지를, 마지막으로 동정심의 징표로 이 시를 보내게 되었음을 언급하고 있다. 이러한 시학적 순서 덕분에 시는 '허공과 충만을 번갈아 가져오는 연속적 파도 속에서 물결칠 수 있게' 된다. 이러한 물결침이 없으면 시는 필연적으로 '세가 결핍될 수밖에 없다'. 게다가 비평가는 우리로 하여금 시의 흐름을 거슬러 올라가서 시의 저자가 텍스트의 나머지 부분을 역동화하는 데 성공한 기술을 보다 더 가까이에서 관찰할 수 있도록 해준다. 두 번째 2행시에는 아직 편지에 대한 언급이 없지만, 시는 '우리는 알았었다네⋯⋯'라는 글귀로 시작한다. 그런데 이 글귀는 나중에 환기될 편지의 도입부로 쓰이면서 그 편지의 내용을 강조할 수 있게 된다. 첫 번째 2행시에는 아직 강의 범람에 대한 소식이 언급되어 있지 않으나, 시는 홍수에 잠긴 풍경 전체를 묘사하면서 시작하기 때문에 그 다음 부분에 오는 범람의 주제를 예고하고 강조하게 된다. 그리고 '붓끝'이 서예의 기술처럼 '매우 가벼운 회전을 하면서' 전날 받은 편지를 언급하는 것은 지방 관리들의 고통을 환기하고 나서의 일이다. 비평가는 만약에 이러한 능수능란한 변주의 기술이 없다면, 시는 단순히 '매우 평범한 벽걸이 괘서掛書', '뻣뻣하게 만들어진 괘서'에 지나지 않게 될 것이라고 결론 내린다.

그러나 번갈아가며 변주의 리듬을 만들어내는 이 연속적 주름이 시에 부여해주는 '물결침' 덕분에, 독자는 시를 낭송할 때 자신만의 고유한 기를 시의 골조에 불어넣을 수 있고, 이 시가 지닌 생명의 리듬과 소통할 수 있다.*

우리가 장시長詩를 읽을 때 역동성의 연속성에 기여하는 다양한 효과에 가장 깊은 주의를 기울이는 것은 당연하다.[38] 그리고 소설 — 이 장르는 특히 중국에서 장편의 이야기인 경우가 많다 — 에도 그만큼의 주의력을 기울이는 것 또한 당연하다. 사실 이야기하는 기술은 이야기를 전개시키는 가운데 앞에서 이야기된 것과 뒤에 이야기될 것 사이에 존재하는 긴장을 최대한 성공적으로 불러일으키는 것이 아니면 무엇이겠는가? 앞에서와 동일한 비평가가 그 숨은 뜻을 주석해놓은 유명한 『수호전』—이 소설은 중국 전통에서 가장 주목 받는 작품 중 하나이다 — 은 우리에게 많은 예를 제공해준다. 이 작품의 저자가 어떻게 그와 같은 반전을 활용해— 비평가의 말에 따르면 — '세의 창조'에 성공하고 있는지를 살펴보자.[39] 예를 들어, 대결을 하게 된 두 등장인물이 서로에게 무기를 휘두르면서 맞부딪치려고 할 때, 그중의 한 사람이 갑자기 상대방의 목소리를 알아차리면 대결의 장면은 재회의 장면으로 반전한다. 이러한 이야기의 전환은 대립(가장 격렬한 공격성과 가장 정중한 우정의 대립)과 상호관계를 동시에 작동시키는데, 이 장면은 앞서의 만남을 되살리면서 그 다음에 다져

---

* 침묵 속에서 단지 눈으로만 읽는 사람은 '텍스트 밖에서만 머물 뿐'이라고 중국의 비평가는 말한다. 그러므로 이러한 종류의 시를 읽을 때는 그 '세를 포착하기 위해 높은 목소리로 빠른 리듬에 맞춰' 낭송하거나 시 속에 들어 있는 '눈에 보이지 않는 맛'을 음미하기 위해 속으로 '천천히' 읽는 방법을 택해야 한다. 이 두 독서법 — 큰 소리로 읽는 것과 눈으로 읽는 것 — 은 서로가 서로를 보완해야만 한다.

지는 우정을 연결해주고 있다. 그러므로 소설가는 자신의 이야기에 역동성을 부여하기 위해 두 가지 모순된 방법에 함께 의존하게 된다. 즉, 한편으로 그는 '이야기 속에 팽팽하게 당겨진 활의 세 또는 막 도약하려는 말의 세를 감추면서〔伏線有勁弓努馬之勢〕',⁴⁰ 앞으로 전개될 이야기를 미리 준비하고 있고, 다른 한편으로 '붓의 세가 갑작스럽게 돌입하게 될 때'처럼 바로 앞선 장면과의 관계를 최대한으로 단절시키면서 돌발 상황을 연출한다〔筆勢奇兀〕.⁴¹

　　현재의 이야기와 나중에 전개될 이야기를 결합해주는 역동적 끈을 강화하기 위해 소설가는 '이야기의 흐름이 지닌 극단적 굴곡성의 효과〔勢〕에 의해〔文勢逶迤曲折之極〕,⁴² 즉 단순한 어구의 반복을 통해'⁴³ 기대감을 만들어낸다〔疊成奇勢, 便下文走得迅疾可笑〕. 예를 들면, 영웅 중의 한 사람이 무일푼으로 주막에 들어가면(그는 술과 밥, 고기를 주문한다), 싸움판이 벌어질 것이 예상되게 마련이다. 그런데 소설가는 그 다음에 주막의 시동이 술과 밥, 고기를 가져오는 것을 주의 깊게 다시 한 번 언급하는데, 비평가는 이 점에 주목을 한다. 이러한 출발 자세 속에 들어 있는 눈에 띄지 않는 효과는 그 다음에 올 격렬한 장면에 더욱더 약동력〔勢〕을 부여해준다. 이러한 효과는 소설가가 이야기의 가장 중요한 순간에 스스로 끼어들어 이야기를 중단시킬 때도 마찬가지로 일어난다.⁴⁴ 소설가는 현재의 이야기를 앞선 이야기에 연결해주는 끈을 더 팽팽하게 하기 위해 이 두 가지를 도치된 방향으로 서로 대립시킬 수도 있다. 즉, 대조를 강조하는 단 하나의 간단한 구절만으로도 충분히 그 다음의 전개를 '추진할 수 있다'.⁴⁵ 중국에서 전통적으로 내려오는 풍부한 은유적 표현법의 목록에서 인용된 다양한 이미지 — '우리 앞에 떠 있는 기이한 산꼭대

기처럼',[46] '공중으로 튀어 오르는 나무 접시처럼'[47], '산에서 쏟아지는 비와 망
루를 휘감는 바람처럼'[48], '무너져 내리는 하늘과 갈라지는 땅과 같이', '일어나
는 바람과 솟아오르는 구름과 같이'[49] 등등 ― 들은 소설 속의 세가 불러일으
키는 이러한 긴박한 긴장감을 차례차례로 표현하는 데 사용된다. 또는 매
우 단순하게 '비탈길을 빠르게 질주하는 적토마처럼'[50]과 같은 표현법은
긴박감이 극에 달하고 이야기가 빠르게 치닫게 될 것임을 나타낸다.

그러므로 한 번 더 말하자면, 역동성의 갱신을 확보해주는 것은 번갈
아 나타남의 변주이지만, 이때의 변주는 급전법으로서의 변주이다. 이야
기의 전개에서 중요한 것은 이야기를 하는 사람의 붓이 서예가의 붓과
같이 연속성과 불연속성을 교묘하게 작동시키는 것이다. 다툼이 일어나
고 두 당사자가 막 서로 싸우려고 하는 예를 살펴보자.[51] '주막의 주인은
두 사람에게 우선 술이나 함께 마시고, 달이 뜰 때까지 기다리자고 제안
한다.' 술잔이 오가고, 이윽고 달이 떠오르자 주인은 다시 끼어들어, '협
객님들, 달이 떠올랐는데도 두 분은 이렇게 사소한 싸움을 하겠단 말이
오?'라고 말한다. '연결 ― 휴지休止 ― 다시 연결'의 과정을 따라 주석가
가 말하듯이 '붓의 세는 말이 뒷발질하며 뛰어오르듯 극단의 경지까지
뛰어오른다'. 일반적으로 자신의 이야기를 말하는 내내 소설가는 어떤
때는 '꽉 조이기도 하고', 어떤 때는 '느슨하게 풀어주기도 한다'.[52] 다
루어지는 주제도 한 곳에서는 보다 더 광범위한 반면에, 다른 곳에서는
보다 더 제한되어 있다.[53] 처음에 하나의 방식으로 다루어진 것도 그 다
음에는 그것과 반대되는 방식으로 다루어진다.[54] 그리하여 이야기는 끊
임없이 '높은 곳과 낮은 곳'을 거치게 된다〔只是筆墨抑揚, 以成文勢〕. 그
러므로 이야기를 연결로 이끄는 긴장이 가장 생생해지고 이야기의 기술

이 그 정점에 도달하는 것은 매우 논리적이게도 소설가가 동일한 장면의 한가운데에서 이야기의 흐름을 성공적으로 왔다 갔다 하며 흔들어댈 때이다. 예를 들어보자. 주인공 중 한 사람인 무송은 외간 남자 서문경과 간통을 저지른 다음에 남편(무대)을 독살한 형수(반금련)에게 복수하고자 했다. 그런데 그는 그 중죄에 가담했던 늙은 매파 노인도 겁에 질린 모든 이웃 사람 앞에서 자신의 발 앞에 꿇어앉았다. 그가 형수를 붙잡아 죄를 추궁할 때도, 우선 노파에게 먼저 욕설을 퍼붓기 시작한다. 주석가는 형수에 대한 이야기와 노파에 대한 이야기의 이러한 '교차'에서 '붓에 도약력을 부여해주는 여세'가 나온다고 말한다.[55] 두 부분의 조합이 성공하면 성공할수록 이야기를 끌고 가는 배열은 더욱더 신중하게 — 텍스트를 따라 — 가장 세세한 부분 속으로 감추어진다.

어떤 작품을 고찰하든지 간에 일반적으로 소설가가 '그 다음의 전개에 유리하도록 도약의 특정 성향 — 특히 세의 성향 — 을 불러오는〔者特欲爲後文取勢〕'데 성공해야만 한다는 사실은 '창작의 본질적인 기술'을 구성한다.[56] 이러한 기술에 대한 전체적 고찰 속에서 소설 이론가는 두 종류의 상호보완적 규칙을 언급하지 않을 수가 없었다. 첫 번째는 '산줄기를 횡단하는 구름과 소용돌이치는 강을 가로지르는 다리'[57]의 규칙이다. 즉, 소설의 구조는 연속적 — 동일한 영감이 구조의 한 곳에서 다른 곳으로 건너가기 위해(예를 들어, 다리) — 이면서 동시에 불연속적 — 지루한 열거를 피하기 위해(예를 들어, 구름) — 이어야만 한다. 점을 칠 때 64괘를 조작하는 것처럼 텍스트의 세는 '도치 또는 전복'에 의해 같은 텍스트와 다른 텍스트를 근본적으로 활용함을 통해, 발현되는 텍스트의 변형 능력에 기인한다〔必叙別事以間之, 而後文勢乃錯綜盡變〕. 두 번째는 '파도에 뒤이어 일어나는 잔물결과 격렬한 소나기에 뒤이어 내리는 가랑비'[58]의 규칙이다. 이러한 세의 보충 덕분에 하나의 일화는 그 다음 일화로 연장된다. 즉, 이야기는 세에 의해 '전개되고', '반영되며', '요동친다'.

중국 소설의 여러 특징은 바로 이러한 역동적 연속성을 살리는 방향으로 수렴되어 있다. 사실 중국의 문학 비평이 장편 문학 장르에서 특수한 문제, 즉 독자의 호기심을 불러일으키는 문제를 발견하는 곳은 소설에서이다. 그래서 다른 장르보다 뒤에 발생했고 다른 장르와 마찬가지로 지방 사투리로 쓰인 중국 소설은 문인들의 비평적 개념에 들어맞을 경우에만 그 가치를 인정받을 수 있었던 것이다. 그러므로 중국의 소설 이론이 역동적 연속성의 중요성을 왜 그렇게 강조하는지에 대해 놀라워할 필요가 없다. 즉, 역사 이야기(처음부터 서로 분명하게 구별되는 부분들이 모여 형성된 전체로서의 이야기)보다 소설 이야기가 더 높이 평가되는 것은 바로 이러한 역동적 연속성 때문이다. 또한 지나치게 점잖은 척하는 문인들이 때로는 소설을 외설이라 치부할 때 이를 구제해주는 것도 작품을 하나의 통일체로 이끌어주는 바로 이러한 역동적 연속성이다. 소설 이야기의 전개는 여러 권에 걸쳐 전개될지라도 가장 내밀한 연결 방식에 따라, 즉 8행시의 방식에 따라 생각할 수 있다. 우리는 자연스럽게 서예와 회화에서 그렇게 귀중하게 다루어졌던 공통적 '맥박'과 '리듬에 따른 유입력'이라는 주제로 되돌아오게 된다. 하나의 동일한 영감이 소설 전체를 이곳에서 저곳으로, 마치 '100개의 장章이 하나의 장인 것처럼', 그리고 더 나아가 '100개의 장이 한 페이지인 것처럼' 관통하게 된다.[59]

소설은 뒤늦게(중국 문명의 오랜 역사에 비추어볼 때) 발달했고, 그 기원이 다양한(물론 불분명하지만, 분명히 구전적口傳的이고 대중적이며, 불교의 전

파와 연결되어 있는) 예술 형식임에도 문화 전체에서 발달되고 받아들여
진 공통의 시각 — 파도치는 리듬에 따라 서로 연결되면서 진행하는 과정에
대한 시각 — 에서 벗어날 수는 없었다. 그러한 시각은 이미 중국의 가장
오래된 상상 속에 용이라는 상징으로 각인되어 있었다.

결론 II 용의 모티브

용은 자신의 몸을 휘어지게 함으로써 에너지를 집중시킨다. 용은 앞으로 더 잘 전진하기 위해 또아리를 튼다. 이는 형상 속에 투여된 모든 잠재력, 즉 결코 실현되는 것을 멈추지 않는 잠재력의 이미지이다. 용은 때로는 물속 깊은 바닥에 웅크린 채 숨어 있기도 하고, 때로는 하늘 꼭대기까지 솟구쳐 오르기도 한다. 용의 걸음걸이는 그 자체로 끊임없는 굽이침이다. 이 굽이침은 항상 한 극에서 다른 극으로 왔다 갔다 하면서 다시 새로워지는 도약력의 이미지를 나타낸다. 고정된 형상을 지니지 않고 언제나 움직이고 있기 때문에, 우리는 그것을 멈출 수도 막을 수도 없고, 결코 포착하거나 이해할 수도 없다. 이는 결코 물화物化되지 않고 그리고 바로 그러한 사실을 통해 불가사의해지는 역동성의 이미지이다. 끝으로 용은 구름이나 안개와 한 몸을 이루면, 한 번 움직일 때마다 주위의 세계 전체를 진동하게 만든다. 용은 사방으로 퍼져나감을 통해 공간에 힘을 주고, 이러한 영기靈氣로 충만시키는 에너지의 이미지가 된다.

용의 상징체계는 중국에서 가장 풍부한 상징 중 하나이다. 용이 나타내고 있는 가장 본질적인 의미들 대부분은 창조적 과정에서 세가 가진 중요성을 예시하는 데 사용되었다. 외형 한가운데 존재하는 긴장, 번갈아 나타나는 변주, 고갈되지 않는 변화와 활력을 불어넣는 능력, 즉 용의 몸이 단 한 번의 도약만으로 집중시켜 구현할 수 있는 이 모든 면들은 미학적 장치의 특성을 규정지어준다.

형상 속에 투여된 잠재력

이 물결치는 용의 몸은 예술 작품의 모델로 쓰이기 이전에 이미 우리 주변 어디에나 존재한다. 우리가 풍경화의 굽이치는 곡선에서 떠올리는 것도 용이요, 높낮이를 나타내며 이어지는 주름 속에 각인되어 있는 것도 바로 이 용이다〔勢委蛇曲折, 千變萬化, 本無定式〕.[1] 이 용체龍體의 물결침은 끝이 없는 '생명선'〔勢〕인바, 우주적 에너지는 바로 이 선을 통해 마치 기氣가 혈관을 통해 순환하듯이 한 곳에서 다른 곳으로 끊임없이 순환한다〔地勢原脈, 山勢原骨, 委蛇東西或爲南北〕. 풍수지리가는 경사면이 구부러진 곳인 이 용체의 휘어진 지점에 생명력이 축적되어 있음을 알아차리는데, 이 지점은 행운을 가져다주는 힘이 가장 왕성한 곳이며, 그 힘이 더 잘 퍼져 나가 번성을 가져올 수 있는 곳이다.

이 우주적 유입력을 은밀하게 끌어들이기 위해 노심초사하면서 자신의 풍경화에 역동성을 뚜렷이 표현하기 위해 노력하는 중국의 화가 역시 여러 모티브 중에서도 특히 산맥의 꾸불꾸불한 흐름을 우선시한다. 그것은 바로 이 산맥이 세勢의 영향으로 '한 마리 용처럼', '구부러지며 펼쳐지다가' 바위 사이에서 우뚝 솟아오르기 때문이다〔使勢蜿蟺如龍〕.[2] 또 화가는 외형의 한가운데에 서려 있는 이러한 긴장을 하늘로 구부러지며 뻗어 있는 외로운 소나무의 몸통으로 표현하기도 한다. 단단하고 오래된 껍질과 함께 온통 이끼로 뒤덮인 이 소나무는 자신의 '용체'를 '나선형의 운동 속에서' — 광대무변의 허공에 의지해 — '은하수까지' 들어 올린다〔蟠蚪之勢, 欲附雲漢〕.[3] 이 나무들의 도도한 도약력을 나타내고자 하는 화가는 다음과 같은 두 가지 오류만은 피해야 한다. 그중 하나는 단순히 곡선의 움직임에만 집착하는 것인데, 사실 움직임에만 집착하면 화가는 단순히 꾸불꾸불한 선의 얽힘만 나타낼 뿐 그 이상의 힘을 나타내지 못하게 된다. 반대로 또 다른 하나는 획을 지나치게 뻣뻣하게 긋고 물결침을 충분히 나타내지 않는 것인데, 이럴 경우 화가는 생명력 있는 인상을 전혀 나타내지 못하게 된다.[4] 그러나 앞으로 펼쳐질 힘 전체가 그 구부러짐 속에 응축되어 있고, 한 방향으로 그려진 운동이 그것과 반대 방향으로 되돌아감에 의해 자연스럽게 자기 자신을 초월하게 된다면, 이렇게 서 있는 몸통의 굴곡성은 용의 몸처럼 원기 왕성해진다.[5] 왜냐하면 용의 형상은 아무리 단순한 것이라 할지라도 결국 운동 중인 에너지의 선으로 환원되기 때문이다. 회화 작품은 나무의 선이나 풍경의 윤곽에서 바로 이러한 에너지의 선을 제대로 포착해야만 비로소 자연스럽게 최대한의 긴장을 표현할 수 있게 될 것이다.

번갈아 나타나는 변주

용은 양陽 가운데에 있는 음陰이자 음 가운데에 있는 양이다. 용의 몸은 결코 지치는 일 없이 끊임없이 변신한다. 연속성의 동인이 되는 번갈아 나타남에 대해 이보다 더 훌륭한 구현을 상상할 수는 없을 것이다. 그러므로 우리는 끊임없는 도약력 ― 세의 표현 방식을 따르면, 초서체의 특징이 되는 ― 이 정서체의 균형 잡힌 구조와 대조되면서 일반적으로 용의 움직이는 몸과 비슷하다는 사실에 더 이상 놀라워하지 않게 될 것이다. 초서체의 획은 물결치면서 힘차고 강력한 모습으로 끝없이 계속된다. 영속적인 '왕래 운동'[6]에서처럼〔虫蛇蚪繆, 或往或還〕그것은 웅대함과 왜소함, 느림과 빠름을 번갈아 나타나게 만든다. '형상화의 세는 용의 형세를 지니고 있다. 그리고 모든 것은 거기에서 불연속됨 없이 다시 결합된다. 그 세는 어떤 때는 튀어나왔다가 어떤 때는 굽어 들어가고, 한 곳에서 솟아올랐다가 다른 곳에서는 가라앉는다〔字體形勢, 狀如龍蛇, 相鈎連不斷〕.'[7] 용의 경우처럼, 요동만이 항상 전진을 가능하게 해주고, 에너지는 변형으로 다시 새로워질 수 있다. '평탄하고' '한결같은' 흐름은 이러한 도약의 자발적인 다시 활발해짐과 대립할 것이고, 필연적으로 단절로 향하게 될 것이다. 그리하여 모든 '균일성'은 '생명력이 결여된 것'이 된다.

이미 살펴보았듯이 이러한 사정은 이야기를 쓰는 경우에도 마찬가지다. 즉, 번갈아 나타남의 변주만이 이야기 쓰기에서 연결의 성향을 확보해준다. 예를 들어 비평가는 다음과 같은 글에 관해 '붓의 세가 이곳에서 놀랄 정도로 굽이치고 물결친다'고 말하며, 그 귀한 세를 '분노해 돌진하는 용'에 비교한다. 한 방탕한 승려가 산 위의 암자에서 계곡으로 내려오는 도중에 쇠를 두드리는 망치 소리를 듣는다. 배고프고 목마른 승려는 망치질 소리가 나는 대장간 앞에 다다른다. 대장간 옆집의 문 위에는 주막이라고 표시한 간판이 달려 있다. 그런데 이 몇 줄은 다음과 같은 이중적 전개를 끌어들인다. 승려는 자신이 사용할 무기를 주문하고, 한잔 걸치기 위해 주막으로 향한다. 비평가는 다음과 같이 말한다. 우선 승려가 지닌 탐욕의 주제에 집중하고, 그 다음에는 '첫 번째 뒤집기를 통해' 이 모티브를 버리고 쇠를 두드리는 소리가 들려오는 대장간을 끌어들인다. 그러나 이 두 번째 주제를 보다 더 풍부하게 전개하기 전에 그는 다시 한 번 이 주제를 버리고, 두 번째 뒤집기를 통해 진수성찬을 먹고 싶어하는 주인공의 끈질긴 욕망을 부수적으로 환기시킨다. 두 주제는 서로를 가로막으면서도 서로를 자극하며 전진하게 만든다. 그것은 각각의 주제가 '나중에 그 열매를 수확하기만 하면 될' 하나의 씨앗처럼 '미리 뿌려지는 것'과 같다. 한 주제에서 다른 주제로 왔다 갔다 하고, 한 주제를 다른 주제로 변형시킴으로써 이 도입부의 몇 줄은 이야기의 추진력을 고양시킨다. 그러한 사실은 특히 이야기 속의 다양한 삽입구 또는 여담에서 더 일반적으로 나타난다.[9] 이러한 것들은 이야기가 지나치게 균일하며 뻣뻣한 것이 되지 않고, 유연하고 활기차게 역동적이 되도록 만드는 장치의 역할을 수행할 수 있도록 삽입되는 것이다.

항상 움직이고 있는 용의 몸이 구현하는 바로 이러한 역동적인 번갈아 나타남을 중국인은 교접 중인 두 마리 용의 형태로 표상한 바 있다. 서로 포용하고 있는 모습 또는 머리와 꼬리가 엇갈려 있는 모습의 쌍룡雙龍의 테마는 고대 중국의 도상학圖像學 속에서 빈번하게 나타난다. 장피에르 디에니Jean-Pierre Diény가 분석하고 있듯이, 이러한 상징적 관계가 나타내고자 하는 것은 '대립보다는 협력'이다.[10] 그러한 사실의 훌륭한 예시를 동일한 비평가가 이 구절에 대해 달아놓은 다음과 같은 상세한 주석에서 발견할 수 있다.[11] 두 친구가 많은 재난을 겪은 후 서로 만났을 때, 한 친구가 다른 친구에게 그들이 헤어진 후부터 각자가 겪었던 상황을 차례로 묘사하는 대화를 이끌어가는 것은 연속적인 균형성이다.

> 노형! 내가 검劍을 산 후, 노형을 떠난 그날부터 / 나는 노형의 고통을 생각하느라 단 하루도 괴롭지 않은 날이 없었다오(1). / 노형이 유배의 형벌을 받은 이래로, / 나는 노형을 돕기 위해 노형에게 달려오고 싶었지만, 방법이 없었다오(2)! / 나는 노형이 창주滄州로 유배되었다는 사실을 알고 있었다오! / 그렇지만 나는 노형의 유배지 근처에서 노형을 찾아낼 수가 없었다오(3)!

또 다른 다섯 행들이 계속되는데, 이 속에서 매번 '타자'의 주제는 '자아'의 주제로 '보완된다'. 즉, '이야기의 세'는 텍스트적 장치로서 '서로 포옹하고 있는 쌍룡의 테마〔筆勢夭矯〕'와 같다. 그리고 드디어 두 사람의 해후는 '두 마리 용이 갑자기 꽉 껴안은 것'처럼 묘사된다. 해후 장면에 대한 묘사는 이 두 가지가 섞인 왔다 갔다 하는 고유한 운동에 의해proprio motu 전개되고, 역동성은 매번 번갈아가며 한 극에서 다른 극으로, 한 순간에서 다음 순간으로 다시 이어진다. 결말에서 두 사람이 재회할 것이라는 사실은 그만큼 더 미리부터 예측된다. 다시 말해 이러한 모든 전개는 물결치는 운동이 밀어내는 힘의 영향으로 저절로 힘차게 대단원을 향해 나아가고 있는 것이다.

끊임없는 변화 때문에 알아차리기 어려운 용의 모습

용은 끊임없이 자신의 모습을 바꾸기 때문에 고정된 형태를 지니지 않고, 하나의 확정된 외형으로 구체화되지도 않는다. 용은 어떤 때는 나타났다가 어떤 때는 사라지며, 어떤 때는 자신의 몸을 쭉 펼치기도 하고 어떤 때는 움츠린다. '용의 겉모습에 관해, 그 변하는 모습을 확인할 수 있는 사람은 아무도 없다.'[12] 바로 그러한 이유에서 용은 신적인 존재로 간주된다. 고대의 격언에 따르면, 용은 '절대로 산 채로 잡히는 일이 없기 때문에' 그만큼 더 존경을 받는다.[13] 용은 또한 도道 자체와 마찬가지로 결코 분명하게 파악되지 않는다. 공자는 도가의 원로인 노자와 기념비적인 대화를 나누고 난 다음에 자신의 제자들에게 다음과 같이 토로했다. '나는 새가 날 수 있다는 사실을 안다. 또한 나는 물고기가 헤엄칠 수 있고, 네발 동물이 걸을 수 있다는 사실도 안다. 우리는 걸어 다니는 동물을 그물로 잡을 수 있다. 또한 우리는 헤엄치는 물고기를 낚시로 잡을 수 있고, 날아다니는 새를 화살로 잡을 수 있다. 그러나 나는 용에 대해서는 도무지 아무것도 알 수가 없다. 용은 바람과 구름을 타고 하늘로 올라간다. 오늘 나는 바로 이러한 용과 같으신 노자를 만났었다!'[14]

이미 살펴보았듯이 이러한 이상은 정확히 병법가의 이상理想이다. 즉, 병법가는 끊임없이 자신의 장치를 갱신해 '어떤 때는 용의 진을 치고, 어떤 때는 뱀의 진을 치면서' '한 번도 고정된 진형을 펼치지 않는다'.[13] 바로 그러한 이유에서 적은 병법가가 있는 지점을 결코 예상할 수가 없고, 그는 적에 의해 꼼짝 못하는 상황에 처하거나 정복당하지 않는다. 적은 결코 그를 붙잡지 못할 뿐만 아니라 오히려 그가 지닌 이러한 역동성 — 언제나 튀어 오르는 — 의 효과 때문에 점차 굴복당하게 된다. 그러한 것은 또한 화가의 이상이기도 하다. 화가가 소나무를 그릴 때, '소나무의 장치〔勢〕는 너무나 변화무쌍하기 때문에 이 모든 변화된 모습은 헤아릴 수 없는 것이 된다〔其勢萬狀, 變態莫測〕'.[16] 이러한 용 같이 생긴 나무에서 화가는 생명의 무한한 번식을 재현해낸다. 이러한 일은 시, 특히 장시長詩의 경우(중국의 전통 시에서 장시는 상대적으로 드물다)에서도 마찬가지다. 즉, 시의 전개는 물결치는 변화의 힘 덕분에 시를 산문처럼 읽고자 하는 모든 독자는 그것을 이해하지 못하게 되고, 주제를 고정화시켜 파악하려는 모든 시도를 무력화시키게 된다. 이에 대한 증거는 다음의 시(100행 이상의 장시)에서 찾아볼 수 있는데, 이 시는 작가가 중국을 뒤흔들었던 대혼란기가 끝난 후에 자신이 직접 가족을 찾기 위해 떠났던 '북쪽으로의 긴 여행'을 회상하면서 쓴 시이다.[17]

> 산비탈 정상에서, 나는 부치鄜州를 생각하고 있네.
> 정상과 계곡이 차례차례로 나타났다가 사라지네.
> 나는 이미 강가에 도달했네.
> 내 하인은 여전히 나무 꼭대기 위에 있으려나.
> 부엉이는 빛바랜 뽕나무 밭에서 울고 있네.
> 뾰족뒤쥐들은 쥐구멍 입구에서 나에게 인사를 하네.
> 한밤중에 우리는 전쟁터를 가로질러 가네.

차가운 달은 새하얀 해골을 비춰주고 있네.

수많은 병사들이 동관潼關에서

흔적도 없이 사라졌네 — 오호통재라! 모든 것이 한 순간에 파멸되었네!

중국 시의 정수는 기술적記述的이지도 않고 서사적이지도 않다는 점에 있다. 이 점은 중국 시가 서양의 고전주의 전통과 다르다는 사실을 가장 잘 나타내주는 특징이다. 그래서 중국 시는 앞에 인용된 시에서 볼 수 있듯이, '귀향에 관한 이야기'여야 마땅한 것에 대해 지속적으로 변화하는 의식의 주관적 반응만을 기록하고 있다. 풍경화를 그리면서 우선 생각하게 되는 번갈아 나타나는 변주 — 정상과 계곡은 멀리까지 연속되어 있다 — 는 모티브의 끝없는 파도침 — 즉, 한 사람의 초조함과 다른 사람의 느긋함 사이의 파도침, 자연 세계의 차분함과 인간 세계의 불안함 사이의 파도침, 또는 가로질러 왔던 풍경에 대한 환기와 느꼈던 정서 사이의 파도침, 이러한 외로운 여행이 회상하게 하는 개인의 운명과 전쟁터에서 보이는 집단적 참사 사이의 파도침 — 속에서 다시 발견된다. 시는 이러한 모든 대비 사이에서 굽이치며, 결코 그 어느 하나 속으로도 매몰되지 않는다. 주석에 따르면 이 시인은 자신의 고향으로 되돌아가면서도 항상 근심에 빠져 있는데, 그러한 근심 때문에 그는 죽은 병사들의 '백골'을 떠올리고 있다. 그러나 갑작스레 짓눌린 마음에서 최근에 일어난 병사들의 재앙을 다시 생각하게 된 바로 그 순간, '이 거대한 정치적 주제가 다루어지자마자 개인과 가족에 관한 문제는 완전히 옆으로 비켜나게 된다'. 개인적인 문제는 자연스럽게 그 다음에 다시 나타날 것이다. 그리고 주석가는 덧붙인다. '붓의 세가 이렇게 한 방향에서 다른 방향으로 나아가는 것을 보면서 우리는 진정으로 유연하고 굽이치며 나아가기 때문에 포획 불가능한 용을 이야기하게 될 것이다〔眞如龍行天矯, 使人不可捉搦〕!'

두 시구 사이에 스며들어 있는 이러한 사유는 상술할 가치가 있다. 왜냐하면 비평가의 상상력이 집중하고 있는 용 - 시의 모티브는 시에 대한 풍부한 직관을 함축하고 있기 때문이다. 결코 고정된 형태를 취하지 않는 용은 신기한 매력을 간직할 수 있고, 어떠한 영향도 받지 않으며, 이세계와 이어져 있는 초월적 세계로 신호를 보낸다. 그런데 이러한 특징은 시에서도 마찬가지다. 왜냐하면 시는 그 흐름 속에서 항상 자체의 고유한 언어에 반응하지, 결코 균일하게 유지되거나 장황하게 늘어지지 않기 때문이다. 즉, 시의 전개는 결코 주제로 구성되지 않기 때문에, 시를 읽는 독자의 의식은 한 주제에 고정되고 고착되려는 순간 곧장 시의 전개로부터 등을 돌리고 보다 더 먼 곳으로 이끌려 간다. 시의 언어는 모든 의미의 중압감과 독자의 모든 타성화된 관심을 피해 언제나 끊임없이 예측불가능한 것이 됨으로써 독자를 감응시킬 수 있는 영향력을 유지한다. 이 같은 끝없는 굴곡성을 통해 시는 끊임없이 새로워지는 우리의 감정적 반응의 리듬을 포착하고 조종할 수 있는 유연성을 획득한다. 이렇게 해서 시적 담론은 지속적인 전환의 과정으로서 나타나고, 시적 담론의 장치는 시를 부단한 초월로 이끈다. 바로 이러한 의미에서 우리는 시를 초월을 생산해내는 장치라고 매우 단순하게 정의내릴 수도 있다. 즉, 시는 그 물결침의 모든 굽이굽이 ─ 섬광처럼 어렴풋이 나타나는 ─ 를 통해 말로 표현되지 않는 것, 희미한 것, 무한한 것의 세계로 향하는 것이라 할 수 있다.

포착할 수 없는 것이 지니는 효과는 소설적 이야기 속에서도 마찬가지로 중요하다. 같은 소설 속에서 양산박으로 길을 떠나는 우리의 무법자 집단에 대해 살펴보자. 길을 갈수록 무기와 보따리를 지닌 새로운 무리가 이들에 합류했고, 이들은 모두 함께 목적지를 향해 행군을 재개할 준비가 되어 있었다. 이들이 막 떠나려고 할 때, 이들의 수령이 갑자기 다음과 같이 외쳤다. '정지! 우리는 이런 식으로 출발할 수는 없다!' 그러고는 다음과 같은 주석이 이어진다.[18] '이 여정에 대해 기술하고 있는 텍스트의 세는 바다 속으로 돌진하는 용과 같다. 독자가 이 지점에 도착했을 때, 저자는 갑작스럽게 그가 따라가던 방향을 전환시킴으로써 독자가 더 이상 용 비늘의 딱딱한 등딱지가 어디에 있는지조차 모르게 만든다.' 앞에서 나온 시의 경우처럼, '붓의 세는 우리가 그 세를 찾아낼 수 없도록 만들고, 우리를 불확실성 속에 남겨놓는다'.[19] 이것은 이야기가 매번 더 훌륭한 이야기에서 다시 출발하기 위해 처음의 이야기를 벗어난다는 사실, 그리고 급전하는 새로운 전개로부터 발생하는 물결침의 능력이 한정될 수 없는 것이라는 사실을 다시 말해주고 있다. 바로 이러한 지속적인 왕래 운동에 의해 사로잡힌 소설적 이야기는 변형되는 것만으로 끝나지 않는다. 다시 말해 그것은 이러한 장치의 효과 속에서 끊임없이 즉흥적으로 다시 나타나고 예측을 빗나가게 만든다. 바로 그러한 이유에서 그것은 언제나 어느 정도의 힘을 가지고 독자를 이야기의 흐름에 매달리도록, 이야기에 사로잡히도록 할 수 있다. 즉, 모험의 길을 개척하기 위해 모든 표현법을 총동원해 한 페이지에서 다음 페이지로 끊임없이 이어지는 이야기의 불확정성에 독자의 시선을 붙들어놓는다.

용과 구름 : 활기를 불러일으키는 힘

이러한 시학적 무한성과 소설적 경이로움은 마치 대기大氣처럼 작품을 둘러싼다. 중국의 도상학에서 용의 몸을 흔히 구름을 통해 — 안개에 둘러싸인 모습으로 — 표현하는 것도 마찬가지 이유에서이다. 군주의 지위에 대해 고찰하였던 법가주의자들이 이미 이야기했듯이, 용이 땅바닥을 기어 다니는 비천한 벌레와 달리 하늘 높이 올라갈 수 있는 것은 바로 이러한 구름에 의지하고 있기 때문이다. 반대로 용이 움직이기 시작할 때에는 '빛을 발하는 구름이 일어나서 모인다'. 이 밀운密雲을 통과하면서 용의 몸은 이곳저곳에서 순식간에 나타났다 사라지고, 신비스러운 마법에 둘러싸인다. 이와 동시에 용의 몸은 역동적 추진력으로 우주 공간 전체에 고유한 생명력의 긴장감을 불어넣어 준다.

우리는 초서체에서 필치의 굽이치며 빠르게 나아가는 움직임으로 인해 화선지 전체를 하나로 결합시켜주는 강력한 연결관계를 마치 우리가 몸으로 직접 느끼듯이 매우 강렬하고 생생하게 느끼게 된다. 두껍게 긴 구름과 용을 섞는 것은 이러한 초서체를 찬양하는 다음과 같은 시의 일반적 논거가 된다.

> 낭풍산閬風山 주위에 구름은 한없이 피어오르고,
> 놀란 용은 위로 치솟았다가 밑으로 곤두박질치며 질주하네![20]

붓의 획은 지속적인 영감으로부터 나오기 때문에 한 쪽에서 다른 쪽으로 관통하면서 그 획이 전개되는 공간에도 생기를 불어넣고 활기를 띠게 만든다. 다시 말해 이 공간도 마찬가지로 획이 전개되도록 협력을 하는 것이다. 중국 미학에서 공간은 결코 선험적으로 한정되어 있지 않다. 즉, 공간의 '조각'이나 '구석'과 같은 것은 없다. 다시 말해 공간은 공의 심연으로부터 현실화되어 무한히 펼쳐지는 우주적 공간 전체인 것이다. 이러한 상호작용은 본질적이기 때문에 주의를 기울이기만 한다면 우리 주변에서도 얼마든지 알아차릴 수 있다. 즉, 용의 몸을 둘러싸기 위해 모든 수평선으로부터 끌려와 용 주위에서 피어오르는 구름의 테마는 초서체의 흐름이 화선지를 가로지름을 통해 공간에 집약화됨을 환기시키기 위한 것이다. 반면에 굵은 선들의 긴장과 섞여 있는 안개 낀 구름은 작품의 숨통을 틔워줌으로써 작품에 활력을 불어넣어주게 된다.

비슷한 방식으로 시적 공간의 생성도 설명할 수 있다. 왜냐하면 시적 공간의 생성이란 것도 언어를 그 잠재력을 최대한 펼칠 수 있는 장으로 열어주는 작업에 지나지 않기 때문이다. 이미 언급된 이론적 설명에 따르면, '세를 얻을 줄 아는 사람'은 '가고 돌아옴, 축약과 전개의 연결'에 의해 마음속의 모든 열망을 군말 하나 없이 표현할 수 있다. 즉, '시는 자신의 주위에 구름의 소용돌이를 거느리면서 끊임없이 물결치는 원기 왕성한 용과 같다. 여기에서 우리는 단순히 화폭에 그려진 용이 아니라 살아 있는 용을 보는 듯한 느낌을 지니게 된다'.[21] 시가 끊임없이 물결치듯 전개되는 가운데 시적 영기는 응축되고, 이 영기는 그러한 시학적 전개를 더욱더 효율적으로 만들어준다. 시구詩句들은 그 시구들 주위에서 축적된 완벽한 허공 속에서 메아리친다. 다시 말해 시어들 사이에 존재하는 긴장은 모든 상상적인 것들을 해방시킴을 통해 — 마치 그 상상적인 것에 자신을 완전히 맡겨버리는 것처럼 — 증폭된다. 말로 표현될 수 없는 세

계로 끊임없이 향하는 이러한 지속적 초월을 통해 텍스트적 장치는 시적 '세계'를 불러일으킨다.[22]

장치의 긴장 속에 함축되어 있는 '공(空)'과 '초월'

용에 대한 참조가 해명해주듯이, 중국인이 미학적 장치에 관해 생각하고 있는 개념은 경직되고 기계적이며 정형화된 작동과는 거리가 멀다. 병법 영역에서와 마찬가지로 그 개념은 효율성의 관념과 가변성(변화를 통해 얻어지는 효율성)의 관념에 의해 지배된다. 또 그 개념은 정치의 영역에서처럼 결과의 자동성뿐만 아니라 그것이 고갈되지 않는 특성도 강조한다. 바로 이러한 이유에서 그 개념은 과정을 물질적으로 결정짓는 객관적 조건과 그러한 조건에 함축되어 있고 그것으로부터 도출되는 '초월'의 경험을 설명할 수 있다. 그 개념은 기술적인 조정과 초월에서 나타나는 황홀경의 차원을 하나의 동일한 작업 속에서 결합시키고 있다. 왜냐하면 우리가 충분히 살펴보았듯이, 바로 이러한 '저편의 세계'에로의 나아감이란 것도 단지 배열의 유일한 잠재성을 그것이 지닌 성향의 힘을 통해 작동시키기만 하면 얻을 수 있기 때문이다.

그러므로 여기에서 '무한한 것', '정신적인 것', '신적인 것' 들은 형상이나 과정의 유형을 분석하는 환원론적 관점에 대해 반응하는 의식에 의해 추가로 덧붙여진 관념적 형이상학의 개념으로 이해되어서는 안 된다. 그것들은 또한 예술이나 시에 관한 막연한 떨림의 위대한 목소리를 받쳐주기 위한 수사학적 지지대로서 쓰이기 위해 원용된 것은 더더욱 아

니다. 그것들은 오히려 우주적 역동성의 필수불가결한 부분을 이루고 있
는 것과 마찬가지로, 예술 작품의 내적 긴장에 의해 실질적으로 생겨난
것이다. 그래서 태허太虛 또는 비가시적인 것에 대해 언급할 때에도, 영
적인 보상이나 심지어 서정적 토로조차 없게 된다. 반대로 그것들은 마
치 다른 모든 과정에서도 그런 것처럼 심미주의적 현상의 자연적 차원을
구성한다. 예술은 자연을 (대상으로서) '모방하지' 않는다. 오히려 가시적
인 것과 비가시적인 것, 텅 빔과 충만함 사이의 관계를 이용하고 사실적
으로 그려냄으로써 그것은 자연 뒤에 숨겨진 논리를 전해줄 뿐이다.

　용이 상징하는 번갈아 나타남의 왕복 운동은 이러한 역동성의 위대한
조정 원리이다. 그러므로 그것은 중국인의 심미주의적 사유뿐만 아니라
모든 사고에서 항존하는 모티브motif이기도 하다. 따라서 이러한 주제는
중국인이 역사적 기원을 고찰하는 방식과 보다 더 일반적으로는 실재의
자연적 성향을 생각하는 방식에서 다시 발견된다.

'회화술의 원리'로서의 세를 달성하기: 산을 그리기 위해서는 서서히 모든 공간을 뒤덮는 바위의 축적에 의해서가 아니라 우선 그림 구성의 전체적 움직임을 파악하면서 진행하는 것이 적합하다. 『개자원화전芥子園畵傳』에서 발췌.

↓ 는 세勢라는 단어가 나타나는 열을 가리킨다.

● 는 한자 세勢 그 자체가 포함된 어구를 표시한다.

바위의 그림에서도 생동적 에너지는 획[勢]의
긴장으로부터 발생하고 그것에 의해 표현된다.

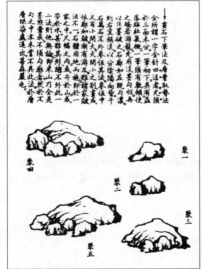

(1에서 5까지의) 바위들 전체를 조합시킴을 통
해 역동적 외형 속에서 세勢를 달성하는 기술.

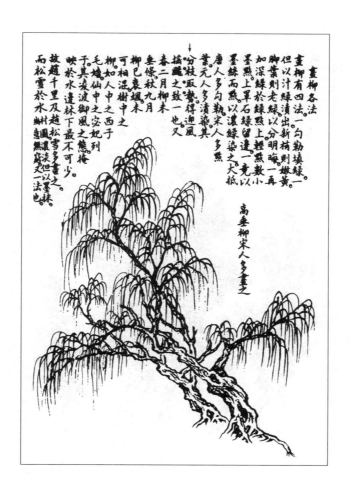

畫柳各法

畫柳有四法。一句勒填綠。
但以汁綠漬出新楠則嫩黃。
脚葉則老綠。以分明暈一再。
如深綠點上輕點數小。
墨點上單石綠留邊一竟以
墨綠而點。以濃綠染之大抵以
唐人多句染其
葉。人多點。

分枝取勢得迎風
搖颺之致一也。

春二月柳未
無條秋九月
柳已衰颯末。
可相混列
柳如人中之西子
毛嬙仙中之宓妃
于其淡波御風之態拖
映於水邊林下最不可少。
故趙千里及趙松雪多畫之
而松雪於水卿圖濃波但以墨綠
蕙無筆夫一法也。

高垂柳采人多畫之

'세를 달성하기' :
수양버들 그림에서 전체적 구성을 활성화하기 위해서는 바람에 물결치는 가느다란 가지들을 분
리하는 것으로도 충분하다. 『개자원화전芥子園畵傳』에서 발췌.

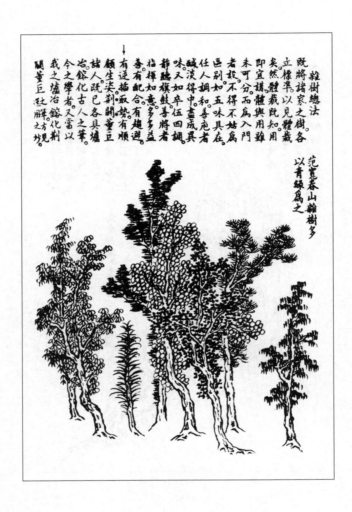

雜樹總法。
既將諸家之樹。各
立標準。以見之
卉然。體裁與用。既知
即宜講體與用難
未可分。而爲入門
者投不得不始如
匹別如五味具在。
任人調和斯庵具
鹹淡得中盖成其
味又如卒伍四調
斯聽旗鼓將將者
指揮如意多多益
善有配合。
諸生炎荊闢董巨
人既已各具爐
有遂描取得有
顧人既已具爐董巨
或之爐冶鎔化剜
今之學者又當以
關董巨杜鑠之方妙。
范寬春山雜樹多
以青綠爲之

여기에서 화가 범관范寬은 세를 성취하기 위해서 작은 관목 숲 속에 다양한 종류의 나무를 혼합하고 있다. 불규칙성과 대비가 외형에 긴장감을 부여해준다. 『개자원화전芥子園畵傳』에서 발췌.

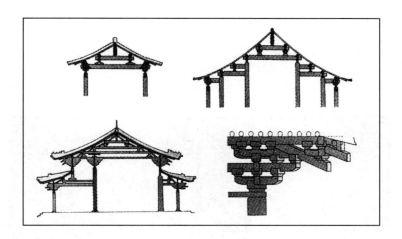

동아시아 건축술의 전통적 외형[勢]에서 긴장은 지붕의 곡선을 통해 표현된다. 곡선은 미리 정해져 있지 않다. 그러나 곡선은 건축물을 특징짓는 다양한 변수에 따라 특수하게 계산함의 대상이 된다.

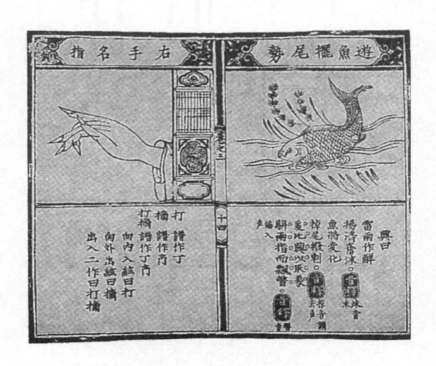

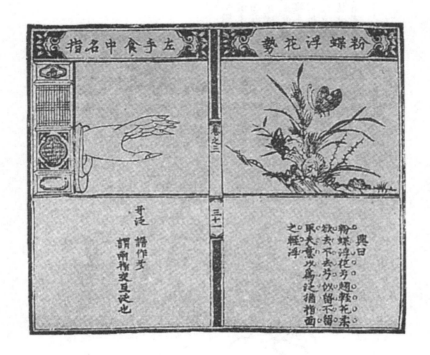

비파의 현 위에서 손의 다양한 '효과적 배열[勢]'을 묘사하고 있는 『태음대전집太音大全集』 판화
왼쪽 면: 잉어의 무심한 꼬리 놀림, 위쪽: 꽃을 스치는 흰나비.
각각의 움직임(자세)은 왼쪽 상단의 그림으로 표현되어 있고, 그 밑에는 주석이 달려 있다. 오른쪽에 있는 두 번째 그림은 동물 세계를 참조해, 실행해야 할 동작의 직관적 완성 상태를 표현하고 있고, 밑에 있는 짧은 시는 비유적 방식으로 추구해야 할 정신 자세를 설명하고 있다.

開嶂鉤鎖法

凡人百骸未具鼻先先生。初下一筆
所謂正面山之舁峯是也偏體揣視
更重顱骨結頂一筆所謂嶒山之
顱骨是也此處起伏爲一山之主而
氣脈連絡并爲通幅之一劈一石皆
來爲主又有君相存焉故郭熙爲主
山欲聳拔欲埋坑欲軒豁欲渾厚欲
雄豪而精神欲顧盼而嚴重上有蓋
下有承前有據後有倚其法盡之矣。

脈絡

正面

높낮이를 나타내는 '생명선'은 우주적 맥박이 기를 보내주는 혈관의 조직망을 구성하고 있다.

외형의 한가운데 있는 긴장의 상징인 용
'이영구李營邱의 소나무는 용의 구부린 몸을 연상하게 하는 굴곡 운동(또는 봉황의 비상)을 하면서 위로 올라가기를 좋아한다.'『개자원화전芥子園畵傳』에서 발췌.

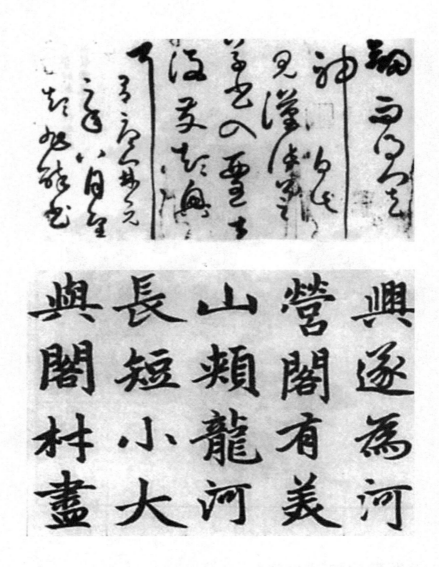

정서체(아래, 조맹부趙孟頫의 작품)가 보다 더 안정된 — 불연속적인 — 구조를 지닌 것과는 대조적으로, 초서체(위, 장욱張旭의 장시)는 연속성을 확보해주는 도약의 풍부함을 그 특징으로 갖는다.

중국의 미학적 장치

중국 미학의 고전적인 풍경화(목계牧谿 작). 저 멀리 산의 능선이 그려져 있고, 가까이에는 몇몇 지붕들이 나무 사이로 나타나며, 물 위에는 낚시꾼의 배가 떠 있다.

윤곽선과 담채 부분, 가시적인 것과 비가시적인 것, 여백과 충만의 상호관계에 의해 발생하는 긴장은 풍경에 초월의 능력을 부여해주고 정신적 삶으로 통하게 한다.

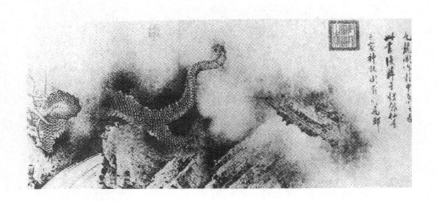

미학적 장치

긴장과 용을 둘러싸고 있는 대기大氣: 용의 몸은 구름을 관통하여 질주하면서 좀 더 응집되고 생
동감 있는 공간을 창출하는 것처럼 보인다(진용陳容, <구룡도九龍圖: 구름과 파도를 가로질러 나
타나는 아홉 마리 용>의 부분화).

7. 역사에서의 상황과 경향

역사적 상황이란 무엇인가

역사적 상황이란 무엇이고, 우리는 이 역사적 상황을 어떻게 분석해야 하는가? 이러한 물음은 우리가 지금까지 다루어온 문제와 근본적으로 같다. 그러나 이러한 물음이 사회적 영역으로 옮겨지는 경우, 그것은 어떻게 하면 실재를 더 잘 이해하고, 정적인 것과 동적인 것, 고정된 상태와 생성의 과정 사이의 모순을 극복할 수 있는가를 묻는 물음이 된다. 다시 말해 그것은 어떻게 하면 모든 공시적 시각이 필연적으로 끌어들이는 정적인 관점과 진행 중인 변화와 사건의 흐름을 설명할 수 있는 동적인 관점을 조화시킬 수 있는지를 묻는 물음이 된다. 사실 상황을 구성하는 구체적 정황들은 그 자체로서 하나의 단일한 전체를 구성하는 동시에 총체적으로 변화한다. 우리는 체계를 그 변화하는 생성 속에서 생각해야만 한다. 왜냐하면 역사의 과정도 매 순간마다 잠재력을 가진 장치로서 나타나기 때문이다. 이러한 맥락에서 볼 때, 세勢는 특수한 상황이자 동

시에 그 특수한 상황을 방향지어줌을 통해 표현되는 경향을 의미한다.[1]

　모든 상황은 그 자체로 하나의 방향을 구성한다. 고대부터 중국의 사상가들, 특히 전제주의 이론가들은 세의 관점에서 이러한 경향의 결과가 지닌 이중적 측면을 강조했다. 한편으로 역사적 상황 — 특정 방식으로 작동하는 일련의 요인들 — 은 사건들을 객관적으로 결정짓는다. 왜냐하면 그것은 개개인들의 행동에 대해 강제력을 지니기 때문이다. 다른 한편으로 그러한 상황은 전개되는 과정 속에서 새롭고 전례가 없는, 어떤 하나의 특수한 순간을 가리킨다. 따라서 그러한 상황은 이전의 어떠한 모델들로 환원될 수 없다. 즉, 그것은 사물의 흐름을 끊임없이 갱신시키기 때문에 근대성을 밑받침해주는 논증으로서 사용될 수 있다.

　한편으로 역사의 흐름 속에서 사실상 구체적 정황으로서 나타나는 것은 일종의 힘으로서 작용하기 때문에 효율성을 지닌다. 그러나 역사에서 힘은 항상 특정의 배열에 의존하며, 그것으로부터 분리될 수 없다. 자기 나라에서 가장 강한 사람을 예로 들어보자. 사실 이 사람은 아무리 강하더라도 혼자 힘으로는 반란을 일으키지 못할 것이다. 그 이유는 물론 그에게 힘이 부족해서가 아니라 '상황'〔勢〕이 그로 하여금 반란을 일으킬 수 있도록 허락하지 않기 때문이다〔非無力, 勢不可〕.[2] 이것은 일반적으로 객관적 조건이 가장 중요하다는 것, 그리고 이 객관적 조건이 과정 속에서 결정적 요인으로 작용함을 의미한다.[3] 그러므로 정치가는 '전장戰場'의 이점을 최대한 활용할 줄 아는 병법가처럼 이러한 객관적 조건에 의지해야만 할 것이다〔久處利勢必王〕.[4] 그렇지 못할 경우에는, 정치가는 문제가 되는 조건을 자신의 행위에 유리하도록 만들기 위해 철저하게 변경시켜야만 한다. 그러한 변경이야말로 바로 법가적 권위주의자들이 권장하는 개혁이다. 전쟁에서 비겁함과 용맹함이 단지 상황에서 발생하는 잠재력의 기능인 것과 마찬가지로, 사회에서는 공공의 도덕성이 전적으로 역사적인 조건에 종속되어 있다. 만약 사람들이 전체적으로 질서가 잘 지켜지기 때문에 잘못된 행동을 하지 않게 되는 상황이라면, 가장 사악한 악당들마저도 신뢰 받는 사람이 될 수 있을 것이다. 그러나 상황이 정반대인 경우에는 모든 사람, 심지어 덕의 귀감이 되는 사람들까지도 의심스러운 도덕성밖에 갖지 못하게 될 것이다〔勢不能爲奸, 勢得爲奸〕.[5] 역사적인 상황은 저절로 질서에 이르든지, 아니면 반대로 무질서로 나아가든지 할 것이다〔勢治之道也, 勢亂之道也〕.[6] 또한 마찬가지로 각각의 공국들이 서로 대립하는 힘의 관계 속에서 단지 어떤 특정한 상황(강력한 공국의 수가 적을 경우)만이 완전한 통치권을 획득할 수 있도록 만들어줄 것이며, 반대의 상황은 단지 주도권을 쥘 수 있을 정도만 허락할 것이다.[7] 그러므로 중요한 것은 인물의 도덕적 가치가 아니라 그가 속해 있는 시대인 것이다.

다른 한편으로 고대 중국의 학파들 사이에서는 사회적 진전에 관한 여러 이론들이 서로 대립되었었는데, 이러한 대립으로부터 인간이 인간답게 된 것에 대한 의식이 더욱더 싹텄다. 도덕주의자의 관점(유가의 관점)에 따르면, 문명이란 것은 공공선에 관심을 지니면서 사람들이 영토를 구획짓고, 자신에게 필요한 필수품을 마련하며, 마지막으로 도덕적 성품을 기르도록 이끌었던 현자들의 작품이라 할 수 있다.[8] 이것은 자연주의자의 관점(도가의 관점)과 정확히 대립한다. 왜냐하면 자연주의자의 관점에 의하면, 이러한 '현자'의 부적절한 개입이야말로 사회적 관계를 점진적으로 악화시키는 주범이기 때문이다. 바로 이들의 개입 때문에 자발적인 조화는 조금씩 붕괴되었고, 전쟁이 일어났으며, 황금시대가 지나 가버렸던 것이다. 산적 도척盜跖은 공자가 바로 이러한 커다란 죄를 저지른 사람들의 대표적 인물이라고 공공연하게 비난한다.[9] 당시 중국을 사분오열시켰던 적대 관계에 종지부를 찍었던 권위주의 정치의 주창자인 '현실주의자들'은 한 가지는 확실하다고 결론을 내렸다. 즉, 인류는 여러 단계를 거쳐 발전하여왔는데, 한 시대에서 힘들여 만들어낸 고안물이 그 다음 세대 사람들의 눈에는 어처구니없을 정도로 하찮은 것으로 보일 것이라는 점이다.[10] 게다가 예전의 균형과 삶의 양식을 근본적으로 변화시킨 인구 증가의 압력과 같은 새로운 요소도 개입하였다. 그러므로 시간의 구애를 받지 않는(영원한) 모델은 없으며, 오직 중요한 것 — 그리고 위급한 상황을 만들어내는 것 — 은 현재적 조건이다. 어느 날 우연히 자신의 밭에 있는 나무 밑동에 부딪혀 목이 부러진 토끼를 획득했다고 해서 그러한 횡재가 다시 한 번 찾아오기를 바라면서 괭이를 내던지고 그루터기를 지키며 토끼를 기다리는 사람이 있다면, 그는 크게 잘못 생각하는 것이다. 왜냐하면 이 이야기에 나오는 토끼가 결코 같은 장소로 다시 지나가지 않는 것과 마찬가지로, 각각의 순간에는 각각의 다른 상황이 대응할 것이기 때문이다. 예전의 처방법에만 의지해 자신의 시대에 뒤처지는 것도 적절하지 않고, 그 반대로 현재에만 맹목적으로 집착해 정황에 스스로 얽매이는 것도 적절하지 않다〔修今則塞于勢〕.[11] 현재를 평가할 때는 시간의 진전을 고려하면서도 일정한 거리를 유지함으로부터 나오는 추상적 관점의 도움을 얻어 새로운 것의 논리적 특성을 평가해야만 한다. 그렇게 해야만 정확하게 현재가 지닌 역사적 호기를 보다 더 잘 알아차릴 수 있다〔三代異勢而皆可以王〕.

역사적 호기의 의미를 알기 위해서, 예를 들어 고대 중국이 어떻게 끝났는지를 생각해보자. 여러 강대국 사이에서 가장 늦게 나타난 진나라는 두 세기 동안에 걸쳐 백성들에게 실시한 전제정치 정책 덕분에 점차 경쟁국보다 우위를 점하였고, 다른 나라를 하나하나씩 파멸시킨 다음 제국을 건립하는 데 성공한다(기원전 221년). 그러나 20년도 채 지나지 않아 반란이 일어났고, 제국은 무너진다. 이러한 사태는 도덕적 방식에 따른 국가 경영이 결여되었기 때문에 발생한 것인바, 여기에서 우리는 '정복을 가능하게 했던 상황 - 경향[勢]과 나라를 유지할 수 있도록 해주는 세는 다르다[攻守之勢異也]'는 사실을 알 수 있다.[12] 이것이 주는 교훈은 이중적이다. 즉, 진나라의 꾸준한 상승이 경향의 불가피성을 나타낸다면, 힘이 최고에 달했을 때 닥친 갑작스러운 몰락은 전복의 논리 — 이 논리 또한 전적으로 불가피한 것이다 — 를 나타낸다.

봉건제에서 군현제로 변화됨의 역사적 필연성

중국의 초대 황제 진시황은 중국을 단순히 정치적으로만 통일한 것이 아니었다. 그는 더 나아가 그때까지 지배적이었던 봉토의 체계를 행정구역 체계를 중시하는 군현제로 바꿈으로써 중국을 근본적으로 개혁시켰던 것이다. 그래서 그 이후부터는 군현제가 중국에서 지배적인 제도로 지속되었다. 이것은 중국 문명의 독창성을 보여주는 본질적 변화이다. 왜냐하면 이 새로운 체계가 너무나 일반적으로 퍼져 있었던 명문 혈통 중심주의를 관료에 대한 임명과 평가, 그리고 파면이 가능한 근대적 행정 구조로 대체했기 때문이다. 이 대변혁이 일어난 지 천 년 이상의 세월이 지난 시점에서 사람들은 군현제를 체계 발생의 일반적 진전의 관계 속에서 설명하려고 했다. 그리하여 세라는 용어는 변화의 불가피성을 설명하기 위한 개념으로 쓰이게 되었다.[13]

이러한 변화의 불가피성을 이해하기 위해서는 이 군현제가 발생했던 출발점으로 되돌아갈 수밖에 없다. 옛 봉토 체계는 결코 권위 있는 위대한 현자들의 '창조적 의도'나 '이념'으로부터 나온 것이 아니라, '상황으로부터 흘러나온 경향'〔勢〕의 산물이었다〔封建非聖人意也, 勢也〕. 이 세는 성향으로서 한 번도 멈추지 않고 원시적 역사 전체를 관통해왔다. 그러므로 이러한 역사적 과정의 기원으로 거슬러 올라가다 보면 필연적으로 인류 초창기의 모든 것과 만난다(그것은 심지어 귀납법을 통해 인류의 역사적 시작이 존재했었음을 가정하도록 만들어준다). 인간이 자연 상태로부터 점차 발전된 사회적 조직으로 나아갈 수 있었던 것은 바로 '이러한 경향이 점진적으로 도래'하였기 때문이다〔勢之來〕. 우선, 동물에 비해 본능적 능력을 덜 부여받은 인간은 물질적 자원을 필요로 했고, 이러한 사정은 불가피하게 인간들 사이에 경쟁을 야기했다. 바로 이러한 분쟁을 조정하기 위해 심판자로서 처벌을 할 수 있는 권능을 지닌 권위의 개입이 필요했다. 그래서 사람들은 서로 가까이 모여 살게 되었고, 그 결과 최초의 집단이 형성되었다. 그러나 집단 사이의 경쟁 또한 그 집단의 크기에 비례해 점차 커지면서 전쟁이 일어났고, 매번 이러한 대립을 종결지을 수 있는 상위의 권위가 개입할 필요가 생겼다. 그러한 필요성에서 부락 공동체 최초의 우두머리로부터 부족 공동체의 우두머리, 제후국의 우두머리, 연방 제후국의 우두머리를 거쳐 결국 천자天子가 나오게 된다. 위계적 구조는 단순히 공동체 규모의 확장에 맞추어 확립되었을 뿐이다. 그러나 이러한 구조가 일단 공간적으로 모든 나라에 완벽하게 확립되자, 그것은 시간 속에서 고정되는 경향을 지니게 되었고, 관직들은 아버지로부터 아들로 세습되었다. 그 결과 일련의 필연적 연쇄 작용을 통해 봉건제가 탄생하였다.

고대 말기 수세기에 걸쳐 계속 진행된 이러한 체계의 점진적 붕괴 또한 지속적인 연쇄 작용의 지배를 받았다. 즉, 중앙 권력의 약화, 예전 봉토의 독립, 새로운 공국의 형성, 왕권의 찬탈이 그러한 연쇄 작용의 내용을 이루었다. 그 결과 제국이라는 새로운 질서가 탄생하였다. 과거에 대해 향수를 지닌 사람들은 지혜 때문에 지극한 존경을 받았던 과거의 위대한 군주들이 봉건제를 결코 포기하지 않았다는 이유를 들어 옛 군주가 세운 봉건제가 이후의 행정 체계보다 훨씬 더 바람직하다고 말할 것이다. 그러나 이러한 생각은 단순한 환상일 뿐이다. 즉, 옛 군주들이 봉건 체계를 포기하지 않았던 것은 '그들이 그럴 수 없었기 때문이다'. 이 군주들은 영주들의 지지 덕분에 권력을 획득했기 때문에, 권력을 획득한 후에는 그 영주들에게 봉토를 하사하여 보답하지 않을 수 없었다. 그러므로 이러한 행위는 결코 너그러움이나 대범함 때문이 아니라, 그들 자신과 가계의 안위를 보장하기 위한 것이었다. 이러한 사실은 현자의 노력이 없었다면 인류가 결코 살아남지 못했을 거라는 도덕적 이상주의에 반대해[14] 역사가 어떻게 단순한 내적 필연성에 의해 스스로 전개되는 과정인지를 잘 보여준다. 당나라 후기 사상가 류종원柳宗元은 이와 같은 사실을 당시 새 영주가 되고자 했던 지방 총독들이 반란 — 중국에서 중앙 권력이 약해지면 항상 일어났던 — 을 일으키면서 자신들의 행위에 대하여 내세웠던 사이비 정당화에 대한 반대의 논거로서 사용하고 있다. 그는 행정 체계의 우월성이 이미 결정적 사실이 되었기 때문에, 이러한 과정을 돌이킬 수는 없다고 지적하고 있다.

중국 역사의 주된 변화에 대한 이 분석은 약 천 년이 지난 뒤에 발달한 또 다른 중요한 철학사상인 '신유가학파'에 영향을 끼친다.[15] 신유가주의에 따르면, **상황으로부터 나오는 경향**〔勢〕이 불가피한 것이라면, 그것은 '이 경향이 지향하는 바'가 본질적으로 '논리적'이기 때문이다〔勢之所趨, 豈非理而能然哉〕. 권력이 세습을 통해 더 잘 행사되었던 문명 초기에는 봉건제의 논리가 지배적이었다. 왜냐하면 당시에는 정치적 사유가 아직 덜 발달했고, 가족 속에서 획득되고 전수되는 경험만이 중요했기 때문이다. 마찬가지로 봉건제의 논리 다음에는 관료제 체계의 논리가 따라나오게 되었다. 이는 사람들이 관리를 승진시키고 파견할 수 있는 제도를 보면서 위정자의 수탈이 줄어들고 있음을 경험할 수 있었기 때문이다. 시간이 지남에 따라 정치적 기술은 점차 명백하게 드러났고, 그 결과 능력 있는 사람이면 누구나 그것에 접근할 수 있게 되었다. 이제 우리에게는 이러한 일반적 경향으로부터 과연 어떤 과정을 통해 이 전이가 이루어졌는지를 고찰하는 일만 남았다. 우리는 그러한 변화가 전개되면서 야기되었던 위기들의 모든 단계를 완벽하게 이해할 수 있다. 처음에는 군주의 지위만이 세습되었지만, 나중에는 고급 관리들도 자신들의 직책을 아들에게 세습하고 싶어 했다. 이러한 것이 바로 '무절제'인데, '경향은 필연적으로 이러한 무절제로 나아갈 수밖에 없었다〔勢所必濫〕'. 그러나 모든 공직이 세습되기 시작하면서부터는 천부적 능력과 실제로 관직을 수행하는 능력 사이에 명백한 분리가 일어나기 시작했다. 왜냐하면

귀족 가문에 '바보 같은 사람들'이 있었던 것과 마찬가지로, 농민들 중에도 '명석한 사람들'이 있었기 때문이다. 이 비천한 가문 출신의 명석한 사람들은 복종하기만 해야 하는 상태를 견디지 못하고 신분 상승의 기회를 찾고자 했다. 그래서 '상황으로부터 파생하는 이러한 경향으로 인해 필연적으로 긴장은 고조되고 분출되었다〔勢所必激〕'. 그 결과 드디어 세습의 원칙을 폐지하는 역사적 변화가 일어났다. 즉, 긴장이 고조되고 분출된 다음에는 사태를 좀 더 합리적으로 해결하려는 새로운 상태가 나타났다. 경향에 의해 가중된 압력 아래서, '논리' 그 자체도 변화될 수밖에 없었던 것이다〔勢相激而理隨以易〕.

이와 같은 심대한 변화는 단순히 진시황의 주도에 의한 것만도 아니고, 그의 능력에 의한 것만도 아니다. 비록 황제 자신은 관료제적 장치를 설립함으로써 자신의 개인적 야망을 충족시킬 수 있다고 믿었지만 말이다. 황제가 공공의 이익에 부합되는 것을 실현한다는 명목으로 자신의 개인적 이익을 이용하였던 것은 바로 사물의 자연적 흐름 — 그 '신비한' 차원, 즉 '하늘'에까지 이르는 흐름 — 이다. 황제의 개인적 수혜의 관점에서 보면, 왕조의 수명은 피라미드 구조를 지닌 봉신封臣들 전체가 황제에게 확보해주었던 지지를 황제 자신이 이런 식으로 펼친 정치 때문에 포기하게 됨으로써, 얻은 것보다 더 많은 것을 잃었다고 볼 수 있다(그러한 점을 제국의 왕조가 결코 예전의 봉건 왕조만큼 지속되지 못했다는 사실만 봐도 충분히 알 수 있다). 이것은 변화하는 것이 사물의 질서에 의해 결정된다는 사실과 '어떠한 현자도 그러한 변화에 맞설 수 없다'는 사실의 증거가 된다.

진시황에 의해 독단적으로 결정되었던 봉건제에서 관료제로의 변화는 급격한 혁명을 이룬 것처럼 보일 수도 있다. 하지만 이러한 역사의 급격한 움직임과 돌변에서 이 중국의 철학자는 경향성을 띠는 동시에 논리적인 변화의 특성을 확정짓는 더 완만하고 더 규칙적인 진화를 놓치지 않고 구별해낼 것이다. 한편으로 이 변화는 진시황의 결정 이전에 이미 그 기본적 틀이 형성되어 있었다. 즉, 고대 말엽에 봉건 영주를 잃은 다수의 영토들은 이미 행정적인 형태의 통치 밑으로 넘어가 있었다.[16] 황제의 결정 전에 이미 새로운 체계가 존재하고 있었고, 황제의 결정은 이 체계를 일반화시켰을 뿐인 것이다. 다른 한편, 이 첫 번째 왕조가 멸망한 지 20년도 되지 않아 제국 재건주의자들은 봉건체제로 되돌아갔다. 이는 곧 개혁의 주도자였던 초대 황제가 남긴 나쁜 추억 이상으로, 구봉건체제가 여전히 관습과 사람들의 정신구조 속에 각인되어 있었고, 그래서 역사의 흐름을 결정지었던 경향이 너무나 갑작스러운 변화를 견뎌낼 수 없었기 때문이었다〔勢有所不得隨以易〕.[17] 그러나 그것은 더 이상 진정한 의미에서의 과거를 향한 회귀는 아니었다. 그 당시에 제국의 새로운 주인들이 광활한 봉토를 부여함으로써 자신들의 고유한 세력에 해를 끼치지는 않을까(중국을 다시 제후국 사이의 경쟁이 일어났던 이전의 시대로 되돌아가게 만들지는 않을까) 두려워했던 사람들은 이미 시작된 역사적 전개의 논리적이고 냉혹한 성격을 이해하지 못했기 때문에 결국 '쓸데없이 한탄하는 꼴이 되었다'. 한조의 권력이 일단 견고해지자 왕조 초기 내내 일어났던 봉신 제후들의 반란은 저절로 실패할 수밖에 없었으며, '꺼져가는 등불의 마지막 불씨'일 뿐이었다. 중앙집권적 경향이 가하는 압력이 점차 증가하는 현실 앞에서 광대한 봉토들은 결국 작은 조각들로 축소될 수밖에 없었으며, 이러한 현실에 저항하였던 사람들도 스스로 무너질 수밖에 없었다[封建之必革而不可復也, 勢已積而俟之一朝].[18] 이러한 봉토 부여는 끝나가는 세계의 '마지막 파도'에 불과했고, 거의 완전한 봉토의 폐지는 도래할 시대의 '서곡'이 되었다. 왕부지王夫之는 '역사 속에서는 어떠한 복원도 불가능하다'고 결론짓는다. 즉, 경향은 필연적으로 점진적인 동시에 돌이킬 수 없는 것이다.

이러한 변화는 통합에로의 경향이라는 훨씬 더 일반적인 발전과정 속에 들어 있는 것이기 때문에 그만큼 더 돌이킬 수 없다. 사람들은 중국이라는 공간이 처음에는 족장의 관할 구역과 같은 소규모 영역들 — 각각의 영역은 고유한 재판권과 관습을 가지고 있었다 — 이 모여서 구성된 모자이크와 같은 나라에 지나지 않는다고 생각했다. 중국에서 동질적이고 공통적인 문화가 나타난 것은 군주와 같은 공통의 권위에 대한 인정과 더 거대한 봉토 형성이 이루어지면서부터이고, 이러한 형성은 매우 점진적으로 이루어졌다.[19] 봉건제의 정립은 이미 그 자체로 통합의 과정 속에서 중요한 단계였고, 관료제의 도입은 봉건제를 끝맺는 것과 동시에 당시의 봉건제를 특징짓고 있었던 균일화라는 동일한 논리적 경향에 부합하는 것이었다. 그러므로 진시황이 도입한 조치는 천 년에 걸친 진화의 결말일 뿐이었다[漸有合一之勢]. 게다가 이 조치는 변화의 **총체적** 본성에 의해 정당화되었다. 즉, 봉토에서 현이라는 행정구역으로의 이행은 행정적이고 정치적인 이익을 제공했을 뿐만 아니라 백성들의 삶 전체, 그 중에서도 특히 물질적 조건과 관련되어 있었다. 사실 제국의 통일 덕분에 공적인 지출은 공동으로 관리됨을 통해 현저하게 절약될 수 있었고, 이로 인해 세금이 경감되었으며 경제적 합리성이 신장되었다.[20] 그러므로 상황에 고유한 성향으로서의 역사적 경향은 진보에 상응했고, 봉건체제로 되돌아가려는 모든 움직임에 대립하는 가장 강력한 이유를, 너무나 단순하게도 '백성의 힘이 그것을 견뎌내지 못할 것'이라는 사실 속에서 찾게 되었다〔民力之所不堪而勢在必革〕. 이런 의미에서 이러한 변화와 직접적 연관이 가장 없어 보이는 영역 — 학교 체계와 관리 선발 양식과 같은 — 조차 그러한 변화를 책임지는 부분이 되었다.[21] 동일한 시대의 모든 제도들 각각은 일체를 이루면서 '서로가 서로를 돕게 된 것이다'. 따라서 행정구역의 시대에 봉건제 시절에 지배적이었던 추천에 의한 관리 등용 체계로부터 영감을 얻기를 바라는 것은 각 시대의 전체적 단일성을 — 그러므로 시대들 간의 단절과 변화의 철저함을 — 이해하지 못하고 있음을 드러낼 뿐이다.

역사 속에는 분명히 이전과 이후가 있으며, 이들은 양립불가능하다. 역사적 사료를 보면, 고대에는 군사적 요소와 시민적 요소가 구별되지 않았었다. 그런데 제국이 건립되면서부터 이 요소들을 분리할 필요가 생겼다. 즉, '경향에 따라 전개되는 사물의 상태와 제도들은 서로 협력해 변화되어야 했던 것이다〔事隨勢遷而法必變〕'.[22] 그러므로 우리는 시대의 차이를 통해 — 시간의 지속 속에서 장기적으로 — 작동되고 있는 경향을 고려해야만 한다〔以古今之通勢而言之〕. 그 어떤 것도 하루아침에 만들어지지 않으며, 하루하루 모든 것이 변한다. 그래서 역사는 이러한 '심층에서 일어나는 이동'과 '고요 속에서 전개되는 변화'로만 이루어지게 된다.[23]*

* 느리면서도 점진적으로 일어나는 변화에 대해 중국적 사유가 기울이고 있는 이러한 관심은 사건을 역사적 연속성 속에 용해시킨다. 사건이 아무리 갑작스럽고 괄목할 만하다 할지라도 이 사건은 그 발생 단계에서는 거의 모든 경우, 눈에도 띄지 않는 경향의 논리적

번갈아 나타나는 경향

봉건제에서 관료제로의 전이는 상대적 진보를 이루며, 따라서 황금시대의 신화와 모순을 일으키게 된다.[24] 과거를 찬미하는 사람들에 대해 중국의 개혁자들은, 만약 인류가 퇴보만 거듭했다면 우리는 '오늘날 악마에 불과할 것이다!'라고 이구동성으로 말한다. 그래서 만약에 증거나 기록이 없어서 역사의 종말만큼이나 역사의 기원에 대해 사유하기가 어렵다면, 우리는 적어도 역사적 증거가 존재하는 (중국사에서의) 시대에 대한 고찰을 통해서만으로도 인간이 야만에서 문화의 수준으로 얼마나 진보했는지 알게 될 것이다. 사실 최초의 중국인들은 정확히 짐승처럼 살았었다. 최초의 군주들이 전통적으로 그토록 숭배 받는 이유는 그들이 인간을 바로 이러한 원시적인 동물성으로부터 진보시키는 데 성공했기 때문이다. 오늘날 '백성을 다스리는 것이 예전 왕들의 시대보다 더 쉬운 것은 분명하다'. 그러나 이것이 진보가 세계를 지배하고, 세계의 법칙으로서 쓰이고 있음을 의미하는 것인가? 사실 정치적 세계가 동요하고 야만으로 빠져들 위기에 처한 3~4세기(한나라 붕괴 이후)와 같은 중국 역사의 특정한 파국적 순간들은 퇴보도 마찬가지로 가능하다는 사실을 상기시킨다.[25] 즉, 배가 고플 때는 으르렁거리고 배가 채워지면 곧장 남은 음식을 버리는 선사 시대의 인간 — '직립 동물' — 은 우리 다음 시대뿐만 아니라 우리보다 앞선 시대에도 있었을 수 있다. 따라서 인간 본성에 관한 모든 교설을 무시하는 진화의 힘은 두 가지 의미에서 고찰되어야만

결과일 뿐이다[이 주제에 관해서는 『역경』의 첫 번째 괘인 건괘乾卦에 대한 문언文들의 주석을 참조].

한다. 즉, 인간이 문화적 존재가 된 순간부터 인간의 생활양식은 변화하고, 인간의 관습도 진화하며, '인간의 유기적 본성 자체도 변화한다'. 다른 한편 인간은 언제라도 다시 원시적 동물성으로 되돌아갈 수 있고, 문명도 다시 혼란에 빠질 수 있다. 그러한 상태에 빠지면, 모든 것이 문명과 관련된 가장 사소한 흔적에 이르기까지 사라질 것이다.

따라서 세상을 지배하는 것은 진보가 아니라 번갈아 나타남이다. 번갈아 나타남은 공간뿐만 아니라 시간 속에서도 일어난다.[26] 왕부지王夫之의 눈에는 중국인이 아직 야만 상태에서 살고 있었을 때, '태양 아래' 이미 문명화된 다른 장소가 존재했음(이는 중국인들 중에서 더 이상 '세계'를 중국으로 한정시키지 않고 있는 흔치 않은 경우이다!)을 증명해주는 증거는 하나도 없는 것처럼 보인다. 그러나 중국인이 이러한 문명에 대한 물질적 확실성을 갖기는 어렵다. 왜냐하면 초기 단계의 중국인은 미개한 상태에 있었고, 그나마 있었던 문명조차도 조금씩 퇴보하여 그 흔적이 지워졌을 것이기 때문이다. 적어도 왕부지에게 확실한 것은 중국 역사의 최근 2,000년을 통해 이러한 번갈아 나타남을 증명할 수 있다는 사실이다. 고대 중국 문명의 발상지는 북쪽이었다. 이 중심지는 서서히 남쪽으로 옮겨졌고, 북쪽은 점차 암흑 속으로 다시 빠져들었다. 송대(11~13세기) 사람들은 여전히 남쪽 지방 사람들을 얕잡아 보았지만, 명대 이래로 (14세기 이후 지금까지) 문화는 황하 주변에서 집중적으로 발달한 반면, 북쪽 평야는 모든 재앙의 근원지가 되었다. 그래서 그 당시 점차 유리한 영향을 받게 된 곳은 광주와 운남 같은 남쪽 끝 지방이었다. 시간이 흐름에 따라 '우주적 영액靈液'은 이동했지만, 문명과 야만 사이의 균형 상태는 지속되었다.

이러한 발전과 쇠퇴가 번갈아 나타남의 경향[勢]이라는 개념[天下之勢, 一離一合, 一治一亂而已]은 중국의 모든 역사 이론이 공유하고 있는 것이며,[27] 그들에게 지배적인, 즉 자명한 관점으로 쓰이고 있다. 그러나 왕부지에게는 이 두 용어, 즉 한편으로는 경향, 다른 한편으로는 번갈아 나타남이 무엇을 의미하는지를 명백하게 밝히는 것 또한 중요했다. 그것은 우선 고대로부터 이어져 내려온 도덕주의적 시각에 맞서[28] 도약의 국면들이 위대한 군주의 작품일 뿐만 아니라 경향이라고 불리는 과정의 규칙성과 관련된 것이라고 이해하는 것이다. 즉, 역사는 이러한 해석 속에서 한편으로 창조적 영웅주의 속으로 떨어지기도 하지만, 다른 한편으로는 내적인 필연성을 얻기도 한다. 또한 그것은 모든 제국주의적 이념의 신봉자에 맞서, 번갈아 나타남이란 것이 그 자체의 원칙에 의해 한 시대와 다른 시대 사이의 얼마나 많은 단절과 차이를 함축하고 있는지, 그래서 표면적인 연속성을 지탱하는 역할을 하는 것으로만 축소될 수 없다는 사실을 밝히는 것이다. 이 경우에는 앞선 경우와는 반대로, 부정적인 경향이 더 이상 고유한 항구성을 지니지 않으며 저절로 사라지는 것처럼 보인다. 그리고 규칙성은 인위적이 되어버릴 만큼 지나치게 코드화될 것이다.

두 번째 오류는 특히 밝혀져야 할 필요가 있는데, 그 이유는 그것이 불러일으키는 환상이 위험한 것이기 때문이다. 제국의 확립은 사실상 고대 왕조와 더불어 시작되는 역사라는 통합된 일반 개념을 만들어냈다. 새로운 제국의 왕조는 스스로를 역사적 과정의 합법적인 결과로서 나타내면서 이러한 통합으로부터 이득을 얻을 수 있었다. 이를 위해서 역사적인 번갈아 나타남이 자연의 주기 — 이 주기는 전통적으로 '오행五行'의 상호작용에서 나오는 것으로 간주되었다 — 를 따르는 것임을 제시하기 위한 교묘한 시도가 이루어졌다. 이 도식은 나무는 쇠에 의해 정복되고, 쇠는 불에 의해, 불은 물에 의해, 물은 흙에 의해, 흙은 나무에 의해 정복되는 식의 상극으로 생각되거나 단순히 '상호간의 생성'을 의미했다. 즉, 나무(이는 봄, 동쪽, 탄생을 의미한다)는 불을 낳고, 불(이는 여름, 남쪽, 성장을 의미한다)은 흙을 낳으며, 흙(이는 생성 과정의 중심에서 모든 계절을 지배함. 그리고 중심과 완전한 성숙도 의미한다)은 쇠를 낳고, 쇠(이는 가을, 서쪽, 수확을 의미한다)는 물(이는 겨울, 북쪽, 곡물의 저장을 의미한다)을 낳는다〔五行相勝, 相生〕.[29] 만약에 우리가 이러한 종류의 도식을 '색깔' 또는 '덕'을 서로 연관시킴을 통해 좀 더 복잡하게 만든다 해도, 문제가 되는 것은 언제나 폐쇄된 반복적 주기인바, 이러한 주기 안에서 번갈아 나타남은 다음 단계를 계승하는 요인으로서만 개입하고, 모든 국면이 영원히 유지되도록 만들어준다. 그 이후로 이러한 도식을 역사의 흐름에 투사시킨다는 것(연속되는 각 왕조는 주기적인 하나의 원소, 하나의 덕목, 하나의 색에 대응한다는 식으로 ……)은 역사의 흐름을 언제나 동질적이고도 규칙적인 양상에 비추어 생각하는 것을 의미하게 되었다. 그래서 역사는 마치 '군주 통치〔正統〕'의 끊임없는 연쇄에 지나지 않는 것처럼 생각되었다. 다시 말해 이러한 통치는 각 왕조가 스스로 다음 왕조에 자리를 내어주고, 다음 왕조는 이전 왕조를 매우 공정하게 계승해줄 만큼 그렇게 조화롭고 통일된 전체로서 생각되었다. 그러나 왕부지에 따르면, 이러한 생각은 가장 흉악한 왕위 찬탈을 감추기 위해 중국 역사 전반에 걸쳐 고의적으로 사용되어왔기 때문에, 그만큼 더 잘못된 이상화라 할 수 있다. 공식적인 사료 편찬에 귀속된 이러한 통합의 기능은 지나친 형식주의로 치달아 결국에는 아무것이나 모두 통합시키는 데 사용되었다. 즉, 가장 음흉한 도적의 두목이라도 새로운 왕조를 만들어 시작하고, 정통성을 잇는 과업을 수행한다고 참칭하기 위해 자기 자신에게 특정의 원소·색·덕목을 엄숙하게 부여하고(3~4세기에 제국을 참칭했던 야만인처럼), 앞선 왕조의 이름으로 치장하기만(10세기 이면李昪처럼) 하면 되었다.[30]

　　사람들을 거짓으로 진정시키는 이런 획일화된 사관史觀은 인위적인 짜맞추기에 근거하고 있으므로 그 진상을 밝혀내는 것이 마땅하다. 한과 당이라는 두 위대한 왕조 사이에는 소위 정통한 것이라고 주장된 연속성(3세기와 10세기)의 한복판에 거대한 공백기로서 지속되었던 혼돈과 무정부의 시기가 있었다. 질서가 무질서를 대체한다고 하더라도, 우리는 그 질서가 무질서에 대한 단순한 '연장선상에서 존재하는 것은 아니라'는 사실〔離而合之, 合者不繼離〕, 그리고 정치적 통일성이 분열 상태 다음에 온다고 할지라도 그것이 '저절로 일어나는 것은 아니'라는 사실을 알아야만 한다. 역사적 상황 속에서 하나의 경향은 반대의 경향을 희생하는 대가를 치르고서만 실행되고 지배적이 될 수 있는 것이다. 질서 또는 무질서, 통일 또는 분열 상태는 서로 대립되는 가운데 역사의 흐름을 역동적으로 만드는 대립적 요인들이다. 경향은 진정으로 긴장이고, 이러한 긴장 덕분에 역사는 혁신된다. 중국의 역사를 그 거대한 변화 — 정치적 통일(고대 말엽), 분열(한나라 이후 3세기에), 재통합(7세기에서 9세기까지 수와 당 치하에서), 오랑캐에 의한 점령(송대 이후로 11세기, 그리고 13세기, 다시 만주족 치하의 17세기) — 로 이끈 것은 바로 이 경향이다. 그러므로 현자라하더라도 앞으로 도래할 변화가 어떤 것일지를 예견하는 것은 불가능하게 되었다.[31] 우리는 다만 역사란 것이 이러한 방식으로 번갈아 나타남의 긴장 속에서 왔다 갔다 하면서 전진하는 것이라는 사실을 알 뿐이다. 즉, 역사는 연속적 진보의 선을 따라가는 것도 아니고, 원을 그리며 순환하는 것도 아닌 것이다.

왕부지에 따르면, 왕위 찬탈·분열·침략으로 이끄는 부정적 경향이 어떻게 역사 속에서 특정의 고유하고도 독립적인 원리에 따라 한 시대에서 다음 시대에 걸쳐 재구성되는지를 고찰할 때, 역사의 흐름 속에서 번갈아 나타남의 실재를 훨씬 더 잘 이해할 수 있다.[32] 초기에 이러한 부정적 경향의 기폭제 역할을 했던 것은 흔히 부차적인 것으로서 판단되었던 우연한 사건이었다〔기원후 초기에 있었던 왕위 공백기 동안에 왕망王莽이 펼쳤던 짧은 기간의 통치가 이에 해당하는데, 이 통치는 3세기 초의 조비曹丕에 의해 이어지고 그 이후로도 여러 번 반복되었던 왕위찬탈 경향의 출발점이 되었다〕. 동시에 그러한 경향이 시작되자마자 그러한 경향은 그것이 지닌 추진력 때문에 저절로 확산되고 끊임없이 발전하다가 결국에는 소멸했다(3세기에 시작되었던 분열의 경향은 이렇게 하여 10세기까지 주기적으로 계속되었으며, 송나라 때부터는 이러한 분열의 경향 다음에 침략의 경향이 이어지며 반복되었다). 출발점은 매우 사소할 수 있지만, 결정적인 역할을 한다. 왜냐하면 이 출발점은 역사에 새로운 경향의 문을 열어주기 때문인데, 이후 역사는 그러한 경향을 끊임없이 다시 빌려 쓰게 된다. 게다가 그러한 경향은 훨씬 더 낮은 수준까지도 질주하게 된다. 역사적 경향은 거대한 성향의 힘을 지니고 있는 것이다. 그래서 최초의 사소한 경향은 후에 전개될 흐름을 수세기 동안 바꿀 수 있다. 특정의 주름이 한 번 접히면, 그 이후에는 '줄을 바꾸는 것도, 팬 홈을 바꾸는 것도 거의 불가능하다'. 따라서 역사의 흐름 속에서 어떤 역할을 맡고 있는 모든 사람은 필연적으로 끊임없이 극도의 주의를 기울여야만(우리들 각자가 자신의 도덕적 일탈에 대해서 양심의 심판에 따라 주의를 기울여야 하는 것과 마찬가지로〔神氣者, 如終相貫, 無遽生遽滅之理勢〕[33]) 한다. 최초의 탈선이 일어나기가 쉬우면 쉬운 만큼, 그 일탈을 바로잡는 것은 시간이 흐르면 흐를수록 더욱 어렵게 된다.

그 증거로 우리는 평화와 번영의 새로운 시대를 연 당나라(7세기 초에)의 설립자들을 들 수 있다. 그들은 비록 정의에 관심을 가졌고 훌륭한 목표를 지니고 있었지만, 이미 오래전부터 권력을 잡기 위한 중국의 정치적 관습이 되어버린 왕위찬탈 경향으로부터 전적으로 벗어날 수는 없었다. 게다가 오랑캐의 도움을 받는 행위가 얼마나 위험한지를 그토록 잘 인식하고 있었음에도 불구하고, 그들은 군사 작전을 수행하면서 국경 지역 '오랑캐' 군사들의 도움을 빌릴 수밖에 없었다. 이 국경지역 오랑캐들에 의해 거꾸로 점령될 수도 있다는 위험을 뻔히 알면서도 말이다. 그러나 이러한 식으로 일을 처리하면서 그들은 자신들의 의도와는 정반대로 이후 천 년 내내 지배적이 될 새로운 부정적인 경향에로 나아가는 길, 즉 침략의 길을 열었다. 사실 이들 이후 당 왕조의 군주들은 왕조를 위협했던 반도叛徒들(8세기 중엽의 안록산安祿山)에 대항하기 위해 위구르족에게 도움을 요청했고, 그 다음에는 반란군 ─ 9세기 말엽에 황소黃巢 ─ 을 봉쇄하기 위해 사타沙陀족에게 도움을 청했다가 결국 이 싸움에서 권력을 잃었다. 또한 이 사타족은 중국에 더 잘 정착하기 위해 거란契丹이라는 또 다른 야만족에 의존했다. 그런데 이러한 상황은 송나라에 이르러 더욱더 악화되었다. 왜냐하면 송은 요遼에 대항하기 위해 여진족에게 도움을 청했고, 그 다음으로는 여진족에 대항하기 위해 몽골에게 도움을 청했으나, 결국 이 마지막 '동맹군'인 몽골에 의해 침몰당했기 때문이다. '기어오르는 덩굴손'이나 '시위를 떠난 화살'처럼 재난은 끊임없이 퍼져나가 결국 돌이킬 수 없는 상태까지 이른다.

'일단 흔들리기 시작한 것은 멈출 줄 모른다〔一動而不可止者, 勢也〕.'[34] 바로 이러한 것이 '상황으로부터 흘러나오는 경향'(역사 속의 세)에 대한 가장 일반적인 정의이다. 당 말엽(9세기 후반)에 발발하였던 농민의 반란이 그 좋은 예이다. 왜냐하면 하나의 반란이 진정되면 곧장 다른 반란(구보裘甫의 반란에 이은 방훈龐勛의 반란과 같은)이 일어났기 때문이다. 그리하여 경향은 '저절로 전개되고 스스로 멈출 수 없게 된다〔皆自然不可中止之勢〕.'[35] 경향은 그 스스로 점진적으로 최악의 상태에 이르는 법이다. 또 다른 종류의 예로 황후가 국정에 간섭하는 섭정의 경향을 살펴보자.[36] 3세기에 취해졌던 유익한 조치는 이러한 간섭을 엄격하게 금지시키고 있다. 그러나 이러한 간섭은 당나라 때 다시 나타났고, 사람들은 이 간섭에 단호하게 종지부를 찍었으나, 송나라 시절에는 전보다 훨씬 더 심하게 다시 성행한다. 송대의 섭정(그러나 진정으로 정당화되지는 못했던)은 악이 다시 만연하기 시작할 때(11세기, 인종이 미성년이었을 때) 펼쳐졌으나, 이 악은 그 다음 왕들의 치하에서도 계속해서 — 더 이상 섭정의 구실을 찾으려고 노력할 필요도 없이 — 그 맹위를 떨친다. 홈이 한 번 패면, 경향이라는 것은 저절로 하나의 관성이 되어 그것을 고치려는 이후의 모든 시도와 대립한다. 그래서 경향을 후진시키거나 그 경향에서 벗어나기는 점점 더 불가능해진다〔極重難返之勢, 不能逆挽于一朝〕.

우리는 이런 식으로 왕조의 점진적인 쇠퇴를 추적해볼 수 있다(왕부지는 17세기에 명조의 종말을 직접 체험했기 때문에, 이러한 쇠퇴에 그만큼 더 주의를 기울이고 있다). 즉, 돌이킬 수 없는 특정 지점에 도달하는 순간, 왕조의 몰락은 피할 수 없게 된다.[37] 그때는 적의 강력함이나 잘못된 정치적 결정 또는 그 효과가 의심스러운 조치(예를 들어, 송대의 여진족에 힘을 부여해준 조치 또는 진나라와 맺은 불행한 동맹)를 탓해봐야 아무 소용이 없다. 다른 모든 역사적 변화와 마찬가지로 쇠퇴는 언제나 보편적이다.[38] 그것은 개별적 사건의 결과가 아니라 일반적인 퇴락과 관련된다. 일반적 퇴락이 일단 시작되면 '군주는 더 이상 진정으로 군주답지 못하고', '재상도 더 이상 재상답지 못하며', 풍기가 문란해지고, 필수불가결한 도덕적 통합도 상실된다. 모든 것이 왜곡되고, 아무것도 지탱될 수가 없게 된다. 어떠한 요인도 동일한 방향으로 전개되지 않으며, 완벽한 해체가 이루어진다[無一而非必亡之勢]. 그리하여 전체적인 거대한 전복만이 새로운 정세를 만들어냄으로써 상황을 재건할 수 있게 될 것이다.

전복의 논리

왕부지에 따르면 역사의 흐름은 사실상 이중적 논리에 의해 지배된다. 즉, 모든 경향은 시작되자마자 저절로 전진하는 한편, 극단까지 치달아 고갈된 뒤에는 반드시 전복된다[物極必反].[39] 이 원리는 절대적으로 일반적이다. 그리고 바로 이 원리가 번갈아 나타남을 정당화해준다. 그럼에도 불구하고 우리는 두 가지 형태의 부정적인 경향을 구분할 수 있으며, 이로부터 전복의 두 양상을 구분할 수 있다. 첫째로, 부정적 경향은 점진적인 일탈을 낳기 때문에 뒤로 되돌아가는 것이 점차 어려워지며, 이 경향이 스스로 고갈되지 않는 경우에는 일반적인 변화만이 그것을 해결할 수 있다. 둘째로, 부정적 경향이 오히려 **불균형** 상태로 나아가는 경우에는 이 불균형으로부터 반작용이 생겨난다. 최초의 불균형이 심하면 심할수록 그 반작용 또한 크다.[40] 첫 번째 상황에서 우리는 수동적으로 팬 홈에 점점 더 빠져듦을 확인할 수 있을 뿐인 반면, 두 번째 경우에서는 반대되는 두 양극이 서로 관련됨으로써 균형의 역학이 만들어진다. 이때부터는 전략도 달라진다. 즉, 전자의 경우에는 가능한 한 빨리 재앙을 예견하는 것이 적합할 것이요, 후자의 경우에는 이 역전의 효과에 기대거나 시간에 희망을 걸 수밖에 없다.

사실 경향이 상황의 불균형 상태로 나아간다면, 경향이 강화되면 강화될수록 그 경향은 더욱더 불안정해진다. 다시 말해, 경향이 한 쪽에서 더 무거워지면 '무거워질수록', 다른 쪽에서는 더욱더 '가벼워지고', '역전이 쉬워진다〔極重之勢, 其末必輕, 輜則反之也易, 此勢之必然者也〕'.[41] 이러한 전복의 '논리'는 모든 과정의 규칙적인 흐름('하늘') 속에 새겨져 있다〔順必然之勢者, 理也; 理之自然者, 天也〕. 예를 들어, 정치에서 너무 강하게 작용하는 압력은 그 다음 단계에서는 느슨하게 바뀐다. 한조의 위대한 황제인 무제武帝: 기원전 2~1세기가 그 증인이다. 그는 당시 매우 권위적이고 야심차며, 팽창주의적이고 경비를 많이 지출하는 정책을 개시했고, 이 정책에 저항하는 것은 거의 불가능했다. 그러나 과잉 그 자체로부터 유약함이 나오는바, '실현 불가능한 길로 접어들면 접어들수록' 더욱더 '운명적으로 고생길로 접어들 수밖에 없다'. 한숨 소리는 곳곳에서 커지고, 황제 자신도 내심 불안해졌다. 그래서 황제는 자신의 생애 말엽에 군대 파병을 중단시키고, 내치內治를 완화한다. 그러나 그가 이러한 조치를 취한 것은 '타인들의 반복된 간청 때문이 아니라', '그 자신의 시각이 이미 변했기 때문이었다'. 송나라 때에도 같은 종류의 이야기가 전해져 내려온다. 새로운 황제(11세기의 성종)는 그의 재상(왕안석)을 이용해 정치적 야망을 실현하는데, 이 재상은 모든 권력을 이용하여 자신의 파벌만 지지하고 다른 파벌들을 모두 침묵하게 만들면서 이상향에 가까울 정도로 철저한 개혁을 실행해나갔다. 그러나 그 다음 정권에서 그러한 조치는 하나둘 폐지되었는데, 이는 '가을에 낙엽이 떨어지는 것만큼이나' 어쩔 수 없는 것이었다. 모든 혁명은 반작용을 낳고, 그 결과 저절로 해체될 수밖에 없는 것이다.

이러한 전복의 논리는 고대 『역경』에 나오는 괘卦의 표상 속에서 그 명백한 모델을 찾을 수 있다. 『역경』은 서로 대립되는 동시에 상보적인 두 종류의 효(양효陽爻와 음효陰爻, ━ 과 ￢)를 사용해 생성에 대한 중국인 특유의 개념을 만들어냈다. 두 개의 괘, 즉 11과 12인 태괘와 비괘(☰☷ ☷☰)를 살펴보자〔泰, 否〕. 첫 번째 괘는 세 개의 양효를 지닌 아랫부분(주도권과 끈기의 원리를 나타내는 상징: 하늘)과 세 개의 음효를 지닌 윗부분(복종과 성취의 원리를 나타내는 상징: 땅)으로 이루어져 있다. 아랫부분의 하늘은 위로 향하려 하고, 윗부분의 땅은 아래로 향하려 한다. 이것은 이 효들의 이로운 영향력이 서로 교차하고, 위와 아래가 조화롭게 소통함을 의미한다. 이러한 완전한 상호작용으로부터 존재자 사이의 번영과 조화가 흘러나온다. 따라서 이 괘는 도약력을 불러일으키는 데 사용된다. 반대로 두 번째 괘는 땅을 상징하는 세 개의 음효를 지닌 아랫부분과 하늘을 상징하는 세 개의 양효를 지닌 윗부분으로 이루어져 있다. 즉, 위에 있는 하늘과 아래에 있는 땅은 언제나 서로 떨어져 물러나 있다. 이로운 상호작용은 더 이상 없으며, 잠재성은 정체 상태에 들어간다. 이것은 쇠락의 시기를 상징한다. 그런데 이 반대되는 두 괘는 항상 서로 이어진다. 즉, 이들 각각은 단순한 뒤집기에 의해 서로를 완전하게 만들어낸다. 이 둘은 모든 번갈아 나타남을 설명해준다. 그중 하나는 봄의 시작과 더불어 재생의 기운이 솟아나는 시기인 음력 정월(2, 3월)과 관련되고, 다른 하나는 여름의 절정이 지나고 쇠퇴가 다가올 것임을 예고하는 시기인 음력 7월(8, 9월)에 관련된다.

괘 각각의 내부는 이 이행의 과정과 반전의 과업에 대해 좀 더 많은 것을 보여준다. 사실 반대되는 두 원리(음과 양, 발전과 쇠퇴)는 서로가 서로를 단호하게 배제하고 배척하지만, 또한 서로가 서로의 조건을 만들며 상호 함축하고 있기도 하다. 공공연한 갈등과 암묵적인 화해라는 이 두 원리 중에서 그 어떤 것이 실현되든 그것은 언제나 잠재적인 양상으로 그 반대되는 원리를 포함한다. 매 순간, 한 원리의 진전은 필연적으로 다른 원리의 후퇴를 함께 끌어들인다. 그러나 동시에, 진전 중인 각 원리는 자기 자신의 다가올 후퇴도 불러들인다. 미래는 이미 현재 속에서 작동 중이고, 펼쳐지고 있는 현재는 방금 지나간 순간 속에 있다. 생성은 점진적이고, 전이만이 존재할 뿐이다. 이렇게 두 괘 중 첫 번째 것, 즉 번영의 괘에 있는 세 번째(밑에서 출발해 전반부의 마지막에 위치한) 효는 '되돌아 오지 않는 떠남은 없고', '언덕으로 이어지지 않는 평지는 없다'는 사실을 알려준다. 그리고 괘의 맨 꼭대기에 있는 여섯 번째 효에는 다음과 같은 명구가 쓰여 있다. '성벽은 해자로 되돌아가게 되어 있다.' 그러한 것이 곧 파멸인 것이다.[42] 괘 한가운데에서 예견되고 있는 변화는 변화의 국면으로 들어가고, 성벽은 그 벽이 건립된 지점인 바로 그 해자로 다시 무너진다. 그리하여 긍정적 요소들은 모두 고갈되어버린다. 이제 할 수 있는 일은 오직 정신을 차려서 단호하게 반대 국면에 맞서는 일뿐이다. 쇠퇴의 괘인 두 번째 괘에서는 정반대로 부정적인 요소들이 한 효에서 다음 효로 가면서 점진적으로 억제되고 제어된다. 그리하여 그것들은 스스로 물러난다. 괘의 끝(여섯 번째 효)에서는 기대된 전복이 이루어지고, 새로운 기쁨이 시작된다. 도약은 스스로 쇠퇴로 변화하고, 이 쇠퇴는 다른 도약의 기회가 된다.*

바로 이러한 것이 왕부지가 역사 속에서 줄기차게 작동하고 있다고 발견해낸, 고대로부터 밝혀져 있는 전복의 논리이다. 사실 역사의 과정은 자연의 과정과 마찬가지로 규칙적인 방식으로 균형과 보상에 의해 작동한다. '응축된 것은 다시 새롭게 펼쳐질 수 있으며, 바로 이러한 것이 상황〔勢〕으로부터 흘러나오는 경향이다〔屈而能伸者, 惟其勢也〕.'[43] 물론 경쟁적인 세력들 사이에서도 사정은 이와 비슷하다. 고대 중국에서 진나라가 점차 강해져 (경왕璟王 때) 헤게모니를 잡게 되었다가 그 다음에 쇠퇴할 수밖에 없게 된 것이 그 좋은 예이다.[44] 그러므로 우리가 운명으로 받아들이는 것은 완벽하게 자연스러운 과정의 냉혹함일 뿐이다〔極而必反之勢成乎天〕. 마찬가지로 앞선 예(송나라의 성종과 왕안석)에서 볼 수 있듯이, 지나치게 권위적인 정치적 압력이 느슨해지는 것은 전적으로 저절로 이루어지는 것이고(이것이 바로 '하늘'이다), 인간의 개입을 필요로 하

---

* 『주역내전周易內傳』(태괘, 비괘)에서 왕부지는 세라는 용어를 통해 이러한 국면 각각이 지닌 피할 수 없는 특성을 잘 표현하고 있다. 왕부지는 이 특성을 중국의 사회·정치적 대변동을 설명했던 방식과 유사한 방식으로 설명한다. 그러므로 거기에서는 절대적으로 일반적인 논리(모든 과정에 의해 구현된)가 문제가 되는데, 역사는 바로 이러한 일반적 논리의 특수한 한 예일 뿐이다.

지 않는다〔否極而傾, 天之所必動, 無待人也〕.[45] 그리고 송나라의 성종이 그토록 야심차고 강압적인 정치를 시도했던 이유는 바로 평화주의가 극에 달해 무기력한 상태에까지 이를 정도로 길고 길었던 이전 정권(인종, 1022~1063)에 대한 성종 자신의 반작용 때문이었다. 과도함은 또 다른 과도함을 불러들이기 마련이다. 즉, 이완은 긴장을 불러들이고, 긴장은 새로운 이완으로 이어지는 법이다〔承大弛而勢且求張之日〕.[46] 극도로 사소한 정치적 사건에 이르기까지 번갈아 나타남과 '변화를 향한 끊임없는 경향'의 역학에 따라 해석될 수 없는 것은 하나도 없다〔相仍者之必相變也, 勢也〕. 예를 들어, 우리는 한나라의 한 황제(기원전 1세기의 원제元帝)의 그토록 악명 높았던 칙령을 어떻게 이해할 것인가? 관리를 위계화하기 위해 도덕적 기준을 정립한 이 칙령은 오히려 관리를 무기력하게 만들었고, 국가가 그토록 필요로 했던 이들의 도덕성을 상실하게 만들었다.[47] 이러한 조치 또한 앞선 상황에 대한 반작용으로밖에 설명될 수가 없다. 즉, 관리들 사이에 무정부 상태가 판을 치던 예전에 자신의 지위를 안정적으로 보장해줄 공식적 인정을 받지 못했던 관리들은 어떤 희생을 치르더라도, 심지어 황제의 의혹을 사면서까지 인정받고자 애썼다. 이로 인해 '반전反轉의 경향'에 따라 황제는 관리들의 위계를 재조직화하기로 결정했으며, 그들은 그 위계에 복종할 수밖에 없게 되었다. 여기서 도출되는 결론은 다음과 같다. '앞으로 닥쳐올 흐름을 두려워해야만 한다. 그러나 그 흐름의 반전은 훨씬 더 두려워해야만 한다.'

도덕적 전략: 조작되어야 할 장치로서의 역사적 상황

'긴장 - 이완', '펼침 - 접힘' 또는 '질서 - 무질서', '도약 - 쇠퇴': 모든 역사는 냉혹하게 '고저의 기복을 따라' 진행된다[張弛, 伸屈, 治亂, 盛衰, 抑揚].[48] 이는 시간의 흐름에 투사된 어떤 형이상학적 원리에 의한 것이 아니라 모든 과정에 내재해 있는 필연성에 따른 것이다. 즉, 작용 중인 요인은 긍정적이든 부정적이든 간에 필연적으로 고갈되고, 그것을 보충하는 요인에 의해 대체된다. 그러므로 규제적인 역학이 생성의 각 단계마다 본래부터 내재해 ― 가장 신중한 방식으로 ― 있게 된다. 그리고 바로 이러한 규제적 역학이 모든 역사적 상황을 조작 가능한 장치로 만든다. 이러한 점에서 전략은 더할 나위 없이 단순하지만, 인류가 나아갈 도덕적 방향의 역할을 할 정도로 그렇게 지속적으로 실생활에 적용된다. 따라서 사물의 흐름 속에서 작동 중인 경향을 최대한 이용하는 방법을 아는 것이 지혜이고, 상황이 만들어낸 장치가 그 경향에 따라 작동하도록 내버려두는 것이 가장 이상적인 지혜가 된다. 모든 역사적 상황은 심지어 가장 불리한 상황마저도 항상 미래에 전개될 변화로 가득 차 있다. 왜냐하면 다소 긴 시간에 걸쳐 전개되는 이러한 변화는 긍정적으로 작용할 수 있기 때문이다. 비록 현재 긍정적으로 작용하지 않더라도, 나중에는 그렇게 될 것이기 때문이다. 따라서 우리는 모든 것 중에서 가장 결정적인 요인, 즉 시간이라는 요인에 의지하기만 하면 된다.

왕부지에 따르면, 번갈아 나타남의 시간적 논리를 성공적으로 관리하기 위해서는 두 가지의 일반적 원리만 알면 충분하다. 우선, 반대되는 지나침이 그 반작용으로 일어나는 것을 피하기 위해서는 변화가 일어나기 전이라 해도 모든 지나침을 삼가야만 한다. 다음으로 변화가 일어나기 시작한 순간에도 그 변화를 기꺼이 받아들이는 동시에 마음속으로 그 변화를 꿋꿋하게 잘 견뎌내야만 한다.[49] 왜냐하면 변화가 필연적인 대세가 되었는데도 이에 맞서고자 하는 것만큼 어리석고 파괴적인 것은 없기 때문이다.[50] 개인적 자질이 아무리 탁월하다 할지라도 충정 때문에 자신의 **현재 상태**statu quo를 고집하는 사람은 어떠한 상황도 타개하지 못한 채 스스로 파멸에 이를 수밖에 없을 것이다. 진정한 능력은 변화를 뚫고 나아갈 줄 아는 것이다(그리고 변화로부터 매번 가능한 모든 이익을 얻어낼 줄 아는 것이다). 특히 불운을 행운으로 전복시킬 기회가 단순히 모든 과정을 지배하는 번갈아 나타남의 논리로부터 저절로 흘러나오는 것이라면, 주어진 가능성을 이용하고 이 가능성을 효과적으로 성공에 이르도록 만드는 것은 우리의 몫이다. '하늘'은 '인간을 돕는다'. 그러나 하늘은 특히 스스로 돕는 자를 돕는다.

따라서 지혜란 논리적으로 인간의 개입이 전혀 없는 이러한 경지에 이르는 것이며, 이러한 경지는 가장 커다란 효율성을 지닌다. 지혜란 '기다릴 줄 아는 것'을 의미한다. 현자賢者는 불균형으로 이끄는 모든 과정이 처음에 강화되었다가 나중에 저절로 약화된다는 사실, 그리고 이 과정을 한 방향으로 이끌어가던 경향이 불가피하게 처음과 전복된 상황을 낳게 된다는 사실을 앎으로써, 이 객관적 과정이 전복에 가장 적합한 단계 — 예를 들어, 이 과정의 모든 부정적 요소가 고갈됨으로써 가장 완전하게 긍정적인 방향으로 가게 되는 단계 — 에 이를 때까지 정확히 기다릴 줄 아는 자이다. 현자는 바로 이 경지에서 인간적 개입을 최소화시킴을 통해 모든 것을 좋은 방향으로 다시 이끌어가고 상황을 재건할 수 있다.[51] 그

때에야 비로소 사물의 흐름은 자연스럽게 우리 앞으로 다가오고, 우리는 최고조에 달한 상황에 내재해 있는 역동성으로부터 이득을 얻는다. '하늘에 거역하여 싸우고자' 하는 것, 즉 과정의 자연적 흐름은 반대 방향으로 가고 있는데도 그것에 거슬러 행동하려는 것은 바보 같은 짓이다. 그러나 과정의 자연적 흐름이 원하는 결과에 완전히 다다르기 전에 우리가 너무 일찍 개입하는 것도 — 우리가 이를 깨닫는 것은 더 어렵다 — 마찬가지로 위험하다. 왜냐하면 아무리 우리의 행위가 과정에 의해 '논리적으로' 정해진 방향으로 잘 나아가고 있다 할지라도 우리의 행위는 과정을 강요하여, 그 과정에 자연스러웠던 최적의 상태를 넘어서도록 만들기 때문이다. 그렇게 되면, 이 과정을 안정적이고 지속적인 방법으로 다시 평형 상태로 돌리는 것은 그만큼 더 어려워질 것이다. 그러한 성급함으로 인해 우리는 아무런 보람도 없이 갈등에 노출될 뿐만 아니라, 마침내 유리한 기회가 다가왔을 때에도 그 호기를 놓칠 위험이 있다. 가장 큰 잘못은 조급증이다. 그와는 반대로, 왕조를 건설한 옛 선조들의 지혜는 타락한 왕들의 독재가 극에 달해 상황이 무르익고 균형의 추가 다시 자신의 손에 되돌아올 순간을 알아차렸다는 사실 속에서 분명하게 드러난다. 즉, 그러한 순간이 올 때까지 견디며 기다릴 줄 알았던 그들은 '조용히 일어서기만' 하면 되었고, 모든 사람의 열망에 부응해 별다른 노력 없이 그들에게 유리한 계획을 실행하기만 하면 되었다 〔居貞以俟, 徐起而順衆志以圖成〕.

앞에서 언급되었던 지나치게 전제적이고 강제적인 권력의 예에서도 우리는 동일한 교훈을 이끌어낼 수 있다. 즉, '쇠퇴일로에 있는 점진적 경향에 기대어〔因其所衰之勢〕', '실행 불가능한 것이 저절로 해결되기'를 기다렸던 사람들〔무제武帝 때의 곽광霍光, 한대의 소제昭帝, 송대의 사마광司馬光〕은 결국 상황을 새롭게 제어하고 진정시킬 수 있었던 반면에, 권력에 즉각적으로 맞섰던 사람들은 파멸했다.[52] 이러한 의미에서 행운, 즉 '불가사의한 하늘의 뜻'은 바로 이러한 '논리' 외에 아무것도 아니며, 이 논리는 또한 '상황〔역사적인 세〕으로부터 흘러나오는 경향과의 단순한 일치 이외에 아무것도 아니다〔天者, 理而已矣, 理者, 勢之順而已矣〕'. 그러나 실제 상황에 대한 분석에 근거해 사건의 불가피한 형세를 예측하고 앞서 가는 것이 합리적으로 가능하다고 할지라도(왜냐하면 앞으로 전개될 사건이 진행 중인 경향에 의해 함축되어 있고, 이 경향이 정점에 이르렀을 때 전복의 실마리가 이미 드러나기 때문에〔輕重之勢, 若不可返, 返之幾正在是也〕), '이를 알아차릴 수 있는 사람'은 '드물다'.[53] 바로 그러한 이유에서 '지혜'가 필요하다. 또 다른 예로서 후한시대(1~2세기)의 환관의 권력 상승에 대해 살펴보자. 이 경우에도 환관의 권력에 직접적으로 대항한 사람들은 모두 살해당했다(모든 고관대작들, 그리고 168년에 두무竇武가, 25년 후에는 하진何進이 같은 방식으로 살해당했다). 그런데 이러한 독재 정치는 점차 그 도를 넘어서면서 그동안 은밀히 쌓인 너무나 많은 원한을 야기했기 때문에, 결국 손을 써볼 틈도 없이 단죄를 받게 되었다. 사실 어느 맑은 날 '이미 꺼져가고 있는 등불을 꺼버리기 위해서는 바람이 한 번만 살짝 불어도 충분할 것이다'. 즉, '이러한 전복의 신속함과 수월함은 미리 예견되는 것이다'. 혜안을 지닌 장군 조조曹操는 방관자의 입장에서 미소만 띤 채 '평범한 간수가 우리를 이러한 재앙으로부터 충분히 벗어나게 해줄 것이다!'라고 말하였었다. 결국 권력을 쥔 사람은 바로 그였다.

이에 반대되는 증거로 12세기 송나라의 유명한 장군 악비岳飛를 들 수 있다. 이 장군은 중국 왕조가 나라의 북쪽 절반을 침략자에게 넘겨주게 된 상황에서도, 끊임없이 적을 공격하고 복수를 하고자 하였다. 그러나 왕실은 전쟁을 포기했을 뿐만 아니라 휘하 장군들의 동요에도 신물이 났기 때문에 이미 화평을 맺는 쪽으로 마음이 기울어 있었다. 이런 상황이었기 때문에 이 장군의 부푼 열정은 오히려 왕실에게는 거추장스러운 것이 되었으며, 결국 장군은 적과 내통했다는 모함을 받고 한창 나이에 감옥에서 처형당하게 된다. 만약에 악비가 잠정적으로나마 어떤 비용을 치르더라도 명예욕을 낮추고 전설적인 준엄한 용맹을 약간 희생할 줄만 알았더라도, 그는 주요 정적(진회秦檜)의 패망과 침략자들이 맞닥뜨릴 곤경, 그리고 '다시 진작될 왕실의 사기' — 이 사기 진작은 실제로 이루어졌다 — 를 기다릴 수 있었을 것이다.[54] 그렇게 했더라면, 그는 군대의 수장으로 다시 시작해 훨씬 더 큰 성공의 기회를 거머쥘 수 있었을 것이다. 사실 서로 배타적이기 때문에 '동시에 존재할 수 없는 것들도' 결과적으로 나중에 '한 요소가 다른 요소로 대체됨으로써' 연속적으로 생겨날 수 있는 법이다〔屈于此者, 伸于彼, 無兩得之數, 亦無不反之勢〕. 즉, 경향이 자신에게 반대될 때는 '움츠릴' 줄 알고, 경향이 자신에게 우호적일 때는 주도권을 다시 쥘 줄 아는 사람은 전혀 '압박을 받지' 않으며, 시간이 흐른 뒤에는 결국 '모든 것을 얻는다'. 본질적인 것은 좋지 않은 상황 속에서도 미래의 기회를 이용하기 위해 스스로를 보존하는 것이다. 그 일이 있은 이후에 절대로 적에게 굴복하지 않았다는 이유로 이 '영웅적' 장군을 칭송했던 사람들은 정확히 그를 실패와 죽음으로 이끌고 갔던 바로 그 점에 대해 박수를 보냈다. 이러한 점에서 보면 역사 속에서의 끊임없는 격찬은 가장 나쁜 비방보다도 훨씬 더 '독이 되는' 법이다.

이 모든 것들은 가치의 위계를 보여준다. 사실 도덕적인 '지조'는 성공의 요인으로서 지적 '통찰력'보다 더 우월하다.[55] 그것은 정신의 순수한 포착 능력으로서의 통찰력이 순간적으로만 작용하기 때문이다. 그러나 정신의 굳건함에 호소하는 지조는 지속성에 의존하기 때문에 실재 전체와 함께 전개된다. 그래서 도덕적 지조가 '자연'이라면, 지적 통찰력은 단순히 '기능'의 역할밖에 못한다. 사실 통찰력은 매 순간 요청되는 것이기 때문에 필연적으로 고갈되는 반면에, 인내는 시간의 흐름과 결합함을 통해 잘 견뎌내는 것이기 때문에 근본적으로 고갈되는 법이 없다. 이러한 점에서 인내는 하늘에 비교될 수 있는데, 하늘의 능력은 '항구적인 지속성'이다. 하늘의 능력은 과정 속에 내재해 있는 고등 지성에 근거하고 있다. 왜냐하면 하늘의 능력이 장기간에 걸쳐 전개됨 속에 있는바, 장기간의 관점에서 보면 모든 성공은 순간적일 뿐이고, 모든 실패도 결코 최종적이지 않기 때문이다. 경향이 지닌 이러한 논리적이고 불가피한 특성[生之與死, 成之與敗, 皆理勢之必有]을 자각하고 있는 사람은 성공했을 때 신중하게 처신할 줄 알고, 실패했을 때도 자신감을 잃지 않을 수 있다. 기원전 2세기 말엽, 제국의 왕이 되고자 했던 유방과 항우 사이의 유명한 투쟁이 이런 식으로 해석될 수 있다. 즉, 그중 한 사람은 오랫동안 통찰력을 증명해 보였지만 결국 패해 도망칠 수밖에 없었으며, 홧김에 자결했다. 반대로 또 다른 한 사람은 몇 번이나 제거될 뻔했지만 가까스로 목숨을 건질 수 있었다. 그러나 그는 살아나자마자 이 어려움을 새롭게 이용해 세력을 재건하고 재공략에 나섰다. 결국 승리한 것은 그였다. 이러한 것이 바로 정의인 것이다.*

비록 처음에는 매우 단순하게 자동적으로 결정되는 것처럼 보이지만, 중국인들이 생각하는 역사의 장치는 그 자체의 고유한 논리를 통해 인간의 주도권에 폭넓은 여지를 부여해준다. 왜냐하면 첫째로 역사의 과정은 항상 그 자신 안에 경향의 불가피성을 넘어서는 일종의 여유를 가지고 있기 때문이다〔理者固有也, 勢者非適然, 以勢爲必然, 然而不然者 存焉〕.[56] 그러한 것이 바로 우연(또는 운명)의 잉여적 요소이다. 비록 모든 경향이 일단 시작되면 필연적으로 특정 방향으로 향하게 되는 것 — 경향이 방금 시작되었고 모든 것이 매우 미세한 수준에서(幾) 결정되어버리는 발생 단계에서조차도 — 은 사실이지만, 우리 인간에게는 '하늘'의 신비한 차원의 지배를 받는, 불확실하고 예측 불가능한 부분이 적지 않게 남아 있다(그래서 이러한 요소는 하늘에 초월적인 면을 되돌려주게 되는데, 경향의 순수한 합리성은 그러한 면이 있음을 부정하였었다). 자연의 흐름이든지 역사의 흐름이든지 간에, 하늘은 **항상성**의 원리이자 동시에 **상황**의 요인이다.[57] 거시적 수준에서는 불가피한 규제적 과정(출현과 소멸, 도약과 쇠퇴의 번갈아 나타남을 통한)이 작용하지만, 그 과정은 미시적 수준에서는

---

* 20세기의 중국 지도자들도 이러한 지혜를 전혀 버리지 않았다. 모택동은 국민당의 포위군에 더 이상 맞설 수가 없게 되었을 때, 협서陝西 동굴 속으로 서슴지 않고 '대장정'을 후퇴시킬 줄 알았다. 그는 멀리 떨어진 그곳에서 자신의 군대를 재정비하고, 그의 공산당 제1선의 '하부 조직'을 설립한 다음, 주도권을 다시 잡을 수 있는 상황(일본군의 침략과 제2차 세계대전의 발발과 함께 온)이 올 때까지 조용히 기다렸다. 결국 그는 공격을 해서 승리한다. 그의 상대 장개석도 같은 행동을 했다. 즉, 장개석 또한 공산군에 패하자 대만으로 후퇴했는데, 이곳이 그의 새로운 도약의 출발점이 되었다.

오늘날의 중국 학자들도 일반적으로 정치를 번갈아 나타남의 입장에서 설명한다. 즉, 정치란 때로는 '열림'이고 때로는 '닫힘'이다. 다시 말하자면 공산당은 때로는 '뜨거운 입김'을, 때로는 '차가운 입김'을 내뿜는다. 현실적 경향에 의해 위협을 받는 사람들은 '후퇴'하지만, 이는 되돌아올 준비인 것이다. 시골에 은둔하는 행위, '병자'인 체하는 행위, 게다가 기꺼이 자아비판을 하는 행위를 모두 상황이 새롭게 자신에게 유리해졌을 때 원기왕성하게 다시 도약하기 위해서인 것이다.

때로는 순전히 우발적인 방식으로 작용하는 것처럼 보인다. 그러나 하늘은 하나이고, 현자의 지식은 이러한 두 측면을 연결하는 것이다. 현자의 지식은 진행 중인 과정에 대한 인식 덕분에 기회를 가능한 한 일찍 알아차릴 뿐만 아니라, 또한 상황적 기회로부터 규제적 논리를 이해하는 것이기도 하다. 두 번째로, 만약 '경향이 항상 결정되어 있다면', 그 경향을 잘 관리하는 것 또한 언제나 인간의 능력이다. 왜냐하면 원칙상 우리가 약한 상태에서 '단번에 힘을 확장할 수 있는 경지에 도달하는 것'을 바랄 수 없을 뿐만 아니라 어떠한 힘도 결정적이지 않으므로 '반대되는 힘이 약해지는 것을 기다릴 줄 아는 것'으로 충분하다는 것을 우리는 이미 알고 있기 때문이다.[58] 그러므로 힘의 관계 속에서 쇠퇴로 나아가는 경향은 결코 피할 수 없는 것은 아니다. 그래서 우리는 자신의 실패에 대해 책임을 져야 한다.

이것에 대한 증거로는 중국 역사상 가장 극적인 몰락 가운데 하나로 알려져 있는 송 왕조의 몰락과 그 몰락의 뒤를 이은 몽골족의 침략을 들 수 있다. 몽골족의 침략은 불가피한 것은 아니었다. 왜냐하면 12세기에 있었던 금나라의 부분적인 첫 번째 북방 침략과 그보다 한 세기 반 후에 일어났던 몽골의 결정적 침략 사이에서 상황은 몇 번에 걸쳐 변화했으며 경향도 왔다 갔다 했었기 때문이다.[59] 몽골에 대항할 수 있는 여러 수단들이 여전히 남아 있었고, 남쪽으로 후퇴했더라면 전투는 훨씬 더 오래 계속될 수 있었을 것이다. 즉, 적군의 전진을 막고 중요한 요새지를 사수함을 통해 전쟁을 끝낼 수도 있었다. 사실 '순간의 경향을 정확히 파악하는' 사람에게는 활로가 항상 나타나는 법이다. 그러므로 전멸은 지도자(이종理宗과 그의 두 재상)의 잘못이다. 이러한 분석을 통해, 왕부지는 송

왕조의 몰락을 환기시키면서 그보다 4세기 후에 있었던 만주의 침략에 대항해 자신이 결코 무력 저항을 멈추지 않았던 사실을 정당화시키고 있는 것 같다.[60] 요컨대 경향의 결정론에 근거하여 행동함은 우리를 체념으로 이끄는 것이 아니라, 오히려 저항하는 인간이 되도록 격려해준다.

예증: 문학에서 나타나는 갱신의 경향

세(勢)의 관점은 다른 종류의 과정을 가진 좀 더 특수한 역사의 형태에도 영향을 미친다. 모든 상황은 상황의 전개를 지배하는 경향에 의해 그 나아가는 방향이 정해지기 때문에, 모든 역사는 바로 이러한 동일한 틀에 따라 이해될 수 있다. 그래서 우리는 특히 중국에서 그토록 중요하게 여겨졌던 역사인 문학사도 이런 식으로 이해할 수 있다. 중국의 문학사는 우리에게 다음의 두 가지 중요한 점을 입증할 수 있는 편리한 길을 제공해준다. 첫째, 우리는 문학에서 나타나는 경향을 검토함으로써 변동의 필연성을 설명할 수 있고, 근대성을 옹호하는 주장(이는 법가 개혁주의자들의 주장과 연결시킴으로써 우리의 출발점을 확증시켜준다)을 뒷받침할 수 있다. 둘째, 문학에서 나타나는 경향에 대한 고찰은 문학사의 토대가 되는 개념들을 정당화해준다. 사실 번갈아 나타남에 근거해 있는 이 개념들은 우리가 방금 고찰했던 개념들 — 도약, 쇠퇴, 재생 — 과 일치한다.

'특정의 경향이 자신의 흐름을 따르며'(勢: 미각의 경향, 유행의 경향) 그 흐름을 거슬러 뒤로 되돌아가는 것이 불가능하다는 생각은 문학에 대한 중국적 개념 속에서 일찍부터 나타난다[勢流不反].[61] 시대별로 '상황[勢]

이 다르기 때문에' 모방은 불가능하다는 관점도 마찬가지로 일찍부터 나타난다〔此所謂勢不同而無模擬之能〕.[62] 그러나 이러한 개념들이 중요하게 된 것은 특히 명대 말엽의 16세기부터이다. 이 당시에는 한편으로 모방 이론이 지나칠 정도로(고대와 한대의 산문, 당나라 시만을 무턱대고 모방할 정도로) 강제적 영향을 끼쳤고, 활기찬 문학적 창작(소설, 연극, 시적 산문)과 비평가의 경직된 판단 사이의 괴리가 너무나 컸기 때문에, 이러한 도그마와 반혁신주의의 굴레에 대해 저항하는 일이 시급했었다. 또 다른 한편으로 그 당시에 발생한 '직관주의적' 철학은 의식의 순박한 움직임에 우월성을 부여함으로써 자발성을 중시하게 되었다.[63] 직관주의적 철학에 따르면 순박함만이 우리 내부에서 진실한 것인데도, 우리의 감각적 지각과 이 지각으로부터 우리가 형성해내는 논리적 추론은 우리로부터 이 순박함을 빼앗아간다. 우리의 지식은 증가하고 우리의 '취향'은 형성되지만, 독서와 공부에 의해 더욱 강화되는 이러한 교양은 우리 본래의 순진함에 장막을 치게 된다. 이럴 경우 우리의 표현은 더 이상 우리 자신의 심연으로부터 나오는 것이 아니라, 남으로부터 '빌린 것'이 된다. 즉, 이러한 표현은 아무리 성공적으로 보인다 해도 우리의 내부로부터 단절된 것이기 때문에 더 이상 아무런 가치가 없고, 인위적이 되며, 우리를 '진정으로 완성된' 단 하나의 문학, 즉 '어린아이의 마음'으로부터 탄생하는 문학에서 멀어지도록 할 뿐이다. 우리는 자연스러움에 대한 요청을 이보다 더 강하게 할 수는 없을 것이다. 그런데 바로 이러한 요청이 문학을 변화로 이끈다. 사실 이러한 요청이야말로 각 시대마다 문학을 정형화시키고 문학의 순수한 원천에 이르는 진로를 방해하거나 문학을 '빌린 것'으로 만들 위험을 지닌 장르와 형태로부터 문학을 떼어놓을 수 있는 유일한 방법인 것이다. 문학은 그것이 지닌 진실성에 대한 요청에 충실하기 위해서 언제나 새로워질 수밖에 없다. 진전하려는 **성향**이야말로 문학을 가능하게 해주는 조건이다.

이러한 사실로부터 자신이 속한 시대의 경향을 고려할 줄 아는 근대주의자들의 선입견이 나온다. 그들은 문학이 시간적 요인 때문에 과거로부터 현재까지 발전하지 않을 수 없었다고 생각한다.[64] 따라서 한 시대와 다른 시대 사이에는 단절이 있게 된다. 예를 들어, 자신을 '옛것을 숭상하는 사람'처럼 보이기 위해서 옛 선조들의 표현을 표절하는 것은 엄동설한에 모시 적삼을 입는 것과 같다. 옷에서부터 제도에 이르기까지 인간이 만든 다른 모든 생산물처럼 문학은 가장 '복잡한' 것에서 가장 '단순한' 것으로, 가장 '모호한' 것에서 가장 '분명한' 것으로 전개된다. 또한 문학은 '무질서'에서 '질서'로, '어려운' 것에서 '자연스럽고' '시원스러운 것'으로 전개된다.[65] 그러므로 경향이란 자연스럽게 발전적인 방향으로 나아가게 되어 있다. 이렇게 '과거가 현재에 대해 아무 쓸모가 없다는 사실은 세에 관련된 것'이고〔古之不能爲今者也, 勢也〕, 발전은 불가피하게 된다. 근대성의 특성은 사실 고대의 특성과 양립 불가능하다. 우리는 오늘날의 정치적 선언문을 2,000년 전의 용어로 작성할 수 없으며, 오늘날의 사랑 노래 또한 옛날의 사랑 노래에서 아무것도 빌려올 수가 없다. 시대는 변하는 법이며, 문학도 시대와 함께 변한다. 즉, '오늘날 우리가 옛것을 모방하도록 강요당하지 않는 것도 역시 세와 관련되어 있다'. 여기서 '세'라는 용어는 그 자체로 논증에 힘을 실어주고 있으며, 더 나아가 궁극적인 설명으로도 사용되고 있다.

그러므로 문학은 역사적인 관점에서만 이해될 수 있다. 사실 문학은 역사적 본성 — 문학이 반영할 외적 조건 때문이 아니라 문학의 내적 필연성 때문에 생기는 본성 — 을 가지고 있다. 왜냐하면 한 시대에 나타난 시는 쇠퇴하면서 다른 시대의 시에 '자리를 내어주지 않을 수 없고', 그 다음 시대에서 변형되지 않을 수 없기 때문이다. 예를 들어, '『시경詩經』(기원 전 9~6세기에 편찬된 중국 최초의 시선집)은 고대 말엽에 초사楚辭가 나타 나자 쇠퇴하지 않을 수 없었다. 마찬가지로 초사도 한과 위 왕조의 시가 나타나자 쇠퇴할 수밖에 없었고, 한과 위 왕조의 시 또한 6조六朝(3~6세 기)의 시가 나타나자 마찬가지로 쇠퇴할 수밖에 없었다. 그리고 6조의 시가 쇠퇴하자 당나라(7~9세기)의 시가 나타났다. 바로 이러한 것이 진 전하려는 성향으로서의 세이다'.[66] 장르는 이러한 진전과 동일시되고, 동시에 한 시대에서 다음 시대에 이르는 그와 같은 변신은 장르의 법칙 을 구성한다. 갱신은 불가피하다. 왜냐하면 만약 내가 과거의 시를 모방 한다면 이 모방은 실패하거나 성공할 텐데, 실패할 경우에 나는 '시를 창 작하게 만든 것을 잃을 것이고', 성공할 경우에 나는 '나라는 자아를 가 능하게 만든 것'을 잃을 것이기 때문이다. 이 딜레마에 대한 해결책은 (이백이나 두보 같은 위대한 시인들이 구현한) 이상 속에 있다. 이에 따르면 '결코 아무것도 닮지 않으면서도 항상 틀림없이 무엇인가를 닮는 것'이 해결책이다. 즉, 시적인 모든 것의 정체성은 우리가 혁신에 성공하면 성 공할수록 더욱더 강해진다. 달리 말하자면 시는 끊임없이 다른 것이 됨 으로써 스스로 유지된다. 역설적인 표현이지만, 이 표현은 우리를 '그 어 떤 것도 변화를 통해서만 존속할 수 있다'는 근본적이고도 가장 일반적 인 직관으로 인도해준다.

근대주의자들은 이렇게 하여 문학사에 대한 균형 잡힌 시선에 다다른다. 문학에 대한 진보주의적 시선(문학이 문명과 협력해 단계적으로 발전한다는 시선)과 이와 반대되는 퇴폐주의적 관점(이 관점에 따르면, 이후의 모든 문학은 궁극적 완전성을 표상하는 표준적 텍스트 저편으로 퇴락할 수밖에 없다) 사이에서 주기적인 갱신이라는 개념은 바람직한 중용점을 제공해준다.[67] 사실 각 시대는 이전 시대의 유산을 계승하기도 하지만 동시에 전혀 다른 것을 창조해내기도 한다.[68] 다시 말해 갱신이란 것은 '단절'인 동시에 '전통'('전환점'인 동시에 '이어받음')인 것이다. 중국 문학사의 관념은 시대를 균일하고 고립된 수많은 시간의 블록들로 간주하면서 분할하기보다는, 진전의 연속적인 특성을 강조한다. 모든 '수원水源'에서 '하천'이 흘러나오듯이, 우리는 '밑동'으로부터 '가지'에 이른다. 변화의 요인은 그 자체가 과정의 규칙성 안에 새겨져 있고, 번갈아 나타남의 역동성은 고갈되지 않는다. 즉, 모든 다른 역사와 마찬가지로 문학의 역사도 도약과 쇠퇴라는 국면의 끊임없는 연쇄를 통해 진행된다. 그렇다고 해서 이것이 '앞선 시대가 필연적으로 도약의 시대이고, 나중의 시대가 쇠퇴의 시대임'을 의미하지는 않는다. 왜냐하면 모든 쇠퇴는 새로운 도약을 끌어들이기 때문이다. 여기서 다시 한 번 '불가피한 것'〔此理也, 亦勢也, 勢不能不變〕으로 인식되는 변화를 향한 '경향'이 '사물의 질서'를 이루고, 이성에 의해 정당화된다.

중국의 역사 개념에는 종말도 없고 사건에 대한 설명도 없다

그러므로 중국에서 역사에 대한 분석은 '계기의 세를 평가하기 위해서는 그 계기의 개별성으로부터 출발해야만 한다'는 사실을 함축하고 있다.[69] 이것은 '상황으로부터 흘러나온 경향'이라는 개념이 궁극적으로 역사와 논리 사이의 매개체 구실을 함을 의미한다. 사실 이 개념은 한편으로는 역사의 흐름을 구성하는 연속적인 시대들과 다른 한편으로는 시대를 통해 발견가능하며 이러한 진전을 정당화하는 내적 논리를 매개시킨다. 경향의 관념은 연속된 시대들로부터 논리로 이동하는 것을 가능하게 하기 때문에 더 나아가 생성의 문제를 이성으로 다루는 것도 가능하게 한다. 왜냐하면 경향이 이러한 진전에 끊임없이 부여하는 불가피한 방향성과 그로 인해 나타나는 정당한 결과가 매 순간 힘의 관계를 구성해주는 요인들의 유일한 작용으로부터 언제나 즉각적이고도 새롭게 파생되기 때문이다. '만약에 계기가 다르다면, 경향〔그 계기로부터 나오는: 勢〕 또한 다르다. 그리고 이 경향이 다르다면, 논리〔과정을 지배하는〕 또한 달라진다〔度基勢. 時異而勢異, 勢異而理異〕.'[70] '내적인 논리가 경향에 의존하고 있듯이, 경향은 계기라는 기회에 의존하고 있다.'[71] 우리는 사물들의 흐름을 일반적 방식으로, 즉 추상적 방식으로 숙고할 수는 없다. '우리는 주어진 계기의 경향을 추적함으로써 그 계기의 본질을 인식하고, 이 경향에 근거해 그 계기들의 일관성에 부합하도록 해야만 한다〔知時以審勢, 因勢而求合于理〕.'[72] 그러나 경향이 일종의 장치로서 인식되어야만 비로소 모든 특수한 상황들은 이해 가능한 것이 된다. 그리고 이 경향으로부터 — 그리고 이 경향으로부터만 — 우리는 우리가 오늘날 습관적으로 '역사의 의미'라고 규정하는 것을 추론해낼 수 있다.

우리는 역사적 장치의 합리성 및 그 전개에 대한 중국적 개념과 절대정신의 구현으로 간주되는 역사에 대한 헤겔적인 시각 사이에 존재하는 일종의 객관적 유비 관계를 부인할 수 없을 것이다. 왜냐하면 이 두 개념 모두 전개되는 과정이 지닌 불가피성의 관념에 기초하고 있기 때문이다(헤겔에 의하면, '보편적 역사에 대한 연구로부터 다음과 같은 결론, 즉 모든 것이 역사 안에서 합리적으로 이루어지며, 바로 이러한 역사야말로 세계정신 Weltgeist의 합리적이고 필연적인 진행이라는 결론이 도출될 수밖에 없다'[73]). 역사에 대한 중국적 시각과 헤겔적 시각 모두 부정성否定性이야말로 변화의 과정에서 필연적인 계기로서 일시적으로 작용할 뿐이기 때문에, 현재 진행 중인 더 일반적인 진전의 맥락에서 이해되고 초월될 수 있다고 생각한다. 그리하여 우리는 역사 속의 불행에 대해 불평하기보다는 이러한 생성과 '타협하는 지식'을 갖게 된다.[74] 결국 이와 비슷한 방식으로 역사의 흐름은 보편적 이익에 상응하는 것을 실현하려는 목적을 가지고 인간의 열정과 사적인 이익을 이용한다. 헤겔이 카이사르에 대해 했던 말은 중국적 시각에서 진시황에 대해서도 마찬가지로 적용될 수 있을 것이다. 진시황은 세계를 정치적으로 통일하고 새로운 행정 체제를 부과함으로써, 애초에는 부정적이었던 그의 계획('세계의 유일한 군주'가 되겠다는 야심)은 그 자체로 역사(중국 또는 세계의 역사)의 필연적인 결정이 되었던 것이다. '거기에는 군주의 사적인 이익뿐만이 아니라, 시대가 그에게 요청하고 있는 것을 완성하고자 하는 본능도 들어 있는 것이다.'[75] (이성의) 이 비밀스러운 '본능'이야말로 중국인이 〔신비스러운〕 규제의 근본으로서 '하늘'이라 부르는 것과 같다.[76] 헤겔이 말하듯이 우주의 정신을 경영하는 것을 소명으로 하였던 이 위대한 인물들의 불행한 운명조차도 논리적으로 유사하다. 카이사르는 암살당했고, 중국 최초 황제의 왕조는 곧장 전복되었으며, 왕조의 수명은 영원히 축소되었다.[77] 그것은 마치 '봇짐'이 꾸려지자마자 그 속의 곡물이 곧장 비워진 것과 같다.

그러나 이러한 유비는 이 둘의 역사 개념의 차이와 두 담론의 외형적 간극을 더 극명하게 드러낸다. 헤겔은 역사 속의 이성을 '수단'과 '목적'의 관계를 통해 생각한다. 즉, 그는 위대한 인물의 행위에 이르기까지 시간의 흐름 속에서 일어나는 모든 것이 자유를 향한 의식의 도달이라는 '우주의 목적'을 구현하는 수단일 뿐이라고 생각하고 있다. 유대·기독교적 전통의 계승자인 헤겔에게 우주적 역사는 하나의 진보로서 간주된다. 따라서 만약에 그 진보의 결과가 더 이상 순수하게 종교적인 방식(신국神國)으로 사유되지 않는 경우에도, 그 결과는 출발부터 우주의 올바른 목적을 구성하는 것이 될 수밖에 없다. 그런데 우리는 세라는 개념이 병법에서 처음으로 형성된 이래, 그것이 수단과 목적의 관계 — 서구 정신에서는 그렇게도 자연스러워 보이는 관계 — 로는 전혀 간주되지 않는다는 사실을 이미 알고 있다. 만약에 하늘이 역사의 틀 안에서 위대한 사람들의 특수한 이익에 이용될 수 있다면, 하늘이 그 전체적 차원에서 진실의 탁월한 규제적 역할을 명백하게 드러내게 되는 것은 순전히 이러한 과정에 내재해 있는 결정력을 통해서이다. 그러나 그 역할은 어떠한 섭리도, 어떠한 계획도 개입되지 않은 것으로 드러난다. 역사에 대한 중국적 시각은 신학적이지 않은데, 그 이유는 역사란 것이 결코 계시가 나타나는 장소도 아니고, 또한 우리가 해독해낼 수 있는 신비한 계획이 그곳에 감추어져 있는 것도 아니기 때문이다. 따라서 중국의 역사에서는 어떠한 목적인도 역사를 이끌어가지 않기 때문에 어떠한 종류의 종말론도 없게 된다. 어떠한 목적télos도 역사를 정당화시키지 못한다. 다만 역사의 '조화'만이 내재할 뿐이다.[78] 이러한 차이는 상당 부분 시간의 개념에 의해 분명하게 설명된다. 비록 중국적 전통이 곧 다가올 미래의 관념, 즉 현재의 순간에 이미 징후로서 존재하고 있다고 여겨지는 것에 대한 관념을 분명하게 가지고 있고, 진행 중인 과정의 전개도 틀림없이 이 미래를 도래하도록 만든다는 생각을 갖고 있음에도 불구하고, 중국의 전통은 순수한 미래에 고유한 일관성을 전혀 부여하지 않는 것처럼 보인다. 과정의 시간은 무한하다. 다시 말해서 이 시간의 논리는 자기 조절적이기 때문에, 시간이 끝을 지닐 수 없다는 사실을 함축한다. 따라서 역사의 완성은 생각조차 할 수 없는 것이다.

그리하여 두 전통 사이의 간극은 더욱 분명해진다. '역사란 인간을 주인공으로 하는 실제 사건(또는 사실)에 관한 이야기'라는 정의(최근의 역사에 대한 새로운 개념이 보여주듯이, 사건으로 규정되지 않는 것은 단지 '우리가 역사로서 의식하지 못했던 역사성'일 뿐이다)는 전적으로 일반화되어 우리는 그 정의로부터 벗어날 수 없는 것처럼 보인다.[79] 그러나 25세기 동안 서구 전통의 관점에서 타당한 것으로 여겨졌던 이러한 정의조차 중국 전통의 관점에서는 더 이상 타당하지 않게 된다. 중국에서 역사라는 장르는 사건이나 사실보다는 변화에 대해 더 관심을 기울인다. 또한 역사는 처음부터 지속적인 서술로서 나타나지도 않았다(연대기적 기록에서든지 문헌의 수집에서든지 간에, 사실/사건은 역사라는 장르에서 오히려 역사 진전의 지표라는 이름으로 개입한다). 이는 우리를 다시 외부자의 관점에서 생각하도록 만든다. 만약 서구의 전통에서 역사라는 장르가 사실이나 사건을 그 대상으로 삼고 있다면, 역사가 실재를 재단하고 조합하면서 행하는 '선택'은 우리가 형이상학적 차원에서 개별적인 실체ens individuum(원자에서 신에 이르기까지의 모든 존재 — 반면에 중국적 전통은 관계를 더 중시한다)에 부여해왔던 우월성을 반영한다. 마찬가지로 만약에 우리의 역사에 대한 편집이 처음부터 끝까지 서술적이라면, 그것은 우선 역사라는 장르가 서구에서는 서사적 이야기로부터 파생했기 때문이다(그런데 중국은 위대한 문명들 중에서 우주 발생 이론이나 서사시를 남기지 않은 유일한 문명이다). 결국 차이는 역사가의 작업이 지닌 본성 그 자체와 관련된다. 즉, 역사에 대한 서구적 설명은 인과적인 도식에 근거해 있는 반면에, 중국적 전통은 경향의 해석에 많은 부분을 할애하고 있다.

우리는 역사에서 인과적 설명의 논리가 무엇인지 알고 있다. 즉, 이 논리에는 선택뿐만 아니라 허구도 작용한다. 선택이 '결과'라는 현상을 따로 떼어낸 후에 가장 적절한 선행 현상을 분리하고 선택하는 것이라면, 허구는 원인들의 효력을 계량하기 위해 아직 실재하지 않는 원인의 전개를 상상하는 것이다. 예를 들어 '만약에', 즉 그러한 선행 현상이 없을 경우 어떤 일이 일어났을까를 상상하는 것이다.[80] 여기에서 문제가 되는 것은 개연성에 대한 회고적 예측(반대 방향의 예견 또는 '되돌아봄'[81]이라고 할 수 있을)인데, 이러한 회고적 예측은 그 자체상 결코 완전할 수는 없다(왜냐하면 각각의 사태/사건은 수많은 배열의 교차로에 자리 잡고 있고, 우리는 그 배열 각각으로 무한히 거슬러 올라갈 수 있을 것이기 때문이다). 여기에서 우리는 확률적인 관점을 다른 방식으로 다시 발견하는데, 우리는 이미 이 책의 처음 부분에서 이 관점이 서양의 병법적 개념을 특징지으며,

중국적 병법에 고유한 '자동성'의 관점과는 대립된다는 사실을 확인했었다. 사실 인과성에 대한 이러한 가설적 조합과는 반대로, 경향에 대한 해석은 '불가피한 것'으로부터 도출된 순수한 연역이다(이 경우에 불가피한 것이란 더 이상 회고적 환상에 의한 것이 아니라, 논리적인 것이다). 우리가 이미 보았듯이, 하나의 단계에서 다음 단계로 나아가는 과정은 한 방향 또는 다른 방향으로(경향을 강화하는 방식으로든지 또는 재균형과 보상을 통해 이러한 경향을 전복하는 방식으로든지 간에) 전개될 수 있을 뿐이다. 역사적 사실로서 기록하는 단계에서 볼 때, 사건은 '결코 하루아침에 발생하는 것이 아니기 때문에', 우리는 계속된 변화에 의해 '현재의 상태'에 도달하게 된 '전개의 출발점으로 거슬러 올라가는 것'이 바람직하다(이로부터 오랜 기간에 걸쳐 일어나는 '조용한 변화'에 대한 중국적 사유의 전통적 관심이 나타난다. 반면에, 서양에서는 최근의 것에 훨씬 더 관심을 갖는다).[82] 그러나 이러한 경향적 필연성을 분명하게 하려면 이중적인 이론화 작업을 거쳐야만 한다(중국적 전통은 이러한 작업을 다소 당연시하고 있는 것처럼 보인다). 이러한 작업이란, 한편으로 역사적 전개를 하나의 고립된 체계를 형성하는 총체적 과정으로서 간주하는 것이고(이것은 사건의 발생을 설명하는 데 개방적인 태도를 취하며, 새로운 자료들이 끊임없이 도입되어야만 한다는 사실을 인정하는 인과적 설명과는 대조적이다),[83] 다른 한편으로 실재를 대립과 보충의 관계만을 중시하는 양극적 방식에 따라 구성하는 것이다(바로 이러한 양극적 방식으로부터 긴장 - 이완, 도약 - 쇠퇴 등과 같은 균형 상태가 나온다). 그런데 중국 문명은 그러한 태도에 특히 적합하다. 사실 자신의 고유한 전통만을 고려하고, 그 전통을 항상 단일한 관점에서만 바라보기(이러한 것이 바로 자민족 중심주의의 힘이다) 때문에, 중국 문명은 쉽사리 역사의 흐름을 밀폐된 항아리 속에서 전개되는 것으로 간주한다. 철학적 차원에서 역사가 전개되는 방식을 구조화시키는 데 매번 사용되는 심급審級의 이원성은 중국 문명에서 모든 실재의 원리, 즉 음과 양의 상호관계와 부합한다. 그러므로 중국 문명은 인간의 역사를 이러한 경향성의 논리에 따라 설명하도록 문화적으로 습관화되어 있었던 것이다.

인과적 설명과 경향에 기초한 해석

그렇다고 해서 서양의 역사에 대한 성찰이 경향적 해석에 전적으로 무지했던 것은 아니다. '로마인의 위대함과 쇠퇴'와 같은 고전적인 테마는 이런 해석에 쉽게 들어맞는다. 예를 들어, 몽테스키외가 카르타고와 로마의 평행 관계를 중국인이 그토록 아끼는 양극적인 방식으로 서술할 때, 그는 성공에서 파멸로 넘어가게 만든 내적 논리를 너무나 잘 자각하고 있었다. '한니발의 승리 그 자체가 이 전쟁의 운명을 바꾸기 시작했다.' 왜냐하면 지나치게 계속해서 승리했던 한니발은 더 이상 원군을 받지 않았을 뿐만 아니라, 너무나 많은 영토를 정복했던 그는 더 이상 이 영토를 유지할 수 없었기 때문이다. 보다 일반적 관점에서 보자면 몽테스키외 저작의 핵심을 이루는 '타락'이라는 관념은 일단 그것이 역사적 설명으로 사용되기에는 지나치게 이념적인 도덕적 의미(로마인들은 에피쿠로스주의의 영향으로 타락했을 것이라는)라는 이유로 폐기되고 나자, 오히려 전복의 구조적 필연성을 설명하는 역할을 하게 된 것이다.[84] 그러므로 몽테스키외는 비록 한편으로는 인과적 도식에 여전히 천착하고 있었지만, 다른 한편으로는 다음에 드러나는 것처럼 이 도식을 넘어서고자 노력했던 것이다.

> 세계를 지배하는 것은 운이 아니다. 로마인들에게 물어보라. 로마가 어떤 차원에서 통치했을 때 지속적으로 번영할 수 있었고, 어떤 다른 차원에서 처신했을 때 끊임없이 역경에 시달렸는지를. 모든 군주제에는 그 속에서 작용하며 군주제를 고양하고 유지하거나 파멸시키기도 하는 정신적이거나 물리적인 일반적 원인이 존재한다. 모든 우연적 사건은 이러한 원인에 종속되어 있다. 그리고 만약에 어떤 전투의 우연, 다시 말해 어떤 특수한 원인이 한 나라를 파멸시켰다면, 그것은 이 나라가 그 단 한 번의 전투에 의해 멸망될 수밖에 없도록 만들었던 일반적 원인이 있었기 때문이다. 한마디로 말해서 주된 형세는 모든 특수한 우연적인 것들을 끌어들이는 법이다.[85]

'일반적 원인', 또는 몽테스키외 자신이 수정하고 있듯이 '주된 형세'는 경향의 관념에 가깝다. 몽테스키외는 세에 대한 직관을 가지고 있었다. '정치가들의 잘못이 항상 자유의지에서 나온 것만은 아니다. 그것은 흔히 그들이 처하고 있는 상황의 필연적 연속이다. 재난은 또 다른 재난을 낳는 법이다.'[86] 몽테스키외에게 이러한 진단은 역사적인 측면에서 가능했다. 왜냐하면 18세기에 우리는 섭리주의 사관史觀〔보쉬에Bossuet와 함께 정점을 이뤘던 사관〕으로부터 벗어나 있었고, 이러한 사관의 세속적 버전(과학의 발전으로부터 시작되어, 19세기에 일반화된 인간의 진보라는 불가피한 법칙을 따르는 사관)은 아직 형성되지 않았기 때문이다. 마찬가지로 20세기 초에 사람들이 진보주의적 도식에 대해 새롭게 거리를 두게 되었을 때, 관심은 도약과 쇠퇴의 경향적 해석으로 향할 수밖에 없었다. 이에 대한 증거로는 슈펭글러나 토인비의 연구가 있다. 이들은 문명이 처한 성장과 붕괴의 국면으로부터 문명의 형태론을 구축하려 했다. 그러나 레이몽 아롱이 지적하듯이 이때의 문제는 '20세기의 이러한 성장과 붕괴의 주기에 관한 낡은 관념이 우리에게 무엇을 의미할 수 있는가?'이다.[87]

　토인비의 작품이 야기했던 이론적 어려움은 단순히 각각의 문명을 하나의 닫힌 과정 속에 고립시켜야만(중국인이 그들의 문명에 대해 그랬던 것처럼) 한다는 사실에만 있는 것은 아니다. 이론적 어려움은 무엇보다도 생성에 이러한 식으로 형태를 부여 — 비교에 의한 일반화 작업을 넘어서 — 하는 데 필요한 모델이 없다는 데 있다. 서양 고대의 주기적 도식은 이러한 문제를 제기하지 않았는데, 그 이유는 이 도식이 원리상 인간의 삶과 세계의 운명이 밀접하게 연결되어 있다고 보는 우주 발생론적 시각에 근거하고 있었기 때문이다. 그러나 이러한 우주론적 가설이 약화되자(르네상스 시대에는 비코Vico의 경우에서처럼 그 흔적만 남아 있을 뿐이다), 주기적 사유의 유일한 지지대가 천문학적 유형이 될 수가 없었기 때문에 동물학적 또는 식물학적 유형만 남았다. 즉, 문명은 동물 또는 식물의 종에 비교되어, 각 문명은 개화기를 거쳐 성숙기에 이르고, 그 다음에는 쇠퇴의 길을 걷는다(아리스토텔레스의 '생성 소멸론'의 모델에 따라)고 생각되었다. 사실 슈펭글러는 생물학적 관점을 온전하게 지니고 있었지만, 토인비는 근본적으로 이것이 유비의 문제에 지나지 않는다는 사실을 너무나 잘 알고 있었다. 그는 말하길, "모든 인간 존재는 살아 있는 유기체와 마찬가지로 어느 정도 긴 시간이 지나고 나면 죽음에 이를 수밖에 없다. [……] 그러나 나는 많은 생명체가 죽는다는 사실이 확실함에도 불구하고, 가사적인 유기체의 창조 자체도 가사적임을 증명하기 위해 이론적 필연성이 왜 요구되는지를 이해하지 못하겠다".[88] 이렇게 해서 토인비의 작품에서 주기적 도식은 아포리아$_{aporia}$에 다다른다. 그 결과 그는 진보주의적 시각으로 회귀하였다가, 궁극적으로 신학으로 전환한다. 우리는 이로부터 중국의 유명한 『역경』(고대로부터 정립된 경서 중 가장 중요한)이 중국 전통에 대하여 공헌한 가치를 그만큼 더 잘 가늠할 수 있다. 왜냐하면 바로 이 『역경』이 오로지 연속선과 불연속선의 번갈아 나타남과 이로부터 나온 64괘를 기초로 하여, 다른 모든 문헌들과는 다른 독특한 변화의 형식들을 제공해주기 때문이다. 해석은 체계적이고, 모든 상황에 적용될 수 있다. 이러한 방식으로 해석되고 역의 고유한 원리에 따라 질서를 부여받는 것은 생성 그 자체이다. 그러므로 중국의 역사 이론은 어느 시대에나 그러한 틀 속으로 용해될 수밖에 없었다.

따라서 우리는 중국과 서양의 역사관 사이에 존재하는 차이에 대한 분석을 좀 더 심화시켜, 그 차이의 기원이 어디에 있는지를 추적해보아야만 한다. 우리는 중국에서는 존재가 단순히 변화 중인 실재일 뿐인데, 그리스적 사유는 왜 그토록 '존재'를 생성으로부터 추출해내려고 했는지 그 이유를 이해할 필요가 있다. 물론 그리스인도 덧없는 것에 대한 의식을 조금도 하지 않았던 것은 아니다. 신의 세대가 연속된다는 그들의 초기 우주 발생론이 그 증거이다. 그러나 이러한 신의 계보에 대한 목록은 이미 신들의 계보를 연결 짓는 방식보다는 신의 형상이 지닌 특성을 고정화시키고 인식하는 데 훨씬 더 많은 관심을 기울이고 있다. 따라서 중요한 것은 신들이 나타나는 일련의 단계들이 아니라, 각 단계의 신들이 획득했던 분명히 규정된 모습이다.[89] 혼돈으로부터 솟아나온 이

애매모호한 생성은 운명의 필연성이 구현하고 있는 법칙에 대한 초월적 정립 덕분에 점진적으로 사유에 의해 질서화된다. 다시 말해서 사물의 연속적 흐름은 이 흐름에 수, 형상, 원소 들이 제공하는 이론적 뼈대 속에서 항상성을 얻는다. 그리하여 생성의 일관성이 이 생성에 유형의 불변성을 고정시켜주는 수학적 또는 논리적인 형식으로부터 나온다. 우리는 이러한 변화하는 생성과 불변하는 존재에 대해 분리시킴이 플라톤주의에 의해 완성되었음을 알고 있다. 즉, 한편으로 영원하고 완전하며 학문의 지배를 받는 '존재'가 있고, 다른 한편으로 생성하고 소멸하지만 결코 '존재'하지는 않는 생성(발생의 차원)이 있다. 이 동일자의 왕국에서 타자의 반항적 본성이 드러난다. 생성은 그 자체로 불규칙성·무질서·악의 원리이다. 우리가 존재의 위계 안에서 아래로 내려가면 내려갈수록, 이러한 생성의 몫은 더욱더 커진다. 그리고 변화하는 것은 부동의 이데아에 '참여'함으로써만 질서를 부여받을 수 있다. 아리스토텔레스적 실재론이 비록 생성에 관한 원리이긴 하지만, 이러한 점에서는 전혀 새로운 것을 덧붙인 것은 없다. 왜냐하면 형상과 생성이 더 이상 분리될 수 없다 할지라도, 이 영원한 형상들은 자신들만의 제국을 여전히 간직하고 있고, 생성이 생성의 규정성을 받아들이게 되는 것은 오직 이 형상으로부터이기 때문이다.[90] 형상의 영향력을 벗어나 있는 것은 비합리의 잉여물들, 즉 우연, 운, 기괴함 또는 이해 불가능한 필연성에 대한 모든 다른 표현들일 뿐이다. 생성은 결국 '물질'과 동일시된다. 그래서 우리는 본질들을 고정화시키는 이러한 작업으로부터 더 이상 빠져나올 수 없게 될 것이다.*

　이러한 점들이 중국과 서양의 본질적인 차이가 될 것이다. 사실 그리스적 사유는 외부로부터 생성 안에 하나의 질서(수, 이데아, 형상 등)를 도입했었다. 반면에 중국적 사유는 질서를 생성에 내재하고 있는 것, 즉 변화하는 과정 중에 있는 생성을 구성하는 것으로서 간주한다. 은유적으로 표현하자면, 그리스적 사유가 혼돈에 질서를 부여하기 위해 '척도'라는 관념(이 관념은 비극에서는 중용이 된다)을 중시하였다면, 중국적 사유는 일찍부터 단지 계절의 번갈아 나타남으로부터 흘러나오는 규칙적이고 자발적인 다산성을 중시하였다고 볼 수 있다. 그러나 중요한 것은 무엇보다도 이러한 차이의 이론적 목적이다. 서구적 사유는 질서를 외부로부터 투사시키고 있기 때문에 인과적인 설명을 중시한다(인과적 설명 안에서 전건과 후건, 즉 A와 B는 하나가 다른 하나에 대해 외재적 관계를 맺고 있다). 중국적 사유는 질서를 과정에 내재하는 것으로서 생각했기 때문에 경향적 해석을 가장 중시한다(이때 전건과 후건은 동일한 과정의 연속적 단계들, 즉 A—A′······이고, 각 국면들은 그 자체로부터 다음 국면으로 변형된다). 역사적 장치라는 개념은 서구적 사유와 중국적 사유에 대해 이렇게 대립시켜보는 작업을 통해서만 비로소 이해될 수 있다. 역사의 차원으로부터 제1철학의 차원으로 가기 위해서 우리는 이제 이 두 진행 방식이 그것들 각자의 원리와 보편성의 차원에서 어떻게 정당화되는지를 고찰해보도록 하자.

* 플라톤(『국가』 VII과 XI)과 아리스토텔레스(『정치학』 III과 IV)로부터 몽테스키외(『법의 정신』, VIII)에 이르기까지 서양의 철학자들은 역사적 생성을 하나의 정치적 체제가 다른 정치적 체제로 넘어가는 이행 — 군주제에서 참주제로, 참주제에서 민주의로(또는 역방향의) — 으로만 간주한다.[91] 그들에게 생성에 대한 고찰은 그 자체 불변인 형상들(원리의 관점에서 고찰되는 다양한 구조를 지닌 형상들)로부터이지, 변화에 내재한 논리로부터가 아니다.

8. 실재 속에서 작용 중인 성향

인과적 설명에 대한 중국 전통의 미미한 관심

"우리는 항상 '왜'를 포착하기 전에는, 즉 최초의 원인을 이해하기 전에는 어떤 것도 안다고 생각하지 않는다." 왜냐하면 '하나의 사물이 존재하게 되는 원인에 대한 인식'이 '우연적이 아닌 절대적인 방식으로 이 사물에 대한 지식'을 우리에게 주기 때문이다. 그래서 '가르친다는 것은 각 사물의 원인을 말하는 것'이 된다.[1] 아리스토텔레스의 이 언명은 생성, 즉 발생과 소멸이 지배하는 자연학의 영역뿐만 아니라, 존재로서의 존재에 관한 본래의 철학 영역, 즉 '사물의 고유한 제1원인'이 절대적으로 근본적인 원인으로 되돌아가 결국은 신에게 귀속되는 형이상학의 영역에도 적용된다. 사물의 원인을 인식하는 것Rerum cognoscere causas이라는 공식은 우리의 철학적 수련에서 좌우명 역할을 해왔는데, 이는 사물의 인과성으로 거슬러 올라가는 것이 우리가 실재 세계를 그 근본으로부터 이해하는 방법이기 때문이다. 즉, 우리의 탐구에 형태를 부여해주며, 우리 정신의 운동을 지배하는 것이 바로 이 공식이기 때문이다.

그런데 우리가 서양의 고유한 전통 안에 머무는 한, 이러한 인과적 이해의 절대적 타당성을 문제 삼는 것은 불가능해 보인다. 이러한 정당성이 서양에서는 자명한 것이고, 또한 논리적인 토대로 사용되어온 만큼 더욱 그러하다. 칸트에 따르면, 인과성은 **선험적으로**a priori 형성된 오성의 일반적 법칙이다. 그런데 중국적 사유는 자연에 대해 해석할 때조차도 이러한 원리로부터 출발하지 않는다. 물론 그것은 중국적 사유가 인과 관계에 대해 무관심할 수 있었기 때문이 아니라, 즉각적으로 포착할 수 있는 눈에 보이는 일상적 경험의 틀 안에서만 인과성에 의존했기 때문이다. 사실 중국적 사유는 그리스적 사유처럼 인과적 관계를 사물의 감춰진 이유, 즉 모든 실재의 원리를 설명할 수 있는 원인과 결과의 계열 속에 삽입시키지는 않는다.

중국적 전통이 인과적 설명에 대해 별로 관심이 없었다는 것을 보여주는 최초의 징후는 그것이 신화에 대해 별로 애착을 지니지 않았다는 사실에서 드러난다. 우리는 서양 문명에서 신화의 원인 설명적 기능에 부여된 중요성이 어떠한 것인지를, 그리고 신화가 사유의 발전에서 '전과학적'이라고 판단되는 단계에서 개입하거나 끊임없이 실증적인 지식을 넘어서는 모든 '물음'에 대답하기 위해 뿌리 깊게 자리 잡고 있었다는 것을 잘 알고 있다. 중국에서 우리가 '민속'을 통해 파편적으로나마 찾아낼 수 있는 신화적 요소들은 단 한 번도 이론적 사변에 의해 이러한 현기증 나는 신비와 수수께끼에 답할 수 있도록 이용되지 않았다. 대신에 중국 문명의 여명기에는 점술의 섬세한 실제 기술이 매우 크게 발전했는데, 이 점술에서 사용되는 도식에 대한 분석을 통해 우리는 다른 종류의 논리의 씨앗을 볼 수 있다. 매우 정교한 일련의 조작을 실시한 다음에 거북의 등껍질을 불에 쬐어 나타난 균열의 외형은 원인과 결과의 관계가 아닌 어떤 **특수한 배열**로서 해석되었는데, 이 배열은 현저히 많은 것을 밝혀주는 단서가 되었다. 레옹 반데르미슈가 말하고 있듯이, '점술이 하나의 사건과 다른 사건 사이에서 확인해주는 관계는 매개적인 원인과 결과의 연쇄가 아니라 도식적 외형의 변화로서 나타난다. 이 도식적 외형은 그것이 아무리 사소한 것이라 해도 모든 새로운 사건의 현현에 필연적인 우주 상태의 총체적 변화를 나타내는 징표가 된다'.[2] 이 점술적 도식은 그 자체가 예견해야 할 사건이 지닌 모든 우주적 함의 작용을 담지하고 있는데, '이러한 함의는 인과적 규정을 무한히 넘어서고, 이 규정을 전체적으로 지배한다'. 따라서 외형은 작용 중인 모든 관계에 대한 순간적이면서도 총체적인 포착으로서 읽히지, 연쇄의 연역적 방식으로 읽히지 않는다.

그러므로 실재에 대한 중국적 해석은 이와 관련된 영역이 무엇이든지 간에 실재에 대한 가장 일반적인 사변조차도 장치에 대한 파악을 통해 진행될 것이다. 즉, 그 해석은 우선 기능의 체계로서 간주되는 특정 외형(배열)을 찾아내는 것에서부터 시작한다. 이리하여 인과적 **설명**에 경향적 **함축**이 대립하게 된다. 즉, 인과적 설명은 전건을 항상 외부에서 찾고, 추론 또한 가설을 세우고 원리로 환원시키는 방법을 택한다. 반면에 경향적 함축에서는 일련의 변화들이 전적으로 폐쇄적 체계 속에서 형성된 최초의 상황에 새겨져 있는 힘의 관계로부터 흘러나오기 때문에, 추론 또한 가설적인 것이 아니라 필연적인 것을 다루게 된다. 자연적인 현상과의 관련 속에서 그리고 제1철학의 틀 안에서 이 세라는 용어가 지시하는 것은 바로 이 경향의 불가피성, 즉 필연성이다. 경향 또는 '성향'은 중국적 사유를 최초로 해석하고자 시도한 서구의 학자들이 중국적 사유의 독창성을 설명하기 위해 사용했던 용어이다. 라이프니츠는 이를 확인하기 위해 롱고바르디Longobardi의 논의를 다시 취하면서 다음과 같이 말했다. '중국인은 비난받기는커녕, 사물을 그 사물의 자연적 성향에 의해 발생하는 것으로 설명했다는 점에서 오히려 칭찬을 받아야만 한다.'[3] 그렇다면 이 '성향'과 비교해볼 때, '자연'이란 과연 무엇인가?

자연적 성향의 의미

중국인에게 가장 중요한 배열은 하늘과 땅의 배열이다. 즉, 하늘은 위에 있고 땅은 아래에 있으며, 하늘은 둥글고 땅은 각이 져 있다. 땅은 하늘 아래에 있으면서 하늘에 대응되기 때문에, 땅의 '성향'[勢]은 땅으로 하여금 항상 하늘의 주도권에 '순응하고 복종하도록' 만든다[地勢坤].[4] 하늘과 땅은 이러한 배열의 효과 덕분에 서로 대립하면서도 상보적인 원리를 구현하고, 이 원리는 만물을 지배한다. 하늘과 땅은 '운동의 창시자'인 아버지와 '수용자'인 어머니와 같다. 이 최초의 배열로부터 실재의 모든 과정이 흘러나온다.

그러므로 우리는 만물 출현의 논리를 성향의 방식에 따라 사유해야만 한다. 이러한 사유는 중국 고대 말엽에, 끊임없이 다시 태어나는 존재자들의 문제가 이론적이고 총체적인 방식으로 고찰되기 시작하면서부터 이미 나타났다.

도〔'길'〕가 하늘과 땅을 낳고,

덕이 이들을 기르니,

질료적 실재가 이들에게 물리적 형태를 부여하고

성향이 이들을 구체적으로 나타나게 만든다〔勢成之〕.[5]

이렇게 가장 일반적 방식으로 과정에 내재해 있으면서 만물을 잉태시키는 '덕'은 근원적 이중성, 즉 하늘과 땅의 이중성, 음과 양의 이중성으로부터 흘러나오는 지속적인 갱신의 역동성이다. 그리고 도는 이 무한한 펼침을 통일하는 원리이다. 세계의 거대한 운행 과정을 설명해주는 이 모든 연쇄의 끝에서 일깨워진 성향은 운행 과정의 다양한 단계를 특징짓는 언제나 개별적인 상황뿐만 아니라 동시에 이 상황으로부터 그때그때마다 흘러나오는 특수한 경향도 지칭한다. 가장 미미한 잠재성을 지닌 존재를 그 잠재성이 형성되자마자 곧장 존재의 구체적 출현으로 이끄는 것은 바로 이러한 '성향'이다. 가장 미미한 배아의 단계에서조차도 존재의 출현을 구현하는 이러한 경향은 이미 내포되어 있는 것이다〔幾之勢〕.[6] 그러므로 모든 존재가 나타나는 초기에 주의 깊게 탐구해야만 할 것은 바로 이러한 경향이다. 이 경향은 우리에게 앞으로 도래할 전개에 관해 확실하게 가르쳐주며, 우리가 성공하기 위해 근거해야만 할 믿음직스러운 지지대를 제공해준다〔因其勢以成就之〕.[7]

세계에 객관적으로 함축되어 있고 이 세계의 전개를 지배하고 있는 경향과 결합하지 않으면서, 자연적 세계나 사회적 세계에 대해 어떤 작용을 끼치고자 하는 것은 헛된 시도이기 때문에 어리석은 일이 될 것이다. 주어진 상황으로부터 그때마다 흘러나오는 경향의 논리에 순응하는 대신에, 실재의 흐름에 개입하고자 하는 것 또한 헛되고 어리석은 일이 될 것이다. 이러한 관점은 특히 제국 초기에 '도가'를 국가의 통치 교리로서 유지하고자 했던 사람들에 의해 중시되었다.[8] 다음과 같은 관용구는 가장 평범한 이치에서 나온 것처럼 보이지만, 지혜로운 교훈을 담고 있다. '배가 물 위에 떠 있고, 수레가 땅 위를 굴러간다'는 이치는 '사물의 성향으로부터 자동적으로 흘러나온다〔勢之自然〕'.[9] 다시 말해서 사물들은 그 스스로 같은 유類에 속한 것으로 향하려 하고, '그들의 성향 속에서 서로 상응한다〔物類相應于勢〕'.[10] 사물의 만남으로부터 발생하는 특수한 배열에서 가능성과 불가능성이 생겨난다. 다시 말해, 각각의 사물에는 변경되거나 벗어날 수 없는 고유한 시간과 장소가 있다.[11] 위대한 우禹 임금은 지표의 높낮이가 지닌 자연적 기울기를 이용하여 강들을 모두 동쪽으로 흐르도록 만들었기 때문에 중국의 모든 영토를 정화시킬 수 있었다. 그 다음에 직稷은 필요한 개간을 진행했고 농업을 전파하는 데는 성공했으나, 겨울에도 식물을 자라게 할 수는 없었다.[12] 과정의 규칙성 안에 새겨져 있는 성향에 맞서 일을 진행하는 것은 불가능하다〔推(而)不可爲之勢〕. 이는 물론 전혀 아무 행동도 하지 말라는 것을 의미하는 것이 아니라, 모든 순박한 '적극적 행동주의'로부터 벗어날 줄 알고, 주도권을 쥐려는 자신의 욕망을 버릴 줄 알아야 함을 의미하는 것이다. 이는 현상들이 나아가는 방향으로 나아감으로써 그 현상들의 역동력을 이용하고, 그 현상들로 하여금 협력하게 만들기 위해서다.[13]

그리하여 우리는 자연과의 관계를 다루는 특정의 전략과 분리될 수 없는 이러한 장치의 논리를 통해, 현상에 대한 인과적 설명을 어떻게 경향적 해석으로 대체시킬 수 있는지를 더 잘 이해하게 된다.

만약 두 조각의 나무를 서로 마찰하면 불꽃이 일 것이요,

만약 불과 쇠가 접촉한다면 쇠가 녹아내릴 것이다.

동그란 것은 항상 구르게 되어 있고,

속이 빈 것은 원칙적으로 물에 뜨게 되어 있다.

바로 이러한 것이 자연의 성향〔勢〕이다.[14]

세상의 각각의 실재가 그 자신의 고유한 본성을 지니고 있는 것처럼
— '새들은 날개로 허공을 치면서 날고, 네발 달린 짐승은 땅을 밟으면서 이동한다' — 원소들 사이의 적절한 만남(나무와 나무, 쇠와 불, 흙과 동그란 것, 물과 속이 빈 것) 각각으로부터 불가피한 변화가 나온다. 왜냐하면 변화는 바로 이러한 배열로부터 나오기 때문이다. 관계는 과정이 전개되는 방향으로 한 단계에서 다음 단계로 흘러 내려가는[15] 운동으로서 간주되지, 결코 인과성의 연쇄로서 일련의 현상들 속에 들어 있는 인과율을 탐사해내는 거슬러 올라감의 운동으로서 간주되지 않는다.

그러므로 '자연적'이라는 것은 자발성과 뒤섞인다. 따라서 이러한 성향의 개념은 목적론적 인과성에 대한 명백한 비판으로 귀착될 수 있었다.[16] 사실 하늘과 땅이 인간을 생성해낸 것은 어떤 원인이나 목적 때문이 아니다.[17] '인간은 하늘과 땅이 지닌 기의 결합으로부터 자발적으로 생겨난 것이다.' 마찬가지로 아이도 부부가 지닌 기의 결합으로부터 자발적으로 태어난 것이다. 사실 아이의 탄생은 '욕망이라는 감정 때문에 발생한 부부간의 결합으로부터 이루어진 것이지, 결코 그 결합의 순간에 부부가 아이 낳기를 의도해서 이루어진 것이 아니다'. 더 나아가 하늘이 곡식이나 아마亞麻를 자라게 만드는 것도 인간에게 생필품을 대주기 위

한 것이 아니다(수확에 해로운 재해가 닥치는 것 또한 하늘이 인간을 벌하기 위함은 더더욱 아니다). 그러므로 이러한 '자동적' 생산은 계획에 의한 인간의 제작 모델과 대립된다.[18] 하늘은 땅과 상호작용하면서 그들 사이의 상호 배열에 따라 아무런 원인 없이 진행된다. 하늘은 '창조자'가 아닌 것이다.

종교로부터 벗어남과 경향에 근거한 해석

중국 문명의 가장 독창적 특징들 가운데 하나는 매우 일찍부터 종교적 감정에서 보편적 규제 작용에 대한 의식意識으로 발전해나갔다는 점이다. 우리는 원시적 점술이 이미 기원전 20세기 말엽부터 약화되기 시작했다는 사실을 알고 있다. 즉, 우주 현상의 규칙성을 탐색해야 할 임무를 띤 점술적 조작은 희생제와 같은 제의보다 우위를 점함으로써 사유를 우주론적 방향으로 돌린다. 중국인은 이제 자연 전체를 지배하고, 인간에게 자신의 의지를 부과하는 '저 위에 계신 주님'이라는 관념에서 절정을 이루었던 고대의 정령주의로부터 '하늘'이라는 관념으로 넘어가게 되었는데, 이 하늘은 이러한 의인주의적 형상화로부터 벗어나 단지 하늘이 물리적 기능 속에서만 모든 신적 전능을 포함하는 것으로서 여겨졌다. 이와 더불어 예전 시대의 수많은 지하 세계의 힘들도 단 하나의 유일한 우주적 실체인 대지 속으로 용해되어버렸다. 이 대지는 물리적인 면에서 하늘과 대칭을 이루고, 하늘과 상호 관계를 맺으면서 작용하는 것으로서 여겨졌다. 전 우주는 '기능주 관점에서 고찰되었고', '그 기능을 살리기 위한 의례儀禮의 대상이 되었다'. 따라서 '하늘'은 그것이 구현하고 있는 규범의 완전함과 보편성을 통해 초월적 존재가 되었다.[19] 불가사의의 의미는 초자연적인 것으로부터 멀어지고, 더 이상 제멋대로 작용하는 신성神性에 대한 두려움 속에 토대를 두는 것이 아니라 오히려 '자연'에 대한 감정 자체와 혼동되었다. 그래서 이러한 불가사의한 자발성의 토대는 실재의 배열 속에 함축되어 있는 결코 고갈되지 않는 힘으로부터 쉴 새 없이 흘러나오게 되었다.

여러 학파의 사상들이 만개함과 더불어, 고대 말엽에 간섭이라는 종교적 관념에 맞서 하늘의 기능과 인간의 운명을 분리하려는 중요한 철학적 발전('천론天論')이 나타난다. 하늘의 운행은 항상성을 특징으로 한다. 즉, 그것은 사회가 겪는 질서와 무질서의 번갈아 나타남에 따라 변하는 것이 아니다. 뒤집어 말하면, 이는 하늘이 인간의 감정을 고려할 수 없을 것임을 '인간이 추위를 두려워한다고 해서 겨울을 없애버릴 수도 없을 것'임을 의미한다.[20] 중국적 사유의 모든 전통은 이러한 개념을 계속해서 발전시킨다. 특히 8세기에서 9세기로 넘어가는 전환기에 당나라의 '신법가주의자들' 집단에서 이러한 발전이 이루어졌는데, 당시 제국을 점점 더 뿌리부터 뒤흔들었던 정치적이고 사회적인 위기에 대해 이들은 철저한 개혁으로 맞서려고 했다. 그렇다면 그들의 '초보적 유물론'은 오늘날 중국의 철학사가들이 인정하는 것처럼, 그들의 개혁적 계획과 어깨를 나란히 하고 있는 것인가? 적어도 그들이 원리의 위치를 문제 삼았다는 것은 확실하다. 하늘을 보수를 지급해주거나 정의를 심판하는 자로 상상하는 것은 어리석은 일이다. 하늘에 대해 불평하거나 동정을 구하는 것은 더욱더 어리석은 일이다. 마치 하늘이 그러한 불평을 들어준다고

생각하거나, 하늘을 '거대한 멜론'에 지나지 않는다고 생각하는 것처럼 말이다.[21]

그러므로 모든 것을 볼 수 있고 '인간의 운명을 비밀리에 결정짓는' 최고의 권능을 지닌 헤겔적 의식의 개념에 맞서, '자연주의적' 관점은 서로 대응하는 두 차원에서 독립적으로 발달한 두 가지 '능력'의 관념을 옹호하게 된다. 즉, 하늘의 사명은 만물을 성장하도록 만드는 것이고, 이러한 작용은 물리적 힘 속에서 나타난다. 반면에 인간의 사명은 조직을 구성함에 있으며, 이러한 작용은 사회적 가치 속에서 나타난다.[22] 질서가 사회 속에서 군림하고, 가치가 모든 사람의 존경을 받는 대상이 될 때, 공적功績은 자동적으로 보상을 받고, 비행卑行은 정당하게 처벌받는다. 이럴 경우에는 아무도 하늘의 간섭을 끌어들일 필요가 없을 것이다. 그러나 이 질서가 조금이라도 '느슨해지고', 가치가 다소간 혼동되며, 사회적 조직에 할당된 보상 기능이 더 이상 일관성 있게 보장되지 않을 경우에, 우리는 잘 진행되는 것에 대해서는 계속해서 '사물의 이치'에 의해 설명할 수 있지만, 정당화되지 않는 것에 대해서는 하늘에 간청하는 수밖에 다른 도리가 없게 된다. 결국 사회의 질서가 완전히 무너지고 그 어느 것도 제대로 돌아가지 않을 때에는 모든 것이 더 이상 인간의 책임이 아니라 오직 하늘의 권위와 연관된 것처럼 보인다. 그러므로 종교는 이러한 식으로 단지 사회의 불만족스러운 상태 때문에 발생하는 것처럼 설명된다. 즉, 단지 사회의 질서가 잘못되었을 때만 사람들은 지나치게 하늘의 차원과 사회의 차원을, 즉 하늘의 조정과 인간의 행복을 혼합하기 시작한다. 훌륭한 군주 밑에서는 '백성들을 초자연적 힘을 통해 속이는 일'이 불가능하다. 그러나 정치적 기강이 흐트러졌을 때는 '백성들

을 움직이게 하기 위해서' 하늘을 끌어들이게 된다.[23]

자연과의 관계에서도 사정은 마찬가지이다. 즉, 인간은 자신에게 일어나는 일의 이유를 더 이상 알아차릴 수 없을 때에만 하늘의 개입을 믿기 시작한다. 그런데 그러한 '신비'는 언제나 상대적일 수밖에 없다. 작은 하천에서 노를 젓는 사람은 자신이 노 젓는 일을 완전히 지배하고 있다고 느끼는 반면에, 큰 강이나 바다에서 항해하는 사람은 훨씬 더 많은 도움을 하늘에 요청하게 된다. 같은 유형의 과정에 관한 것일지라도, 규모의 차이가 현상에 대한 합리적 설명을 어떤 때는 더 명확하게, 어떤 때는 더 모호하게 만든다. 심지어 바람과 물의 동일한 조건 속에서 나란히 항해하는 두 배의 경우에도, 어떤 배는 물에 뜨고 어떤 배는 물에 가라앉게 되는 사실은 하늘의 개입을 근거로 내세우지 않고, 세勢라는 용어에 의해, 즉 성향만으로도 충분히 설명될 수 있다.[24] 물과 배는 두 '질료적 실재'이며, 이 실재들이 관계를 맺으면서부터는 객관적으로(그리고 수적으로) 결정된 특정 '관계'가 도출된다. 그리고 이 관계가 특정한 방식으로 결정되자마자 과정을 한 방향 또는 다른 방향으로 이끌고 가는 특정의 '경향'(물에 뜨려는 경향이든 가라앉으려는 경향이든)이 필연적으로 나타난다〔數存, 然後勢形乎其間焉〕. 각각의 경우는 그것의 특수한 규정성에 부합하고, 그것으로부터 발생하는 성향과 결합한다〔適當其數乘其勢〕. 이 성향은 또한 '그림자나 메아리가 실재와 지니게 되는 관계'와 마찬가지로 서로 불가분의 관계를 지니며 나타난다. 단지 현상의 형세에 따라 이러한 성향이 나타나는 이유가 어떤 때는 지각되고, 어떤 때는 지각되지 않을 뿐이다. 그러나 작용하는 것은 언제나 같은 논리이다.

그러므로 예측된 인과적 설명은 앞서보다 훨씬 더 정확한 방식으로 경향적 해석에 의해 대체되는데, 이러한 경향적 해석은 여기에서 궁극적 논거로 사용되고, 더 강하게는 종교적 환상의 신비를 벗겨내는 데 사용된다. 물음은 명백하게 이러한 용어들로 표현될 수 있는데, 우리는 이러한 물음의 모든 파급 효과를 형이상학적 차원에서 평가하는 것이 적합하다. 즉, 만약 현실 속의 모든 것이 사물 사이에서 정립되고, 객관적으로 평가할 수 있는 관계로부터 체계적으로 흘러나오는 어떤 성향에 의해 지배된다면, '하늘 그 자체도 성향의 이러한 불가피성에 의해 한정〔그리고 제어〕되는 것은 아닌가〔天果狹于勢耶〕'. 사실 하늘 그 자체도 하늘의 흐름 속에서는 시간 또는 계절의 규정, 즉 척도의 규정에 종속된다. 그래서 일단 '높고 큰 것으로 형성'된 하늘은 다시 '낮고 작은 것'이 될 수는 없다. 다시 말해서 하늘은 일단 움직이기 시작하면, 그 자체의 힘으로는 '단 한순간도 멈출 수가 없다'. 그러므로 하늘 또한 경향의 불가침성에 종속된다. 그리고 이러한 경향의 지배는 절대적으로 보편적이다.

실재의 장치와 그 장치에 대한 조작

이러한 경향의 지배는 보편적일 뿐만 아니라 논리적이기도 하다. 11세기부터 이루어진 신유가주의의 발전과 더불어 중국의 사상가들은 점점 더 실재의 과정을 설명할 수 있는 내적 일관성의 원리를 강조하는 데 관심을 기울이게 되었다. 비록 이 사상가들은 불교의 영향(이들은 불교가 자신들의 사유 방식을 변질시켰다고 생각하고 있다)에 대해 반발했음에도 불구하고, 그들은 이 불교의 전통이 그들에게 마주치게 만든 형이상학적 요구를 고려할 수밖에 없었기 때문에 중국적 사유의 기원으로 되돌아가게 되었다. 사물의 원리와 이치〔理〕관념은 이렇게 해서 가장 중요한 위치를 차지하면서 그들의 세계관을 근거 지어주는 토대의 역할을 하게 되었다. 이 관념은 다음과 같은 세 차원에서 실재에 새로운 구조를 부여한다.[25] 그리하여 '원리'의 차원에서는 '이중성 - 상호관계성'이 나오고, '경향'〔勢〕의 차원에서는 양극 사이의 '상호 끌어당김'('이 양극은 서로가 서로를 찾는다')이 나오며〔以理之相對, 勢之相尋〕, 마지막으로 '관계'와 그 관계에 대한 '수적 규정'의 차원에서는 끊임없이 '변화하는' 지속적 '흐름'이 나왔다. 그러므로 처음에는 항상 서로 대면하고 대응하는 두 계기가 주어진다. 그리고 이러한 배열로부터 그 성향을 구성하는 상호작용이 흘러나오고, 이러한 역동적 관계로부터 끊임없이 변화하는 현상들이 나타난다. 이러한 연쇄의 한가운데에서 경향은 원리를 구체적 사물의 생성에 결합시켜주는 매개항의 역할을 하며, 사물을 생성해내면서 동시에 규제하는 긴장을 구성하는데, 이 긴장은 총체적 실재와 동일한 외연을 갖는다.

중국의 전통 속에는 이러한 장치 개념에 대한 일반적인 합의가 존재한다. 합의되지 않는 점이 있다면, 그것은 단지 이 장치를 사용하는 방식으로부터 나올 것이다. 점점 더 비타협적으로 되어가는 도덕적 엄격주의 때문에 발생한 정치적 상황의 악화에 반발하던 유가 사상가들은 '백성'과 '국가'를 염려한 나머지 반대파들이 오직 자신들의 사적인 야망을 확실하게 실현하기 위해서만 이 경향〔勢〕을 부당하게 악용하고 있음을 비난하고자 했다. 바로 그러한 이유에서 도가의 현자는 사람들에게 자발적으로(노자의 방식에 따라) 스스로를 낮추고 겸손하게 뒤로 물러서라고, 즉 자신의 자아를 '비우라고' 충고하지 않았던가? 마찬가지 이유로 노자는 '한 조각의 원목'이나 '갓난아이'를 그 모델로서 격찬하고 있지 않은가? 그러나 노자가 그렇게 말한 것은 그가 대립되는 것들이야말로 필연적으로 서로를 끌어당기고 서로 대체된다는 사실, 그리고 경향의 상보적인 기능이 자신에게 유리하게 작용하리라는 사실을 잘 알고 있기 때문이다 (물론 이러한 일은 가설적인 피안의 세계 속에서가 아니라, 가장 임박한 미래의 한가운데에서 일어날 것이다). 만약 그가 자신을 낮춘다면, 그것은 그가 자신을 낮춘 만큼 더 쉽게 재기할 수 있기 위함이고, 그가 뒤로 물러선다면, 그것은 그가 뒤로 물러선 만큼 더 확실하게 앞으로 나아가기 위해서다. 만약에 그가 공공연하게 자신의 자아를 비운다면, 그것은 결국 훨씬 더 절대적으로 자신의 자아를 인정받기 위해서다. 이 모든 행위는 그가 '눈부시게 빛나는 것의 성향이 반대로 불가피하게 퇴색하게 되고〔皦之 勢必汚〕', '가득 찬 것의 성향이 넘치게 되어 있으며', '강철같이 예리한 것의 성향이 부서지게 되어 있다'는 사실을 잘 알고 있기 때문이다.*

그러므로 유학자들은 이러한 위장된 겸손함이 조작의 가장 엄밀한 기술을 숨기고 있다고 주장한다. 그렇게 주장하는 이유는 일반 사람들이 이러한 실재와 다른 겉모습에 당황하게 될 뿐만 아니라, 무엇보다도 우

---

* 이 전복의 논리는 도가의 설립자인 노자의 텍스트에 확실하게 표현되어 있다. (특히 §7, 9, 22, 36 참조) 도덕경에 따르면, 현자는 한편으로는 뒤로 물러남을 통해 앞으로 나아가게 되고, 다른 한편으로는 사적 이익을 생각하지 않음으로써 자신에게 고유한 이익이 오게 만들 수 있다. 이 논리는 3세기에 왕필王弼에 의해 세의 용어로써 해석되었다〔勢必傾危, 勢必推衄〕.[55] 이러한 점에서 의미심장한 것은 노자의 가르침 이래 이 논리가 문제 삼고 있는 것이 사물의 경향에 내재해 있고, 이 경향에 의해 함축되어 있기 때문에 '논리적으로' 필연적인 보상이지, 신적인 선의지에 의해(종교적, 특히 기독교적 시각처럼) 이 세계를 넘어 밖에 있는 초월의 세계에서 부여받는 반대급부가 아니라는 사실이다.

리를 앞으로 나아가도록 만드는 경향이 사실상 우리 자신으로부터 나올 수 없고 객관적 상황으로부터만 나올 수 있기 때문이다. 사실 나 혼자만의 힘으로 근근이 앞으로 나아가도록 만드는 것은 내가 아니다. 나는 나의 의지와는 반대로 현실의 불가피한 논리에 의해 앞으로 나아갈 수밖에 없다. 전술적 관점에서 볼 때, 자아는 항상 경향의 궁극적 전개를 염두에 두고 있고 그것을 이용하려는 자세를 취하고 있기 때문에, 이러한 훌륭한 조작자는 언제나 기회를 먼저 포착한다. 왜냐하면 '그는 시작점에 서기가 무섭게 이미 종결점을 맞이할 준비가 되어 있고, 아직 들어가기도 전에 이미 나갈 것을 준비하고 있기 때문이다'.[26] 그는 세계의 위대한 운행 과정과 마찬가지로 언제나 문제 해결의 방책을 가지고 있으며, 또한 이 운행처럼 '그 깊이를 알 수 없을 만큼 심오하다'. 우리는 중국적 전통이 고대 도가의 영향을 받아, 현상들 한가운데에서 작용 중인 객관적 경향에 근거하여, 자신을 현상의 흐름에 맡기면서도 그것을 이용할 줄 아는 것을 지혜라고 규정하고 있음을 앞에서 보았다. 그런데 바로 이러한 지혜는 또한 동일한 진행 과정을 사악하게 이용할 줄 앎에 지나지 않는 어두운 면을 지닐 수도 있다. 그래서 신의 모든 자의적 최고 권한이 배제된 이 세계 속에서 현자와 조작자는 장치를 이용할 줄 아는 기술을 갖고 있다는 점에서 구별이 안 되고, 효율성에 대한 감각을 공통으로 지니고 있다는 점에서 서로 결합한다. 물론 양자의 의도는 서로 다르다. 그러나 이러한 특징들 속에 과연 이들을 진정으로 구분할 수 있는 충분한 기준이 있을까?

'논리적 경향'의 관념과 자연 현상에 대한 해석

이러한 성향의 합리성이라는 개념은 최근의 중국적 사유 속에서 궁극적으로 '논리적 경향[理勢]'이라는 하나의 독특한 관념에 도달하는데, 이 관념은 중국 문명이 자연과 세계에 대해 품고 있었던 시각을 밝히는 데 사용될 수 있었다. 사실 관념은 중국적 사유가 구분하지 못했던 두 관념을 하나로 묶어주고 있다. 그 하나는 모든 것이 실재 속에서 외적 인과율을 끌어들일 필요가 없이 언제나 내적 발전에 의해 내재적 방식으로만 도래한다는 관념이다. 다른 하나는 이러한 자발적 과정이 그 자체로 탁월하게 규제적이며, 이 과정이 전달하고 있는 규범이 실재가 지닌 초월성의 토대를 이룬다는 관념이다. 요컨대 바로 이러한 것이 중국인이 생각하는 '하늘'이다. 따라서 하늘의 '자연적' 흐름은 절대적 '도덕'의 역할도 수행하게 된다.

다시 한 번 더 번갈아 나타남 ─ 그러나 이번에는 실재 전체의 차원에서 ─ 이 장치로부터 흘러나오고, 기능의 일반적 방식으로서 사용된다. 세계의 흐름은 '잠재적 상태'와 '현실화'라는 서로 상반되면서도 보충적인 국면들의 끊임없는 연속일 뿐이다. 잠재기의 조화로운 단계에 이미 양극적 이중성(음과 양이라는)이 함축되어 있기 때문에 '논리적 경향'은 '불가피하게' 이 대립된 원리들의 상호작용을 통해 한 단계에서 그 다음 단계로 발전하는 과정을 이끌어낸다[相蕩, 其必然之理勢].[27] 이러한 작용에 의해, 실제로 나타나는 현상들은 어떤 개입이 없어도 생성된다. 그러나 이러한 현실화는 그 다음 단계에서 전적으로 '자발적인' '논리적 경향'에 의해 잠재적 상태의 단계로 되돌아가고, 분화되지 않은 '태허太虛'의 상태로 용해된다.[28] 전 우주는 삶과 죽음을 통해 끊임없이 존재자들을 서로 연결하고 항상 상호관계를 갖는 두 우주적 에너지의 집중과 분산에 의해 규칙적인 운동을 한다〔皆升降飛揚自然之理勢〕.[29] 전 우주는 앞으로 나아가는 국면이 되었든지 되돌아오는 국면이 되었든지 간에, 존재자의 형세를 재촉할 수도 늦출 수도 없다. 이러한 **논리적 경향**의 불가피한 특성 앞에서 현자는 '자신의 운명을 평화롭게 기다리는 것' 외의 다른 태도를 지닐 수가 없다.

이러한 일반적 개념은 세계에 대하여 훨씬 더 정확한 물리적 해석에 적합하다. 실재의 현실화를 위해 사용되는 두 에너지 가운데, 하나(음)는 '응고하고' '집중하는' 본성을 가지며, 다른 하나(양)는 '비약하고' '퍼져 나가는' 본성을 가지고 있다. 음이 응축시키는 모든 것을 양은 불가피하게 분산시킨다. 그래서 '이 둘〔동일한 세에 속하는〕은 모두가 마찬가지로 각자 나름대로의 분산하려는 경향을 지닌다'.[30] 그러나 분산이 일어나는 두 경우는 구별될 필요가 있다. 즉, 하나는 이러한 분산이 조화롭게 이루어져 서리·눈·비·이슬(각각의 현상은 그것이 나타내는 그 계절에 대응한다. 즉, 서리는 가을에, 눈은 겨울에, 비는 봄에, 이슬은 여름에 대응한다) 등과 같은 정상적 현상이 나타나는 경우이고, 다른 하나는 이러한 분산이 조화롭게 이루어지지 못해 하늘 전체를 어둡게 만드는 거친 회오리바람이 나타나는 경우이다. 이것은 **음**이 점점 더 견고해지는 반면에, **양**은 서둘러 분산되려 하기 때문이다. 물론 경향은 불가피하게 음이 오랫동안 유지될 수 없도록 만든다. 그러나 궁극적으로 분산이 일어나기 전에, 우선 연쇄가 격렬하게 끊어지는 단계를 거친다.[31] 이러한 현상은 사회의 모순이 격화되고, 역사의 흐름을 구성하는 점진적이고 끊임없는 변화가 갑자기 갈등과 충돌에 자리를 내어줄 때 사회적 틀 안에서 우리가 종종 확인할 수 있는 현상과 정확하게 유사하다(특히 우리는 봉건제에서 관료제로 향하는 전이에 대해 같은 저자가 행했던 분석을 기억할 수 있다, 7장 2절). 그러나 이 두 가지 경우 모두에서 경향이 갑작스러운 돌입을 허용하고 있다고 해도 그것은 언제나 완벽하게 합리적인 필연성의 결과이다. 저자는 말하기를, 이런 외형적 불연속성을 제거하기 위해서는 성향의 이러한 현상을 '섬세하게' 분석하는 것으로 충분하다〔精極理勢〕.[32] 왜냐하면 위기뿐만 아니라 폭풍우도 또한 '논리적'이기 때문이다.

경향과 논리는 분리될 수 없다

조야한 접근이 보여주듯이, '세상이 잘못 다스려질 때에는' '경향〔勢〕'에 복종하는 반면에, '잘 다스려질 때에는' '논리〔理〕'에 복종할 것이라고 믿는 것은 잘못된 일일 것이다.[33] 이 두 경우에서 논리와 경향이 분리될 수 없음을 증명하는 것이야말로 철학자의 임무이다. 맹자가 제안한 대안을 다시 취해보면, 가장 비천한 사람이 가장 훌륭한 사람에게 순종하거나, 단순한 예로 가장 약한 자가 가장 강한 자에게 순종하는 것은 매번 '의존' 관계의 문제이며, 이러한 의존 관계는 언제나 경향〔勢〕의 형태하에서 일어난다. 그리고 이 두 경우에서처럼 경향이 이러한 방식으로 작동된다면, 그것은 '다른 방식으로는 그렇게 될 수 없기' 때문이며, 따라서 이러한 경향은 매번 정당화되고, 언제나 자신만의 고유한 논리를 지닌다.

첫 번째 경우는 매우 분명하다. '가장 비천한 사람이 가장 훌륭한 사람에게 순종한다'는 것은 단순히 '그렇게 되어야 함(당위)'에 상응하는 것이다. 그리고 이 경우에 경향(복종의 관계)이 도래하도록 만드는 것은 논리(원리에 부합함)이다[理當然而然, 則成乎勢]. 어떠한 경우에도, 다스리는 자와 다스려지는 자는 자신에게 마땅히 할당된 것을 받아들인다. 즉, 다스리는 자에게는 '존경'이, 다스려지는 자에게는 '평화'가 주어진다. 가치에 기반을 둔 위계는 그 위계 자체로부터 부과된다.

물론 문제가 되는 것은 이와 반대가 되는 경우이다. 즉, 위계상의 우위성이 더 이상 지혜나 덕의 가치가 아닌, 단순한 힘의 관계에 근거해 군림하는 경우가 그러하다. 이런 경우에, 우리는 가장 약한 자를 가장 강한 자에 종속시키는 경향이 '내적으로' 논리적이지 않다는 것을 잘 인식해야 할 필요가 있다(왜냐하면 이러한 경향은 도덕적 당위에 상응하지 않기 때문이다). 그러나 저자는 이 경향도 비논리적인 것은 아니라는 것을 증명하고 싶어 한다. 이를 확신하기 위해서는 반대 방향으로 진행시켜보기만 하면 된다. 즉, 힘이 가장 약한 자가 가장 강한 자에게 복종하기를 거부하고 — 덕목의 관점에서는 가장 강한 자와 다르지 않다는 생각에서 — 그와 경쟁하는 상태를 상상해보면 된다. 그는 너무나 광적인 야심 때문에 불가피하게 패할 것이고, 만약 그가 작은 나라를 다스리는 자라면(맹자에 의해 고찰된 경우) 나라 전체를 파멸로 이끌 것이다. 이러한 일은 '이치에 맞지 않는 짓'이다. 그러한 불복종은 자기파멸을 끌어들일 수밖에 없기 때문에, 그러한 행위는 가장 약한 자의 관점에서 보아도 복종을 받아들이는 것보다 확실히 더 나쁘다. 비록 당위의 논리에는 전혀 부합되지 않지만, 이러한 최후의 해결책은 복종을 통해 간신히 목숨만은 부지할 수 있다는 사실에 의해 정당화된다. 좀 더 정확히 말하자면, '우리는 가장 약한 자의 복종이 사물의 이치가 겪을 수 있는 일은 아니라고 주장할 수 있을 것이다'. 이상적 상태에 도달할 수 없는 상황에서, 이러한 정당성은 필연성으로부터 나온다〔勢旣然而不得不然〕. 사물의 힘이 사물의 이치를 대신하게 되는 곳에서는, '경향'이 '논리'로서 사용되는 법이다〔勢之不順者, 卽理之當然自己〕.

세계가 '도道에 따라' 지배되거나 지배되지 않음을 기준으로 경향과 논리를 분리하는 이러한 도덕적 선입견은 그 자체가 이미 형이상학적 선입견에 근거하고 있는 것이다. 즉, 이러한 선입견이야말로 하늘의 관념 안에서 한편으로 현실화를 가능케 하는 에너지氣와 다른 한편으로 이 과정을 지배하는 원리理를 구분하는 데서 성립한다〔氣, 理〕. 그런데 하늘은 그 흐름에서 기氣이자 동시에 이理이다. 현실화의 힘이 규제적 원리의 지휘 아래서 끊임없이 생성되어가는 것이 바로 하늘이다〔理以治氣, 氣所受成, 斯謂之天〕. 사실 상서로운 것이든 불길한 것이든, 이러한 현실화의 에너지 없이는 현실화되지 않는다. 그리고 정반대로 불행한 시대도 좋은 시대만큼이나 탁월하게 논리적인 전개의 과정에 종속되어 있다. 불행한 시대가 형성되는 것은 규제 자체가 없기 때문이 아니라, 이 규제가 무질서의 방향을 따라 부정적 방식으로 작동되기 때문이다. 규제성이 잘 작동되고 있는 질병 ― 비록 불리한 방향이긴 하지만 ― 에 대한 경험이 그 증거가 된다. 『역경』에 나오는 일련의 모든 괘들은 각각의 고유한 '덕'을 가지고 있는데, 여기에는 역전과 정체停滯를 상징하는 괘도 포함되어 있다.

그러므로 현실화시키는 에너지가 규제적 원리에 종속되지 않으면서 펼쳐질 수 있는 것은 매우 예외적 상황에서만 발생한다. 예를 들어, 자연에서는 폭풍우와 돌풍이 갑작스럽게 일어날 때, 그리고 역사 속에서는 '기초가 잡힌 모든 것이 곧장 파괴되는' 시대, 즉 좋든 나쁘든 어떠한 권력도 인정되지 않는 완전한 무질서의 시대(중국에서는 4세기의 유연劉淵과 석륵石勒의 시대)가 그러한 경우이다. 그러나 폭풍우는 계절의 규칙성을 약화시키지는 않는다. 그리고 완전한 무정부 상태도 결국에는 소멸되기 때문에 오래 지속되지는 않는다. 이러한 사실로부터 다음과 같은 필연적 결론이 나온다. 즉, 현실화시키는 에너지와 길잡이 역할을 하는 원리는 분리될 수 없기 때문에 '사태 속에서 작동 중인 경향은 그 출현을 위해 이러한 에너지와 원리에 의존하게 된다'. 다른 한편, 이 두 용어의 관계에 의해 우리는 결국, '경향'이 무엇인지를 훨씬 더 잘 정의할 수 있을 것이다. 사실 우리는 이 경향이라는 것을 — 이러한 특수한 철학적 맥락을 벗어나 가장 추상적인 방식으로 — 특정한 방향으로 자발적으로 나아가는 에너지로서밖에 이해할 수가 없다.

형이상학적 관념주의에 대한 비판과 질서의 이념

가장 심오한 중국의 사상가 중의 한 명(17세기)으로부터 인용된 이러한 논의의 체계적이고 철저한 특성은 우리에게 충격을 준다. 그러나 이러한 논의는 매우 다른 의식 수준을 함축하는 여러 가지 차원으로부터 출발해야만 비로소 정립될 수 있다. 이 논의에서 가장 명확한 것은 엄격한 비판인데, 바로 이러한 비판에 몰두함을 통해 논의는 형이상학으로 향한다. 즉, 이 비판은 작동 중인 규제를 현실화시키는 에너지로부터, 원리의 영역을 현상의 영역으로부터, 관념적 추상을 경험적 구체로부터 분리하는 것을 거부하면서 동시에 — 그리고 매우 의식적으로(왜냐하면 저자에 따르면, 이 비판은 유가 사상가의 전통 속까지 침투한 불교의 영향에 대한 대응이기 때문이다) — 관념적 단절도 거부한다. 그렇게 거부하는 이유는 이러한 용어들에 대한 구분이 정확히 정립되지 않았기 때문이 아니라, 자크 제르네Jacques Gernet가 잘 보여주었듯이[34] 이러한 구분이 분리에까지 나아가지는 않기 때문이다. 즉, 비록 양자 사이에는 가능적 이중성의 개념 — 추상적인 — 이 함축되어 있지만, 이것은 정확히 모든 이원론과 반대되는 대립자들의 상호관계로서의 이중성이다. 우리가 이미 보았듯이, 장치에 대한 중국적 논리에서 하늘과 땅은 서로 짝을 지어서 기능하고, '차안의 세계'는 그 어떠한 '피안의 세계'와도 분리될 수 없다. 게다가 이 같은 논의는 매우 의식적으로 형이상학적 단절과 함께 가는 도덕주의의 환상을 거부한다(도덕주의의 환상은 바로 이러한 형이상학적 단절로부터 시작되었다). 도덕주의의 환상이란 행복과 불행을 단호히 대립시키고, 잘못되어가는 모든 일을 하늘에 맡겨버리는 것을 의미한다. 오늘날의 중국 주석가들은 이것을 자주 헤겔과 비교한다. 즉, 서양 철학은 관념적 입장을 끝까지 밀고 감으로써만, '실재'와 '이성'에 대한 유명한 전복 — '실재적인 모든 것은 이성적이고, 이성적인 모든 것은 실재적이다'라는 공식에 따른 전복 — 에 다다르지만, 중국에서는 반대로 이러한 전복이 성향이라는 중국 철학의 토대에 매우 자연스럽게 — 마치 샘에서 흘러나오는 것처럼 — 함축되어 있다.

반면에 이러한 논증이 부정성否定性에 부여하고 있는 위상은 좀 더 애매모호하다. 이 논증이 부정적으로 전개되는 과정의 논리적 특성을 정당화할 때, 그것은 단순히 모든 규제의 완화 또한 질병의 경우에서처럼 나름대로의 규제의 양상을 지니고 있다는 사실을 증명하려는 것인가? 아니면 이 부정적인 국면이 마치 새봄을 준비하는 겨울의 경우에서처럼(중국의 전통에서 특히 『역경』이 일상적으로 사용하는 예에서처럼), 그 자체 속에 부정적인 면을 극복하도록 만드는 고유한 긍정성을 담지하고 있다고 주장하는 것인가? 이러한 애매모호함은(적어도 서구의 관점에 따르면) 사실상 오래전부터 중국적 관점의 선입견 — 서양적 전통이 흔히 집착하고 있었던 선입견에 정반대되는 선입견 — 을 이루고 있었던 것과 관련된다. 즉, 중국적 관점은 악의 존재론적 위상에 대해 무관심하고, 기능('악'이란 일반적으로 일종의 기능 장애로만 간주된다)에 우선권을 부여한다. 그러나 이 단계에서 단순한 철학적 해석만으로는 무엇인가가 부족하다는 사실을 알아차려야 한다. 즉, 철학적 해석은 '위대한 선택'에서처럼 기능적인 것을 분류하는 유형학에 따라 일련의 문명을 구성하는 자의식의 다양성에 대해 숙고하는 좀 더 인류학적인 해석에 자리를 양보할 수밖에 없게 된 것이다.

결국 여기에서 세 번째 방식, 즉 이념적 차원의 해석이 필요하게 된다. 사실 이러한 논증에서 사용되고 있는 무질서의 관념이 야기하는 난점은 그것의 애매모호함보다는 그것이 초래할 혼란에 있다고 볼 수 있다(물론 이것은 위계와 권력의 문제를 다룰 때 그러하다). '좋은 질서'에는 두 개의 가능한 대립 항 — 나쁜 질서와 질서의 부재 — 이 존재한다. 그런데 여기에서는 어쨌든 혼란이 일어나는 것은 좋지 않다는 이유로, 질서의 부재보다는 나쁜 질서가 더 나은 것이라고 주장하기 위한 모든 노력이 기울여진다. 그리고 이러한 노력의 배후에는 무정부 상태에 대해서 중국 문명이 갖게 된 선천적인 강박 관념, 즉 권위가 없는 것보다는 나쁜 군주가 차라리 낫다는 강박 관념이 감춰져 있다.

모든 논증은 처음부터 '가장 약한 자의 덕과 지혜가 자신보다 우월한 자의 덕과 지혜와 다르지 않음에도 불구하고' 가장 약한 자는 현실적으로 가장 강한 자에게 복종하는 것이 논리적이라는 사실에 근거하고 있다. 그러나 여기에서 언급하고 있지 않은 다음과 같은 경우, 즉 낮은 지위에 속해 있음에도 불구하고 그를 지배하고 있는 자보다 더 훌륭한 사람 — '덕'이나 '지혜'에서 — 의 경우는 어떻게 되는가? 즉, 덕 있는 자에게 힘을 부여해주는(새로운 방식으로) 반란을 생각해볼 수는 없는 것인가? 이러한 물음은 우리로 하여금 다음과 같은 질문을 하도록 만든다. 즉, 원리들의 이념성과 맞지 않기 때문에 힘의 관계로부터 나오는 것 외에는 아무것도 정당화시키지 못하는 이러한 '논리'의 부득이한 해결책에 만족하기보다는, 또한 '사물의 힘'이 충분한 '이치'로서 사용될 수 있다는 사실을 받아들이기보다는, 두 항을 너무나 편리하게 뒤바꾸는 행위를 단호하게 거부하는 것(즉, '어떠한 상황도 우리는 현실적으로 받아들일 수 있다'는 생각을 거부하는 것)이 적절하지 않을까? 다시 말하자면 그것은 사물의 이치를 사물의 힘보다 우세하도록 만들고, **투쟁** — 갈등 관계를 무시하고 어떠한 희생을 치르더라도 — 을 통하여 결국 이상적인 것이 세상을 지배할 수 있게 되기를 원하는 것이다.

이러한 행위는 필연적으로 어떠한 방식으로든지 이러한 도덕적 영웅주의의 토대로 삼기 위해, 형이상학적 단절 — 이상을 신성시하고, 절대적 선을 상정하는 단절 — 과 다시 관계를 맺음을 의미한다. 그렇다면 여기에서 우리는 다시 '서구'로 되돌아오게 된 것인가?

물론 왕부지는 논증 전개의 말미에서 단지 유보적으로만, 가장 약한 자(그러나 왕부지는 이 약한 자가 과연 더 가치 있는 자인지는 말하고 있지 않다)가 '무질서의 논리를 훌륭한 질서의 논리로 뒤집을 수 있다'고 생각하고 있다. 그러나 이것은 이 가장 약한 자가 결국 그러한 상태에 이르지 못하는 한 실패할 수밖에 없으리라는 사실을 곧장 확인해줄 뿐이다. 우리는 이미 이러한 사실을 깨달을 기회를 가진 바 있다. 즉, 세계의 거대한 장치와 보편적 규제의 개념은 매우 일찍이 중국에서 정치적 개념에 영향을 주었고, 권력의 전체주의적이고 절대주의적인 이론을 옹호하는 정도까지 나아갔었다. 우주적 의례주의와 사회적 의례주의는 분명히 병행한다. '무질서'의 돌출은 규제의 틈 사이에서만 고려될 수 있고, 규제의 질서에 논리적으로 통합될 수 있다. '폭풍우'와 '위기'는 사유될 수 있지만, '혁명'은 결코 사유되지 않았던 것이다.

구체적인 경향은 규제적 원리를 드러낸다 : 두 항 사이에 존재하는 관계의 가역성

여기에서 제기되고 있는 형이상학적 관념주의에 대한 비판 속에서 경향[勢]의 관념은 우리가 보았듯이, 중심적 결합의 작용을 한다. 그것은 이 관념이 실재의 두 차원을 연결해주고 있기 때문이다.[35] 그 하나는 규제적 원리의 차원인데 이 원리는 그 자체로서 결코 구체적인 '특정의 사물'이 될 수 없고, 어떠한 방향으로 나아가든 고갈되는 법이 없으며, 그래서 '신성불가침한 것'에 속한다(왕부지는 말하길, 우리는 정치·도덕적인 성찰에 의해 신성시되는 '도道' 또는 '길'의 궁극적 현현을 다룰 때조차도 원리 개념을 원리에 대한 특수한 하나의 형태와 혼동하면서 물화物化시키지 않도록 주의해야만 한다). 다른 하나는 현실화시키는 에너지의 차원인데, 끊임없이 변화하는 이 에너지의 '질서 있고' '조화로운' 특성은 비가시적 원리의 감각적 현현을 이룬다. '규제적 원리가 감지되는 것은 경향의 불가피성 안에서일 뿐이다[只在勢之必然處見理].' 실재의 흐름을 이끌고 가는 경향은 이 장치로부터 저절로 흘러나오기 때문에, 감각적 현실화의 한가운데에서 그러한 주도적 역할을 하는 원리를 드러내주는 것은 정확히 이 경향의 소관이다.

그러므로 사물의 배열에서 흘러나오는 성향은 여기에서 다시 한 번 더 — 그러나 이번에는 실재 전체의 단계에서 — 가시적인 것과 비가시적인 것 사이의 매개 역할을 한다. 우리는 획의 외형에서 흘러나오는 긴장이 태허의 차원을 열어주고, 특정의 정신적 경험을 갖게 해주는 풍경화에 대한 중국의 심미주의를 상기할 수 있을 것이다. 또한 우리는 구체적 상황 속에 내재해 있는 경향이 목전의 역사로부터 사건의 흐름 뒤에 숨겨져 있는 논리로 넘어갈 수 있게 해주었던 중국의 역사 이론을 기억할 수도 있을 것이다. 객관적으로 작동 중인 성향을 통해 중국인은 보이지 않는 것과의 만남을 체험한다. 바로 그러한 이유에서 그들은 신과 인간의 중개자인 그리스도의 '강생'도, '형이상학적 가설'도 필요로 하지 않았던 것이다. 그래서 사물은 자연스럽게 의미를 지닌다.

'원리'와 '구체'라는 두 차원에 대한 어떠한 관념주의적 단절도 불가능함을 보여주는 가장 좋은 증거는 — 사람들은 이러한 사실을 인식하기 시작했다 — 이들 관계의 가역성이다. 그러나 우리는 장치의 개념으로부터

이에 대응하는 실천praxis의 개념으로 넘어가면서 이 가역성을 좀 더 자세히 고찰해볼 필요가 있다. 우리는 여기에서 다음과 같은 상보적인 두 관점 — 그러나 여기에서 이 두 관점은 매번 대안(왜냐하면 그것들은 각각 도덕적 선택과 상응되기 때문에)을 제시한다 — 을 다시 발견할 수밖에 없다. 즉, 한편으로 따라가야 할 '길'을 규정하는 질서의 원리(도덕적 이상 차원의 도)에 관한 '일치' 또는 '불일치'가 있고, 다른 한편으로 경향(사물의 흐름을 실제적으로 이끄는 것)을 도래하도록 만드는 구체적 상황의 차원에서의 '가능성' 또는 '불가능성'이 있다.[36] 질서의 원리에 순응함으로써 우리는 구체적 가능성이 도래하도록 만들 수도 있고, 또는 이와 반대로 이러한 원리에 거역함으로써 상황을 불가능한 것으로 만들 수도 있다. 이러한 경우에 '경향을 도래하도록 만드는 것'은 물론 '원리'이다〔理成勢〕. 그러나 관계는 다른 방식으로 고찰될 수도 있다. 즉, 이상적 질서는 실제적으로 가능한 것을 따라감으로써 생겨나는 반면에, 무질서의 원리는 우리가 불가능한 것을 작동시키려 할 때 나타난다고 생각할 수도 있다. 그래서 이 경우에는 '원리를 도래하도록 만드는 것'이 구체적인 것 한가운데에 있는 '경향'이 된다〔勢成理〕.

정치·경제·사회의 합류 지점에서 국가는 백성들에게 어떠한 과세 정책을 펼쳐야 할지를 예로서 살펴보자. 백성들이 재산을 과다하게 소유하고 있을 때는 국가가 어떠한 절박한 필요성을 느끼지 않더라도 과세 정책을 펼치는 것이 훌륭한 경영 방법이다(반대로 백성의 상황에 대해 전혀 고려하지 않고, 국가가 필요하다고 해서 무조건 과세 정책을 펼치는 것은 원리에 어긋나기 때문에 나쁜 경영 방법이라고 할 수 있다). 이 예에 따르면, 백성들의 잉여분에 과세를 하여 지도층에게 혜택을 주는 것은 모든 사람을 만족시키는 것이고 또한 형평에도 맞는 것이다. 즉, 그러한 정책은 이와 같은 특수한 경우에는 '질서의 원리'에 부합하는 것이다. 다른 한편, 백성들이 잉여분으로 가지고 있는 것에만 과세하고, 진정으로 어려운 시기에 대비하여 항상 여분을 확보함으로써 모자라는 일이 없도록 하려는 의도에서 이 같은 과세 정책을 실시할 수도 있다. 바로 그러한 것이 구체적 상황의 차원에서 나타나는 '효율적 가능성'이다. 따라서 우리는 이러한 틀 속에서 훌륭한 정책(물론 항상 조화로운 규제의 중국적 모델에 따라 고려된)이 어떻게 입안되는지를 알게 된다. 사실 훌륭한 정책이란 **원리를 따름이 경향을 실현 가능하게 만드는** 경우에 해당한다. 이제 반대의 경우를 상상(중국의 역사가 이러한 예를 너무나 자주 제공하고 있기 때문에 특별히 '상상할' 필요도 없지만)해보도록 하자. 즉, 국가가 백성의 비참함은 고려하지 않고 국가가 필요하다고 해서 갑작스럽게 백성들로부터 세금을 착취하는 경우를 상상해보자. 그런 경우에는 국가가 백성을 아무리 포악하게 쥐어짜도 소용없는데, 그 이유는 국가가 백성들을 피폐하게 고갈시킬 뿐만 아니라 국가 자체도 참담하게 파멸시킬 것이기 때문이다. 이러한 것이 바로 구체적 상황의 차원에서 나타나는 실제적인 불가능성의 예이다. 이 경우에도 **상황의 압력하에서 원리가 부정적인 방식 — '무질서의 원리'로서[以勢之否成理之逆] — 으로 나타나도록 만드는 것은 바로 경향이다.** 즉, 상황이 우리에게 강제하는 것(국가가 갑작스럽게 필요하다고 해서 백성들에게 특별 세금을 부과하는 것), 하지만 본래 불가능한 것(왜냐하면 이때 국민이 그 비용을 감당할 만한 재산을 갖고 있지 않기 때문에)은 지배자와 피지배자, '위'와 '아래' 사이에 불화를 일으키고, 결국 전체적 조화를 깨뜨린다. 첫 번째 경우에는 원리에 따름으로써 모든 것이 잘 진행되었다

(구체적인 차원에서도). 그러나 두 번째 경우에는 우리가 실행하려는 것이 지닌 실현 불가능한 특성으로부터 논리적 모순이 나온다.

'원리'와 '이성'이 구체적 상황 속에서 일어나는 사건들을 결정짓는 다는 것, 이것이야말로 관념론적 철학이 항상 부각시켜왔던 점이다. 그러나 중국 사상에서는 이와는 반대로 실제적인 경향이, 그것이 실현 가능한지 또는 그렇지 않은지에 따라, 원리의 질서에 반작용함으로써 규제의 논리 또는 규제 철폐의 논리를 끌어들인다. 중국적 사유는 바로 이러한 사실을 통해 관념론적 입장과 정반대의 입장을 취하고 관념론의 편파성을 밝혀낸다. 초월의 논리는 사실 일의적_義的 관계(생성에 관한 로고스의 관계, 경험적인 것에 대한 예지적인 것의 관계, 인간에 대한 하늘의 관계)에 근거한다. 반대로 장치에 관한 사유는 기능의 모든 체계를 양극의 이중성으로부터 그 근거를 찾음으로써, 상호작용과 상호성을 — 위계적 관계의 한가운데에서도 — 이용한다. 하늘은 땅보다 우월하나 땅 없이는 존재할 수 없다. 질서의 원리는 세계에 형상을 부여해줄 뿐만 아니라, 동시에 사물의 흐름에 종속되어 있고 그 흐름을 통해 나타난다.

정치적 현실주의 비판 : 원리와 경향의 분리불가분성

장치의 모델이 보편적이고, 그에 상응하는 그리스의 실천praxis 개념도 마찬가지로 보편적이라는 사실을, 우리는 방금 살펴본 구체적 예를 통해 알 수 있었다. 세계의 흐름이 문제가 되든지 또는 인간의 행위가 문제가 되든지 간에, 사물에 대한 규제가 무엇인지 이해하는 것은 원리와 성향을 통합시키는 밀접하면서도 가역적인 합일의 관점에서 사유하고, 다음의 두 반대되는 입장을 거부함을 의미한다. 그것은 우리가 방금 했던 것처럼, 원리를 구체적인 성향으로부터 분리된 것으로 생각하는 경향을 지닌 형이상학적 관념론의 입장뿐만 아니라, 그와는 반대로 원리를 희생하면서까지 성향에 특권을 부여하려는 정치적 현실주의의 입장도 거부함을 의미한다. 정치의 경우, '원리'는 조화로운 사회적 기능을 보장해줄 수 있고, 도덕의 불변적 질서를 반영해주는 이상적인 것이다. 반면에 '성향' 〔勢〕은 주어진 역사적 상황의 한가운데에서 힘의 관계로부터 흘러나오는 우호적 경향인바, 우리는 이러한 경향에 실질적으로 의존할 수 있다. 그런데 정치에서도 마찬가지로 이 두 차원이 분리될 수 있다고, 다시 말해서 이상적인 것과 실제적 효율성은 반드시 나란히 가지는 않는다고 생각하는 것은 오류일 것이다.[37] 왕부지에 따르면, 정치적 '현실주의'의 오류는(기회주의나 냉소주의의 입장에서 오직 힘의 관계만을 고려할 때) 보여주는 현실에 대한 태도 속에 들어 있다. 이러한 태도는 역사를 넘어서는 도덕적이고 선험적인 어떤 것의 이름으로는 비판받을 일이 전혀 없지만, 역사적 흐름의 내부에서 그리고 그 흐름의 객관적 효율성의 관점에서는 비판받아야 마땅하다. 사실 보다 더 엄밀한 분석이 필연적으로 밝혀내는 것처럼, 원리에 대한 존중만이 진정으로 유리한 경향을 생산해낼 수 있다. 그 이유는 경향이 사물의 규칙성과 결합하는 한에서만, 그 규칙성이 진정으로 믿을 만하고 지속적인 것이 될 수 있기 때문이다〔理之順卽勢之便〕.

예를 들어 '현실주의'의 이름으로 권력을 획득하는 상황과 이 권력을 보전하는 조건을 구분해야만 한다고 생각할 수도 있을 것이다〔攻守異勢〕. 그것은 권력이 힘의 관계로부터 나오는 유리한 경향〔勢〕에 근거해서만 쟁취될 수 있는 반면에, 권력의 권위가 지닌 특권을 유지하기 위해서는 도덕성을 증명하고 '원리'를 존중해야만 한다고 생각하는 것과 같다. 그러나 사실상 권력을 쟁취하는 것, 다시 말해서 '진정으로 다른 사람을 종속시키는 것'은 이미 권력을 보전할 힘을 지니고 있을 때에만 가능한 일이다. 그리고 마찬가지로 권력을 보전할 수 있는 것, 다시 말해서 '진정으로 다른 사람의 지지를 이끌어낼 수 있는 것'은 권력을 언제든지 (재)쟁취할 수 있는 힘을 지니고 있을 때에만 가능한 일이다. 물론 권력을 보전하기 위해서는 먼저 권력을 쟁취해야만 한다. 그러나 또한 권력을 보전할 수 있는 능력만이 완전하고도 안정적으로 반대에 직면하지 않으면서 권력을 실재로 쟁취할 수 있게 해준다. 그러므로 권력의 획득은 사람들이 지나치게 자주 순진하게 상상하듯이 강력하고 중요한 순간에 이루어지는 것이 아니라, 권력에 대한 보전의 모델을 염두에 두고 있을 때에만 이루어질 수 있다. 권력을 보전하는 것, 그것은 '질서가 지배하도록 만듦으로써 만인의 지지를 이끌어내는 것'인바, 이는 '[자신의 권력에 유리한] 효율적 성향이 도래하도록 만들기 위해 원리의 이상성에 근거하는 것'과 다름없다[因理以得勢]. 즉, 권력의 쟁취, 그것은 '도덕적 요구에 순응함으로써 만인의 복종을 얻어내는 것'인바, 이는 규제적 원리에 순응하는 방식으로 '자신의 권력에 유리한 효율적 성향과 결합하는 것'과 다름없다[亦順勢以循理]. 결론적으로 권력의 보전에 필수적인 도덕성의 원리가 권력의 쟁취 단계에서도 마찬가지로 존중되어야만 하고, 권력의 쟁취에 필수적인 성향이 권력의 보전 단계에서도 마찬가지로 나타나야만 한다[奉守之理以攻, 存攻之勢以守]. 그러므로 이 두 계기가 번갈아 나타나면서 정치적 삶의 흐름과 역사의 흐름을 나누는 범위 안에서 서로 대립된다고 하더라도, 권력의 쟁취와 보전은 서로가 서로에 대해 완벽하게 동질적이다. 즉, 권력의 쟁취와 보전은 '동일한 제어적 논리'에 의존하며, '동일한 유형의 성향'에 호소하는 것이다.

우리가 이러한 결론에 정당하게 도달할 수 있었던 이유는 역사란 것이 권력의 쟁취와 보전의 이러한 번갈아 나타남에 종속되어 있음에도 불구하고, 다른 한편으로 원리와 성향이 언제나 나란히 가야만 하는 일정하고 지속적인 흐름을 구성하고 있기 때문이다. 이상적 원리를 따르지 않고 힘의 관계 속에서 유리한 경향에만 의존하는 모든 권력의 쟁취는 사전에 단죄를 받는 상태에 빠지고, 진정한 의미의 권력 쟁취에 이르지 못할 것이다. 사실 비록 역사적 상황이 처음에는 그러한 권력 쟁취의 기도에 유리하게 작용하는 것처럼 보일지라도, 그 상황은 언젠가는 필연적으로 반대 방향으로 전개될 것이다. 그러므로 우리는 앞으로 도래할 경향을 믿을 수가 없으며〔不能豫持後勢〕, 이 경향은 결국 우리를 거스르게 될 것이다. 만약에 역사가 끊임없이 힘의 관계에 따라서만 진행된다면, 힘의 관계는 상쇄의 논리를 피할 수 없게 될 것이라는 사실은 그만큼 참이 된다. 바로 이러한 이유에서 중국인은 인간의 역사에서 초월적인 최후의 판단은 생각하지 않았다. 결국 정당한 것만이 성공하고, 역사는 전적으로 그 자체에 의해 정당화되는 것이다.

고대 중국의 위대한 왕조 설립자들의 이야기는 이에 대한 모범적 증거를 제공해준다. 그들은 도덕성을 존중하면서 권력을 쟁취할 줄 알았기 때문에, 여러 세대를 거쳐 오랫동안 그들의 왕조를 지배할 수 있었다(상조商朝의 설립자 탕湯 또는 주나라의 설립자 무왕武王의 경우). 우선 그들은 개인적 야망 때문이 아니라 왕조가 완전히 타락하여 그 왕조를 바꿀 수밖에 없는 상황 때문에 권력을 쟁취하고자 했다. 게다가 전해지는 이야기에 따르면, 이들은 그토록 타락한 군주에 대해서도 가능한 한 오랫동안 신하로서 충성을 다하고자 애썼으며, 군주를 축출하고 처벌하는 일도 가능한 한 늦췄다. 반대로 이 사악한 군주를 지지했던 봉신들은 상황에 대한 실제적 평가의 관점에서 보면, 비록 자신들의 잘못이 군주의 잘못보다 '덜 무거운' 것처럼 보일 수 있었음에도 불구하고, 한 치의 동정심도 없이 군주를 처형하고자 서둘렀다. 사실 원리상 군주에 대해 신하가 언제나 지켜야만 할 충성을 염두에 두면, 봉신들의 잘못은 도덕적 관점에서는 더 무겁다. (왕조의 설립자들은) 이런 식으로 퇴위시켜야 할 군주를 고립시키고, 그에 대한 모든 지지를 박탈하면서도 동시에 백성들에 대해서는 자신의 영향력을 확장함으로써, 군주와 직접 상대할 필요가 없었으므로 위계적 원리에 대해 잘못을 저지르지 않으면서도 힘의 관계를 자신에게 유리하도록 점진적으로 전복할 수 있었다. 그들이 권력을 '탈취했다기'보다는 권력이 저절로 그들의 손아귀에 들어올 수밖에 없었던 것이다. 그들은 정통성으로부터 결코 벗어나지 않았던 만큼, 그들이 얻은 권력은 더 견고했다.

이와 반대로 만약에 봉신이 이런 식으로 자신이 지닌 미덕의 지배력에 의한 진행보다는 군주에 공공연하게 대항함으로써 권력을 탈취하기 시작했다면(목야牧野의 무왕武王처럼), 이 군주가 그 당시에 아무리 타락했고 이 봉신의 대항이 아무리 정당했다고 하더라도, 그는 도덕 원리(위계적 원리)를 존중하지 않았다는 점에서 그가 쟁취하고자 한 권력을 이미 객관적으로 약화시키고 있는 것이다(무왕은 이후에 '전쟁의 정당한 수행'을 선포하고, 만인에게 자신의 선한 의지를 증명하기 위한 선심 정책을 펼쳤어도 아무 소용이 없었다. 반란이 곧장 다시 일어났기 때문에, 그는 반란군을 제압할 토벌대를 또 다시 파견할 수밖에 없었다). 만약에 권력을 이런 식으로 쟁취하려는 봉신이 모든 군주가 지켜야 할 의무를 존중하지 않는다면, 그의 휘하 봉신들 또한 나중에 그에 대한 존경을 '홍정'할 것이 틀림없고, 이런 경우 질서가 안정될 수도 권력이 확고해질 수도 없을 것이다. 이와 같은 것이 바로 권력을 '보전'하기 위해 해야 할 일(즉, 정통성을 존중하는 일)을 동시에 하지 않으면서 '권력을 쟁취'하려는(힘의 관계에만 근거하여) 경우이다. 그리고 이런 경우에는 — 실제적인 힘의 관점에서조차도 — 어느 누구도 결코 진정으로 권력을 획득할 수가 없다.

우리는 이 개념이 정치와 역사의 차원에서 어떤 영향을 미쳤는지를 측정해볼 수 있다. 중국인은 혁명에 역사적 발전을 움직이게 하는 힘을 부여하는 대신에, 권력과 정통성을 좀 더 밀접한 방식으로 통합하고자 노력했다. 즉, 그들은 실제적 능력을 계승에 의한 지속적인 과정의 틀 안에서만 생각했고, 그러한 능력의 영원한 이행移行에 유리하도록 모든 형태의 반란이나 단절을 최소한으로 축소시키고자 했다. 모든 대립은 갈등 관계 속에서 쇠진하는 것이 아니라 새로운 것으로 대체시킴으로써 기존의 것을 다시 살려내는 요인의 역할을 함으로써 번갈아 나타남의 규제적 논리 속에 새겨지며, 중계의 역할에 성공하는 한에서만 명확히 드러난다.

우리는 이 개념의 영향력이 철학적 차원에서는 어떤 것이었는지도 측정할 수 있다. 사실 이 개념은 형이상학적 관념론(질서의 원리를 사물을 현실화시키는 흐름으로부터 분리하는)과 이 관념론과 함께하는 도덕주의('원리만이 지배하던' 시대와 '경향만이 지배하던' 시대를 대립시키는)를 명시적으로 비판한다. 이상적 원리와 효율적 성향을 이렇게 연결시키는 상호관계는 그 반작용으로서 도덕적 관념론을 **실재론의 이름으로** — 정치 영역에 이르기까지 — 정초시킨다. 이 도덕적 관념론이 지닌 이상적 특성은 그것이 어떠한 존재론적 또는 종교적 토대 위에도 근거하고 있지 않기 때문에 더욱 더 두드러진다. 내가 보기에, 바로 여기에 중국적 사유에서 가장 강력한 유기적 결합 중의 하나가 있다. 이는 다음과 같은 공식으로 그 전체를 요약할 수 있을 것이다. '구체적 현실로부터 분리된 질서의 원리란 없으며, 질서의 원리로부터 분리되어 작동되는 경향도 없다〔離事無理, 離理無勢〕.' 중국적 사유는 한편으로 질서의 원리를 형이상학적 존재로 만들기 위해 실체화하는 것을 거부하고, 다른 한편으로 이러한 규제적 기능을 벗어나는 그 어떠한 것도 나타날 수 없다고 생각한다. 실재를 초월하는 규범(진리로서 파악되는)은 없으나 규범성은 계속해서 작동하며, 실재의 모든 '흐름'을 하나의 영원한 과정 속에서 관리하는 것은 바로 이 규범성이다. 인간은 이 규범성에 진정으로 순응하는 경우에만 성공할 수 있을 뿐만 아니라, 더 나아가 이 장치가 나아가는 방향으로 활동할 때에만 자신의 본성을 '완성하고', '하늘'을 '알' 수 있으며, 하늘에 '참여할' 수 있다.

중국적 개념은 기계론적이지도 목적론적이지도 않다

실재 세계의 출현을 설명하기 위해서, 서양 철학은 일찍부터 서로 경쟁적인 두 이론을 채택하였다. 한편으로 '기계론적' 또는 '결정론적' 설명(엠페도클레스나 데모크리토스 같은 선구자적 사상가와 함께하는)은 실재 세계의 출현을 발생론과 필연적 연쇄 관계의 관점에서 설명한다. 다른 한편으로 목적론적인 설명(아낙사고라스와 아폴론의 디오게네스에게서 기본 형태가 갖추어지고, 플라톤의 『티마이오스』와 『법률』에서 발전되어, 아리스토텔레스에 의해 확립된[38])은 실재의 과정을 그 과정의 궁극적이고 최상이며 '논리적인' 목적의 관점에서 해석한다. 두 종류의 이론 — 하나의 이론은 '무엇으로부터 출발하여?'를 묻고, 다른 이론은 '무엇을 위하여?'를 묻는다 — 이 서로 간의 모순을 통해 서구적 성찰의 발달을 촉진시켜왔다.[39] 그런데 기능의 장치와 이로부터 자발적으로 흘러나오는 성향이라는 중국적 개념은 어떤 방식으로는 이러한 서구적 두 이론의 하나하나와 일치하는 것처럼 보인다. 그러나 깊이 살펴보면 그 둘 중의 어느 것과도 일치하지 않는다. 서구의 이 두 이론은 서로 대립됨에도 불구하고, 실은 인과성이라는 공통의 관념에 근거하고 있다. 반면에 중국적 전통은 이러한 관념을 전혀 나눠 갖고 있지 않은 것처럼 보인다.

결정론적 설명에서처럼 장치라는 중국적 개념은 성향이 표현하는 사물의 흐름의 필연적 전개를 강조하며, 이 사물의 생성을 오직 물리적 성질('단단한' - '무른' 등)에 근거하여 설명한다. 그래서 이 성질들은 에너지의 현상으로서 간주된다.[40] 그러나 그리스적 개념 안에서는 이 불가피한 필연성이란 우연의 다른 측면일 뿐이다. 따라서 자연 속에서 우리가 목도하는 이 불가피한 필연성은 자연에 내재하는 원리일 수가 없다(엠페도클레스에 따르면 자연은 단순히 일련의 우연적 일치의 결과로서, 그리고 가능하지 않은 모든 것에 대한 제거에 의해서 나타나는데, 아리스토텔레스는 바로 이점에 대해 엠페도클레스를 비판하고 있다). 반대로 과정에 대한 중국적 사유의 출발점에는 규제의 관념이 있다. 그러한 맹목적 기계론 대신에, 과정을 이끌고 가는 성향은 우리가 이미 살펴본 것처럼 매우 논리적인 것으로 간주된다.

이러한 사실로부터 우리는 중국적 전통과 그와 반대의 입장, 즉 실재를 '항상성' 또는 '빈발성'의 관점에서 접근하는 아리스토텔레스적 전통 사이에서 합의가 도출될 수 있을 것으로 믿는다. 이 두 입장 모두가 계절의 주기와 같은 기능적 규칙성을 강조하고 있고[41] 전 우주ouranos 안에서 작동하고 있는 조직화의 역동성에 대해서도 동일한 감각을 갖고 있다. 그러나 그리스적 개념 안에서 이 과정의 규칙성은 그 과정의 성취에 의해 정당화되는데, 그 성취한 형상 또는 관념eidos으로서의 자연의 완성에 일치하는 것이고, 사용되는 물질적 수단에 대해서는 과정의 '목적'télos 역할을 한다. 그런데 우리가 이미 보았듯이, 성향이라는 중국적 논리는 병법과 역사 또는 제1철학의 개념이 문제가 될 때 목적성의 관점에서 사유하지는 않는다. 그러한 사실로부터 자연의 개념에서 두 문화권 사이의 본질적인 대립이 나온다. 물론 아리스토텔레스는 플라톤이 『티마이오스』에서 여전히 우주 발생론적이고 조물주Demiourgos적인 개념으로부터 영감을 받고 있다고 비판하고 있다. 그렇지만 아리스토텔레스 역시 플라톤 못지않게 자연의 변화를 기술적 제조에 대한 '유비'를 통해 고찰하고 있다.[42] 아리스토텔레스에 따르면, '우리가 사물을 제조하는 것처럼 자연도 사물을 같은 방식으로 생산해낸다'. 그리고 만약에 선박을 건조하는 기술이 나무 속에 있는 것이라면, 그 기술은 자연처럼 작용할 것이다(두 경우의 주된 차이점은 단지 '운동의 원리'가 자신 안에 있는지 또는 자신 밖에 있는지와 관계가 있을 뿐이다). 기술과 마찬가지로 자연도 목적으로부터 출발하고, 일련의 전건들은 구현해야만 할 형상에 의해 결정된다(마치 부분들이 전체에 의해 결정되듯이 : 자연의 기괴한 현상은 그 자체가 '목적성의 오류'일 뿐이다). 이는 질서가 생성의 한가운데에서 생성 자체로부터(생성의 고유한 논리로부터) 발생되는 것이 아니라, 생성이 도달할 바로 그 궁극적 목적으로부터 발생됨을 의미한다. 반대로, 중국인은 세계의 생성과 자연의 변화를 전혀 신적神的 창조의 모델에 근거해 사유하지 않았고, 신화적 사유를 벗어난 인간이 행하는 제조의 모델에는 더욱더 근거하지 않았다. 그래서 중국인은 **목적**으로서 상정된 선의 관념을 규칙적 과정의 관념으로부터 추출(추상)해낼 필요가 없었다.[43] 그것은 자기규제의 관념으로 충분하다고 생각했기 때문이다.

수단의 목적에 대한 관계는 아리스토텔레스의 자연학 속에서 **질료의 형상**에 대한 관계와 일치한다. 그런데 중국인이 형상을 과정의 목적으로서 설정하지 않았던 것과 마찬가지로, 이러한 질료 - 수단의 관념에 중국인이 생각하는 사물을 생성시키는 에너지 개념을 대응시키기는 어렵다. 서양인들이 벌였던 논쟁 — 중국인은 '유물론자'인가 아닌가? — 은 서양인이 중국을 처음 발견했던 때로 거슬러 올라간다(롱고바르디와 생트마리, 라이프니츠 신부들을 통해). 그러나 이 물음은 지나치게 서양의 고유한 개념체계에 영향을 받은 것이기 때문에, 다른 문화를 진정으로 이해하고 거기에서 답을 찾아내기에는 적합하지가 않다. 따라서 이 물음에 대한 확실한 답이 나올 수가 없었던 것이다. 사실 우리가 이미 앞에서 그렇게 했듯이, 중국인들의 입장(불교를 통해 중국에 도입된 형이상학적 요청에 반발하는 입장)에서 '반관념주의反觀念主義'를 알아차린다는 것이, 우리가 그것을 적극적인 유물론의 입장 — 유물론의 출현을 특정의 '물질'에 대한 동일시에서 기인하는 것으로 보고, 그러한 논리에 따라 의미를 취하는 입장 — 이라고 판단하는 것을 의미하지는 않는다.*

따라서 우리가 두 문화를 비교하고자 할 때에는 방법론상의 문제가 제기될 수밖에 없다. 우리는 오해를 피하고 이 잘못된 논쟁을 중단하기 위해서, 서양적 사유의 틀이 형성 단계까지 더 높이 올라가 어디에서 이 균열이 시작되었고, 이 균열이 어떤 방향으로 전개되고 있는지를 탐구하는 방법을 취해야만 한다. 그런데 이러한 방법론적 탐구도 우리가 이 균열 내부에 존재하는 실질적 일치점을 먼저 확정해야만 가능하다. 그래야 우리는 어디로부터 차이가 발생하는지를 볼 수 있는바, 이 지점이야말로 차이를 재건하기 위한 기초의 역할을 할 것이다. 물론 이 재건은 역사에 대한 사실주의적 관점이 아니라 이론적 계보학의 요구에 따른 것이다.

인과율 이론의 부재: 주체와 원동자의 부재

과정에 대한 그리스적 자연학과 중국적 개념 사이에 존재하는 차이보다 앞서는 이 일치점을, 이 두 전통이 모두 변화를 대립자로부터 사유한다는 사실에서 분명하게 찾아볼 수 있다. 아리스토텔레스에 따르면, 자신보다 앞선 모든 사상가들은 비록 서로 대립되는 주장을 하는 것처럼 보이고 '그러한 주장들에 근거가 결여되어 있음'에도 불구하고, '마치 진리 자체가 그들을 강요하고 있는 것처럼' 이러한 사유를 하는 공통점을 지니고 있다.[44] 대립자들은 변화(생성과 소멸·공간 운동·질적 변화를 모

---

* 이 점에 관해서는 『Procès ou Création』(Paris, Éd. du Seuil, 1989), p. 149 이하 참조[『운행과 창조』, 유병태 옮김(케이시, 2003), 167쪽 이하].

두 지칭하는 가장 일반적 관념으로서의 변환métabolé)를 설명하는 원리의 역할을 한다. 그리고 대립자들의 대립성은 유일해야만 한다(왜냐하면 '일자一者의 유類 안에는 하나의 유일한 대립성만이 존재하며, 실체가 바로 이 일자의 유'이기 때문이다). 음과 양의 대립 원리를 모든 변화를 설명해주는 유일한 것으로 간주하는 중국적 전통도 이러한 점에 대해서는 일치하고 있다. 따라서 우리는 이러한 최초의 '대립성énantiôsis'과 다른 출발점을 상정하는 '변화' 또는 '변환'에 대한 사유를 상상할 수 없게 된다.

그러나 아리스토텔레스가 플라톤의 『파이돈』에서 거론되었던 논쟁을 다시 취하고 두 개의 대립적 원리antikeiména에 제3의 항을 덧붙이면서 그리스적 사유와 중국적 사유 사이에 차이가 개입되는데, 이 제3의 항은 이 두 대립적 원리의 지지대 역할을 하는 동시에 이 둘을 번갈아 수용하게 된다. 바로 그러한 것이 기체基體·주체主體(substrat-sujet '아래에 놓여 있는 것': hypokeimenon)인데, 이것은 서로가 대체될 수 있는 '대립자들' 외에 덧붙여져 변화의 영속적 원리로서 '가정된' 것이다. 『자연학』의 예를 따라 '빽빽함'과 '희박함'이라는 두 대립자를 생각해보자. '우리는 어떠한 자연적 배열을 통해 빽빽함이 희박함에 영향을 미치고, 또는 희박함이 빽빽함에 영향을 미치는지를 설명하라고 하면, 당황할 수밖에 없다.' 그러므로 필연적으로 '이 두 대립자의 활동은 제3의 원리 안에서 일어날 수밖에 없다. 그리고 바로 이러한 이유 때문에, 우리는 대립자들의 근저에 '다른 본성'을 '설정할' 수밖에 없는 것이다.[45] 아리스토텔레스는 매우 체계적인 방식으로 동일한 추론을 몇 번에 걸쳐 반복한다. 『형이상학』에는 이렇게 쓰여 있다. '감각적 실체는 변화에 종속되어 있다. 그런데 만약에 이 변화가 대립자들 또는 매개자들로부터 ─ 그렇지만 변화는 모든 대립자들로부터가 아니라(왜냐하면 유類가 다른 소리와 색을 구별하지 않고 모든 것들을 대립시키면, 소리와 비非백색도 대립자가 되기 때문에), 단지 같은 유類에 속하는 한 쌍의 대립자로부터만 일어난다 — 일어난다면, 하나의 대립자로부터 다른 대립자로 변화하는 기체가 필연적으로 존재해야만 한다. 왜냐하면 대립자들 자체가 다른 것 속으로 변화하는 것은 아니기 때문이다.'[46] 그리고 변화의 '기저基底에 놓여 있는hypomenei' '그 어떤 것'이 바로 '질료'이다.

그렇다면 '기체基體'·'주체主體'는 어떠한 이유에서 제3의 원리에 대한 논리적 필연성으로서 개념화되었는가? 그것은 앞에서도 이야기했듯이, 대립자들이 '서로가 서로에 대해서 영향을 미치지 못하고', '하나의 대립자가 다른 대립자 속으로 변화되지 못하며', '서로가 서로를 파괴하기' 때문이다.[47] 논리적 용어로 말하자면, 대립자들은 서로가 서로를 배제한다. 그런데 모든 중국적 전통은 반대로 대립자들이 서로 대립하는 동시에 '서로가 서로를 포함하고 있다'는 사실을 강조한다. 즉, 음 한가운데에 양이 있듯이 양 한가운데에는 음이 있다. 게다가 양은 음의 밀집성 속으로 침투하는 반면, 음은 양의 산개성 속으로 빠져든다.[48] 이 둘 모두 동일한 원초적 단일성으로부터 끊임없이 생성되어 나와 서로가 서로의 현실화를 북돋운다. 그러므로 우리는 문자 그대로 다음과 같은 아리스토텔레스의 표현으로 되돌아갈 수 있다. 즉, 이 세상에는 대립자들이 서로 상호작용을 일으키게 만드는 '자연적 배열'이 있으며, 이 상호작용은 자발적이면서 동시에 지속적이다(그것은 자발적이기 때문에 지속적이다).

아리스토텔레스는 또한 '대립자들로 구성된 실체는 없다'고 말하고 있다. 그런데 중국에서는 사물의 생성을 이루는 모든 에너지가 동시에

음과 양으로 구성되어 있다. 그러므로 이 둘은 변화의 궁극 항들일 뿐만 아니라, 둘이 **함께할 때에만** 존재하는 모든 것을 형성하게 된다. 그러므로 이 둘을 관계 맺어주는 토대의 역할을 할 '제3의 항'을 상정할 필요가 없는 것이다(지도적 역할을 하는 원리 그 자체도 대립자들 이외에 따로 존재하는 것이 아니라, 이것들의 조화로운 관계를 나타내고 있을 뿐이다). 이 둘은 자족적 장치를 형성하고, 우리가 충분히 살펴보았듯이, 이들의 상호 의존성으로부터 흘러나오는 성향만이 현실의 과정이 나아가는 방향을 결정짓는다. 에너지는 끊임없이 스스로 분리되는 동시에 보상적이고 규칙적으로 기능함으로써 지속적으로 현실화된다. 지속적인 **물질화**가 일어나지만 그것은 고유한 의미에서의 '질료'의 물질화는 아니다. 반면에 아리스토텔레스에게 대립자들의 역동적 불충분성은 실체주의와 병행한다. 즉, 실재는 장치(예를 들어, 자신의 고유한 배열에서 출발해 역동적으로 움직이는)로서 사유되지 않고, 질료의 형상에 대한 관계 속에서 그리고 본질의 관념에 기초하여 사유된다(그 결과 대립자들은 '우연적인 것'으로서 주체에 '내재할' 수밖에 없다). 그렇게 되면 변화는 더 이상 양극적 구조에서처럼 자발적 경향의 관점에서 해석될 수 없고, 인과성의 복잡한 체계 구축을 통해서만 해석된다.

『형이상학』에 나오는 다음의 문구 — '변하는 모든 것은 어떤 것(특정의 작용주)에 의해, 어떤 것(특정의 대상) 속으로 변화되는 어떤 것(특정의 실체)이다' — 는 문화적 차이와 상관없이 객관적으로 보일 수도 있고, 단순히 사실에 대한 진술일 수도 있다.[49] 그러나 이제 우리는 이러한 정의가 지닌 보편성이 얼마나 이론적 **선험성**을 감추고 있는지를 좀 더 잘 인식할 수 있지 않을까(내가 말하고자 하는 것은 너무나 많은 이론적 선입견이 이 표현의 평범성 안에 숨겨져 있다는 사실이다)? 우리는 이것을 동의어 반복에 가까운 것이라 생각할 수도 있다. 하지만 우리는 이러한 정의에 대해 조금만 설명을 들어도, 이미 서구적 사유가 어떻게 진전될지를 알게 해줄 모든 것으로 나아가게 된다. 이 정의에는 두 대립자(여기서는 '형상'과 '결핍'의 대립 관계로 변환되어 있다) 이외에도, 변화에 질료로서 사용되는 주체의 관념과 '변화를 일으키는' 능동자의 관념이 함축되어 있다. 만약에 대립자들의 상호작용이 없는 상태에서 이 관계의 토대 역할을 하는 제3의 원리를 개입시킨다면, 그 순간부터 우리는 단번에 변화를 이끌 동력인의 역할을 하는 '외적 요인'으로서 제4의 요소를 또 개입시킬 수밖에 없게 될 것이다. 그러므로 여기에서 기체基體·주체主體에 이어 '원동자to kinôun'의 필요성이 개입된다. 즉, 한편에는 '질료'가 있고 다른 한편에는 '목적'이기도 한 '형상'이 있지만, 그것에 덧붙여 '원동자'도 또한 필요한 것이다. 4원인설은 바로 이러한 것들로부터 완성되었지만, 그것이 일단 완성된 후부터는 자명한 것처럼 여겨졌다. 다른 말로 표현하자면, 서양적인 에피스테메épistémè가 된 것이다.*

아무리 서양의 학문이, 특히 르네상스 시대부터 아리스토텔레스 이론의 권위와 단절함을 통해 발전할 수 있었다고 하더라도, 아리스토텔레스의 사유가 완성시킨 그리스적 표상은 중국과의 차이를 통해 볼 때 서양

---

* 이러한 에피스테메의 관념은 여기에서는 푸코가 말하는 의미로서 사용했지만, 실제로는 푸코에 반대되는 뜻으로 쓰이고 있다. 왜냐하면 우리가 '이지성heterotopie'의 관점(유럽 문화에 대한 중국 문화의 이지성처럼)에서 다른 문화에 대해 밝히고 있는 에피스테메의 담론적·구성적 외형은 오랜 기간을 거쳐 형성된 것이고, 우리로 하여금 예를 들어 전통에 대한 표상처럼 푸코에 의해 비판을 받은 표상을 다시 개입하도록 만들기 때문이다. (그러나 성性의 역사에 관한 푸코의 최근작 또한 어떤 방식으로 우리로 하여금 이 긴 시간의 가치를 인식할 수 있게 만드는 것은 아닌가?)

이 전념했던 지식체계의 확립에 기본적인 골격의 역할 — 그리고 이론적 설명의 수준에서는 아리스토텔레스적 사유가 야기할 수 있었던 비판에 이르기까지 — 을 수행한 것처럼 보인다. 요컨대 이러한 지식체계의 확립은 그 것이 훗날 다른 문화들에 끼친 지배적인 영향에도 불구하고 매우 특수한 선택이라 할 수 있다.

이 모든 것들은 우리로 하여금 서양 철학을 외부적 관점에서 다시 해석해보도록 북돋아줄 것이다. 우리는 같은 이야기를 끊임없이 반복하기보다는 최초의 논리적 사유를 하는 가운데 서양 철학이 자각하지 못했던 근원적 기초에까지 거슬러 올라가보아야만 한다. 그리하여 우리는 이 근원적 지점에서 인과율의 체계가 실체라는 '선입견'과 유지하고 있는 관계를 탐구해보아야 할 것이다. 사실 '자연학'이 실체를 기본개념으로 놓고 전개되자마자 정적인 질서는 동적 질서를 설명할 수 없게 되었고, 바로 그러한 이유에서 원동자를 필요로 하게 되었던 것이다. 반대로, 주체를 사유할 필요가 없었던 중국적 사유는 외적 인과율의 개념 없이도 마찬가지로 논리적인 사유를 할 수 있었다. 장치의 한가운데에서 효율성은 외부에서 오는 것이 아니라 전적으로 내재적인 것이다. 정적인 질서는 동시에 동적이며, 실재의 구조는 과정 중에 있는 것이다.

자발적 상호작용에 따른 성향 또는 신에 대한 열망

이제 우리는 이러한 비교를 다른 관점에서 매듭짓는 일만이 남았다. 서양의 자연학이 자연에 내재하고 있는 것으로서 간주하는 역동성은 과정에 내재적인 경향, 즉 중국의 세와 어떤 방식으로는 일치하지 않는가? 우리는 바로 '잠세태' - '현세태'dunamis-énergeia와 같은 유형의 대립에 기초하여 서양적 사유의 틀을 통해, 운행에 대한 중국적 시각을 조절해주는 거대한 번갈아 나타남을 해석했었다('잠재적 상태'와 '현실화'를 다룬 295쪽 참조). 게다가 이러한 비교는 보다 더 일반적인 수렴도 허용해준다. 우리는 중국적 사유가 존재(영원한 것)가 아니라 생성(변화)을 사유하려는 경향을 띠고 있다는 점에서 그리스적 사유와 본질적으로 구분된다는 사실을 알고 있다. 그런데 바로 이 잠세태라는 관념이야말로 엘레아학파가 야기했던 존재의 논리적 난점(존재는 '존재'로부터도 '비존재'로부터도 나올 수가 없다는 난점)으로부터 그리스적 사유가 벗어날 수 있는 수단이다. 그리스적 사유는 이 상대적 비존재 덕분에 존재와 비존재 사이에서 생성의 가능성 자체를 사유할 수 있게 되었다(이것은 동시에 우리가 생성génésis의 철학자 아리스토텔레스에게로 다시 한 번 되돌아가는 것을 정당화시켜준다).

그러므로 상호 비교가 불가피한데, 그 이유는 이 비교가 쟁점의 공통성을 드러내고 관점을 일치시키는 데 객관적으로 가장 적합한 것처럼 보이기 때문이다. 그러나 이러한 비교는 우리가 그것을 더욱 치밀하게 진행시키는 순간 다시 한 번 더 효력을 잃는다. 중국적 성향이라는 개념을 그리스적 잠세태에 대립시키면 이러한 점을 더 잘 이해할 수 있다. 잠세태 개념에 따르면, 현실화는 '잠세태' 그 자체로부터 파생되는 것이 아니라 이 잠세태에서 목적télos의 역할을 하는 '형상'으로부터 파생된다. 그러므로 '현세태'는 존재론적으로 '잠세태'보다 우월하다. 왜냐하면 '잠세태'는 질료에 결부되어 있는 반면, '현세태'는 형상과 비슷하기 때문이다. 바로 그러한 이유에서 아리스토텔레스에 따르면, '잠세태를 가지고 있는 것이 현세태로 이행되지 않는 일이 생길 수도 있다'.[50] 반대로 중국적 시각에 따르면, 현실화는 잠재성에 완전히 의존해 있고, 잠재성 안에 포함되어 있다. 그래서 세勢는 불가피하다. 즉, 잠재적 단계와 현실적인 단계는 서로 상관적이고, 하나에서 다른 하나로 변화하며, 서로 대등한 것이다.

목적인目的因에 부여된 이 우월성은 그리스적 사유 안에서 너무나 일반적이어서 자연적 운동의 개념에도 영향을 끼친다. 사실상 자연을 설명하면서 그리스 사상가들은 중국의 사상가들처럼 어떤 물체는 위로 올라가려 하고 어떤 물체는 아래로 내려가려 하는 성향을 가지고 있다는 사실을 일찌감치 지각하고 있었다. 그래서 아리스토텔레스는 원자론자들이 지닌 무차별적 공간의 관념을 비판하면서, '이런 규정성(위와 아래)은 그 위치뿐만 아니라 그 힘에서도 다르다'[51]고 말하고 있다. 결국 양극적 방식 ― 위와 아래 ― 으로 구조화되어 있는 이 물리적 공간의 틀 안에서 그리고 중량의 현상(불가피한 성향으로서 간주되는)에 관해, 우리는 장치와 그 장치의 성향이라는 중국적 개념의 등가물을 갖는 것은 아닌가(왜냐하면 이 경우에 '위치'는 '힘'을 겸하고, 잠세태로서 힘은 위치thésis에 대응하기 때문이다)? 그러나 이 경우조차 불이 본성적으로 위로 올라가는 경향을 지니고 돌멩이가 아래로 떨어지는 경향을 지니는 것은(이 점에서 세의 배열적 차원과의 관계하에서 나타나는 의미심장한 차이성을 주목할 필요가 있다. 이와 관련해서는 중국에서 가장 흔히 인용되는 언덕 정상에 있는 동그란 돌멩이의 예를 참조), 아리스토텔레스에 따를 경우, 불과 돌의 '형상'eidos이 이것들에게 고유한 장소를 부여함으로써 적절한 위치를 정해주기 때문이다. 여기에서 우리는 다시 한 번 더 경향이 특정의 기능적 배열로부터 이해되는 것이 아니고, 목적론적으로 이해되고 있음을 알 수 있다. 이로부터 우리는 경향에 대한 그리스적 개념이 중국적 사유와 구분되는 두 가지 본질적인 면을 정확히 규정할 수 있다. 첫째로, 그리스적 개념은 자연의 경향과 자발성을 대립시키는 반면에 중국적 사유는 이 둘을 구분하지 않는다. 둘째로, 그리스적 개념은 경향을 열망이나 욕망의 방식에 근거해 사유하는데, 이는 실재에 대한 존재론적 위계화에 이르고 실재를 형이상학으로 향하게 만든다. 반면에 중국적 사유는 '존재의 등급'이 있다고 생각하지 않으며, 최초의 원동자를 필요로 하지도 않는다.

아리스토텔레스에 따르면, 인간의 제작이나 자연적 생산과 다르게 전적으로 혼자 힘으로 '자기 자신에 의해automaton' 생산되는 세 번째 유형의 실재의 출현은 형상이나 목적을 개입시키지 않는다. 여기에서는 질료의 자연적 속성들이 형상과 병합됨이 없이도, 보통은 형상의 중개에 의해서 얻어질 수 있는 결과에 도달할 수 있다. 그러나 데모크리토스를 반박하면서 아리스토텔레스는 기본적 원자들의 자발적 결합이 이렇게 형상에 의해 조직된 것 같은 모습을 띠는 것은 예외적 경우일 뿐이고(반면에 목적성은 불변적이고 규칙적인 결과를 통해 나타난다), 실재의 위계 안에서 매우 열등한 위치를 차지하는 현상들에만 관련될 뿐이라고 주장한다. 곤충이나 기생충의 발생, 퇴비 속 벌레의 발생 …… 또는 강이 방향을 바꾸는 일, 오염과 부패, 손톱과 머리카락이 자라는 것 등[52]이 바로 이러한 열등한 현상들의 예이다. 보통 자연에 의해a natura 생산되는 것은 이렇게 저절로sponte sua 생산된다. 이러한 경우에는 마치 우연적 사실들이 '기술의 결핍'으로서 생각되는 것처럼 '자연의 결핍stérèsis phuséôs'이 문제가 된다. 서양 철학의 인과론적 설명 속에서 자발성은 잉여적 자격으로만 언급된다. 반대로 우리가 보았듯이 모든 중국적 전통은 자연적인 것을 자발성의 방식으로 생각할 뿐만 아니라 이 자발성을 세계의 흐름과 인간 행위의 이상으로 삼고 있다. 존재론적 위계화에 토대를 둔 서양의 시각에서, 최상의 가치는 물질적 인과성의 질서를 벗어남 속에 있고 또한 자유 속에서 최고의 경지에 이르는 것은 논리적이다. 그러나 장치에 대한 중국적 개념에서, 최상의 가치는 장치가 전적으로 홀로 그리고 규칙적으로 작동할 때 나타나는 성향의 자발성 속에서 성립한다는 것 또한 논리적이다. 사물의 거대한 기능의 이러한 자동성으로부터 개인적인 모든 이탈은 축출해야만 할 일이며, 장치 한가운데서 일어나는 모든 작용은 불규칙적이다. 바로 이러한 이유에서 중국적 사유는 자유를 전혀 대상으로 삼지 않았던 것이다.

그러나 역동성이 중국적 시각에서처럼 양극의 상호작용만으로는 생성될 수 없는 것이라면, 서양의 시각에서 볼 때에 과연 어떤 긴장이 실재를 움직이게 할 수 있는가? 아리스토텔레스는 서로 다른 두 전통의 출발점에서 나타난 이 최초의 대립을 그 다음 단계에서 '형상'과 '결핍'의 불평등한 관계로 변환시켰다. 그래서 질료 - 기체라는 세 번째 원리는 — '암컷이 수컷에 대해'(또는 미움이 아름다움에 대해) 그러한 것처럼 — 자신의 선善으로 향하듯이 형상을 향해 나아가게 된다.[53] 그러므로 실재를 관통하는 경향은 중국에서처럼 성향의 객관적이고 불가피한 방식에 따라 생각되는 것이 아니라 '욕망'과 '열망'éphiesthai kai orégesthai이라는 주관적이고 목적론적인 방식에 따라 생각된다. 실재의 위계화의 정상에서 이러한 경향은 최초의 원동자로서 간주되는 신 속에 집중된다. 즉, 최초의 원동자는 모든 인과적 연쇄의 궁극점에서 '자신은 움직이지 않으면서 타자를 움직이게 하고', 기계적으로 활동하지 않으며(만약 그렇지 않은 경우에, 이 원동자는 인과성 속에서 더 높이 다시 올라가야만 할 것이다), 유명한 공식을 따르자면, 자신이 촉발시키는 '욕망'(또는 '사랑')에 의해 활동한다kineî hôs érômenon.[54] 언제나 잠재적으로만 존재하는 모든 다른 존재자들은 가능한 한 가장 완전한 **존재로** 향하며, 그 존재의 영원성을 열망한다. 즉, 항성恒星들의 영역인 천상계의 단계에서는 회전(圓)운동을 통해서, 위계의 낮은 단계에서는 종種의 단순한 영속과 원소 사이의 상호 변환 그리고 물리적 힘의 균형에 의해서, 모든 존재자들은 완전한 존재의 영원성을 열망한다. 가장 실재적인 존재ens realissimum이자 순수한 활동이며 형상인 신은 모든 운동과 세계의 변화에 유일한 극의 역할을 하기 때문에, 하늘과 모든 자연은 '신에게 매달려 있다'. 반대로, 중국적 사유의 양극적 체계 안에서 자연적 운동과 변화는 언제나 내재적 논리로부터만 나오고, 어떠한 신적 활동으로부터도 연원하지 않으며, 운행의 지속적 갱신 외의 다른 어떠한 것도 목표로 하지 않는다. 여기에서 경향은 결코 그 경향이 최초에 내포하고 있는 것과 다른 방향으로 나아가지 않으며, 모든 경향을 절대적으로 폐지하는 정점 — 이 정점에서 아리스토텔레스는 모든 질료와 모든 잠재력을 제거함을 통해 신을 규정한다 — 에 도달하지도 않는다. 경향은 서양의 체계에서는 결여에 대한 표현으로서 비극적으로 — 존재의 불충분성에 의해 촉발되어, 신과 다시 결합하려는 갈망 때문에 비극적인 — 생각되고 있는 반면에, 중국의 체계에서는 규제에 내재하고 있는 운동자로서 긍정적으로 지각되고 기능의 유일한 논리에 의해 완전하게 정당화되고 있는 것이다.

'최상의 바람직한 것'은 또한 '최상의 예지적叡智的인 것'이다. 최상의 존재에 대한 이러한 열망으로부터 흘러나오는 그리스적 지혜는 명상의 해방적 활동을 통해, 영원하고 완전한 삶을 영위하고 있는 신을 모방한다. 이 활동이야말로 지복의 유일한 원천이다. 중국에서도 마찬가지로 만약에 지혜가 하늘을 모방하는 것이라면 이는 하늘의 장치에 순응하는 것, 하늘이 지닌 성향의 자발성을 통해 이로운 방향으로 이끌려가도록 자기 자신을 맡기는 것, 그리고 사물의 이치와 하나가 되는 것이다.

결론 III 순응주의와 효율성

비극적 영웅주의도, 무욕無慾의 명상도 아닌

고대 그리스로부터 우리에게 전해진 인간 완성의 두 모델은 우리로 하여금 이상적인 것을 향하고자 하는 열망을 품게 했다. 그 첫째는 비극의 주인공들처럼 행위 하는 영웅적 행위 모델이다. 이 모델에서는 한 개인이 사태의 흐름에 스스로 개입하기로 결심하고, 세상에서 부딪치게 되는 모든 대립적 힘에 맞서서 자신이 망가지고 목숨을 잃을지 모르는 위험을 무릅쓰면서까지 단호하게 주도권을 행사한다. 두 번째로 철학적·종교적 차원에서 명상을 소명으로 받아들이는 모델이다. 이 모델에 따르면, 영혼은 감각적인 것이 환상임을 알아차리고 지상의 모든 것은 찰나이기 때문에 죽음을 면할 수 없다고 생각한다. 따라서 영혼은 영원한 진리를 갈망하고 신적 절대자에 가까이 감을 통해 '최고선最高善', 즉 '행복'을 예지계 안에서만 찾으려고 한다.

반대로 고대의 중국적 사유는 무엇보다도 소모적이고 비생산적인 맞

대결을 피하는 데 관심을 갖고 있다. 그래서 그것은 상호관계에 기초해 있고, 객관적 과정 한가운데서 감지될 수 있는 효율성의 모델 — 이는 인간적 차원에서 유일하게 타당한 효력의 종류이다 — 을 생각한다. 중국적 사유는 또한 서양 철학에서 가상과 진리를 대립시키게 만든 **감각적인 것에 대한 의심** — 이 의심은 서양의 철학적 활동을 추상적 구축의 방향으로 나아가도록 만듦으로써, 서술적이고 객관적인 목적성에 도달하도록 해주었다 — 을 전혀 염두에 두지 않는다. 중국적 사유에서 인식의 차원은 행위의 차원과 분리되어 있지 않다. 이에 따르면 현자란 사물의 흐름에 함축되어 있는 역동성(도道로서 강조되는)에 대한 직관에 따라 이 흐름에 거역하는 행동을 하지 않기 위해 조심하고, 반대로 어떤 상황에서도 이 흐름이 가능한 한 가장 완전하게 작용할 수 있도록 내버려두려는 자이다.

양극의 상호작용의 결과로서만 전진하는 배열의 닫힌 체계

이러한 사실은 우리가 세勢라는 단어를 통해 깨달았던 점을 보면 알 수 있다. 세는 이론과 실천의 분리를 함축하고 있지 않기 때문에 그 최초의 전략적 의미로부터 절대로 분리되지 않고, 언제나 세가 설명하고자 하는 과정을 어떻게 사용해야 할지를 생각하는 데 사용된다. 실재를 관통하는 역동주의의 원리는 근본적으로 언제나 동일하기 때문에, 세는 예술적 창조의 영역에서뿐만 아니라 정치적 경영의 영역, 역사에 대한 분석뿐만 아니라 자연에 대한 분석에도 사용될 수 있다. 실재는 언제나 사물의 고유한 배열로부터 흘러나와 특정의 효과를 산출하는 특수한 상황으로서 나타난다. 세를 그 최대한의 잠재성에 따라 활용하는 방식으로 '세에 근거하는 것〔乘勢〕'은 병법가뿐만 아니라 정치가·화가·작가의 책임이기도 하다(우리는 이러한 영역 각각에서 동일한 공식을 다시 발견한다).

그러므로 중국적 사유는 매우 일찍부터 추상적으로 사색하기보다는 체계화시키는 경향을 지니고 있었다. 중국적 사유는 가능한 한 모든 형태의 외적 개입(이를테면 이 단계에서 우리를 초월하며, 인과성에서 최상의 방식으로 나타나는 자연의 제1 원동자로서의 '신'뿐만 아니라 전쟁에서의 '운명'이나 시작詩作에서의 '영감'과 같은 것들)을 배제하는 경향을 지니고 있다. 그렇기 때문에 실재를 언제라도 상호작용이라는 단 하나의 원리에 따라 전개되고 그래서 필연적으로 양극의 이중성을 참조하게 되는 닫힌 체계로 간주한다. 모든 장치를 구성하는 이 두 가지 계기는 서로 대립하는 동시에 상호 관련적으로 기능하는바, 우리는 이 계기를 실재의 모든 수준 — 즉, 자연적 질서에서의 음과 양(또는 땅/하늘)의 관계로부터 사회적 질서에서의 군주와 신하(또는 남자/여자)의 관계에 이르기까지, 더 나아가 서예에서의 높은 획과 낮은 획(또는 진하게 쓴 획/옅게 쓴 획, 느리게 쓴 획/빠르게 쓴 획)의 관계에서 그리고 시작詩作에서의 감정과 풍경(또는 여백/충만, '평성平聲'/'사성斜聲')의 관계에 이르기까지 — 에서 다시 한 번 발견하게 된다. 제자리에 놓여 있는 양극 체계로부터 번갈아 나타나는 변이가 장치에 연루된 생성의 경향처럼 흘러나온다. 그리고 '실재' — 어떤 실재가 되었든지 간에 — 가 끊임없이 출현하도록 만드는 것은 바로 이러한 경향이다. 우리는 이 경향이 공간적 높낮이 속에 새겨져 있을 뿐만 아니라 시간에 리듬을 주는 것도 볼 수 있다. 우리는 풍경 한가운데에 서로 연결되어 있는 산과 골짜

기의 모습 속에서 경향을 명상하기도 하고, 역사의 흐름에서 나타나는 도약과 쇠퇴의 시대 전개 속에서 그 경향을 따라가기도 한다. 하나의 극에서 다른 극으로 왔다 갔다 하면서 모든 것은 변형되고 갱신된다. 병법가는 바로 이러한 사실에서 전범이 되는 예를 취한다. 즉, 병법가는 '용 - 뱀'의 몸과 같이 유연한 방식으로 끊임없이 하나의 병법으로부터 그것과 대립되는 다른 병법으로 넘어가는데, 이 모든 것은 궁극적으로 자신의 공격 능력을 늘 새롭게 유지하기 위해서이다. 또한 시인은 시적 텍스트를 '벽걸이 천의 주름'처럼 '파도치게' 만드는데, 이것은 자신의 감정 표현을 지속적으로 생생하게 유지하기 위해서이다.

이 개념은 매우 일반적인데, 그 이유는 이 개념이 세상의 위대한 운행에 대해서와 마찬가지로 인간적 활동에 대해서도 유효하고, 자연의 질서뿐만 아니라 기술과도 관련되기 때문이다. '세를 창조해내는' 사람은 화가이든 시인이든, 모든 존재를 지배하는 논리를 자신을 위해 특별한 수단을 통해 개발할 뿐이다. 세를 정당하게 드러내는 것은 그의 소관이다. 그러나 이 모델은 보편적임에도 불구하고 언제나 **특수**하고 개별적인 이해를 가능하게 해준다. 처음부터 문제가 되는 것은 상황이고, 각각의 경우에 이 상황이 매 순간 다르고 또 끊임없이 발전하기 때문에 실재를 지배하고 이 실재를 출현하도록 만드는 성향은 필연적으로 독특하며 결코 반복되지 않는다. '실재적인 것'은 결코 경직되지 않으며 정형화되지도 않는다. 이것이 바로 실재적인 것을 실재로서 보전해주는 특징이다. 이점과 관련해 단 하나의 예외가 있는데, 그것은 권력의 장치를 고정시키고 상황 전개의 모든 위험을 중단하고자 노심초사하는 법가 전제주의자들이 세를 굳히고자 하는 경우이다. 그러나 예술과 자연은 그 장치를 쉴 새 없이 갱신하는데, 바로 그러한 이유에서 예술과 자연은 모든 합리적 설명 — 일반화하는 동시에 단순화하는 설명 — 을 넘어서는 어떤 헤아릴 수 없는 차원 또는 '경이로운[妙]' 차원을 지닌다. 바로 그러한 이유에서 우리는 또한 이 세를 추상적 방식으로 다룰 수 없다. 중국적 사유는 심오하게 통일적이면서 동시에 구체성에 대한 내밀한 감각을 보여주는 특성이 두드러진다.

지혜 또는 전략: 경향에의 순응

중국인들은 실재적인 모든 것을 장치로서 간주하기 때문에, 필연적으로 무한한 일련의 가능한 원인들을 찾기 위해 거슬러 올라가지 않는다. 그들은 성향의 불가피한 특성에 민감하기 때문에, 단순히 개연적일 뿐인 목적에 대해서도 사유하지 않는다. 우주 발생론에 관한 목적론적 전제도 이들의 흥미를 끌지 못한다. 그들은 세계의 시초에 대해 이야기하지도, 세계의 결말을 상상해보지도 않는다. 오래전부터 언제나 작동 중인 상호작용만이 존재할 뿐이며, 실재는 이러한 상호작용의 끊임없는 운행일 뿐이다. 그러므로 중국인들은 그리스적 개념에 따라 생성과 감각적인 것에 대립되는 '존재'의 문제가 아니라, 단지 기능할 수 있는 능력의 문제에만 관심을 가진다. 그래서 그들은 '실재 속에서 작동 중임을 우리가 어디에서나 확인할 수 있는 바의 그 효율성은 어디로부터 나오며, 우리는 그것을 어떻게 가장 잘 이용할 수 있는가?'라는 물음을 던진다.

우리가 중국인들처럼 원리상 모든 대립이 상호관계적으로 작동한다고 생각하는 순간부터 모든 대립적 시각은 해소된다. 따라서 실재는 결코 극적일 수가 없게 된다. 적과 대치하고 있는 상태에서, 갈등의 측면이 가장 극명하게 드러나는 전략적 배열의 경우에서조차도 중국의 사상가들은 항상 적을 급하게 공격하기보다는 적의 움직임에 완벽하게 대응해 나아가면서 병법을 펼칠 것을 권했다. 다시 말해 그들은 이 '상대'가 역동성을 가지는 한 그 역동성을 언제나 이용할 수 있도록 — 그러므로 상대방을 희생시키고 자기 자신은 아무런 희생도 치르지 않으면서 — 처음만큼이나 온전하게 자기 자신의 에너지를 유지하는 방식으로 행동할 것을 권하는 것이다. 모든 정면 공격은 비용이 많이 들 뿐만 아니라 위험한 반면, 위와 같은 방식은 항상 상대방의 선동에 반응하면서 대처하는 것으로 충분하다. 그것은 마치 물이 여러 모양의 울퉁불퉁한 지형을 만나도 끊임없이 자신의 역동성을 유지하면서 평온한 상태로 머무를 수 있는 것과 같다(본질적인 것은 바로 이 항상성이다. 왜냐하면 상호관계의 과정에서 일어나는 모든 균열은 우리를 우리 편으로부터 동떨어지게 만들어, 우리 각자만의 힘으로 적을 직접 상대할 수밖에 없도록 만들기 때문이다. 이러한 처지가 되면 적들은 각자 따로 맞서는 우리를 압도하고 승리할 수 있다).

그러므로 중국에서 '실천 이성'이라는 것은 자신을 작동 중인 성향에 인도되도록 내버려두고, 이 성향이 자신을 위해 작동하도록 만들기 위해 그 성향과 결합하는 것이다. 이 실천 이성에 따르면 선과 악에 대한 어떠한 최초의 선택도 있을 수 없는데, 그 이유는 이 둘 모두 존재론적 지위를 지니고 있기 때문이다. 단지 성향의 '한 방향으로 나아가서' 그 성향으로부터 유리한 혜택을 이끌어내는 사실과, 이와는 반대로 성향과 '반대 방향으로 나아가' 자멸하는 사실들의 번갈아 나타남만이 있을 뿐이다. 전략가에게 가치 있는 것은 현자에게도 마찬가지로 가치가 있다. 현자는 실재에 대한 일시적인 체계화로부터 자신의 의지에 대한 목적으로서 설정될 수 있는 규범(행위의 명령이나 규칙과 같은)을 추상해내는 것이 아니라, 사물들의 지속적 흐름의 효율성에 접목하기 위해 이 흐름(운행의 고갈되지 않는 토대로서의 '하늘')의 주도권에 '순응한다〔順〕'. 다시 말해, 주관적 관점에서 보면 현자는 전혀 자신의 자유를 주장하고자 노력하지 않고, 단지 완전한 도덕성에 도달하기 위해 모든 의식 속에서 배아 상태로 존재하는 선을 향한 성향〔존재자의 유대감과 같은 의미에서 : 유가의 인(仁)〕을 따를 뿐이다. 특정의 질서에서 출발해 세계를 재구성할 것을 주장하거나 사물의 흐름을 강제하여 자신의 의도를 그 흐름에 각인하려 하기는커녕, 그는 자신 안에서 실재의 부추김에 합일하고 반응할 뿐이다. 즉, 현자의 이러한 반응은 실재에 관련되어 있기 때문에 전혀 부분적이거나 일시적인 것이 아니라 오히려 총체적이고 지속적이며, 따라서 필연적으로 긍정적일 수밖에 없다. 바로 이러한 이유에서 현실에 대한 그의 변화 능력은 어떠한 장애나 한계를 모른다. 그는 '행위' 하지 않으며, 스스로는(자기 자신으로부터 출발해) 아무것도 만들지 않는다. 그래서 현자의 효율성은 이러한 비개입의 정도에 따라 측정된다. 사실 그 총체성 속에서 파악된 실재와 현자의 상호관계로부터 비가시적이고 무한하며 완벽하게 자동적일 수도 있는 영향력이 나온다.

타자를 움직이게 만드는 행위나 인과성에 비해, 이러한 중국적 사유에는 스스로를 움직이는 효율성밖에 없고, 하늘 — 인간적 지평에 대한 초월 속에서 정립되는 — 그 자체는 단지 그러한 내재성에 대한 총체화 — 또는 절대화 — 일 뿐이다.

따라서 중국적 사유가 그토록 순응주의적이라는 사실은 놀랄 만한 일이 아니다. 내가 말하고자 하는 것은 중국적 사유가 '세계'에 대해 거리를 두고자 하지 않고, 실재를 문제 삼지 않으며, 실재의 목적에 대해서조차 경이감을 갖지 않는다는 점이다. 중국적 사유는 실재를 불합리로부터 구하기 위해, 그리고 실재에 의미를 부여하기 위해, 어떠한 신화 ― 우리는 가장 무모한 자가 가장 강한 자라는 사실을 알고 있다 ― 도 필요로 하지 않는다. 세계의 수수께끼를 공상적 통로를 통해 설명하고자 시도하는 신화를 고안해내는 대신에, 중국적 사유는 행위의 수준에서 세계의 배열에 내재해 있는 기능을 기호를 통해 표현하고 구현하는 것을 임무로 삼는 제례祭禮에 초점을 맞추고 있다. 실재는 답을 찾아야 할 물음으로서 우리를 부추기지 않으며, 처음부터 신뢰할 수 있는 과정으로서 주어진다. 그것은 우리가 해독해내야만 할 신비가 아니라, 그 것의 진행 속에서 우리가 설명해야 할 대상일 뿐이다. 그래서 '의미'는 자아 - 주체의 기대를 채우기 위해 세계에 대해 투사되는 것이 아니라, 전적으로 사물의 성향으로부터 ― 신앙의 행위를 요구하지 않은 채 ― 흘러나온다.

　오로지 이상을 실현시키고자 하는 긴장으로부터 성인聖人 또는 천재 ― 예를 들어, 순교자의 화신인 '불을 훔친 자' 프로메테우스 ― 가 나온다. 신에게 버려진 상태의 불안과 신과의 해후에 대한 열정 사이에서 자신의 무無에 대한 절망으로부터 '자신 안에 들어 있는 신'의 희열에 이르기까지 뜨겁고 열정적인 탐구가 시작된다. 반대로, 중국에서는 체계의 양극성으로부터 중심성과 균형 상태 ― 이것들로부터 평정심이 나온다 ― 가 흘러나온다. 즉, 기능의 항상성을 보장해주는 번갈아 나타남으로부터 생명의 리듬이 솟아난다. 외부의 절대자를 향한 전적인 개방성은 끊임없는 감정 토로나 황홀경의 현기증 대신에, 역방향의 닫힘 — 이것이 과정을 형성하고 숨 쉬게 해주는바 — 에 의해 곧장 보완된다. 자기 초월을 지향하는 도덕을 만들 필요도 없고, 즐거움과 고통 사이에서 구원을 만들어낼 필요도 없다. 변화에 합일하는 것으로 충분하다. 변화는 언제나 자기 제어적이면서 조화를 만들어냄에 기여한다.

주와 참고 문헌

1. 배열에서 발생하는 잠재력: 병법에서

고대 중국의 주요 병법서는 보통 기원전 4세기의 작품인 『손자』이며, 이는 1장의 기초로 사용되었다. 같은 기원전 4세기의 작품인 『손빈병법孫臏兵法』 — 이 텍스트의 일부가 1972년에 산동山洞의 무덤에서 발견되었다 — 도 보완적으로 사용되었고, 조금 더 후대의 작품인 『회남자淮南子』의 15장 — 이것은 기원전 2세기 말에 해당하는 한조 초기의 작품이지만, 세勢 개념을 보존, 발달시키고 있다 — 도 사용되었다.

여기서 사용된 『손자』의 판본은 『손자십가주孫子十家注』, 『제자집성諸子集成』(상해서점, 재판, 1986) 6권이며, 『회남자』는 같은 판본의 7권에서 인용한 것이다. 『손빈』은 『손빈병법주석孫臏兵法注釋』(북경: 해방군출판사, 1986) 판본에서 인용된 것이다.

1 "군형軍形(4장)", 『손자』, p. 59~60.

2 같은 책, p. 58~59.

3 같은 책, p. 60~61.

4 "모공謀攻(3장)", 같은 책, p. 35; "병략훈兵略訓(15장)", 『회남자』, p. 257.

5 군사 전문 용어로서의 세의 다양한 용법에 대한 체계적 연구로는 Roger T. Ames, 『통치의 기술, 고대 정치사상 연구』(Honolulu: University of Hawaii Press, 1983), p. 66; D. C. Lau, 「손자에 관한 소고」(BSOAS, vol. XXVIII, 1965), 2부, 특히 p. 332 이하 참조.

6 "찬졸纂卒", 『손빈병법』, p. 26.

7 『손자』, 4장, p. 64.

8 "병세兵勢(5장)", 같은 책, p. 71.

9 "지형地形(10장)", 같은 책.

10 『회남자』, 15장, p. 259~260.

11 "위왕문威王問", 『손빈병법』, p. 13.

12 『회남자』, 15장, p. 261.

13 "구지九地(11장)", 『손자』.

14 같은 책, 5장, p. 72.

15 "세비勢備", 『손빈병법』, p. 38. 또 다른 특징적 이미지("병정兵情", p. 41)로는 군대를 의미하는 화살, 장군을 의미하는 석궁, 군주를 의미하는(화살을 당기는) 손이 있다.

16 『손자』, 5장, p. 80. D. C. Lau가 잘 지적하고 있듯이(상게 논문, p. 333) 높낮이가 다른 것이 연상시키는 것과 동일한 이미지는 4장과 5장의 끝 부분에서 형形과 세勢에 관해 사용되고 있다. 그러나 『손자』에서조차 조작의 결과로서 나타나는 효과라는 측면(사람이 구르게 만드는 돌들과 물의 흐름을 따라 휩쓸려가는 조약돌들)이 형과 세에 관련해서 보다 더 많이 강조되고 있다.

17 『손자』, 5장, p. 79.

18 같은 책, 이전李筌과 왕석王晳의 주석.

19 『회남자』, 15장, p. 262.

20 같은 책, "所以決勝者, 鎰勢也"(Roger T. Ames, 상게서, p. 223; 주석 23).

21 같은 책, p. 263. 한조漢朝에 지배적이 된 우주론적 사유의 영향을 받은 회남자의 이 장은 여기서 주어진 예에서만큼, 하늘과 인간 그리고 다섯 원소들의 상호관계에 근거해 있는 '초자연적' 요인들을 부정하는 데 언제나 그렇게 절대적인 것은 아니다. 그러므로 이 점에 대해 매우 분명한 고대 병법서들의 개념에 비하면, 뒤로 물러나 있는 셈이다["구지九地(11장)"; "용간用間(13장)", 『손자』 참조].

22 "시계始計(1장)", 『손자』, p. 12. 이 외전外傳 "기외其外"는 주석가들에 의해 두 가지 방식 — '항존적 규칙들'에 외적인 것(상법常法, 조조曹操의 해석), 또는 전략이 결정되는 사원 내부에 대해 전쟁터라는 외부(매요신梅堯臣의 해석) — 으로 이해되어왔다. 그러나 두 해석은 서로 결합한다.

23 '形人而我無形'의 원리. "허실편虛實篇(6장)", 『손자』, p. 93.

24 『회남자』, 15장, p. 253.

25 『손자』, 6장, p. 101~102.

26 같은 책. 우리는 또한 "견위왕見威王", 『손빈』, p. 8에서 이러한 의미로 이해될 수 있는 관용적 표현(夫兵者, 非士恒勢也)을 발견할 수 있다(서국, 청도, 1986, p. 7).

27 『순자』, 15장(의병議兵)의 앞부분 또는 "요략要略", 『회남자』, p. 371~372 참조. 『한서漢書』(예문지藝文志)의 참고 문헌 목록은 전략에 상관된 작품들의 네 가지 범주들의 하나를 병형세兵形勢에 대한 전문가들의 범주로서 지칭하고 있다. 현존하는 작품들에 따르는 이러한 항목의 내용에 대한 이해를 위해서는 Robin D. S. Yates, "*New Light on Ancient Chinese Military Texts: Notes on their Nature and Evolution, and the Development of Military Specialization in Warring States China*", 『통보通報』(LXXIV, 1988), p. 211~248 참조.

28 『논지구전論持久戰(87절)』, 『모택동 선집』, 2권, p. 484.

29 '영활성靈活性' 관념을 일반적 방식대로 '유연함'으로 번역하는 것은 그 뜻을 충분히 살리는 것은 아니다(『모택동 선집』, 2권: p. 182).

30 『서양적 방식의 전쟁』(Paris: Les belles Lettres, 1990), p. 283.

31 Karl von Clausewitz, 『혁명으로부터 왕정복고에로』(Ecrits et lettres, Marie-Louise Steinhauser, 편역본, Paris, Gallimard, 1976), p. 33. 수단의 목적에 대한 이 관계는 특히 『전쟁론』 1권 2장의 주된 대상이다. 클라우제비츠에서 이 개념이 차지하는 중요성에 대해서는, Michael Howard, *Clausewitz*(Oxford U.P., "Past Masters", 1983), 3장; Raymond Aron, 『전쟁에 대한 고찰』(Paris: Gallimard, 1977), 『클라우제비츠에 관하여』(Paris: Complexe, 1987) 참조.

2. 정치에서 결정적 요인인 지위

이 장에서 사용되고 있는 주된 텍스트들은 기원전 4세기 신도慎到의 작품(1장)과 기원전 3세기 작품 『관자』(주로 67장), 법가 사상의 전통적 작품들 중에서 가장 심오하고 가장 발달된 작품으로 여겨지는 『한비자』이다. 그 외에도 기원전 4세기 상앙의 『상군서商君書』(24장)와 『여씨춘추呂氏春秋』의 "신세愼勢"가 사용되고 있다.

참고하고 있는 판본은 『제자집성』 5권과 6권이다. 『한비자』와 『여씨춘추』에 대한 참조판본은 진기유陳奇猷의 『한비자집석韓非子集釋』(상해 인민출판사, 1974) 2권과 『여씨춘추교석呂氏春秋校釋』(학림출판사, 1984) 2권이다.

1 주로 신도에 대해 다룬 구절인 "천하天下(33장)", 『장자』 참조 난해하면서도 동시에 매력적인 이 구절에 대한 번역은 번역이라기보다는 해석에 더 가깝다. 이것은 아서 웨일리가 이미 언급했던 것이다. Arthur Waley, *Three ways of Thought in Ancient China*[불역본, G. Deniker, 『고대 중국적 사유의 세 흐름』(Paris: Payot, 1949), p. 190 참조].

2 『장자』에서 소개되고 있는 '도교주의자'로서의 신도와 『한서』에서 언급되고 있는 법가주의자로서의 신도 사이의 관계를 설정하는 문제에 대해서는 P. M. Thompson, *The Shen tzu Fragments*(Oxford. U. P., 1979), p. 3; Leon Vandermeersch, 『법치주의의 형성』(Ecole francaise d'Extreme-Orient, 1965), p. 49. 참조. 이러한 정치적 틀 안에서 세勢의 주된 용법에 대한 연구로는 Roger T. Ames, 상게서, p. 72 참조.

3 "위덕威德(1장)", 『신도』, vol. V, p. 1~2; P. M. Thompson, 상게서, p. 232 참조.

4 "금사禁使(24장)", 『상군서』, p. 39.

5 "난세難勢(40장)", 『한비자』, p. 297(p. 886).

6 동일한 비교에 대해서는 『한비자』, 34장, p. 234(p. 717).

7 진기유(p. 894, 주석 27)는 이 두 번째 전개가 한비韓非의 것이 아니라고 생각한다. 그러나 다른 그의 논증들을 결정적인 것으로 생각지는 않는다. 그럼에도 불구하고 이 논증은 매우 훌륭하게 전개되고 있기 때문에 논증 자체로서도 가장 큰 관심을 불러일으킨다.

8 "군신君臣(31장)", 『관자』, p. 177.

9 "규도揆度(78장)", 같은 책, p. 385.

10 "법법法法(16장)", 같은 책, p. 91.

11 "명법해明法解(67장)", 같은 책, p. 343.

12 『한비자』, 14장, p. 68(p. 245).

13 "형세해形勢解(64장)", 『관자』, p. 325.

14 "군신(31장)", 같은 책, p. 178; 『한비자』, 48장, 제3계율, p. 332(p. 1006); 34장; 38장 참조.

15 "신세", 『여씨춘추』, vol. 6, p. 213(p. 1108).

16 『한비자』, 38장, p. 288(p. 864).

17 Leon Vandermeersch, "법가주의의 형성", 상게서, p. 225.

18 『한비자』, 48장, 제4계율, p. 334(p. 1017).

19 같은 책, 14장, p. 71(p. 247).

20 『회남자』, 9장, p. 133; p. 145.

21 『한비자』, 48장, 제2계율, p. 331(p. 1001).

22 같은 책, 28장, p. 155(p. 508).

23 같은 책, 38장, p. 284(p. 849).

24 같은 책, 48장, 제1계율, p. 330(p. 997).

25 같은 책, 28장, p. 155(p. 508).

26 같은 책, 48장, p. 330(p. 997).

27 우리는 '천즉불비天則不非'라는 표현을 하나 또는 다른 방식 — 서로 마찬가지로 가능한 방식 — 으로 이해할 수 있다(『진기유』, p. 999, 주석 10 참조).

28 우리는 이것을 건坤 또는 음陰으로 읽을 수 있다(『진기유』, p. 999, 주석 11; Leon Vandermeersch, 상게서, p. 246 참조).

29 조작의 이러한 자연적 특성에 대해서는 Jean Levi, 『고대 중국에서의 조작의 이론들』(Le Genre humain), n 6, p. 9과 『자연적 질서와 사회적 질서의 연대성: 고대 중국의 법가적 사유 안에서의 자연법과 사회법』(Paris: Extreme-Orient-Extreme-Occident, PUV, VIII), n 5, p. 23 참조.

30 법가적 사유에 끼친 이러한 도가주의적 영감에 대해서는, Leon Vandermeersch, 상게서, p. 257 참조.

31 『한비자』, 34장, p. 231(p. 711); p. 234(p. 717).

32 같은 책, 49장, p. 342~343(p. 1051).

33 같은 책, 14장, p. 74(p. 249).

34 같은 책, 38장, p. 285(p. 853).

35 같은 책, 48장, 제5계율, p. 335(p. 1026); 8장, p. 29(p. 121).

36 『군주론』, 18장.

37 "Le panoptisme", 『감시와 처벌: 감옥의 탄생』(Paris: Gallimard, 1975P), p. 197.

38 같은 책, p. 201.

결론 I 조작의 논리

이 장에서 사용되고 있는 텍스트들은 기원전 4세기 후반의 맹자의 작품들(특히 7장 A, 8과 6장, A, 2)과 기원전 298~235년의 순자의 작품들(특히 9장, 11장, 15장, 16장), 그리고 한조 초기 작품인 『회남자』(9장과 15장)이다.

『맹자』에 대한 참고 주석들은 Legge, *The Chinese Classics*, vol. 2에서, 『순자』와 『회남자』에 대한 참고 주석들은 『제자집성』, vol. 2, 7에서 인용되었다.

1 예를 들어, 『맹자』, 3, B, 5, p. 271 참조. 이 주제에 대해서는 다음의 연구 "도덕을 정립하기 또는 교리나 신앙의 토대가 없는 도덕의 초월성을 어떻게 정당화시킬 것인가?"(Paris: Extreme-Orient-Extreme-Occident, PUV, VIII,), n 6, p. 62. 참조.

2 『맹자』, VII, A, 8, p. 452.

3 같은 책, IV, A, 2, p. 396. 물의 자연적 흐름을 유발시키기 위해 사용된 세에 대한 서로 대립되면서도 공통적인 용법에 관해서는, 『관자』, 31장, p. 183을 참조. 맹자는 다른 한편, 그가 2, A, 1, p. 183에서 인용하고 있는 제齊 나라의 속담 — 우리는 지혜와 판단력을 지녀보아야 소용없다. 세에 기댈 줄 아는 것이 훨씬 낫다 — 이 증명해주고 있듯이, 세의 일반적 용법도 잘 알고 있었다.

4 "의병議兵(15장)", 『순자』, p. 177.

5 순자가 취하고 있는 세에 대한 이러한 상대적 고려에 대해서는 Roger T. Ames, *The Art of Rulership*, 상게서, p. 85 참조

6 "왕패王霸(11장)", 『순자』, p. 131.

7 "왕제王制(9장)", 같은 책, p. 96.

8 "왕패王霸(11장)", 같은 책, p. 131.

9 "강국彊國(16장)", 같은 책, p. 197.

10 같은 책, p. 194~195.

11 "왕패王霸(11장)", 같은 책, p. 140.

12 "의병議兵(15장)", 같은 책, p. 177.

13 "병략훈兵略訓(15장)", 『회남자』, p. 251~253.

14 같은 책, p. 259, 261, 262~263.

15 "주술훈主術訓(4장)", 같은 책, p. 142~144.

16 같은 책, p. 137, 141~142.

17 같은 책, p. 136.

18 Tzvetan Todorov, "능변, 도덕 그리고 진리", *Les Manipulations*, 상게서, p. 26.

19 Jacques Dars, "Bibliotheque de la Pleiade", 『수호전水滸傳』(Paris: Gallimard, 번역본), vol. II, 51장, p. 111~118. 우리는 동일한 유형의 조작을 소설의 다른 장면들 속에서도 다시 발견할 수 있다. 서영徐寧을 양산박의 은신처로 유인하기 위한 장면에 대해서는 "Pleiade", vol. II, 54장, p. 222~232; 노준의盧俊義를 도둑떼에 강제로 합류시키기 위한 장면에 대해서는 같은 책, p. 333; 약제사인 안도전安道全으로 하여금 강제로 송강松江을 치료하도록 만들기 위한 장면에 대해서는 같은 책, p. 442 참조.

20 『수호전회평본水滸傳會評本』(북경: 김성탄의 주석, 북경대학 출판사, 1987), II, p. 944.

3. 형상의 도약, 장르의 효과

이 장에서 인용되고 있는 서예술에 대한 심미주의적 텍스트들은 『역대서법논문선歷代書法論文選』(상해: 서화출판사, 1980)을, 회화에 관한 심미주의적 텍스트들은 『중국화론유편中國畵論類編』(홍콩: 유검화兪劍華 판본, 1973)이 참조되고 있다. 마지막으로 문학적 '이론'의 영역에서는 『문심조룡文心雕龍』(홍콩: 범문란范文瀾 판본, 상무인서관)이 인용되고 있다.

1 강유위康有爲, 『역대서법논문선』, p. 845.

2 존 헤이는 이것을 힘 - 형상으로서 올바르게 표현하고 있다. John Hay: "It is the form of becoming, process and, by extension, movement"〔Susan Bush & Chrstian Murck(판본), "The Human Body as a Microcosmic Source of Macrocosmic Values in Calligraphy", *Theoris of the Arts in China*(Princeton U.P. 1983), p. 102, 주석 77〕.

3 채용, "구세九勢", 『역대서법논문선』, p. 6.

4 왕희지, "필세론筆勢論(12장)", 『역대서법논문선』, p. 31.

5 위항, "사체서세四體書勢", 『역대서법논문선』, p. 13.

6 같은 책, p. 15.

7 이러한 사실로부터 중국의 전통적인 심미주의적 사유를 구성하는 서로 대비되면서도 동시에 상호 관련된 용어 쌍들의 중요성이 나온다. 예를 들어, 『문심조룡』에서의 비比(유비적 연관)/흥興(도발적 계기), 풍風(바람)/골骨(뼈), 정情(감정)/채采(치장), 은隱(풍부한 감춰진 의미)/수秀(외관적 화려함)를 참조.

8 양신, 『역대서법논문선』, p. 47.

9 이것은 당 태종의 유명한 판결로서, 다음 작품 속에서 인용되고 있다. W. Acker, *Some T'ang and pre-T'ang Texts on Chinese Painting*(Leyde, 1954), I, p. XXXV.

10 위항, 『역대서법논문선』, p. 12.

11 같은 책, p. 14.

12 장회관, "육체서론六體書論", 『역대서법논문선』, p. 212.

13 강기, "속서보續書譜", 『역대서법논문선』, p. 394.

14 장회관, "논용필십법論用筆十法", 『역대서법논문선』, p. 216.

15 채용, "구세九勢", 『역대서법논문선』, p. 6.

16 장회관, "논용필십법論用筆十法", 『역대서법논문선』, p. 216.

17 고개지, 『역대명화기歷代名畵記』〔(W. Acker, 상게서), II, p. 58〕에 나오는 "논화論畵" 참조. '성향'의 의미에 대해서는 "시천부세勢"를, '도약'의 의미에 대해서는 "유분당대세有奔膛大勢"(정세情勢라는 흥미로운 표현 또한 주목할 것)를 참조. 의심할 여지도 없이 우리가 왕미王微의 "서화敍畵" 앞부분에 나오는 "구용세이이求容勢而已"에서 재발견하는 것도 바로 이러한 '성향'의 의미이다.

18 고개지, "화운태산기畵云台山記", 『중국화론유편』, p. 581~582. 중국에서의 풍경화의 탄생을 이해하는 데 중요한 이 텍스트에 대한 연구로는 Hubert Delahaye, 『중국에서의 초기 풍경화들, 종교적 면들』(Ecole Francaise d'Extreme-Orient, 1981), p. 16; p. 18; p. 28; p. 33. 참조.

19 같은 책, 극한에 다다른 긴장과 최대한 가능적인 것에 대한 특징지음으로서의 이 '위험'이라는 관념은 『순자』 5장의 '시고선전자, 기세험是故善戰者, 其勢險'을 연상시킨다. 우리는 이것을 '훌륭한 전략가는 상황으로부터 나오는 가능적인 것을 그 극한점에 이르기까지 활용한다'라고 번역해야 할 것이다. 세라는 용어 자체는 다음의 작품 속에서 잘 설명되어 있다. Susan Bush & Hsio-yen Shih, *Early Chinese Texts on Painting*(Harvard U.P., 1985), p. 21. 세(역동적 외형)라는 용어는 여기에서 그러한 '계기' 또는 '효력'을 묘사하기 위해 사용되고 있다.

20 장언원張彦遠, 『중국화론유편』, p. 603.

21 황공망黃公望, 『중국화론유편』, p. 697.

22 단중광笪重光, 『중국화론유편』, p. 802.

23 같은 책, p. 801.

24 당지계唐志契, 『중국화론유편』, p. 738; p. 744.

25 왕치등王稚登, 『중국화론유편』, p. 719.

26 고개지顧愷之, 『중국화론유편』, p. 582; Delahaye, 상게서, p. 28; 이성李成, 『중국화론유편』, p. 616.

27 형호荊浩, 『중국화론유편』, p. 605~608〔Nicole Vandier-Nicolas, 『중국에서의 미학과 풍경화』(Paris: Klincksieck, 프랑스어 번역본, 1982), p. 71.참조〕.

28 막시용莫是龙, 『중국화론유편』, p. 713; 당지계, 『중국화론유편』, p. 744.

29 방훈方薰의 작품인 "산정거논화산수山靜居論畫山水", 『중국화론유편』, p. 912는 이 점에서 특별히 흥미롭고, 회화 안에서의 세라는 용어에 대한 풍부한 예시를 제공해주고 있다.

30 방훈, 『중국화론유편』, p. 913.

31 석도石濤, 12절, 『석도화어록石濤畫語泉』(북경: 인민 미술 출판사, 1962, 검역본檢譯本), p. 53; P. Ryckmans, 『쓰디쓴 호박 승려의 회화에 관한 소고』(Institut belge des hautes etudes chinoises, 1970), p. 85.

32 이일화李日华, 『중국화론유편』, p. 134.

33 석도, "석도화어록", 17절, p. 62, 참조; Ryckmans, 상게서, p. 115.

34 한졸韓拙에서의 이 흥미로운 표현 '선간풍세기운先看風勢氣韻'에 대해서는 『중국화론유편』, p. 674 참조 한졸이 모든 이러한 전통에 부합하게 기운氣韻에 최상의 가치를 부여하고 있음은 확실하다. 한졸에게서 풍경을 불러일으키는 데서의 바람과 세의 이러한 친화성에 대해서는 『중국화론유편』, p. 668~669 참조.

35 공현龔賢, 『중국화론유편』, p. 784.

36 방훈, 『중국화론유편』, p. 914.

37 우세남虞世南, 『역대서법논문선』, p. 112.

38 "정세편定勢篇", 『문심조룡』, p. 529. 이러한 세의 문학적 개념이 회화 또는 서예술에 관한 이론 안에서 발견되는 세 개념과 맺을 수 있는 관계에 대해서는 도광사涂光社의 "문심조룡적정세론文心雕龍的定勢論"의 간략한 언급들과 『문심십론文心十論』(심양: 춘풍 문예 출판사, 1986), p. 62 참조 그러나 분석은 지나치게 불충분한 채로 남아 있다.

39 이 장에 대한 순자의 영향에 대해서는 담영蕈鋈의 중요한 연구 「문심조룡적정세론」

〔『문심조룡적, 풍격학文心雕龍的, 風格學』(북경: 인민 문예 출판사, 1982, p. 62)에서 다시 취해짐〕을 참조. 이 풍격학은 이 장에 대한 이해를 새롭게 해주는 데 기여하고 있다. '동그란 것'과 '사각진 것'을 하늘과 땅과의 관계 속에서 해석하는 범문란의 잘못된 주석. p. 534, 주석 3 참조.

40 이러한 진행에 대한 전형적 해석으로서는 예를 들어 구효신寇效信, "석체세釋體勢(체體와 세勢에 대한 해석)"(문심조룡학간文心雕龍學刊, n⁰ 1, 제남濟南, 제로서사齊魯書社, 1983), p. 271 참조.

41 Pierre Guiraud, "현대적 문체의 경향들", 『문체와 문학』(La Haye, Van Goor Zonen, 1962), p. 12; Roland Barthes, 『글쓰기의 영도零度』(Paris: Ed. du Seuil, 1953) p. 19.

42 "부회附會", p. 652; "서지序志", p. 727.

43 『영조법식營造法式』, 4장.

4. 풍경화를 통해 나타나는 생명선

이 장에서 인용되고 있는 주된 텍스트들은 앞에서 이미 언급되었던 『중국화론유편』에 들어 있는 것들이다.

1 Heidegger, "자연physis은 어떻게 결정되는가?", *Questions, II*(Paris: Gallimard, 1968), p. 181~182.

2 같은 책, p. 183.

3 중국적 전통의 가장 공통적이고 평범한 개념. 인용된 표현들은 곽박郭璞의 장례 예법서인 『장서葬書』 초두에서 빌려온 것이다.

4 중국에서 오늘날에도 여전히 살아 있는 이 토점土占의 전통에 대해서는 Ernest J. Eitel, "중국의 풍수설 또는 자연 과학의 원리들", *Annales du musee Guimet*(Ernest Leroux, 1880), Ⅰ 권, p. 205; J.J.M. de Groot, *The Religious System of China*, vol.

III. 12장, p. 935; Stephan D.R. Feuchtwang, *An Anthropological Analysis of Chinese Geomancy*(Ventiane, Ed. Vithagnia), p. 111 참조.

5 세라는 용어는 고대 말기에 이미 『관자』에서 이러한 특별한 지형학적 의미를 지니고 있었다(예를 들어, 736장, p. 371; 78장, p. 384). 우리는 이러한 정확한 용법을 한서(예문지)의 참고 문헌에 나오는 "외형주의자들" 항목에서 발견할 수 있다(『형법육가形法六家』).

6 곽박, 장서, 그 다음에 나오는 인용들도 같은 구절 참조.

7 이 점은 요네자와 요시오의 중요한 연구에서 잘 강조되고 있다. Yonezawa Yoshio, 『중국회화사연구中國繪畫史研究』(Tokyo: Heibonsha), p. 76.

8 형호, 『중국화론유편』, p. 607; Susan Bush & Hsioiyen Shih, *Early Chinese Texts,* 상게서, p. 164; Nicole Vandier-Nicolas, "The different appearances of mountains & streams are produced by the combinations of vital energy & dynamic configurations", 『미학과 풍경화』, 상게서, p. 76.

9 종병宗炳, "풍경화 입문(화산수서畵山水序)", 『중국화론유편』, p. 583; Hubert Delahaye, 『중국에서의 초기 풍경화들』, 상게서, p. 76.

10 곽희郭熙, 『숲과 샘들이 지닌 고귀한 메시지에 대하여』(임천고치林泉高致, p. 634). 여기에서는 공통적인 구별이 문제가 되고 있다(『중국화론유편』, p. 614).

11 "Idees et recherches", 『축소화된 세계』(Paris: Flammarion), p. 59.

12 종병宗炳, 상게서, p. 583.

13 "섬광: 수秀"와 "영성: 영靈". "반영"의 관념은 텍스트의 첫 구절 "함도응물含道應物" 부터 나타나고 있다.

14 『명불론明佛論』의 저자인 종병宗炳에서의 이러한 불교의 중요성에 대해서는 Hubert Delahaye, 상게서, p. 80 참조.

15 이것은 『설문해자說文解字』에서 설명되어 있는 화畵라는 단어의 어원인데, 왕유도 자신의 책 서두에서 이 어원을 참조하고 있다. 이 점에 대해서는 Hubert Delahaye, 상게서, p. 117 참조.

16 왕유, "회화론(서화敍畵)", 『중국화론유편』, p. 585. 그러나 이 책의 서두에서 나타나

는 세(경구용 세이이竟求容勢而已)라는 용어는 여기에서 단지 '배열'만 의미하고, 그 다음에 나올 강한 의미는 아직 갖고 있지 않다. 앞에 인용된 연구에서, 요네자와 요시오는 내가 보기에, 세에 이 강하고 적극적인 의미를 부여하는 잘못을 저지르고 있다. 이 문장의 의미는 오히려 '……그들은 국면들과 배열만을 탐구할 뿐이다. 그러나 옛 사람들은……'이라고 보아야 할 것이다.

17 두보, "희제왕재화산수도가戲題王宰畵山水圖歌", William Hung, Tu Fu, *China's Greatest Poet*(N.Y: Russell), p. 169.

18 예를 들어, 당지계, 『중국화론유편』, p. 733 참조.

19 "주름들"의 본성과 기능은 피에르 뤼크만의 주석에 매우 잘 묘사되어 있다. Pierre Ryckmans, 『회화론』 참조.

20 당지계, 『중국화론유편』, p. 742.

21 방훈, 『중국화론유편』, p. 914.

22 막시용, 『중국화론유편』, p. 712.

23 당지계, 『중국화론유편』, p. 743.

24 모든 이러한 전개에 대해서는 세만을 전적으로 다루고 있는 중요한 소논문 참조. 조좌趙左, 『중국화론유편』, p. 759; 전두錢杜, 『중국화론유편』, p. 929도 참조.

25 당대唐岱, 『중국화론유편』, p. 857~859. 여기에서는 문장 전체가 세의 중요성을 다루고 있다.

26 단중광, 『중국화론유편』, p. 809, 833.

27 왕사정王士禎(왕어양王漁洋), 『대경당시화帶經堂詩話』, I권, 3장, "저홍류佇興類"(북경: 인민 출판사, 1982), 3절, p. 68. 왕사정은 시적 효과를 설명하기 위해 원경화 이론(곽희郭熙의 "세 가지 원경화들" 참조)을 다시 사용하고 있다. 상게서, p. 78, 6절; p. 85~86, 15절 참조.

28 같은 책, 4절.

29 같은 책.

30 왕부지, 『강재시화姜齋詩話』(북경: 인민 출판사, 1981), 2장, 42절, p. 138.

31 같은 책.

5. 효율적 배열의 범주들

이 장에서 서예에 관한 텍스트들은 앞에서와 마찬가지로 『역대서법논문선』에서, 비파에 관해서는 『태음대전집太音大全集』(14세기의 작자 미상의 작품, 3장)에서, 방중술에 관해서는 동현자洞玄子(당나라 시대) — 이 작품은 엽덕휘葉德輝의 『쌍매경암총서雙梅景闇叢書』에 재구성되어 있다 — 에서 인용되고 있다. 태극권에 관해서는 보다 더 다양한 텍스트들에서 인용되고 있다(이러한 사실은 이러한 종류의 문학이 더 후대의 것이고 부수적인 특성을 지녔음을 나타내준다).

시적 세에 대한 우리의 분석은 여기에서 당대의 두 시인 왕창령과 교연의 성찰에 근거하고 있다. 우리는 그러한 성찰을 왕리기王利器가 편집한 『문경비부론文鏡秘府論』(북경: 중국 사회과학 출판사, 1983)과 교연의 비판적 작품인 허청운許淸云 편집, 『교연시식집교신편皎然詩式輯校新編』(대만: 문사철文史哲 출판사)에서도 발견할 수 있다.

1 우리는 물론 이 점에 관해 동기창董基昌의 언급을 보다 더 일반화시킬 수 있을 것이다. 그의 견해에 따르면, 당대의 서예가들은 특별히 '기술法'에 관심을 기울이고 있었던 반면에, 6조六朝시대의 서예가들은 '내적 반향韻'을 강조했었고, 송대의 서예가들은 '개인적 감정意'에 대한 표현을 강조했었다. Jean-Marie Simonet, 강기의 『서예론』 속편, Paris, Ecole nationale des langues orientales, 1969, p. 94~95(미발행본).

2 이것은 특히 시학의 영역 안에서, 『문경비부론文鏡秘府論』[진언종眞言宗의 설립자인 공해公海(일본명: 쿠카이)에 의해 819년에 편집된 판본]의 경우이고, 의학의 영역 안에서는 탐바 야수요리에 의해 982년에서 984년 사이에 편집된 『의심방醫心方』의 경우이다[이 텍스트의 역사와, 특히 "침실(방내房內)"을 다루고 있는 28장에 대한 근대의 중국인 학자 Ye Dehui에 의한 재구성에 관해서는 Robert Van Gulik, 『고대 중국에서의 성적 삶』(Paris: Gallimard, 불역본, 1971), p. 160 참조].

3 채옹, "구세九勢", 『역대서법논문선』, p. 6. 이것을 송대의 사람인 진사陳思가 지은

서원청화書苑菁華에 귀속시키는 것은 진위를 확신할 수 없는 문제이다. 우리는 붓놀림과 관련해 서예의 세들을 다루고 있는 또 다른 목록들을 왕희지의 "필세론筆勢論", 『역대서법논문선』, p. 34에서 발견할 수 있다. 장회관에서의 필체법의 요소들 (법法과 거의 동등한 의미에서)에 관해서는 『역대서법논문선』, p. 220 참조.

4 R.H. Van Gulik, *The Lore of the Chinese Lute*(Tokyo: Sophia U., 1940), p. 114; Kenneth J. De Woskin, 『A Song for One or Two, Music & the Concept of Art in Early China』(Ann Arbor: The University of Michigan, 1982), 8장, p. 130. 우리가 언급하고 있는 판화들은 『태음대전집太陰大全集』에서 인용된 것이다.

5 이 주제에 관해서는 Catherine Despeux, 『태극권, 무술, 장수의 비법』(Guy Tredaniel, Ed. de la Maisnie, 중국어 원본, 1981), p. 293 참조. 우리는 또한 이 두 계열들이 "다섯 가지 보법"과 "여덟 가지 입문 자세들"에 상응하고, 이 여덟 가지 입문 자세들은 여덟 가지 기본 방위方位들과 중간 방위들에 따라 다시 분배됨을 알 수 있다.

6 우리는 이미 이러한 유형의 연상들을 토점의 세들에 관해서도 발견한다. 이미 인용된 곽박의 『장서葬書』 참조.

7 『동현자』; R.H. Van Gulik, 상게서, p. 168 참조.

8 이 주제에 대해서는 Jean-Marie Simonet, 상게서, p. 113 참조.

9 이 그래픽적 재구성에 대해서는 Akira Ishihara and Howard S. Levy, 『The Tao of Sex』(Yokohama), p. 59 참조.

10 이 생각은 비예테르에 의해 매우 잘 요약되어 있다. J.F. Billeter, 『중국의 서예술』 (Geneve: Skira), p. 185~186.

11 음악적 놀이에 관한 이러한 언급과 그 다음의 언급들에 관해서는 Van Gulik, *The Lore of the Chinese Lute*, 상게서, p. 120 참조.

12 제기齊己(호득생胡得生), "시유십세詩有十勢", 『풍소지격風騷旨格』.

13 "대지大地"; "17가지 세", 『문경비부론文鏡秘府論』(왕이기王利器 편집), p. 114. 우리는 오래전부터 이 장이(인용된 시들에 따라 그리고 『논문의論文意』와의 여러 공통점들을 고려해볼 때) 왕창령王昌齡에 귀속되어야만 함을 알아차리고 있었다.

텍스트는 히로시 코젠에 의해 『쿠카이 전집』(Tokyo: Chikuma shobo, 1986) 속에서 문헌학적 차원에서 매우 훌륭하게 정립되었다. 반면에 이 장에 대해서는 서양어 번역본이 없다. 이 작품에 대해 집중적으로 다루고 있는 학위 논문 "Poetics & Prosody in Early Mediaeval China, A Study & Translation of Kukai's Bunkyo hifuron"(Cornell U. Ph. D. 1978, U. Microfilms) 속에서, 리처드 웨인라이트 보드맨은 "대지"의 장들을 번역하고 있지 않은데, 그 이유는 그가 이 장들에 대해 지나치게 주의를 요하는 해석 — 물론 이 장에 대해 특별한 관심을 나타내면서도 — 을 해야 한다고 간주했기 때문이다. 그러나 '17가지의 양식들'이라는 그의 번역〔빈센트 쉬(Vincent Shih)의 번역 '양식에 대한 선택에 관하여'와 마찬가지로〕은 부적합하다. 더구나 그는 체體도 또한 '양식'으로 번역하고 있다(p. 89 참조).

14 우리는 근대적 기준에 따라 계열별로 정리하려는 시도를 나근택에게서 발견할 수 있다. 나근택羅根澤, 『중국문학 비평사』(전문典文 출판사), p. 304~308.

15 이 "17가지의 세"의 장과 『문경비부론』의 그 다음 목록들 중의 "대지" 편과의 비교는 이 점에서 매우 교훈적이다. Francois Martin, "당대에서의 중국 문학 이론 안에서의 열거법", 『극동과 극서에서의 목록의 기술』(Paris: PUV, VIII, 1990), p. 37 참조.

16 교연, "삼부동어의세三不同語意勢", 『평론評論』, p. 28. 우리는 이 구절에 대한 짧은 주석을 다음의 연구에서 발견할 수 있다. 허청운許清云, 『교연시식연구皎然詩式研究』(대만: 문사철 출판사), p. 130.

17 "논문의", 『문경비부론』, p. 317. 시들은 『시경詩經』(시 3과 226)에서 인용되었다.

18 내가 보기에 여기에서 의미는 잘못 파악되고 있는데, 그 이유는 보드맨이 의미에 대해 분석을 하고 있지 않기 때문이다(상게서, p. 409 참조). "Although the natural image is different, the forms are alike" 참조. "고수작세高手作勢"라는 표현이 단지 "when a superior talent works"라고 번역되어 있는 다음 구절도 사정은 마찬가지이다. 마찬가지로 코젠의 일본어 번역용어(상게서, p. 449) 적시適時도 여기에서 매우 분명한 세의 의미를 충분히 나타내주지는 못하고 있다.

19 오래되었지만 여전히 적절한 분석에 대해서는 『Sound & Symbol in Chinese』(Hong

Kong: U.P., 1962), p. 74 참조.

20 "논문의", 『문경비부론』, p. 283.

21 두보, "등악양루登岳陽樓".

22 "논문의", 『문경비부론』, p. 296, 317.

23 이 주제에 관해서는 『극동 - 극서, 사물들의 평행주의와 결합』(Paris: PUV), 11권,
     VIII, 1989 참조(특히 Francois Martin의 논문, p. 89).

24 교연, 평론, p. 33.

25 교연, "명세明勢", 『시식詩式』, p. 39. 곽소우郭紹虞는(『중국문학 비평사』, 1권,
     p. 207) 이러한 상상적 표현 속에서 사공도司空圖의 시학적 비평의 전조를 찾아내
     고 있다. 정적 관점 또는 역동적 관점의 차이의 효과로서 간주되는 세와 체體에
     대한 구별에 관해서는 서복관徐復觀의 언급들을 참조〔『중국문학논집속편中國文
     學論集續編』(신아연구소, 학생서국), p. 149〕. 허청운許淸云(상게서, p. 124)의 분석
     은 이 점에서 불충분하게 보인다.

26 교연, 『평론』, p. 19.

27 교연, "시유사심詩有四深", 『시식詩式』, p. 41.

28 "논문의", 『문경비부론』, p. 283.

29 같은 책, p. 317.

30 유휘劉徽, 『구장산술九章算術』(계산술에 관한 9개의 장들에 대한 주석서). 기원전
     1세기에 편집된 이 책은 중국의 수학적 전통뿐만 아니라 극동 지역 전체의 수학적
     전통의 고전으로서 간주되고 있다.

6. 역동성은 연속적이다

앞에서처럼, 참고 문헌들은 서예술의 영역에서는 『역대서법논문선』, 회화의 영역
에서는 『중국화론유편』에 근거해 작성되었다.

앞에서와 마찬가지로, 『문심조룡』의 인용본은 범문란范文瀾의 판본이고, 『문경비

부론』의 인용본은 왕이기王利器의 판본이다. 마찬가지로 왕세정(왕위양)과 왕부지의
『시화詩話』는 대굉삼戴宏森의 판본에서 인용되었다〔『중국 고전 문학 비평 및 문학
이론집』(인민 문학 출판사, 1981; 1982)〕.

　　마지막으로 김성탄의 비평 작품에 관한 두보의 주석은 종래인鍾來因에 의해 편집된
『두시해杜時解』(상해 고적古籍 출판사, 1984)가 참조되고 있다. 수호전에 대한 주석은
『수호전회평본』(북경대학 판본, 1987)이 참조되고 있다. 자크 아르스의 불역본(Paris:
Gallimard, Bibliotheque de la Pleiade, 1978)은 이 『수호전회평본』 다음에 언급되고
있다.

1 예를 들어, 심종건沈宗騫의 분석을 참조. 『중국화론유편』, p. 907.

2 "세편勢篇(5장)", 『순자』 참조. 이 책, p. 29. 참조.

3 장회관, "육체서론六體書論", 『역대서법논문선』, p. 214~215.

4 장회관, "논용필십법論用筆十法", 『역대서법논문선』, p. 216.

5 바로 그러한 것이 채용에 의해 언급된 9가지 세 중의 첫 번째 세이다. 『역대서법논문선』,
　　p. 6.

6 바로 그러한 것이 "이중적 짐(쌍중雙重)"의 결점이다. Catherine Despeux, 상게서,
　　p. 57.

7 강기, "필세筆勢", 『역대서법논문선』, p. 393.

8 같은 책, "진서眞書", 『역대서법논문선』, p. 385.

9 장회관, "서의書議", 『역대서법논문선』, p. 148. 여기에서 우리는 서예가의 기술과
　　시인의 기술이 동일한 논리에 따라 생각되는 방식의 훌륭한 예를 볼 수 있다.
　　'글자의 획은 완성되었지만, 도약력은 그 획을 넘어 계속되고 있다'는 표현은
　　시에서의 유명한 흥興 개념(상징적 가치에로 이끄는 모티브로서, 그리고 그러한
　　모티브로부터 출발해 시의 암묵적 풍부함 내지는 '단어들을 초월하는 것'으로서의
　　개념)을 다시 취하고 있다.

10 장회관, "서단書斷", 『역대서법논문선』, p. 166.

11 강기, "초서草書", 『역대서법논문선』, p. 387; Jean-Marie Simonet, 상게서, p.

145~146.

12 같은 책, p. 386.

13 같은 책, p. 387. 이 주제에 관해서는 웅병명熊秉明, 『장욱張旭과 탈아적脫我的 초서체』(Institut des hautes etudes chinoises, 1984), p. 154, 158, 180.

14 이러한 의미에서, 초서체의 기술은 중국 서예술 일반의 기술이 지닌 특성을 다음과 같이 요약해주고 있다. 즉, 만약에 초서체가 번갈아 나타남과 변형에 의해 생성된 것이 아니라면, 초서체에는 '서예다운 모습'이 더 이상 나타날 수 없고, 서예가 풍기는 맛도 완전히 결여될 것이다("서론書論", 왕희지王羲之, 『역대서법논문선』, p. 29 참조).

15 강기, "혈맥血脈", p. 394; Jean-Marie Simonet, 상계서, p. 223~224.

16 심종건, 『중국화론유편』, p. 906. 여기에 나오는 세에 대한 긴 상술은 물론 우리가 중국의 모든 비평 문학 속에서 이 주제에 대해 발견할 수 있는 가장 체계적이고도 분명한 성찰들 중의 하나이다.

17 단중광, 『중국화론유편』, p. 802.

18 심종건, 『중국화론유편』, p. 906.

19 방훈, 『중국화론유편』, p. 915. 이 유명한 유비는 위대한 화가 진조미陣操微(5세기 말~6세기 초)가 처음으로 사용한 것으로 알려져 있다. 이 화가는 유명한 서예가 왕희지의 아들인 왕헌지王獻之의 서예에서 영감을 받았는데, 이 왕헌지 자신도 초서체의 완벽한 서법을 개척하기 위해 노력한 것으로 유명하다.

20 심종건, 『중국화론유편』, p. 907.

21 같은 책, p. 905.

22 같은 책, p. 906.

23 유협, "부회附會(2장)", 『문심조룡』, p. 652. 내가 보기에, 현대의 중국 주석가들은 이러한 이미지의 논리(진振은 '일으킴'이라는 의미를 지니고 있다)를 충분히 알아 차리지 못하고 있는 것 같다(육황여陸偉如와 모세금牟世金, II, p. 297; 주진보周振甫, p. 465 참조). 반면에 그 논리를 잘 나타내고 있는 것에 대해서는 Vincent Yu-chung Shih, *The Literary Mind and the Carving of Dragon*, p. 324 참조.

24 문장文章의 관념과는 다른 문세文勢의 관념에 대해서는, 예를 들어 이 용어의 의미심장한 용법들을 다루고 있는 "정위定位", 『문경비부론』, p. 341 참조.

25 유협, "성률聲律", 『문심조룡』, II, p. 553~554. 여기에서의 이미지는 순자의 이미지를 가리킨다. "세편" 참조.

26 "논문의論文意", 『문경비부론』, p. 308; "정위定位", 같은 책, p. 340.

27 같은 책, "정위定位", p. 343~344.

28 왕사정王士槙, "진결류眞訣類", 『대경당시화帶經堂時話』, III, 9, p. 79.

29 왕부지, 『강재시화姜齋詩話』 p. 222. "의식은 진정으로 자신을 표현하려는 경향을 지니고 있다"는 구절은 여기에서 의意의 관념을 표현하고 있다.

30 같은 책, p. 48.

31 이 시적詩的 세의 개념은 특히 왕부지에 대한 주석가들에게서 그것에 합당한 만큼의 주의를 받지 못하고 있는 것처럼 보인다. 양송년楊松年, 『왕부지의 시학에 대한 탐구, 왕부지 시론연구詩論研究』(대만: 문사철 출판사), p. 39, 47. 왕부지의 시를 창작하는 과정의 개념에 대한 이러한 성찰은 내가 앞에서 소개했던 분석들을 다시 취하고 있다. 『암시적 가치』(Ecole francaise d'Extreme-Orient, 1985), p. 280; "Des Traveaux", 『운행과 창조』(Paris: Ed. du Seuil, 1989), p. 266.

32 같은 책, p. 228. "경구警句"의 관념은 육궤陸机의 『문부文賦』(경책警策의 관념) 이래로 중국 문학 비평에서 중요하나, 이 텍스트에서는 후대의 전통이 공통적으로 부여하게 될 의미, 그리고 왕부지가 여기에서 비판하고 있는 의미와는 다른 의미를 지니고 있다. "단 한 마디의 말도 그것이 전개의 핵심 부분에 삽입되는 경우에는 텍스트 전체에서 우리를 놀라게 하는 채찍질과 같은 역할을 할 것이다"(그것은 의미에 가치를 부여할 뿐만 아니라, 텍스트를 앞으로 전진시키기 때문이다. Li Shan의 해석 참조). 이 관념의 가치에 대한 변경에 관해서는 특별히 전종서, 『관추편管錐篇』(중화서국, 1979), III, p. 1197 참조.

33 같은 책, p. 61.

34 같은 책, p. 19.

35 김성탄, "야인송주앵野人送朱櫻", 『두시해』, p. 122.

36 같은 책, "송인총군送人叢軍", p. 91.

37 같은 책, "염파사제서지鹽巴舍弟書至", p. 23.

38 특히 김성탄이 두보의 장시長詩 "북정北征"에 대해 다루고 있고, 세의 효과들이 시작詩作의 한가운데에서 정확하게 표시되어 있는 주석을 참조. p. 67.

39 『수호전』(회평본), p. 149(Dars, 번역본, p. 146).

40 같은 책, p. 254(번역본, p. 280).

41 같은 책, p. 547(번역본, p. 635); p. 57(번역본, p. 29); p. 275~276(번역본, p. 311).

42 같은 책, p. 339(번역본, p. 391); p. 111(번역본, p. 105).

43 같은 책, p. 308(번역본, p. 350).

44 같은 책, p. 502(번역본, p. 586).

45 같은 책, p. 192(번역본, p. 200).

46 같은 책, p. 667(번역본, p. 798).

47 같은 책, p. 1224(번역본, II, p. 360).

48 같은 책, p. 301(번역본, p. 343).

49 같은 책, p. 358(번역본, p. 415); p. 295(번역본, p. 336).

50 같은 책, p. 669 (번역본, p. 801).

51 같은 책, p. 197(번역본, p. 270).

52 같은 책, p. 1020(번역본, II, p. 214).

53 같은 책, p. 470(번역본, p. 551).

54 같은 책, p. 512(번역본, p. 597).

55 같은 책, p. 503(번역본, p. 587).

56 『삼국연의三國演義』(회평본), 모종강毛宗崗의 주석, 43장, p. 541.

57 모종강, 『독삼국지법讀三國志法』〔이것은 황림黃霖의 『중국역대소설논저선中國歷代小說論著選』(강서: 인민출판사, 1982), p. 343에 나온다〕.

58 같은 책, p. 14. 이 문제에 관해서는 협랑叶朗의 불충분한 언급들을 참조 『중국소설미학中國小說美學』(북경 대학 출판사), p. 146~147.

59 이 주제에 관해서는 수호전에 관한 김성탄의 "독법讀法", 『삼국연의』에 관한

모종강의 독법,『금병매金甁梅』에 관한 장죽파張竹坡의 독법과 같은 다양한 "독법들"을 참조. 나는 이 점에 관한 귀중한 정보들을 레이니에 란셀Rainier Lanselle 덕에 알 수 있었다.

60 주룽지朱菱智,『문기론연구文氣論硏究』(대만: 학생서국), p. 270.

61 고지사생지설故知死生之說("계사系辭",『주역』, 제1부, 4절).

62 요내姚鼐, "여진석사서与陳碩士書".

결론 II 용의 모티브

이 장에서 사용된 참고문헌들은 앞 장(3장과 4장)에서 인용되었던 것과 동일하다. 용의 모티브에 관해서는 장피에르 디에니Jean-Pierre Dieny의 상세한 일반적 연구: "고대 중국에서의 용의 상징주의"(Paris: Institut des hautes etudes chinoises, 1987)를 참조.

1 곽박,『장서葬書』; 예를 들어, "멀리에서부터 온 세(원세지래遠勢之來)"나 "수천리 떨어진 곳으로부터 날아온 용(천리래용千里來龍)"과 같은 표현들의 의미심장한 공통점을 참조. "모든 지형적 구성이 공통적으로 닮아 있는" 용의 이 주제에 관해서는 Stephan D.R. Feuchtwang, *Chinese Geomancy*, 상게서, p. 141 참조.

2 고개지, "화운대산기畵云臺山記", 상게서,『중국화론유편』, p. 581.

3 형호, "필법기筆法記", 상게서,『중국화론유편』, p. 605.

4 한졸, "산수순전집山水純全集",『중국화론유편』, p. 665.

5 같은 책, p. 666.

6 색정索靖, "초서세草書勢",『역대서법논문선』, p. 19.

7 왕희지, "제변부인'필진도'후題邊夫人'筆陣図'后",『역대서법논문선』, p. 27.

8 김성탄의 주석,『수호전회평본』, 상게서, p. 113(Jacques Dars, 번역본, '수호전', 상게서, p. 107).

9 같은 책, p. 163(번역본, p. 166).

10 용의 상징주의, 상계서, p. 205~207.

11 『수호전』(회평본), 김성탄의 주석서, 상계서, p. 189(번역본, p. 196).

12 양웅揚雄, 『법언法言』(Dieny), 상계서, p. 242~243.

13 『좌전左傳』(Dieny), 상계서, p. 1.

14 "63장", 『사기史記』(북경: 중화서국), VII, p. 2140.

15 "15장", 『회남자』, p. 266.

16 한졸, 상계서, 『역대서법논문선』, p. 665.

17 두보, "북정北征", 『두시해』, 김성탄의 주석서, 상계서, p. 71.

18 『수호전』, 김성탄의 주석서, 상계서, p. 645(번역본, p. 770).

19 같은 책, p. 504(번역본, p. 588); p. 543(번역본, p. 630).

20 교연, 장욱張旭의 서예법에 관해서는 웅병명熊秉明의 『장욱과 탈아적 초서법』, 상계서, p. 181 참조.

21 왕부지, 『강제시화姜齊詩話』, 상계서, p. 48. 이 시적 기술의 정점은 왕부지의 눈에는 단지 사령운謝靈運에 의해서만 도달된 것으로 보였다. 그 예로서, 시 "유남정游南亭"에 대한 그의 주석을 참조(『고시평선古詩評選』).

22 왕부지에게 이것은 당대 이후 중국인의 시적 경험을 특징지어주는 데 사용되어 왔던 기상氣象(의미의 후광) 또는 경境(시적 세계)의 관념들을 보다 더 정확하게 표현하는 방식이다.

7. 역사에서의 상황과 경향

이 장에서 인용된 『순자』, 『상군서商君書』, 『관자』 그리고 『한비자』의 텍스트들은 『제자집성』, 상계서, 2권과 5권을 참조하고 있다.

유종원의 『봉건론封建論』은 『유하동집柳河東集』(상해 인민출판사, 1974), vol. 2의 판본을 따라 인용되었고, 고염무의 『일지록日知象』은 상무인서관 vol. 4, 3권의 대만 판본을 따라 인용되었다.

왕부지의 경우에 이용된 텍스트들은 주로 『독통감론讀通鑑論』(북경: 중화서국中華書局, 1975, vol. 3)과 『송론宋論』(대만: Jiusi 총서)이다.

마지막으로, 중국 문학사에 대한 참고 문헌들은 주로 곽소우郭紹虞, 『중국역대문론선中國歷代文論選』(홍콩: 중화서국, 1979, 재판), vol. 2의 선집을 참조하고 있다.

1 에티엔느 발라즈Etienne Balazs는 세의 용법을 역사적 맥락 속에서, 지배적인 조건들의 힘, 경향, 흐름 또는 필연으로 번역하자고 제안했었다. 이에 대해서는 『전통적 중국에서의 정치 이론과 행정의 실상』(London: 1965)[(불역본, 『천상의 관료제. 전통적 중국의 경제와 사회에 대한 탐구』(Paris: Gallimard, 1968), p. 257 참조]. 에른스트 조아킴 비어헬러Ernst Joachim Vierheller는 그의 연구서 『왕부지의 사유에서의 국가와 엘리트』(Mitteilungen der Gesellschaft fur Natur und Volkerkunde Ostasiens, vol. XLIX, Hambourg, 1968, p. 87)에서, 이것을 "이러한 시대에 지배적이었던 특수한 상황들, 순간적 경향들"로 옮기고 있다. 장프랑수아 비예테르 Jean-François Billeter는 "왕부지에 대한 두 연구들", 『통보通報』(E. J. Brill, 1970), vol. LVI, p. 155에서 다음과 같이 말하고 있다. "우리는 좀 더 단순하게 잠정적으로 이것을 사물들의 상황 또는 흐름으로 볼 것을 제안할 수 있을 것이다. 사물들의 흐름은 분명히 그것들의 구조와 불가분의 관계에 있다." 흐름과 상황을 동시에 지칭하는 바로 이러한 이중적 의미 덕분에 이 용어는 철학적 풍부함을 지니게 된다.

2 "자도子道", 『순자』, p. 348.

3 예를 들어, 세라는 용어를 '힘'과 '조건들'을 동시에 지칭하는 결정적 요인의 의미로 사용한 것에 대해서는 다음을 참조. "입본立本", 『상군서』, XI장, p. 21. "行三者有二勢(이러한 세 가지 점들을 행하기 위해 결정적 요인이 되는 두 가지 조건들이 있다)"; 또한 좀 더 다음에 나오는 구절 "而飾與備勢(상황의 잠재력을 완벽하게 만들어주는 세)"도 참조.

4 "약민弱民", 『상군서』, 20장, p. 35.

5 "획책畫策", 같은 책, 18장, p. 32. 『관자』에서도 이와 비슷한 생각이 발견된다.

로저 에임스Roger T. Ames의 *The Art of Rulership*, 상게서, p. 77; p. 224의 주석 39번 참조.

6 "정분定分", 같은 책, 26장, p. 43. 내가 보기에 이 용어의 힘은 일반적으로 장 레비Jean Lévi의 번역본에서는 충분하게 살려지지 못하고 있다. 『상군서』(Paris: Flammarion, 1981) p. 112; 146; 160; 177; 185.

7 『관자』, 23장, p. 114.

8 "등문공滕文公(3장, 1부, 4편)", 『맹자』(레게Legge판, p. 250).

9 장자, "도척편盜跖篇"(Liou Kia-hway의 불역본, "동양의 지혜", 1973, p. 239).

10 "오두五蠹(49장)", 『한비자』, p. 339.

11 "개색開塞(7장)", 『상군서』, p. 16. 이 세라는 개념은 그 이후부터 근대주의자들의 이론의 일부가 되었다. 그 예로서 왕안석王安石이 인종仁宗에게 보낸 유명한 편지 의 도입부를 보라. 『왕문공문집王文公文集』, 상해 인민 출판사, 1장, p. 2.

12 가의賈誼, "과진론過秦論". 이 텍스트는 매우 중요해서, 사마천司馬遷의 사기史記에 서도 여러 번 인용되고 있다. "초대 황제의 전기"(북경: 중화서국, 1권, p. 282)와 "진섭세가陳涉世家"(같은 책, 6권, p. 1965) 48장. 번역들의 차이점은 세라는 용어 가 이중적 의미를 지니고 있음을 보여준다. 샤반Chavannes(『역사적 기록들』, vol. II, p. 231)은 이 용어를 '조건들'로 번역했고(왜냐하면 정복하기 위한 조건들과 보존하기 위한 조건들은 다르기 때문이다), 버튼 왓슨Burton Watson(*Records of the Grand Historian of China*, vol. I, p. 33)은 '힘'으로 번역하고 있다(공격하기 위한 힘과 보존하기 위한 힘).

13 유종원, "봉건론(봉건제도에 관해)", p. 43. 중국의 현대 중국 철학사가들은 그들이 이론화시켰던 세의 개념이 특히 유종원에게서 '진보적' 특성을 지니고 있음을 강조했었다(후외로侯外盧, "유종원의 철학과 유물론적 사회학", 『유종원 연구논집 研究論集』, 홍콩: 재판, 1973, p. 16). 세의 역사적 이론에 대한 이러한 체계화는 문화 혁명 말에 최고조에 달했고, "봉건론"은 그 당시에 "대중들에 대한 연구"에 제공되었었다(신법가주의자인 유종원은 "두 노선 사이의 투쟁"에서 반동주의자 인 한유韓愈와 대립하고 있었다. 협서陝西 대학 역사학과에서 집필된 유종원의

전기와 비교할 것. 인민 출판사, 1976, p. 53 이하). 유종원 시대에 행해졌던 그러한 논쟁의 역사적 작용에 대한 평가에 관해서는, 특히 데이비드 맥멀런David McMullen, *State and Scholars in T'ang China*(Cambridge University Press, 1987), p. 196~197을 보라. 그리고 "두우杜佑와 유종원의 국가에 대한 견해들" 참조. S.R. Schram(éd), *Foundations and Limits of State Power in China*(London: SOAS, Hong Kong: CUHK, 1987), 특히 p. 64 그리고 p. 79~80.

14 한유, "원도原道(도의 기원에 관해)". 우리는 물론 문화 혁명에 대해 주석가들이 했던 것처럼, 이 유명한 유교 재건의 근본적 시도를 단순히 이러한 문구에만 축소시킬 수는 없다. 그럼에도 불구하고, 이 텍스트는 내적 필연성의 관념에 근거한 역사 해석보다는 맹자의 역사적 개념들에 더 근접해 있다. 유종원과 한유의 관계에 대해서는 샤를 하르트만Charles Hartman, *HanYu and the T'ang Search for Unity*(Prinston University Press), 1986을 참조.

15 왕부지, 『독통감론』의 첫 페이지. 이 텍스트는 근대의 왕부지 주석가들에 의해 빈번하게 이용되고 있다. 특히 혜문보嵇文甫, 『왕선산학교논집王船山學校論集』, p. 122 이하와 비교. 이것은 이안 맥모란(Ian McMorran)의 미출판 논문["Wang Fu-chih and his Political Thought"(Oxford, 1968), p. 168~171]에 번역되어 있다.

16 이 관점은 왕부지뿐만 아니라 그와 동시대의 석학인 고염무의 관점이기도 하다. 일지록, "Junxian(행정구역론)", 7장, p. 94 참조.

17 왕부지, "문제文帝(2장)", 『독통감론』, p. 40.

18 "무제武帝(3장)", 같은 책, p. 66.

19 "태종太宗(20장)", 같은 책, p. 684; 고염무, 상게서, 7장, p. 96.

20 "문제(2장)", 같은 책, p. 46~47.

21 "무제(3장)", 같은 책, p. 56~58.

22 "성제成帝(5장)", 같은 책, p. 122. 그러나 인간은 이와 같은 방식으로 전개되어서는 안 된다. "광무光武(6장)", p. 150 참조.

23 "회제懷帝(12장)", 같은 책, p. 382.

24 "태종(20장)", 같은 책, p. 692~694.

25 『사하록思河粟 (외편外篇)』(북경: 중화서국), p. 72. 어떠한 대가를 치르고서라도 왕부지를 진보적 사상가로 만들고 싶어 하는 중국의 주석가들은 이 측면을 너무 자주 간과하고 있다. 예를 들어, 이계평李季平,『왕부지 여독통감론与讀通監論』(제 남濟南: 산동 교육출판사, 1982) p. 153 이하 참조.

26 같은 책, p. 72~73.

27 예를 들어, 황명동黃明同과 여석천呂錫玔,『왕선산역사관여사론연구王船山歷史觀 與史論研究』(장사長沙: 호남湖南 인민 출판사, 1986), p. 10 이하.

28 이 개념은 이미 "등문공(3장, 2부, 9편)",『맹자』(레게Legge판, p. 279)에서 명백하게 밝혀져 있다. 맹자에게 각 시대마다 무질서를 바로잡기 위해 개입하였던 사람들은 요와 순, 무왕과 주공周公, 춘추春秋의 저자로서의 공자 그리고 마지막으로 맹자 그 자신이다.

29 이 개념은 등연鄧析(기원전 3세기)으로부터 전해내려 왔고, 동중서(기원전 175~기 원전 105)에 의해『춘추번로春秋繁露』에서 이론화되었다. Anne Cheng,『한의 유교에 대한 연구』(Paris: Institut des hautes études chinoises, 1985), vol XXVI, p. 25 이하 참조.

30 왕부지, "무제(16장)",『독통감론』, p. 539~540.

31 같은 책, "서론叙論", I, p. 1106.

32 같은 책, "양제煬帝(19장)", p. 656~657.

33 왕부지,『장자정몽주張子正蒙注』(북경: 중화서국), p. 68.

34 "효무제孝武帝(15장)",『독통감론』, p. 511. 이 표현은 왕부지의 역사적 성찰 속에서 여러 번 등장한다. 예를 들어,『독통감론』, 12장, p. 368, 또는『송론』, 3장, p. 62; 14장, p. 253.

35 같은 책, 27장, (Izong), p. 957.

36 "4장",『송론』, p. 74.

37 필망지세必亡之勢의 주제. 예를 들어, "환제桓帝(7장)",『독통감론』, p. 245 또는 "명제明帝(12장)", p. 385.

38 『송론』, 8장, p. 155.

39 같은 책, 14장, p. 252.

40 이러한 구분에서 출발해야만 우리는 왕부지가 왜 한편으로는 경향에 대해서 '그 극치에 다다랐기 때문에 뒤집기가 어려운 것'이라 말하면서(『송론』, 4장, p. 74) 동시에 다른 한편으로는 '그 극치에 다다랐기 때문에 너무나 약화되어 뒤집기가 쉬운 것'이라 말하는지(예를 들어, 『송론』, 7장, p. 134) 그 이유를 이해할 수 있다. 이 두 번째 경우에서 중重은 경輕에 대립되는바, 이러한 경향은 흔히 경중지세輕重之勢로서 지칭된다(예를 들어, 『독통감론』, p. 263).

41 『송론』, 7장, p. 134~135.

42 토인비Toynbee가 자신이 (문명의 쇠퇴를 끌고 오는) 전복의 시작을 상대적으로 일찍 설정한 것(예를 들어, 헬레네 문명에 대해서는 기원전 431년으로)을 정당화시키는 방식은 내가 생각건대, 바로 번영쾌의 단계(세 번째 효, 그리고 특히 여섯 번째 효)에서 쇠퇴가 나타나기 시작한다고 보는 중국적 직관과 매우 가까워보인다. 그가 당시에 '파괴된 것'을 생각하는 방식도 마찬가지이다. 예를 들어, 다음 책에서 그가 이것에 대해 제공한 설명을 참조 "파괴된 것은 지배적 소수들 중에서 창조적 힘을 가진 자들, 즉 문명의 발전에 실제적으로 그리고 능동적으로 참여했던 자들 사이의 조화 내지 협력이다", 『역사와 역사에 대한 해석들』(Paris: Mouton, Entretiens autour de Arnold Toynbee sous la direction de Raymond Aron), 1961, p. 118.

43 『송론』, 15장, p. 259.

44 왕부지, 『춘추세론春秋世論』, 4장.

45 『송론』, 7장, p. 135.

46 같은 책, 6장, p. 118.

47 "원제(4장)", 『독통감론』, p. 106~107.

48 예를 들어, 이 표현들에 대해서는 차례대로 다음의 작품들을 참조할 것. "무제(8장)", 『독통감론』, p. 405; 『송론』, 15장, p. 259; "태종(20장)", 『독통감론』, p. 691; "성제 成帝(13장)", 같은 책, p. 411.

49 『송론』, 6장, p. 118.

50 같은 책, 8장, p. 155.

51 같은 책, 7장, p. 134.

52 같은 책, 중국의 사료 편찬에서 곽광霍光이 수행했던 역사적 역할에 대한 이러한 해석에 관해서는 Michael Loewe, *Crisis and Conflict in Han China*(London: Georges Allen, 1974), p. 72, 79, 118.

53 "영제靈帝(8장)", 『독통감론』, p. 263.

54 『송론』, 10장, p. 193. 악비岳飛가 그토록 심혈을 기울였던 이 '신화'에 대해서는 헬무트 빌헬름Hellmut Wilhelm의 다음 연구를 보라. "From Myth to Myth: The case of Yueh Fei's Biography" in Arthur F. Wright & Denis Twitchett (éd), *Confucian Personalities*(Stanford University Press, 1962), p. 146 이하. 이러한 '기회주의'(물론 이 용어의 가장 긍정적 의미에서)라는 주제는 이미 맹자에게서 발견되며, 공자를 그 모델로 하고 있다〔"만장萬章(5장, 2부, 1편)", 『맹자』(레게Legge판), p. 369~372 참조〕.

55 『독통감론』, 28장, p. 1038~1039.

56 왕부지, 『춘추가설春秋家說』, 1장, 이 문장의 마지막 구절 然而有不然者存焉은 여러 해석이 가능하다. 비어헬러Vierheller, "국가와 엘리트", 상게서, p. 88; 그리고 비예테르J.F. Billeter, "왕부지에 관한 두 연구", 상게서, p. 155.

57 "문제(2장)", 『독통감론』, p. 49~50.

58 『송론』, 4장, p. 94.

59 같은 책, 14장, p. 244.

60 만주족의 침략에 대항한 저항가로서의 왕부지의 활약에 대해서는 맥모란Ian McMorran의 연구를 보라. "The Patriot & the partisans, Wang Fu-chih's Involvement in the Politics of the Yang-li Court" in Jonathan D. Spence & John E. Wills (éd), 『From Ming to Ch'ing』(Yale University Press, 1979), p. 135.

61 유협劉勰, "정세定勢", 『문심조룡』(범문란 판), p. 531.

62 교연, "평론". 이 대목은 "논문의論文意", 『문경비부론』(왕이기王利器판), p. 321; Bodman, *Poetics and Prosody in Early Mediaeval China*, 상게서, p. 414 참조. 세를

적시로 옮기는 일본어 번역은 코젠에게서 흔하게 나타나는데, 여기에서는 적절하지 않은 것처럼 보인다.

63 이지李贄, "동심설童心說", 『곽소우郭紹虞』, II, p. 332. 의식의 자발성에 부여된 이 우월성은 물론 왕양명의 철학으로부터 온 것이다. 그리고 우리는 왕양명을 이어받은 이지李贄가 원굉도袁宏道에게 직접적인 영향을 주고 있음을 알고 있다.

64 원굉도, "설파궁雪波宮에 대한 서문", 『곽소우』, II, p. 396. 공안파公安派의 이러한 근대주의적 주장에 대해서는 마르틴 발레트에므리Martien Valette-Hémery의 풍부한 연구를 참조할 것. Martien Valette-Hémery, 『원굉도. 문학적 이론과 실제』(Paris: Institut des hautes études chinoises, 1982), vol. XVIII, p. 56 이하. 그리고 Chih-P'ing Chou, *Yüan Hung-tao and the Kung-an School*(Cambridge University Press), p. 36 이하. 이 텍스트에서 이而라는 소사는 내가 보기에, 양보를 나타내기보다는(우리는 "만약에 문학이 고대적임에도 불구하고 근대적이지 않을 수 없다면…"이라고 번역할 수 없다), 하나의 상태에서 다른 상태로의 전이(과거로부터 현재로의 불가피한 이행)를 의미하는 것처럼 보인다. 여름 의복과 겨울 의복 사이의 대립으로부터 표현된 시대들의 근본적 차이를 다루는 이 주제에 대해서는 왕부지, 『독통감론』, 3장, p. 56 참조.

65 원굉도, "여강진지척독与江進之尺讀", 『곽소우』, II, p. 401.

66 고염무, "시체대강詩體代降(7장, 시의 발전)", 『일지록』, p. 70.

67 첫 번째 선택지는 원굉도袁宏道의 서문에 예시되어 있고, 두 번째 선택지는 유협과 같은 이론가의 머리에서 떠나지 않고 있다(우리의 연구, "성서도 아니고, 고전적 작품도 아닌 것 : 중국 문명에 대한 근본적 텍스트로서의 공자 텍스트의 위상"(Paris: Extrême-Orient-Extrême-Occident, PUV), VIII, n° 5, p. 75 이하 참조).

68 엽섭葉燮, 『원시原詩』(북경: 뇌송림雷松林 편집, 인민 출판사, 1979), 도입부. 서구적 시대 구분과 관련된 문학사에 대한 이러한 개념의 차이에 관해서는 모린 로버트슨 Maureen Robertson의 훌륭한 연구를 참조할 것. "예술에서의 시대 구분과 중국 전통 문학사 안에서의 변화의 유형", Susan Bush & Christian Murck, 『Theories of the Arts in China』, 상게서, p. 6 그리고 p. 17~18.

69 이 표현은 왕부지의 성찰 속에서 자주 등장한다. 『송론』, 4장, p. 93, 그리고 10장, p. 169. 이것은 『독통감론』의 일반적 결론 안에서도 등장한다. 『송론』, II, p. 1110.

70 『송론』, 15장, p. 260. 또한 4장, p. 105.

71 『독통감론』, "명제(12장)", p. 386. 또한 "안제安帝(14장)", p. 455.

72 『송론』, 4장, p. 106.

73 "역사학 강의", J. Gibelin의 번역, 『역사 철학 강의』(Paris: Vrin, 1987), p. 23.

74 같은 책, p. 26.

75 같은 책, p. 35.

76 예를 들어, 왕부지, "의자재천호意者齋天乎", 1장, 『독통감론』, p. 2.

77 헤겔, 『역사 철학 강의』, 상게서, p. 36; 왕부지, 『독통감론』, p. 2.

78 기독교 전통에 따른, 인류 역사 안에서의 이러한 신성한 계획의 '경제성'에 관해서는 예를 들어 앙리-이레네 마루Henri-Irénée Marrou, 『역사의 신학』(Paris: Ed., Seuil, 1968), p. 31 이하를 보라.

79 우리에게 영감을 준 폴 베인Paul Veyne의 연구, "Points Histoire", 『역사를 어떻게 쓸 것인가?』(Paris: Ed. du Seuil, 1971, 재판, 1979), p. 24 참조.

80 이제는 고전이 된 레이몽 아롱Raymond Aron의 분석, "역사적 인과율의 도식", 『역사 철학 입문』(Gallimard, 재판, 1981), p. 201 이하 참조.

81 폴 베인Paul Veyne, 상게서, 8장.

82 왕부지는 다음과 같은 공식을 빌려 역사가의 임무를 포괄적으로 정의하고 있다. 推其所以然之繇(繇는 여기에서 그 고유한 의미인 '~로부터'로 해석되어야 한다). "송론", 『독통감론』, II, p. 110.

83 체계의 이러한 폐쇄성은 중국적 사유 안에서(특히 왕부지의 역사적 성찰 속에서) 종종 수數라는 용어(다음 장 참조)에 의해 표시된다. 서양과의 대비점을 부각시키기 위해 아롱의 구절을 인용해보자. "실재 전체는 사유의 대상이 될 수 없다. 필연적 관계는 닫힌 체계 또는 고립된 계열에만 적용된다. 모든 법칙은 구체적인 것에 적용되는 경우, 개연적일 수밖에 없다. 체계에 이질적이거나 또는 과학에

의해 무시되는 정황은 예견된 현상의 전개를 방해하거나 변경할 위험이 있다"(상 게서, p. 206).

84 『로마인들의 위대함과 퇴락』 10장에서, 도덕적이고 전통적인 의미 속에서 전개된 이 '타락'의 관념은 그 이전에는 드물었던 논리적인 의미(필연적 전복의 의미)에서 취해지고 있다. "이 순간에도 이 세계 속에는 암묵적으로 매일 그 세력을 증가시켜 가고 있는 공화국이 존재하고 있지만, 그 어느 누구도 그러한 사실을 알아차리지 못하고 있다. 만약에 이 공화국이 그것이 지닌 지혜로움 덕분에 위대한 상태에 도달한다면, 필연적으로 그것이 지닌 법들을 바꾸게 될 것은 확실하다. 그것은 결코 한 입법자의 작품이 아니라, 타락 그 자체가 이룬 작품일 것이다"(『로마인들 의 위대함과 퇴락』, 9장). 몽테스키외Montesquieu가 법의 정신(제8권)에서 — 고대 의 사상가들을 본떠 — 다양한 형태의 정부에 관해 발전시키게 될 것도 바로 이 타락의 관념이다. 그러나 몽테스키외가 문제 삼고 있는 것은 정치적 원리들의 해체에 관한 것이지, 결코 생성에 내재적인 발전에 관한 것은 아니다.

85 『로마인들의 위대함과 퇴락』, 18장.

86 같은 책. 갑작스럽게 나타나는 숨겨진 경향의 관념은 14장 서두에서 나오는 비교 속에서 개진되고 있다. "강물이 제방을 소리 없이 천천히 잠식해 들어가 한순간에 무너뜨림으로써 그 제방이 보호하고 있었던 평원들을 물로 덮어버리는 것처럼, 아우구스투스 치하에서 축적된 최상의 힘은 겉으로는 감지되지 않은 채 작용함을 통해 티베리우스 치하의 힘을 폭력으로써 전복시킬 것이다." 이러한 경향의 '축적' 의 개념은 왕부지에게서도 공통적으로 나타난다(세이직勢已稷, 『독통감론』, 3장, p. 66). 그리고 이 개념은 『송론』 안에서, 몽테스키외의 개념의 비교를 통해 유사한 것임이 밝혀진다(7장, p. 135). 마찬가지로 경향적 반작용과 보상에 의한 전복 — 긴장/이완의 모델에 근거한 — 의 관념은 15장에서도 발견된다. "칼리굴라 Caligula는 티베리우스가 없앴던 민회들을 복원했고, 티베리우스가 제정했던 이러 한 대역죄라는 독단적 형벌 제도를 폐지했다. 이러한 사실을 통해, 우리는 사악한 군주들의 통치가 시작됨이 종종 훌륭한 군주들의 지배가 종식됨과 같음을 알게 된다. 왜냐하면 군주들은 그들이 계승한 이전 군주들의 행위에 무조건 거역함을

370

통해, 이전 군주들이 덕을 통해 행했던 일을 행할 수 있기 때문이다." 그리하여 권력은 다음과 같이 비극적 방식으로(논리적 방식이라기보다는) 일반화되는 결과를 낳는다. "뭐라고! 이 원로원 자체가 가장 자격이 없는 시민들 몇몇에 의해 좌지우지되는 가장 비천한 노예 상태에 빠져, 그 많은 왕들을 사라지게 만들고 원로원 자체의 칙령들에 의해 종식되어버렸다니! 우리는 권력이 더 잘 전복되는 것을 보기 위해, 우리의 권력을 키웠단 말인가!"

87 『역사와 역사에 대한 해석들』, 상게서, p. 18.

88 같은 책, p. 119.

89 예를 들어, 알베르 리보Albert Rivaud의 다음 책을 참조 『그 기원에서부터 테오스트라투스에 이르는 그리스 철학 속에서의 생성의 문제와 물질의 관념』(Paris: Félix Alcan, 1905), p. 15. "그 다음(épeita)"이라는 단순한 조사는 가장 흔히 우주 발생론의 여러 구절들을 연결시켜준다. 그것은 단지 특정의 신들 다음에 다른 신들이 나타났고, 그 신들이 서로 다른 시대에 속해 있다는 것을 의미할 뿐이지, 신들이 "실체의 공통성과 동일한 발전의 통일성에 의해 서로 결합되어 있다는 것"을 뜻하지는 않는다.

90 같은 책, p. 461.

91 예를 들어, 레이몽 베일Raymond Weil의 다음 책을 참조 『아리스토텔레스와 역사. '정치학' 시론』(Paris: Klincksieck, 1960), p. 339 이하.

8. 실재 속에서 작용 중인 성향

앞서와 마찬가지로 고대의 중국 텍스트들은 대부분의 경우 『제자집성』(2, 3, 7권)으로부터 인용되었다. 전통의 다른 한 쪽 끝에 있는 왕부지의 텍스트들은 북경판을 참조하고 있다(중화서국, 1975; 1976; 1981).

1 아리스토텔레스, 『자연학』, 194b; 『분석론 후서』, 71b; 『형이상학』, 982a.

2 레옹 반데르미르히Léon Vandermeersch, "중국의 전통과 종교", 『가톨릭과 아시아 사회들』(Paris: L'Harmattan, 1988), p. 27; 이 문제에 대해 집중적으로 다루고 있는 동일한 저자의 다른 책, 『왕도王道』(Paris: Ecole française d'Extrême-Orient, 1980), 특히 II, "의례주의와 형태적인 것", p. 267 이하 참조. 레옹 반데르미르히는 중국적 논리가 서구의 '목적론적 논리'와 얼마나 다른지를 완벽하게 밝히고 있다. 나는 이 분석들을 다시 취하고는 있지만, 그것은 이 중국적 독창성을 가장 잘 설명해주는 것이 과연 '형상'의 관념인지에 대해 자문하기 위해서일 뿐이다. 사실 외형에 내재해 있는 역동적인 면은 이 분석에서 충분히 지적되고 있지 않은 것 같고, 더욱이 아리스토텔레스에 토대를 두고 있는 서구적 사유 그 자체는 형상과 목적성을 (대립시키는 대신에) 혼동하는 경향을 띠고 있다. 모든 '형태론'은 용례에 따라 우리가 그것에 '통사론'를 덧붙인다는 사실을 함축하고 있다. 그런데 중국에서는 외형 그 자체가 기능함의 체계로서 사용되고, 바로 그러한 이유 때문에 나는 장치의 관념에 특권을 부여했던 것이다.

3 "레몽Rémond 씨에게 보내는 편지", 『중국인들의 자연 신학 강론』(Paris: L'Herme, 1987), p. 93, p. 94; 올리비에 로이Olivier Roy, 『라이프니츠와 중국』(Paris: Vrin, 1972), p. 77 이하.

4 "건괘乾卦", 『역경』. 왕필의 주석은 바로 이 의미에서 이루어지고 있다.

5 『노자』, 5편, p. 31.

6 "췌편揣篇(7장)", 『귀곡자鬼谷子』.

7 "모편謀篇(10장)", 같은 책.

8 이 주제에 관해서는 샤를 르 블랑Charles Le Blanc의 다음 연구를 보라. *Huai Nan Tzu. Philosophical Synthesis in Early Han Thought*(홍콩 대학 출판부, 1985), p. 6 이하.

9 『회남자』, 9장, p. 131.

10 "마편摩篇(8장)", 『귀곡자』.

11 『회남자』, 1장. p. 6.

12 같은 책, 9장, p. 134~135.

13 같은 책, 19장, p. 333 〔J. Needham, *Science and Civilization in China*(Cambridge, 1956), vol. II, p. 68~69에 인용됨〕.

14 같은 책, 1장, p. 5.

15 이러한 유형의 표현 속에서, 하나의 단계로부터 다음 단계로의 전이를 의미하는 "허사" 이而의 본질적 역할을 참조.

16 이 점에서 왕충王充의 두 장, "물세物勢(사물들의 성향에 관하여)"와 "자연(자연적인 것에 관하여, 즉 자발적으로 생겨난 것에 관하여)"의 도입부가 얼마나 서로 완벽하게 일치하는지를 알아보는 것은 매우 흥미로운 일이다. 왕충이 세라는 용어를 아직 고유한 개념으로 사유하지 않고 있다고 할지라도 말이다("물세"장의 마지막에 나타나 있는 이차적이면서 공통적인 사용례 참조). 자연 현상을 설명하기 위한 이러한 세의 관념에 대한 철학적 이론화는 내가 보기에, 유우석에게서부터 비로소 분명히 시작된 것 같다.

17 자自에 대립되는 고固의 의미.

18 "물세".

19 이 주제에 관해서는 레옹 반데르미르히의 탁월한 연구 참조. 『왕도王道』, 상게서, 2권, p. 275 이하.

20 순자, "천론天論", p. 208.

21 유종원, "천설天說". 인간은 하늘에 대해 잘못을 저지르는 한(벌레들이 과일에 구멍을 파듯이 자연을 훼손함을 통해), 하늘에 대해 불평할 권리가 없다고 주장한 한유韓愈(이 사람은 얼마나 환경보호 추종자인가!)에게, 유종원은 하늘은 인간이 하늘에 대해 행하는 선 또는 악에 대해서 무관심하다고 논박하면서 선과 악은 그 결과일 뿐이라고 응수하고 있다. 그리고 개인적으로나 정치적으로나 유종원과 매우 가까운 친구였던 유우석(이 두 사람은 모두 왕숙문王叔文파에 속해 있다)은 유종원의 "자연주의적" 명제를 보다 더 철학적으로 발전시켰다. 그 시대의 논쟁은 바로 이러한 점에서 다루어지고 있다. 그리고 바로 이 유우석에 의해 세라는 용어는 이론적 가치를 획득한다(봉건제로 나아가게 된 역사적 전개에 관한 유종원의 역사에 관한 성찰 속에서 이 용어의 중심적 동일한 용례를 참조). 중국의

철학사가들이 이러한 성찰에 대해 내린 "유물론적" 해석에 대해서는 다음을 보라. 후외려侯外廬, "유종원의 철학과 유물론적 사회학", 인용 논문, p. 7.

22 유우석, "천론", 1부.

23 같은 책, 3부, 결말 부분.

24 같은 책, 2부.

25 "퇴재기退齋記", 『정수선생문집靜修先生文集』.

26 같은 책.

27 왕부지, "태화太和(1장)", 『장자정몽주張子正蒙注』, p. 1~2.

28 같은 책, p. 5.

29 같은 책, p. 13.

30 같은 책, "참양參兩", p. 39(장재張載의 텍스트).

31 같은 책, p. 41.

32 같은 책, p. 42.

33 왕부지, 『독사서대전설讀四書大全說』, 2권, p. 599~601.

34 『프랑스 고등원 연보』(Paris: Résumé des cours et travaux, 1987~1988), p. 598 이하.

35 같은 책, p. 601~602.

36 왕부지, "소아小雅(41편)", 『시광전詩廣傳』, p. 97~98. 이 텍스트에 대한 간단한 분석은 임안오林安梧의 연구; "왕선산인성사철학지연구王船山人性史哲學之研究" (대만: 동대도서공사), p. 123 이하 참조. 일반적으로 이理와 세 사이의 가역성의 주제는 오늘날 중국의 철학사가들이 왕부지에 관해 가장 자주 다루는 주제 가운데 하나이다. 그러나 이 글의 논의는 내가 보기에 그 주제가 지닌 고유한 철학적 의미들을 도출해내지 않은 채, 지나치게 단순화시키는 방식(왜냐하면 그들은 여기에서 지나치게 직접적으로 서구의 "변증법"과 동등한 것을 찾으려고 하기 때문에)으로 다루어지고 있는 것 같다.

37 왕부지, "무성武成", 『상서인의尚書引義』, p. 99~102. 이 장을 해독하기 위해 나는 방극方克의 해석을 따를 수밖에 없다. 방극, 『왕부지의 변증법적 사유에 관한

탐구』(장사長沙: 호남 인민출판사, 왕선산인성사철학지연구, 1984), p. 140과 144. 방극은 내가 보기에, "규제적 원리에 부합하는 방식으로, 원리의 힘에 우호적인 실제 성향과 결합하라"는 표현이 무완武王의 경우(그리고 목야전牧野戰의 경우)에 해당된다고 잘못 이해하고 있다. 사실상 이 단계에서는 일반적 공식화와 원리만 문제가 된다. 장 전체가 실제로 우왕의 업적과 문왕文王의 업적을 구분하는 데 할애되고 있다. 즉, 우왕의 경우, 그와 모든 정책이 아무리 잘 의도되었다 하더라도, 원리와 성향을 분리하고 있고, 또한 권력을 획득함에서 권력의 보존에 필수 불가결 한 도덕적 의무를 존중하지 않고 있다는 점에서 비판을 받고 있다.

38 이 전통의 역사에 대해서는 미셸-피에르 레네르Michel-Pierre Lerner의 책을 보라. 『아리스토텔레스에 있어서의 목적성의 관념』(Paris: PUF, 1969), p. 11 이하.

39 예를 들어, 아리스토텔레스의 다음 책을 보라. 『동물 기관론』, 639b(Paris: Aubier, éd. de J.-M. Le Blond, 1945, p. 83~84).

40 예를 들어, 아리스토텔레스의 『자연학』, 198b(Paris: Les Belles Lettres, Carteron 번역본, p. 76) 속에서 개진되고 있는 기계론적 이론을 보라.

41 예를 들어, 아리스토텔레스의 다음 책을 보라. 『자연학』, 199a(Carteron 번역본, p. 77) 참조.

42 예를 들어, 아리스토텔레스의 『자연학』, 199a, 또는 『동물 기관론』, 640a(Le Blond, p. 87) 참조. 이 주제에 관해서는 조셉 모로Joseph Moreau, 『아리스토텔레스와 그의 학파』(Paris: PUF, 1962), p. 109 이하, 또한 최근 연구 가운데에서는 람브로스 쿨루바리치(Lambros Couloubaritsis), 『물리학의 도래. 아리스토텔레스의 자연학 시론』(Bruxelles, Ousia, 1980), 4장, 또는 Sarah Waterlow, 『아리스토텔레스의 자연학에서의 자연, 변화, 능동주』(Oxford: Clarendon Press, 1982), 1장과 2장 참조.

43 이 '자연주의자'인 아리스토텔레스에게도 선은 세계에 내재하는 것이 아니다. 선은 장수와 그의 군대에 대한 비교가 증명하고 있듯이 선의 원천인 신으로부터 유출된다. 『형이상학』, L, 1075a(Paris: Vrin, Tricot 번역본, 1964, p. 706). "사실 군대의 선은 군대의 질서 속에 있다. 군대를 지휘하는 장수도 군대의 선인데,

가장 높은 차원에서도 그러하다. 왜냐하면 장수가 질서 덕분에 존재하는 것이 아니라, 장수 덕분에 질서가 존재하기 때문이다."

44 아리스토텔레스, 『자연학』, 1장, 188b(Carteron 번역본, p. 40).

45 같은 책, 189a(Carteron 번역본, p. 41~42).

46 『형이상학』, L, 1069b(Tricot 번역본, p. 644); 『생성 소멸론』, 314b(Tricot 번역본, p. 6), 329a(Tricot 번역본, p. 99).

47 같은 책, 1075a(Tricot 번역본, p. 708); 리보A. Rivaud, 『생성의 문제』, 상게서, p. 386.

48 이 공식들은 중국의 모든 전통에 공통된 것이다. 예를 들어, 왕부지, "참량參兩(2장)", 『장자정몽주』, p. 30, 37, 40.

49 아리스토텔레스, 『형이상학』, L, 1069b~1070a(Tricot 번역본, p. 648).

50 같은 책, 1071b(Tricot 번역본, p. 667).

51 『자연학』, IV, 208b(Carteron 번역본, p. 124). 이 주제에 관해서는 J. Moreau, 『아리스토텔레스에 있어서의 시간과 공간』(Padoue: Editrice Antenore), p. 70 이하 참조.

52 아리스토텔레스, 『자연학』, II, 196a~198b(Carteron 번역본, p. 69~74); 『형이상학』, A, 984b(Tricot 번역본, p. 35, cf. note 2), 그리고 Z, 1032a(Tricot 번역본, p. 378 이하); 『동물 기관론』, I, 640a(Le Blond 번역본, p. 87, 그리고 주 34).

53 『자연학』, I, 192a(Carteron 번역본, p. 49).

54 『형이상학』, L, 1072b(Tricot 번역본, p. 678).

55 『노자(왕필집교석王弼集校釋)』(북경: 중화서국, 1980), 9절, I, p.39 21.

지은이
프랑수아 줄리앙

프랑수아 줄리앙François Jullien은 파리고등사범학교에서 그리스 철학을 공부하고 베이징대학교와 상하이대학교에서 중국학을 연구한 뒤, 극동 지역에 대한 연구로 박사 학위를 취득했다. 프랑스의 '중국학연구회' 회장과 '국제 철학회' 회장을 역임했으며, 현재 파리 제7대학 교수로 재직 중이다. 『사물의 성향』을 비롯하여 『맹자와 계몽철학자의 대화』, 『운행과 창조』, 『역경』, 『양생술』 등 30여 권의 저서 외에 『아침 꽃을 저녁에 줍다』(루쉰), 「글 읽기 또는 투사: 왕부지를 어떻게 읽을 것인가?」 등 다수의 역서와 논문이 있다.

　줄리앙 철학의 특징은 중국적 사유와 서구적 사유를 단순히 비교하는 것이 아니라 양자를 서로 다른 입장, 즉 푸코가 말하는 의미에서의 이지성異地/性(heterotropie)의 입장에서 이해하고, 그러한 이해를 바탕으로 자연과 세계에 대한 제3의 새로운 철학적 사유와 설명 방식을 탐구하는 데 있다. 줄리앙의 이러한 특징은 그가 중국에 대한 이론적 연구 외에도, 문화혁명기 말기의 가장 극심한 혼란기(마오쩌둥 사망 전후의 1975~1977년)에 중국인들이 현실에 어떻게 적응해 나아가는지를 현장에서 생생하게 목도한 체험으로부터 나오고 있다. 중국인의 사유 구조 자체를 천착하고 있는 이 작품 『사물의 성향』은 그의 이러한 사상적 특징을 가장 잘 드러내고 있는 대표적 작품이다.

옮긴이
박희영

박희영은 서울대학교 문리대 철학과 및 동 대학원에서 서양 고대 철학을 공부하고, 파리 제4(소르본)대학에서 「플라톤의 존재 개념에 대한 정의」로 박사 학위를 취득했다. 공군 제2사관학교와 경남대학교 교수를 거쳐, 현재 한국외국어대학교에 재직 중이다. 저서로는 『플라톤 철학과 그 영향』이 있고, 역서로는 플라톤의 『향연』, 장 피에르 베르낭의 『그리스인들의 신화와 사유』가 있다. 논문으로는 「그리스 철학에서의 To on, einai, ousia의 의미」, 「도시국가Polis의 형성과 진리Aletheia 개념의 형성」, 「메소포타미아의 대지모 여신 신화의 변천에 나타난 철학적 세계관과 종교관」 외에 다수가 있다.

박희영은 그리스의 형이상학과 신화 일반에 대한 연구를 기초로 하여, 인류의 사유 방식 자체가 어떻게 신화적 사유에서 논리적 사유로 발전해왔는지, 그리고 그러한 사유 방식이 학문·사상과 정치적·사회적 제도를 형성함을 통해 인류의 문명 발달에 어떠한 역할을 수행하게 되었는지를 밝히고자 노력하고 있다.

한울아카데미 1139

사물의 성향
중국인의 사유 방식

ⓒ 박희영, 2009

지은이 | 프랑수아 줄리앙
옮긴이 | 박희영
펴낸이 | 김종수
펴낸곳 | 도서출판 한울

편집책임 | 이교혜
편집 | 임정수

초판 1쇄 인쇄 | 2009년 6월 19일
초판 1쇄 발행 | 2009년 7월 1일

주소 | 413-832 파주시 교하읍 문발리 507-2(본사)
      121-801 서울시 마포구 공덕동 105-90 서울빌딩 3층(서울 사무소)
전화 | 영업 02-326-0095, 편집 02-336-6183
팩스 | 02-333-7543
홈페이지 | www.hanulbooks.co.kr
등록 | 1980년 3월 13일, 제406-2003-051호

Printed in Korea.
ISBN 978-89-460-5139-3 93190

* 가격은 겉표지에 있습니다.